한국인공지능협회 추천도서

기업의 생존!

AI 트랜스포메이션
- 실전 활용 사례 중심 -

- 국내 DX 컨설팅 최다 수행
- DX 전문 컨설턴트 최다 배출
- 대기업 공공기관 최다 강의

정종기 지음

AI 혁명, 빠르면 살고 느리면 죽는다!　　[세종도서 선정] 저자의 신간

형설 eLife

프롤로그

생성형 AI에 의해 급 발전된 인공지능 혁명
- 생성형 AI(Generative AI): 데이터를 기반으로 콘텐츠를 생성하는 기술
- 에이전트형 AI(Agentic AI): 더 발전된 단계로, 특정 작업을 수행하는 에이전트 역할
- 물리적 AI(Physical AI): 물리적 환경에서 작업을 수행하는 AI로, 자율주행차와 같은 자율적 움직임과 로봇 기술을 포함

AI 활용 능력이 개인과 기업의 생존이다!

기업들에게 새로운 성장 기회를 열어주고 있는 생성형 AI

21세기의 기업들은 그 어느 때보다 급변하는 환경에 직면해 있다. 디지털 혁명, 그 중심에 자리 잡은 인공지능(AI)은 기업의 비즈니스 패러다임을 전환시키고 있다. 그 중에서도 생성형 AI는 기존의 AI 기술과는 다른 차별화된 혁신을 제시하며, 기업들에게 새로운 성장 기회를 열어주고 있다.

생성형 AI는 단순한 데이터 분석을 넘어, 창의적 문제 해결과 자동화를 통해 기업의 업무 프로세스를 재구성한다. 이는 생산성을 극대화하고, 비용을 절감하며, 고객 경험을 새롭게 정의하는 데에 중요한 역할을 하고 있다. 더 나아가, 생성형 AI는 기업이 디지털 전환(DX)의 한계를 뛰어넘어 인공지능 전환(AX)이라는 새로운 차원에 도달하도록 돕고 있다.

이 책은 기업들이 어떻게 디지털 전환과 생성형 AI를 성공적으로 도입할 수 있는지에 대한 전략을 제시하고 있다. 과거의 성공 사례와 실질적인 방법론을 통해 독자들이 자사의 디지털 혁신을 주도할 수 있도록 안내할 것이다.

이제 기업의 경쟁력은 단순한 기술 도입에서 끝나지 않는다. 조직의 문화와 리더십, 그리고 새로운 비즈니스 모델의 창출이 중요하다. 이 책은 바로 그 전략을 다루며, 앞으로 기업들이 디지털 시대에서 살아남고 번영할 수 있는 구체적인 로드맵을 제공한다.

이 책을 통해 독자들은 디지털 전환의 필연성과 그 과정에서 생성형 AI가 어떤 역할을 할 수 있는지 명확히 이해할 수 있을 것이다. 성공적인 디지털 전환은 단순히 기술을 도입하는 것이 아닌, 조직 전체가 변화하는 과정임을 강조하며, 그 변화의 중심에 AI가 있음을 확인할 수 있을 것이다.

디지털 혁신의 길을 열고자 하는 기업 리더와 실무자들에게 이 책이 중요한 길잡이가 되기를 바란다.

생성형 AI는 단순한 도구가 아닌, 비즈니스 혁신의 핵심이 될 것

기업들이 디지털 전환(DX)을 성공적으로 이루기 위해서는 새로운 기술에 대한 단순한 이해를 넘어, 이를 조직의 핵심 전략과 통합하는 것이 필수적이다. 디지털 전환은 그 자체로 목적이 아니라, 지속 가능한 성장을 위한 필수적인 수단이다. 특히, 인공지능(AI)의 빠른 발전과 함께 기업들은 그 어느 때보다 혁신적인 방식을 도입해야 하며, 이 과정에서 생성형 AI는 매우 중요한 역할을 한다.

생성형 AI는 단순히 데이터를 분석하고 처리하는 기술 이상의 가치를 제공한다. 생성형 AI는 텍스트, 이미지, 음악 등 다양한 콘텐츠를 자동으로 생성하고, 이를 바탕으로 기업들이 보다 맞춤형 서비스와 제품을 제공할 수 있도록 돕는다. 예를 들어, 고객의 니즈를 파악하여 개인화된 마케팅 전략을 제시하거나, 자동화된 고객 응대 시스템을 통해 신속하고 정확한 서비스를 제공할 수 있다. 이런 변화는 기업이 고객과의 관계를 강화하고, 새로운 수익 모델을 창출하는 데 결정적인 역할을 할 수 있다.

하지만 이러한 기술 도입만으로는 충분하지 않다. 디지털 전환의 성공 여부는 조직 문화의 변화, 리더십의 혁신, 그리고 지속적인 학습과 역량 강화에 달려 있다. 특히, 전통적인 조직 구조에서는 디지털 전환의 속도가 느려질 수 있기 때문에, 민첩한 의사결정과 빠른 실행력이 무엇보다 중요하다. 이 책에서는 조직이 어떻게 변화해야 하는지, 그리고 어떤 전략적 선택이 필요한지에 대해 구체적으로 다루고 있다.

디지털 전환의 최전선에서 중요한 역할을 하는 기술, 그 중에서도 생성형 AI의 도입은 기업에게 큰 도전이자 기회이다. 이 책은 디지털 전환과 생성형 AI의 결합을 통해 기업이 얻을 수 있는 이점을 명확히 제시하고, 실질적인 전략을 통해 기업들이 글로벌 경쟁에서 우위를 점할 수 있도록 돕는다.

기업이 AI를 도입하지 않았다는 것이 마치 컴퓨터를 업무에 사용하지 않았다는 말과 같은 뜻으로 통하게 될 것

이제 기업들은 선택의 기로에 서 있다. 생성형 AI를 통해 시장에서 새로운 기회를 발견하고 선도할 것인가, 아니면 변화를 주저하며 뒤쳐질 것인가? 이 책이 제공하는 지식과 통찰을 바탕으로, 독자들이 디지털 시대의 성공적인 리더로 자리매김할 수 있기를 기대한다.

디지털 전환은 이제 선택이 아닌 필수이다. 이 여정에서 생성형 AI는 단순한 도구가 아닌, 비즈니스 혁신의 핵심이 될 것이다. 기업의 미래는 이제 디지털과 인공지능에 달려 있으며, 이 책은 그 미래를 선도할 수 있는 방향을 제시할 것이다.

본서의 구성

본서는 총 8장으로 구성되어 있으며 그 내용은 다음과 같다.

1장인 '기업은 왜 디지털 전환(DX)을 해야 하는가'에서는 디지털 전환(DX)이란 무엇인가, 기업은 왜 디지털 전환(DX)을 해야 하는가, 기업의 디지털 전환(DX) 3가지 목표와 단계별 실행 전략, 디지털 전환(DX)과정에서 기업이 직면할 수 있는 주요 도전 과제는 무엇인가, 디지털 전환(DX)을 성공적으로 수행하기 위해 기업이 가져야 할 핵심 역량, 디지털 전환(DX)을 통해 기업이 경험할 수 있는 이점 중에서 가장 중요한 것, 기업이 디지털 전환(DX) 전략을 수립할 때 고려해야 할 핵심 요소는 무엇인가, 디지털 전환(DX) 과정에서 조직 문화가 어떤 역할을 하며, 왜 중요한가, 디지털 전환(DX)을 추진하는 과정에서 임원, 직원 교육과 역량 강화가 왜 중요한가, 기업이 디지털 전환(DX)을 평가할 때 사용할 수 있는 성과 지표 등의 내용으로 구성하여 서술하였다.

2장인 '디지털 전환(DX)을 주도하는 핵심 기술은 무엇인가'에서는 인공지능(AI)과 머신러닝, 클라우드 컴퓨팅, 빅데이터와 데이터 활용, 사물인터넷(IoT), 블록체인, 로보틱 프로세스 자동화, 증강현실(AR), 가상현실(VR), 융합현실(MR), 디지털 트윈(Digital Twin), 5G와 통신 기술, 애자일 개발 방법과 DevOps 등의 내용으로 서술하였다.

3장인 '생성형 AI란 무엇이고, 무엇이 가능한가'에서는 생성형 AI란 무엇인가, 생성형 AI와 판별 AI의 차이점, 생성형 AI의 기술적 원리는 무엇인가, 생성형 AI의 데이터 처리 프로세스, 언어모델의 이해와 대규모 언어모델의 발전, ChatGPT 학습과정 및 기술적 차별성, ChatGPT 답변 도출 원리 세부 3단계, ChatGPT 무엇이 가능한가, 이미지생성 인공지능(Text to Image), 음악생성 인공지능(Text to Music) 등의 내용으로 서술하였다.

4장인 '생성형 AI를 활용한 디지털 전환(AX) 혁신 사례(국내)'에서는 삼성전자의 '스마트 제조(Smart Manufacturing)와 AI 도입' 혁신 사례, 카카오의 '디지털 플랫폼' 혁신 사례, 네이버(NAVER)의 '생성형 AI와 클라우드 서비스' 혁신 사례, LG전자의 '스마트홈과 IoT 솔루션' 혁신 사례, 현대자동차의 '자율주행과 전기차' 혁신 사례, SK텔레콤의 '5G와 AI 기반 서비스' 혁신 사례, CJ그룹의 '디지털 콘텐츠와 물류' 혁신 사례, 롯데그룹의 '옴니채널 및 스마트 리테일' 혁신 사례, 아모레퍼시픽의 '디지털 마케팅과 맞춤형 화장품' 혁신 사례, 네이버파이낸셜의 '디지털 금융 서비스' 혁신 사례 등을 이해하기 쉽게 분석 정리하여 서술하였다.

5장인 '생성형 AI를 활용한 디지털 전환(AX) 혁신 사례(해외)'에서는 도이치텔레콤의 '고객 서비스' 혁신 사례, 아마존(Amazon)의 '고객 경험' 혁신 사례, 보잉(Boeing)의 '콘텐츠 생성 및 관리' 혁신 사례, 스타벅스(Starbucks)의 '마케팅' 혁신 사례, 마이크로소프트(Microsoft)의 '일하는 방식' 혁신 사례, 아이비엠(IBM)의 '인사관리(HR)' 혁신 사례, 지멘스(Siemens)의 '제조 공정 디지털화' 혁신 사례, 필립스(Philips)의 '헬스케어 디지털 전환' 혁신 사례, 존 디어(John Deere)의 '스마트 농업' 혁신 사례, JP모건 체이스(JPMorgan Chase)의 '디지털 뱅킹' 혁신 사례 등을 이해하기 쉽게 분석 정리하여 서술하였다.

6장인 '기업의 효과적인 디지털 전환(DX)을 위한 10가지 전략'에서는 디지털 전환(DX)에 대한 명확한 비전과 목표 수립, 경영진의 리더십과 변화관리, 디지털 전환(DX)의 목표에 부합하는 전략 수립, 비즈니스 모델 개발의 핵심요소, 문화적 변화에 대한 대응 및 실행 방안, 디지털 전환(DX)을 위한 단계별 프로젝트 추진 방안, 기술 구축 계획 수립 및 통합 전략, 기술 파트너 선정 및 협력 방안, 피드백 수집 및 실행 계획 수립, 디지털 전환(DX)의 지속적 개선 및 확장 등으로 구성하여 서술하였다.

7장인 '디지털 전환(DX)을 성공적으로 실행하기 위한 방법론'에서는 성공적인 디지털 전환(DX)을 위한 디지털전략계획(DSP) 수립 방법, 디지털 전환(DX)을 위한 기업의 정보화 전략 계획(ISP) 수립 방법, 디지털 전환(DX)을 위한 프로세스 이노베이션(PI) 추진 절차 및 방법, 디지털 전환(DX)을 위한 정보시스템 마스터플랜(ISMP) 수립 방법, 디지털 전환(DX)성공적 수행을 위한 추진 3단계 실행 전략, 디지털 전환(DX) 성숙도 진단 평가 모형 및 조사 분석 방법, 기업에서 AI 트랜스포메이션(AX)을 위한 정보화 전략 계획(ISP) 방법, 기업에서 AI 트랜스포메이션(AX)을 위한 구체적 요구사항 도출 방법, 디지털 전환(DX)을 통한 신규 비즈니스 모델 개발 방법, 신규 비즈니스 모델을 위한 비즈니스 모델 캔버스(BMC) 9 Block 활용 방법 등의 내용을 중심으로 서술하였다.

8장인 '별첨'에서는 '참고문헌'을 정리하였다.

감사의 말

　이 책을 준비하면서 컴퓨터공학과 경영학을 전공하고 35년 이상 삼성과 오라클, 얼라이언스코리아에서 500개 이상 국내외 기업을 대상으로 수행한 디지털 전환(DX), AI 도입 및 활용 컨설팅 등을 수행한 경험이 도움이 되었고, 국내 최초 "ChatGPT 업무 및 비즈니스 활용 역량 과정" 운영(누적수강생 2,000명)과 한국외대 교수, 카이스트 AI연구교수, 서울대, 아주대, KMAC, 기획재정부 등 정부 공공기관에서 디지털 전환(DX), 인공지능, 생성형 AI, 융합기술 관련 강의(누적 수강생 120,000명)를 위해 연구하고 준비한 내용들이 많은 도움이 되었다.

　나는 인공지능(AI), 디지털 전환(DX), 플랫폼 비즈니스 분야에 관심과 전문성을 가지고 있지만, 내가 경험하고, 학습하고, 연구하고, 고민했던 부분에 대해서만큼은 조금 더 이해하고 있고, 조금 더 알고 있을 뿐이다. 그렇기 때문에 가능한 독자들이 이해하기 쉽도록 서술하기 위해 노력하였다. 그럼에도 불구하고 부족한 부분이 너무 많은 것 같다.
　저에게 많은 가르침과 도움을 주신 교수님, 지인, 친구들 그리고 저도 모르는 사이에 저에게 도움을 주신 모든 분들께 감사를 드립니다.

　끝으로 이 책이 출판될 수 있도록 물심양면으로 지원해 주시고 응원해주신 모든 분들에게 감사의 말씀을 전하고 싶다.

본 책을 준비하면서 밤 늦은 시간 집에 들어가면 맛있는 음식과 막걸리를 내놓으며 수고했다는 말과 함께 이 책이 완성될 수 있도록 옆에서 용기를 북돋아 준 사랑하는 아내 이계영과 지금은 세계 최고의 AI 비즈니스 전문가를 꿈꾸며 글로벌 기업인 SAP에서 근무중인 딸 서현이와 애견 서비스 플랫폼 사업을 하고 있는 아들 현진이에게 주말에 같이 놀지 못하고 즐거운 시간을 많이 갖지 못해 미안한 마음과 함께 이 기쁨과 감사의 마음을 전합니다.

2025년 02월
새로운 미래를 창조하는 정종기

추천사

국내 최고의 명사분들이 직접 보내온 리얼 추천사입니다.

〈AI전환, 빠르면 살고 느리면 죽는다〉

생성형 AI가 비즈니스를 이끄는 세상으로 변했다. 실질적 성과를 내기 위해서는 AI의 기술적 특성에만 의존해서는 안되고 리더십, 조직문화, 학습체계를 함께 바꾸어야 한다. 이 책은 비지니스 혁신을 위한 통합적 접근방법을 명쾌하게 제시하고 있다.

AI와 함께 디지털 혁신을 선도하고자 하는 기업 리더, 실무자에게 이 책을 강력히 추천한다.

윤은기, 경영학박사, 한국협업발전포럼 회장, 중앙공무원교육원장(24대)

생성형 AI가 이제 본격적으로 기업 경쟁력을 좌우하는 AI 에이전트 시대에 돌입하고 있다. AI의 활용이 기업 운영의 DNA로 확고하게 자리잡아야 하는 시점에 돌입한 것이다. 저자는 35년간의 실무 경험과 500개 이상의 컨설팅을 통하여 기업의 AI 활용에 풍부한 식견과 경험을 갖고 있다. 국내외 실전 예시를 통하여 누구나 쉽게 응용할 수 있어서 기업의 AI 경쟁력이 절실한 시점에 너무나 시의적절한 서적이다.

AI 시대에 승자가 되려는 기업이나 개인 모두 일독을 권한다.

이금룡, (사)도전과나눔 이사장, 옥션 대표, 한국인터넷기업협회 초대회장 디지털 전환(DX)은 모든 기업의 생존을 위한 필수 조건입니다. 최근 AI의 급속한 발전으로 AI 없는 DX는 상상하기 어렵게 되었습니다.

매우 시의적절하게 이론과 실무를 겸비한 최고 전문가의 책이 출간되었습니다.

실무에서 바로 활용할 수 있는 구체적인 전략과 방법론까지 다 담겨 있어서,

AX를 고민 중인 실무자나 리더들에게 가뭄의 단비와 같은 큰 역할을 할 것으로 기대합니다.

조영탁, 휴넷 대표

우리 시대의 혁신을 이끌어가는 리더들에게 이 책은 더할 나위 없는 선물이 될 것입니다. 매 장마다 담긴 실용적인 통찰과 체계적인 접근법은 기업의 미래를 고민하는 모든 이들에게 든든한 지침이 되어줄 것입니다. 2025년은 AI 에이전트 시작의 원년이자 생성형 AI가 비즈니스의 일상이 되는 해가 될 것입니다. 이러한 시점에서 이 책이 제시하는 전략은 값진 의미를 가집니다. 수많은 기업들을 바라보며 깨달은 것은 성공적인 기술 도입은 조직 혁신이 선행되어야만 가능하다는 점입니다. 모쪼록 이 책이 기업의 혁신 여정에 믿음직한 나침반이 되기를 바랍니다.

김현철, 한국인공지능협회 회장

생성형 AI는 단순한 '인공지능(AI: Artificial Intelligence)'을 넘어 '경이로운 혁신(AI: Amazing Innovation)'이라는 의미를 품고 미래 산업혁명을 주도하는 핵심적인 무기이자 전략이다. '생성형 AI를 활용한 디지털 전환(DX) 혁신에 관한 국내외 사례를 폭넓게 조사·분석하고 '기업의 효과적인 디지털 전환(DX)을 위한 전략과 구체적인 방법을 제시하는 《기업의 생존! AI 트랜스포메이션》은 디지털 기술과 인공지능이 이끄는 사고혁명은 물론 비즈니스 혁명에 몸담고 있는 모든 사람들이 반드시 읽고 실천해야 될 참고서이자 필독서가 아닐 수 없다.

유영만, 지식생태학자, 한양대학교 교수, ≪인생이 시답지 않아서≫ 저자

차례

서문 생성형 AI가 기업의 비즈니스 미래를 바꾸고 있다!
인공지능 시대, 기업의 성장동력 무엇으로 어떻게 찾을 것인가?

　디지털 전환을 성공적으로 수행한 기업들은 고객 맞춤형 서비스, 자동화된 프로세스, 새로운 수익 모델을 통해 글로벌 시장에서 큰 성공을 거두고 있다.

프롤로그

본서의 구성

감사의 말

추천사

Part 1 : 기업은 왜 디지털 전환(DX)을 해야하는가
　1. 디지털 전환(DX)이란 무엇인가? ·· 020
　2. 기업은 왜 디지털 전환(DX)을 해야 하는가? ···························· 024
　3. 기업의 디지털 전환(DX) 3가지 목표와 단계별 실행 전략 ········· 027

4. 디지털 전환(DX) 과정에서 기업이 직면할 수 있는 주요 도전 과제는 무엇인가? ····· 032
5. 디지털 전환(DX)을 성공적으로 수행하기 위해 기업이 가져야 할 핵심
   역량은 무엇인가? ··· 036
6. 디지털 전환(DX)을 통해 기업이 경험할 수 있는 이점 중에서 가장 중요한
   것은 무엇인가? ··· 040
7. 기업이 디지털 전환(DX) 전략을 수립할 때 고려해야 할 핵심 요소는 무엇인가? ·· 043
8. 디지털 전환(DX) 과정에서 조직 문화가 어떤 역할을 하며, 왜 중요한가? ····· 047
9. 디지털 전환(DX)을 추진하는 과정에서 임원, 직원 교육과 역량 강화가 왜 중요한가? ··· 051
10. 기업이 디지털 전환(DX)을 평가할 때 사용할 수 있는 성과 지표 ············· 055

Part 2 : 디지털 전환(DX)을 주도하는 핵심 기술은 무엇인가

1. 인공지능(AI)과 머신러닝 ·· 062
2. 클라우드 컴퓨팅 ··· 073
3. 빅데이터와 데이터 활용 ··· 082
4. 사물인터넷(IoT) ·· 091
5. 블록체인 ··· 100
6. 로보틱 프로세스 자동화(RPA) ·· 111
7. 증강현실(AR), 가상현실(VR), 융합현실(MR) ···································· 119
8. 디지털 트윈(Digital Twin) ··· 127
9. 5G와 통신 기술 ·· 132
10. 애자일 개발 방법과 DevOps ·· 137

Part 3 : 생성형 AI란 무엇이고, 무엇이 가능한가

1. 생성형 AI란 무엇인가? ·· 144
2. 생성형 AI와 판별 AI의 차이점 ··· 150
3. 생성형 AI의 기술적 원리는 무엇인가? ·· 157
4. 생성형 AI의 데이터 처리 프로세스 ·· 162

5. 언어모델의 이해와 대규모 언어모델의 발전 ·· 166
6. ChatGPT 학습과정 및 기술적 차별성 ·· 174
7. ChatGPT 답변 도출 원리 세부 3단계 ·· 183
8. ChatGPT 무엇이 가능한가? ··· 186
9. 이미지 생성 인공지능(Text to Image) ·· 194
10. 음악 생성 인공지능(Text to Music) ·· 207

Part 4 : 생성형 AI를 활용한 디지털 전환(AX) 혁신 사례(국내)

1. 삼성전자의 '스마트 제조(Smart Manufacturing)와 AI 도입' 혁신 사례 ········ 216
2. 카카오의 '디지털 플랫폼' 혁신 사례 ··· 221
3. 네이버(NAVER)의 '생성형 AI와 클라우드 서비스' 혁신 사례 ··················· 227
4. LG전자의 '스마트홈과 IoT 솔루션' 혁신 사례 ·· 233
5. 현대자동차의 '자율주행과 전기차' 혁신 사례 ··· 238
6. SK텔레콤의 '5G와 AI 기반 서비스' 혁신 사례 ·· 245
7. CJ그룹의 '디지털 콘텐츠와 물류' 혁신 사례 ··· 251
8. 롯데그룹의 '옴니채널 및 스마트 리테일' 혁신 사례 ································ 257
9. 아모레퍼시픽의 '디지털 마케팅과 맞춤형 화장품' 혁신 사례 ·················· 264
10. 네이버파이낸셜의 '디지털 금융 서비스' 혁신 사례 ································ 270

Part 5 : 생성형 AI를 활용한 디지털 전환(AX) 혁신 사례(해외)

1. 도이치텔레콤(Deutsche Telekom)의 '고객 서비스' 혁신 사례 ··················· 280
2. 아마존(Amazon)의 '고객 경험' 혁신 사례 ··· 287
3. 보잉(Boeing)의 '콘텐츠 생성 및 관리' 혁신 사례 ······································ 293
4. 스타벅스(Starbucks)의 '마케팅' 혁신 사례 ··· 300
5. 마이크로소프트(Microsoft)의 '일하는 방식' 혁신 사례 ······························ 307
6. 아이비엠(IBM)의 '인사관리(HR)' 혁신 사례 ··· 314
7. 지멘스(Siemens)의 '제조 공정 디지털화' 혁신 사례 ·································· 322

8. 필립스(Philips)의 '헬스케어 디지털 전환' 혁신 사례 ·························· 329
9. 존 디어(John Deere)의 '스마트 농업' 혁신 사례 ··························· 336
10. JP모건 체이스(JPMorgan Chase)의 '디지털 뱅킹' 혁신 사례 ··············· 343

Part 6 : 기업의 효과적인 디지털 전환(DX)을 위한 10가지 전략
1. 디지털 전환(DX)에 대한 명확한 비전과 목표 수립 ······················ 352
2. 경영진의 리더십과 변화관리 ································· 356
3. 디지털 전환(DX)의 목표에 부합하는 전략 수립 ··························· 361
4. 비즈니스 모델 개발의 핵심 요소 ································· 366
5. 문화적 변화에 대한 대응 및 실행 방안 ······················· 371
6. 디지털 전환(DX)을 위한 단계별 프로젝트 추진 방안 ···················· 376
7. 기술 구축 계획 수립 및 통합 전략 ································ 381
8. 기술 파트너 선정 및 협력 방안 ································· 387
9. 피드백 수집 및 실행 계획 수립 ································· 392
10. 디지털 전환(DX)의 지속적 개선 및 확장 ································· 397

Part 7 : 디지털 전환(DX)을 성공적으로 실행하기 위한 방법론
1. 성공적인 디지털 전환(DX)을 위한 디지털전략계획(DSP) 수립 방법 ············· 404
2. 디지털 전환(DX)을 위한 기업의 정보화 전략 계획(ISP) 수립 방법 ·············· 410
3. 디지털 전환(DX)을 위한 프로세스 혁신(PI) 추진 절차 및 방법 ················· 417
4. 디지털 전환(DX)을 위한 정보시스템 마스터플랜(ISMP) 수립 방법 ············· 423
5. 디지털 전환(DX)의 성공적 수행을 위한 추진 3단계 실행 전략 ················· 431
6. 디지털 전환(DX) 성숙도 진단 평가 모형 및 조사 분석 방법 ···················· 437
7. 기업에서 AI 트랜스포메이션(AX)을 위한 정보화 전략 계획(ISP) 방법 ··········· 446
8. 기업에서 AI 트랜스포메이션(AX)을 위한 구체적 요구사항 도출 방법 ········· 451
9. 디지털 전환(DX)을 통한 신규 비즈니스 모델 개발 방법 ······················ 454
10. 신규 비즈니스 모델을 위한 비즈니스 모델 캔버스(BMC) 9 Block 활용 방법 ··· 461

Part 8 : 별첨

참고문헌 ··· 472

Part 1

기업은 왜 디지털 전환(DX)을 해야하는가

디지털 전환(DX)이란 무엇인가?

가. 디지털 전환의 정의

디지털 전환(Digital Transformation: DT, DX)은 디지털 기술을 활용하여 기존의 비즈니스 모델, 운영 방식, 고객 경험 등을 근본적으로 변화시키는 과정을 의미한다. 단순히 새로운 기술을 도입하는 것에 그치지 않고, 기업의 문화와 전략을 혁신적으로 재설계하는 과정이기도 하다. 디지털 전환은 조직의 모든 영역에 걸쳐 변화를 요구하며, 이는 경쟁력을 강화하고 지속 가능한 성장을 이루기 위한 필수 전략으로 자리잡고 있다.

디지털 전환에서 가장 중요한 것은 '디지털'을 이해하는 것보다 변화에 대응하기 위한 '전환' 의지이다. 사전적으로 '전환'은 변화 또는 변형을 의미하지만, 또 다른 의미로 '형질전환(形質轉換, Transformation)'이라는 뜻도 가지고 있다. 형질전환이란, 외부로부터 주어진 DNA를 통해 유기체의 유전적 특성이 변화하는 것을 말한다. 디지털 시대에서 전환이란, 기업의 외부와 내부를 모두 디지털 변화의 DNA로 근본적으로 바꾸는 것을 의미한다. 여기서 중요한 것은 단순히 외관을 꾸미는 것이 아니라, 기업의 내부와 외부 모두를 디지털로 전환하는 것이다.

인공지능, 빅데이터, 사물인터넷과 같은 디지털 기술을 겉으로 보여주기만 하는 것은 진정한 디지털 전환이 아니다. 진정한 디지털 전환은 기업의 조직, 프로세스, 운영관리 등 내부의 업무 방식이 근본적으로 변화해야만 가능하다. 글로벌 컨설팅 및 주요 IT 기업들은 디지털 전환을 두 가지 측면에서 정의하고 접근한다.

첫 번째는, 기존의 기업 경영 전략에서 벗어나 새로운 경영 환경과 기반을 마련하고,

변화에 대응할 수 있도록 하는 것이다. 두 번째는 디지털 기반의 비즈니스 모델을 구축하고, 디지털 변화에 대응하여 새로운 고객 가치를 창출하는 것이다. 다시 말해, 디지털 전환은 '디지털로 인해 발생하는 다양한 변화에 대응하기 위해, 기업의 전략, 조직, 프로세스, 문화, 소통, 시스템, 가치 사슬, 비즈니스 모델을 근본적으로 변화시키는 경영 전략'이라고 할 수 있다.

요약하자면, 디지털 기술의 확산으로 인해 새로운 고객, 새로운 프로세스, 새로운 경쟁이 등장하고 있으며, 이러한 상황에서 기업들은 디지털 변화를 대응하기 위해 조직, 프로세스, 가치 사슬, 비즈니스 모델을 기존과는 다른 방식으로 변혁함으로써 디지털화된 기업으로 거듭나는 과정을 디지털 전환이라고 할 수 있다.

또한 디지털 전환은 데이터를 중심으로 기업의 비즈니스 프로세스, 제품 및 서비스를 재구성하고, 이를 통해 새로운 가치를 창출하는 것을 의미한다. 이 과정은 다음과 같은 주요 요소로 구성된다.

- 디지털 기술의 도입: AI, 클라우드 컴퓨팅, 빅데이터, IoT(사물인터넷) 등 다양한 디지털 기술을 활용.
- 데이터 기반 의사결정: 실시간으로 수집된 데이터를 분석하여 더 정확한 비즈니스 결정을 내림.
- 운영 프로세스의 자동화: 반복적이고 시간이 많이 소요되는 작업을 자동화하여 효율성을 극대화.
- 고객 경험의 혁신: 디지털 기술을 통해 고객 맞춤형 서비스를 제공하여 만족도를 높임.
- 새로운 비즈니스 모델 창출: 현재의 비즈니스 모델을 디지털 기술을 이용해서 새로운 비즈니스 모델로 전환함.

나. 디지털 전환의 핵심 요소

디지털 전환은 크게 4가지 핵심 요소로 설명할 수 있다.

- 기술 인프라: AI, 클라우드, 빅데이터, IoT 등 최신 디지털 기술의 도입.
- 데이터 활용: 데이터를 기반으로 한 의사결정과 비즈니스 운영 최적화.
- 고객 중심 접근: 디지털 기술을 활용해 고객 경험을 개선하고, 맞춤형 서비스를 제공.
- 조직 문화 변화: 디지털 환경에 맞춰 유연하고 혁신적인 조직 문화를 구축.

다. 디지털 전환의 중요성

디지털 전환은 급변하는 시장에서 생존하고 성장하기 위한 필수적인 전략이다. 기술 발전에 따라 경쟁 환경이 빠르게 변화하고, 고객의 기대치도 높아지고 있다. 이러한 변화에 대응하기 위해 기업은 디지털 전환을 통해 다음과 같은 이점을 얻을 수 있다.

- 고객 경험 개선: 데이터를 바탕으로 개인화된 고객 경험을 제공, 고객 충성도 강화.
- 효율성 증대: 업무 자동화와 프로세스 최적화를 통해 비용 절감 및 생산성 향상.
- 새로운 비즈니스 모델 창출: 디지털 기술을 활용한 혁신적인 비즈니스 모델 개발.
- 경쟁력 확보: 디지털 전환을 통해 경쟁 우위를 점하고, 빠르게 변화하는 시장에 대응.

라. 디지털 전환이 가져올 미래

디지털 전환은 단순히 기술을 도입하는 것을 넘어 기업의 전략적 변화와 혁신을 이끌어낸다. 특히 생성형 AI와 같은 최신 기술은 디지털 전환의 가속화를 돕고, 기존에 없던 새로운 비즈니스 기회를 창출한다. 미래에는 디지털 전환을 성공적으로 이끌어낸 기업이 시장에서 지속 가능한 성장을 이루고, 고객과의 깊은 신뢰를 바탕으로 장기적인 경쟁 우위를 확보할 것이다.

　디지털 전환(DX)은 더 이상 선택이 아닌 필수이다. 기업은 디지털 전환을 통해 변화하는 시장과 고객의 요구에 적응하고, 더 나아가 새로운 비즈니스 기회를 창출할 수 있다. 이 과정에서 기술 도입뿐만 아니라 조직 문화, 운영 방식, 고객 중심의 사고방식을 함께 변화시켜야 한다. 성공적인 디지털 전환을 통해 기업은 미래의 불확실성을 극복하고, 지속 가능한 성장을 이룰 수 있을 것이다.

02
기업은 왜 디지털 전환(DX)을 해야 하는가?

디지털 전환(DX)은 단순히 기술을 도입하는 것을 넘어서, 기업의 비즈니스 모델, 운영 방식, 그리고 고객과의 관계를 근본적으로 재설계하는 과정이다. 그렇다면, 왜 기업은 디지털 전환을 해야 할까요? 다음은 디지털 전환이 필수적인 이유와 예시를 통해 그 중요성을 설명하겠다.

가. 시장 변화에 대한 대응과 생존

디지털 기술이 급속히 발전하면서 전통적인 산업 구조가 무너지고, 새로운 경쟁자들이 등장하고 있습니다. 이러한 변화 속에서 경쟁력을 유지하기 위해 기업은 디지털 전환을 통해 시장의 변화에 신속하게 대응해야 한다.

예시: 전통적인 소매업체였던 월마트는 아마존과 같은 전자상거래 기업들의 성장에 맞서기 위해, 디지털 전환을 가속화했다. 월마트는 온라인 쇼핑 플랫폼을 강화하고, 데이터 분석을 통해 효율적인 물류 시스템을 구축하여 시장에서의 입지를 더욱 강화했다. 이러한 디지털 전환 없이는 월마트는 경쟁에서 뒤처질 수밖에 없었을 것이다.

나. 고객 경험 향상과 만족도 증대

고객들은 더 나은 서비스, 빠른 응답, 맞춤형 경험을 기대하고 있다. 디지털 전환을 통해 기업은 고객 데이터를 분석하여 개인화된 서비스를 제공할 수 있으며, 이를 통해 고객 만족도를 높일 수 있다.

> 예시: 스타벅스는 모바일 앱을 통해 주문과 결제를 간편하게 하고, 고객의 구매 데이터를 분석하여 맞춤형 쿠폰을 제공한다. 이러한 디지털 전환 전략 덕분에 스타벅스는 고객 충성도를 강화하고 매출을 지속적으로 성장시킬 수 있었다.

다. 업무 효율성과 비용 절감

디지털 기술은 업무 프로세스를 자동화하고, 효율성을 높이며, 비용을 절감하는 데 큰 기여를 한다. 이는 특히 반복적이고 시간이 많이 소요되는 작업에서 효과적이다.

> 예시: 제조업 분야에서 GE는 디지털 트윈(Digital Twin) 기술을 도입해 생산 장비의 상태를 실시간으로 모니터링하고, 예측 유지보수를 통해 불필요한 정비 비용을 절감하고 있다. 이로 인해 생산성은 향상되고, 유지비용은 줄어들어 효율적인 운영이 가능해졌다.

라. 데이터 기반 의사결정 강화

디지털 전환을 통해 기업은 데이터를 실시간으로 수집, 분석하여 보다 정확한 의사결정을 내릴 수 있다. 이러한 데이터 기반 의사결정은 시장의 변화에 더 빠르게 대응하고, 리스크를 최소화하는 데 도움을 준다.

> 예시: 넷플릭스는 사용자 데이터를 분석하여 개인화된 추천 서비스를 제공함으로써 사용자 경험을 극대화하고, 더 나아가 콘텐츠 제작의 방향성을 결정한다. 이러한 데이터 기반 의사결정은 넷플릭스가 콘텐츠 시장에서 지속적으로 선두를 유지하는 비결 중 하나이다.

마. 새로운 비즈니스 기회 창출

디지털 전환을 통해 기존의 비즈니스 모델을 혁신하거나, 전혀 새로운 비즈니스 모델을 창출할 수 있다. 이는 기업의 성장 동력을 확보하는 중요한 요소로 작용한다.

예시: 디지털 전환을 통해 에어비앤비는 전통적인 호텔업의 한계를 뛰어넘는 새로운 숙박 공유 플랫폼을 구축했다. 에어비앤비는 데이터 분석과 AI 기술을 통해 사용자 맞춤형 숙박 정보를 제공하고, 이를 통해 기존에 없던 새로운 시장을 개척할 수 있었다.

바. 지속 가능한 성장과 ESG 경영 실현

지속 가능한 성장은 이제 기업의 필수 요소이다. 디지털 전환을 통해 자원 효율성을 높이고, 환경 영향을 최소화할 수 있으며, 이는 기업의 ESG 경영과 직결된다.

예시: 유니레버는 디지털 기술을 활용해 공급망을 관리하고, 환경 데이터를 모니터링하여 지속 가능한 제품 생산을 실현했다. 이를 통해 기업의 이미지와 사회적 책임을 동시에 강화하며, 고객과의 신뢰를 쌓고 있다.

결론적으로 디지털 전환은 더 이상 선택이 아닌 필수이다. 기업은 디지털 전환을 통해 시장의 변화에 유연하게 대응하고, 고객에게 더 나은 경험을 제공하며, 효율성을 극대화해 경쟁력을 유지할 수 있다. 더 나아가 데이터 기반의 의사결정과 지속 가능한 성장을 통해 새로운 비즈니스 기회를 창출하고, 장기적으로 기업의 생존과 성장을 도모해야 한다.

이러한 이유들로 인해 디지털 전환은 기업이 미래를 대비하는 핵심 전략으로 자리잡고 있으며, 이를 성공적으로 구현하는 것이 기업의 지속적인 성공을 보장하는 길이다.

기업의 디지털 전환(DX) 3가지 목표와 단계별 실행 전략

디지털 전환(DX)은 기업이 디지털 기술을 활용해 기존의 비즈니스 모델, 프로세스, 고객 경험을 혁신적으로 변화시키는 과정이다. 이를 통해 기업은 경쟁력을 강화하고, 새로운 비즈니스 기회를 창출하며, 빠르게 변화하는 시장 환경에 대응할 수 있다. 디지털 전환의 주요 목표는 크게 세 가지로 요약할 수 있다. 고객 경험 혁신, 운영 효율성 향상 그리고 새로운 비즈니스 모델 창출이다.

가. 고객 경험 혁신

고객 경험 혁신은 디지털 전환의 핵심 목표다. 기업은 디지털 기술을 활용해 고객에게 개인화된 경험을 제공하고, 고객과의 상호작용을 개선함으로써 고객 만족도와 충성도를 높일 수 있다. 이를 통해 고객 중심의 비즈니스 모델을 구축하고, 시장에서 지속적인 성장을 도모할 수 있다.

디지털 기술을 활용하면 기업은 고객의 니즈와 행동 패턴을 더 깊이 이해할 수 있게 된다. 예를 들어, AI와 빅데이터 분석을 통해 고객 데이터를 분석하면, 고객의 선호도와 구매 패턴을 파악할 수 있다. 이를 바탕으로 맞춤형 제품 추천, 개인화된 마케팅 캠페인, 실시간 고객 지원 등 고객이 원하는 경험을 제공할 수 있다. 또한, 모바일 앱, 웹사이트, 소셜 미디어 등의 디지털 채널을 통해 고객과의 상호작용을 강화하고, 고객이 원하는 시점에 원하는 방식으로 서비스를 제공함으로써 고객 만족도를 높일 수 있다.

예를 들어, 넷플릭스는 AI와 빅데이터를 활용해 고객 경험을 혁신한 대표적인 사례다. 넷플릭스는 고객의 시청 이력, 선호 장르, 시청 시간 등을 분석해 개인화된 콘텐츠 추천을 제공한다. 이를 통해 고객은 자신이 관심 있는 콘텐츠를 더 쉽게 발견하고, 시청 만족도를 높일 수 있다. 또한, 넷플릭스는 고객의 시청 습관을 분석해 새로운 오리지널 콘텐츠를 제작하고, 고객의 기대에 부응하는 고품질의 서비스를 지속적으로 제공함으로써 고객 충성도를 높였다.

나. 운영 효율성 향상

운영 효율성 향상은 디지털 전환의 또 다른 핵심 목표 중 하나다. 기업은 자동화, 데이터 분석, 클라우드 컴퓨팅 등의 디지털 기술을 활용해 비즈니스 프로세스를 최적화하고, 비용을 절감하며, 생산성을 향상시킬 수 있다. 이를 통해 기업은 더 적은 자원으로 더 많은 가치를 창출하고, 시장에서의 경쟁 우위를 확보할 수 있다.

기업은 디지털 전환을 통해 운영 전반을 자동화하고 최적화한다. 예를 들어, 로보틱 프로세스 자동화(RPA)를 도입해 반복적인 업무를 자동화하면, 직원들이 더 전략적이고 창의적인 업무에 집중할 수 있게 된다. 또한, IoT와 빅데이터 분석을 통해 공장의 기계 상태를 실시간으로 모니터링하고, 예측 유지보수를 수행함으로써 장비 고장으로 인한 생산 중단을 방지하고 운영 효율을 극대화할 수 있다. 클라우드 컴퓨팅을 통해 IT 인프라를 유연하게 관리하면, 기업은 빠르게 변화하는 비즈니스 수요에 대응할 수 있고, IT 인프라 유지 비용을 절감할 수 있다.

예를 들어, 글로벌 물류 기업 DHL은 디지털 전환을 통해 물류 운영의 효율성을 크게 향상시켰다. DHL은 창고 관리에 IoT와 자동화 로봇을 도입해 물품의 입고, 출고, 재고 관리를 자동화했다. 이를 통해 작업 시간이 단축되고, 인적 오류가 줄어들어 물류 프로세스의 효율성과 정확성이 향상되었다. 또한, DHL은 빅데이터 분석을 통해 운송 경로와 차량 배치를 최적화해 배송 비용을 절감하고, 고객에게 더 빠른 서비스를 제공할 수 있었다.

다. 새로운 비즈니스 모델 창출

디지털 전환은 기업이 기존의 사업 방식을 넘어 새로운 비즈니스 모델을 창출할 수 있도록 돕는다. 디지털 기술은 새로운 수익 창출 기회와 시장을 열어주며, 기업은 이를 통해 비즈니스 확장과 혁신을 이룰 수 있다. 새로운 비즈니스 모델 창출은 기업이 변화하는 시장 환경에서 경쟁력을 유지하고, 지속 가능한 성장을 달성하는 데 핵심적인 역할을 한다.

디지털 전환을 통해 기업은 기존 제품과 서비스를 디지털화하거나, 새로운 디지털 기반 서비스를 도입해 새로운 수익원을 창출할 수 있다. 예를 들어, 제조 기업은 제품에 IoT 센서를 장착해 제품의 사용 데이터를 수집하고, 이를 바탕으로 제품의 성능을 향상시키거나 새로운 서비스(예: 예측 유지보수 서비스)를 제공할 수 있다. 또한, 클라우드 기반의 구독 모델을 도입해 제품을 서비스로 제공하거나, 플랫폼 비즈니스 모델을 구축해 공급자와 소비자를 연결하는 새로운 생태계를 만들 수 있다.

예를 들어, 필립스는 조명 사업에서 디지털 전환을 통해 새로운 비즈니스 모델을 창출했다. 필립스는 전통적인 조명 판매에서 벗어나, IoT 기반의 스마트 조명 솔루션을 제공하는 서비스 모델을 도입했다. 이를 통해 고객은 조명의 밝기, 색상, 사용 시간을 스마트폰 앱으로 제어하고, 에너지 사용을 최적화할 수 있게 되었다. 또한, 필립스는 도시 조명 시스템을 클라우드 기반 서비스로 제공해 도시 관리자에게 실시간 조명 관리와 에너지 절감 솔루션을 제공했다. 이를 통해 필립스는 조명 시장에서 새로운 수익 모델을 창출하고, 디지털 시대에 경쟁력을 강화했다.

라. 생성형 AI를 활용한 디지털 전환(DX) 단계별 실행 전략

기업이 디지털 전환을 통해 주요 업무 영역에서 생성형 AI를 활용해 혁신을 추진하는 방법을 단계별로 설명하면 [그림1]과 같다. **먼저 고객 접점 영역, 데이터 친화적 업무, 기대성과 큰 영역**으로 구분하여 실행하여야 성공 가능성이 높다. 이를 실행하는 방법을 각 영역별로 설명하면 다음과 같다.

① 고객 접점 영역
- 고객 경험 개선 (맞춤형 서비스): 고객의 요구에 맞춘 개인화된 서비스 제공을 통해 고객 만족도를 높인다. 이를 위해 AI와 빅데이터를 활용하여 고객의 선호도와 행동 패턴을 분석하고, 맞춤형 추천 서비스나 고객지원 시스템을 구축할 수 있다.
- 비용 절감 영역: 고객 접점에서 발생하는 불필요한 비용을 절감할 수 있는 프로세스를 도입한다. 예를 들어, 챗팅봇을 활용해 고객 문의를 자동으로 처리함으로써 인건비를 줄일 수 있다.

② 데이터 친화적 업무
- 내부 프로세스 혁신 (업무 자동화): RPA(Robotic Process Automation) 등 자동화 기술을 도입하여 반복적이고 규칙적인 업무를 자동화하고, 직원들은 더 중요한 업무에 집중할 수 있도록 지원한다.
- 내부 프로세스 혁신 (업무 효율 개선): 데이터 분석을 통해 업무 프로세스의 비효율성을 파악하고 개선한다. 예를 들어, 분석을 통해 병목 현상을 줄이고, 업무 진행 속도를 높일 수 있다.

③ 기대성과 큰 영역
- 수익창출 영역: 데이터 기반으로 시장 분석을 하여 새로운 비즈니스 기회를 발굴하고, 기존 제품의 판매 전략을 최적화하여 수익을 창출한다.
- 신규 제품 및 서비스 개발: 시장의 변화와 고객 요구에 맞춰 새로운 제품이나 서비스를 개발한다. 이를 위해 인공지능과 데이터 분석을 통해 신제품의 기획 단계에서부터 고객의 니즈를 반영하는 전략을 세울 수 있다.

위의 각 단계는 기업이 디지털 전환을 통해 경쟁력을 높이는 데 기여하며, 각각의 실행 영역에서 구체적인 전략을 수립하고 기술을 도입함으로써 성공적으로 추진할 수 있다.

[그림1] 생성형 AI를 활용한 디지털 전환(DX) 단계별 실행 전략

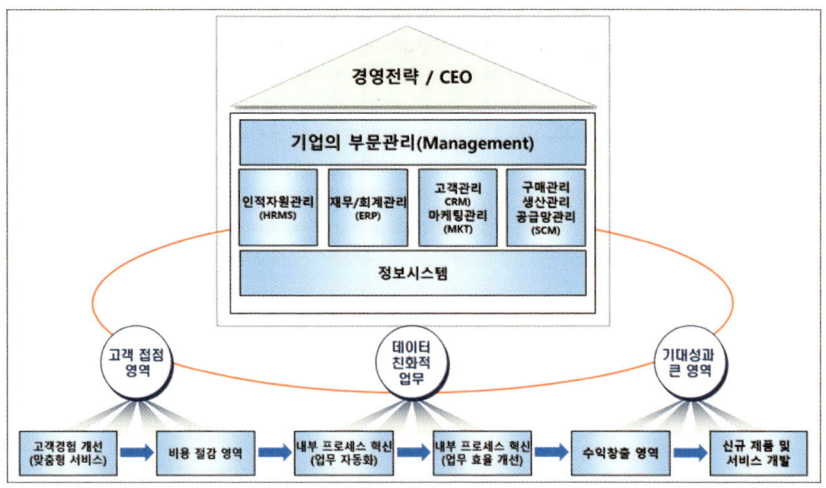

디지털 전환(DX) 과정에서 기업이 직면할 수 있는 주요 도전 과제는 무엇인가?

디지털 전환(DX)은 기업이 경쟁력을 유지하고, 새로운 비즈니스 기회를 창출하기 위해 반드시 필요한 과정이다. 그러나 디지털 전환은 단순히 기술을 도입하는 것을 넘어, 기업의 운영 방식, 문화, 조직 구조까지 근본적으로 변화시키는 것을 포함하기 때문에 다양한 도전 과제에 직면하게 된다. 아래는 디지털 전환 과정에서 기업이 직면할 수 있는 주요 도전 과제와 그에 대한 해결 방안이다.

가. 조직 문화와 인식의 변화

디지털 전환의 가장 큰 장벽 중 하나는 조직 내의 문화와 인식의 변화이다. 기존의 전통적인 방식에 익숙한 조직원들은 새로운 기술과 방식에 대한 저항감을 가질 수 있다. 특히 경영진이나 임직원들이 디지털 기술의 중요성을 충분히 이해하지 못하면, 전사적인 디지털 전환 추진이 어려워진다.

> 예시: 대기업 A사는 디지털 전환을 시도했으나, 중간 관리자층의 저항과 조직원의 낮은 디지털 인식으로 인해 전환 과정이 지연되었다. 이를 해결하기 위해 A사는 디지털 교육 프로그램을 도입하고, 조직 내에서 디지털 전환의 필요성과 이점을 지속적으로 커뮤니케이션했다. 이를 통해 디지털 전환에 대한 긍정적인 인식을 확산시키고, 전사적인 협력을 이끌어낼 수 있었다.

해결 방안
- 디지털 전환에 대한 명확한 비전과 목표를 공유.
- 전사적인 디지털 문화 교육 및 트레이닝 프로그램 운영.
- 변화 관리를 위한 리더십 강화와 변화의 이유에 대한 명확한 설명.

나. 기술 도입에 따른 초기 투자 비용과 리소스 부족

디지털 전환에는 기술 도입을 위한 상당한 초기 투자 비용이 필요하다. 특히 AI, 클라우드, IoT 등의 최신 기술 도입은 초기 비용이 높으며, 이를 성공적으로 활용하기 위해서는 추가적인 인프라 구축과 전문 인력 확보가 필요하다. 중소기업이나 스타트업의 경우, 이러한 초기 투자 비용과 리소스 부족이 큰 도전 과제가 될 수 있다.

예시: 중소기업 B사는 AI 기반의 데이터 분석 시스템을 도입하려 했지만, 높은 도입 비용과 내부 인프라 부족으로 어려움을 겪었다. B사는 클라우드 기반 솔루션을 선택해 초기 투자 비용을 줄이고, 외부 전문가와 협력하여 필요한 기술 역량을 보완했다.

해결 방안
- 클라우드 서비스 활용을 통해 초기 비용 절감.
- 단계적 기술 도입 계획 수립으로 리스크 관리.
- 외부 전문가 및 파트너와의 협력을 통해 기술 역량 강화.

다. 데이터 관리 및 보안 이슈

디지털 전환은 데이터의 수집, 분석, 활용을 중심으로 이루어지며, 이 과정에서 데이터 관리와 보안 문제는 매우 중요한 도전 과제이다. 특히 개인정보 보호법, GDPR 등의 규제 준수는 필수적이며, 데이터 유출이나 해킹 등 보안 사고는 기업의 신뢰도와 비즈니스에 치명적인 영향을 미칠 수 있다.

예시: 글로벌 기업 C사는 대규모 데이터 유출 사고를 겪으며, 고객의 신뢰를 잃고 비즈니스에 큰 타격을 입었다. 이를 계기로 C사는 데이터 보호를 위한 철저한 보안 정책을 재정비하고, 지속적인 모니터링과 보안 인프라 강화에 집중했다.

해결 방안
- 데이터 보안 및 개인정보 보호를 위한 체계적인 정책 수립.
- 보안 솔루션 도입과 지속적인 모니터링 시스템 구축.
- 데이터 관리 및 보안 관련 법규 준수와 내부 교육 강화.

라. 전문 인력의 부족

디지털 전환을 성공적으로 수행하기 위해서는 AI, 데이터 분석, 클라우드 등 다양한 분야의 전문 인력이 필요하다. 그러나 이러한 역량을 가진 인력을 확보하는 것은 쉽지 않으며, 특히 중소기업의 경우 인재 유치와 유지에 있어 어려움을 겪을 수 있다.

예시: 스타트업 D사는 AI 전문가를 채용하려 했으나, 대기업들과의 경쟁에서 인재 확보에 어려움을 겪었다. D사는 외부 전문가와의 협업 모델을 도입해 프로젝트 단위로 전문 인력을 활용하는 전략을 채택했다.

해결 방안
- 내부 인재 양성을 위한 교육 및 트레이닝 프로그램 운영.
- 외부 전문가 및 파트너와의 협력 강화.
- 유연한 채용 모델 도입(프리랜서, 프로젝트 기반 인력 활용 등).

마. 기존 시스템과의 통합 및 호환성 문제

디지털 전환을 진행하면서 기존의 전통적인 시스템과 새로운 디지털 기술을 통합하는 데 어려움이 있을 수 있다. 시스템 간의 호환성 문제는 디지털 전환 속도를 저해하고, 운영상의 비효율을 초래할 수 있다.

예시: 제조업체 E사는 스마트 팩토리 도입을 위해 IoT 시스템을 구축했으나, 기존의 ERP 시스템과의 통합 과정에서 호환성 문제가 발생했다. 이를 해결하기 위해 E사는 전문 컨설팅을 통해 통합 전략을 재정비하고, 점진적으로 시스템 통합을 추진했다.

해결 방안
- 시스템 통합을 고려한 사전 계획 수립.
- 점진적인 시스템 교체 및 통합 추진.
- 시스템 통합 전문가의 자문과 협력을 통해 최적화된 솔루션 도입.

바. 변화에 대한 저항과 내부 커뮤니케이션 부족

디지털 전환 과정에서 조직 구성원들의 저항은 필연적으로 발생할 수 있다. 특히 변화에 대한 두려움이나, 새로운 기술 도입으로 인한 업무 변화에 대한 부담이 저항의 원인이 된다. 또한, 디지털 전환의 필요성과 비전을 명확히 전달하지 않으면 구성원들의 참여를 이끌어내기 어려울 수 있다.

예시: 금융업체 F사는 디지털 전환을 추진하면서 조직 내부에서 강한 저항에 부딪혔다. F사는 디지털 전환의 비전을 전사적으로 공유하고, 직원들을 대상으로 지속적인 교육과 소통 프로그램을 운영하여 변화에 대한 저항을 줄였다.

해결 방안
- 디지털 전환의 비전과 목표를 명확히 설정하고 지속적으로 소통.
- 변화 관리를 위한 리더십과 직원 참여 유도.
- 교육 및 트레이닝을 통해 새로운 기술 도입에 대한 심리적 장벽 제거.

디지털 전환 과정은 많은 도전 과제를 동반하지만, 이를 성공적으로 극복하는 기업은 시장에서의 경쟁력을 강화하고 지속 가능한 성장을 이룰 수 있다. 조직 문화 변화, 기술 도입 비용, 데이터 관리, 전문 인력 확보, 시스템 통합 등 다양한 문제를 해결하기 위해서는 체계적인 계획 수립과 전사적인 협력이 필수적이다. 기업은 이러한 도전 과제를 미리 인식하고, 전략적으로 대응함으로써 디지털 전환을 성공적으로 추진할 수 있다.

디지털 전환(DX)을 성공적으로 수행하기 위해 기업이 가져야 할 핵심 역량은 무엇인가?

디지털 전환(DX)은 기업의 생존과 지속 가능한 성장을 위해 더 이상 선택이 아닌 필수이다. 그러나 디지털 전환을 성공적으로 수행하기 위해서는 단순히 최신 기술을 도입하는 것만으로는 충분하지 않다. 기업은 디지털 환경에서 경쟁 우위를 확보하기 위해 특정한 역량을 강화해야 한다. 아래는 디지털 전환을 성공적으로 이끌기 위해 기업이 반드시 갖추어야 할 핵심 역량과 그 구체적인 예시이다.

가. 디지털 리더십(Digital Leadership)

디지털 전환을 성공적으로 수행하기 위해서는 강력한 리더십이 필수적이다. 디지털 리더십은 기술 혁신을 주도하며, 조직 전반에 디지털 비전을 공유하고, 변화를 이끌어 가는 능력을 의미한다. 경영진이 디지털 전환의 중요성을 인식하고, 전략적인 방향을 설정하며, 조직 전체가 그 비전을 따르도록 리드하는 것이 핵심이다.

예시: 마이크로소프트의 사티아 나델라 CEO는 클라우드 중심의 디지털 전환 전략을 세우고, 전사적인 변화를 이끌어 성공적인 결과를 얻었다. 그의 리더십 하에 마이크로소프트는 클라우드 사업을 중심으로 새로운 성장 동력을 확보하며, 기존의 하드웨어 중심 사업 구조를 혁신할 수 있었다.

나. 데이터 기반 의사결정(Data-Driven Decision Making)

디지털 전환에서 데이터는 가장 중요한 자산이다. 기업은 데이터를 분석하고 활용해 보다 정확하고 신속한 의사결정을 내릴 수 있어야 한다. 이를 위해 데이터 수집, 분석, 활용에 대한 체계적인 시스템을 구축하고, 데이터를 기반으로 전략적 결정을 내리는 문화를 조직 전반에 정착시켜야 한다.

> 예시: 넷플릭스는 데이터를 중심으로 의사결정을 내리는 대표적인 기업이다. 넷플릭스는 사용자의 시청 데이터를 분석해 맞춤형 콘텐츠 추천을 제공하며, 이를 바탕으로 새로운 콘텐츠를 기획하고 제작한다. 이와 같은 데이터 중심의 접근은 넷플릭스가 글로벌 콘텐츠 시장에서 경쟁력을 유지하는 비결이다.

다. 유연한 조직 구조와 민첩성(Agility)

디지털 환경은 빠르게 변화하기 때문에, 기업은 변화에 신속하게 대응할 수 있는 유연성과 민첩성을 갖추어야 한다. 전통적인 경직된 조직 구조로는 변화하는 시장 환경에 대응하기 어렵다. 따라서, 민첩한 의사결정과 빠른 실행을 가능하게 하는 유연한 조직 구조를 갖추는 것이 중요하다.

> 예시: 구글은 소규모 팀 단위로 프로젝트를 운영하며, 자율성과 창의성을 바탕으로 신속한 의사결정과 실행을 가능하게 했다. 이러한 조직의 민첩성 덕분에 구글은 끊임없이 혁신을 이어가고, 새로운 시장 기회를 포착할 수 있었다.

라. 디지털 기술 역량(Digital Skills and Competencies)

디지털 전환을 성공적으로 이끌기 위해서는 조직 구성원들이 디지털 기술에 대한 이해와 역량을 갖추어야 한다. AI, 빅데이터, 클라우드, IoT 등의 기술에 대한 이해는 필수이며, 이를 실제 비즈니스에 적용할 수 있는 능력을 갖추는 것이 중요하다. 기업은 디지털 역량을 강화하기 위해 내부 교육 프로그램을 운영하거나 외부 전문가와 협력하여 필요한 기술을 확보해야 한다.

> 예시: IBM은 내부 교육 프로그램인 'Think Academy'를 통해 직원들에게 최신 디지털 기술과 비즈니스 트렌드를 교육했다. 이를 통해 직원들의 디지털 역량을 강화하고, 조직 전체가 디지털 전환에 대한 이해를 깊이 가질 수 있도록 했다.

마. 고객 중심 사고(Customer-Centric Approach)

디지털 전환의 궁극적인 목표는 고객 경험을 혁신하는 것이다. 기업은 디지털 기술을 활용해 고객의 요구를 보다 정확히 파악하고, 개인화된 맞춤형 서비스를 제공함으로써 고객 만족도를 높여야 한다. 이를 위해 고객 데이터를 효과적으로 수집하고 분석하여 고객 중심의 전략을 수립하는 것이 중요하다.

> 예시: 아마존은 고객 중심 전략을 통해 디지털 전환의 성공을 이끌었다. 고객 데이터를 분석해 맞춤형 추천 서비스를 제공하고, 1일 배송, 고객 리뷰 시스템 등 고객 경험을 최우선으로 하는 다양한 혁신을 도입해 경쟁 우위를 확보했다.

바. 혁신 문화(Innovation Culture)

디지털 전환은 끊임없는 혁신을 요구한다. 이를 위해 기업은 실패를 두려워하지 않는 도전적이고 창의적인 조직 문화를 조성해야 한다. 새로운 아이디어와 실험을 장려하고, 이를 통해 지속적인 개선과 혁신을 추구하는 문화가 디지털 전환의 성공을 이끌어 간다.

> 예시: 애플은 혁신적인 조직 문화를 통해 지속적으로 새로운 제품과 서비스를 선보이고 있다. 직원들이 자유롭게 아이디어를 제안하고, 이를 빠르게 프로토타입으로 전환하여 검증하는 문화 덕분에, 애플은 기술 혁신을 지속할 수 있었다.

디지털 전환은 단순히 기술을 도입하는 것을 넘어, 기업의 조직 문화, 리더십, 고객 중심 사고, 데이터 활용 등 다양한 측면에서의 변화를 요구한다. 성공적인 디지털 전환을 위해서는 디지털 리더십, 데이터 기반 의사결정, 유연한 조직 구조, 디지털 기술 역량, 고객 중심 사고, 혁신 문화를 종합적으로 갖추는 것이 필수적이다. 이러한 핵심 역량을 강화함으로써 기업은 디지털 전환을 성공적으로 이끌고, 빠르게 변화하는 시장에서 지속적인 성장을 이어갈 수 있을 것이다.

디지털 전환(DX)을 통해 기업이 경험할 수 있는 이점 중에서 가장 중요한 것은 무엇인가?

디지털 전환(DX)은 기업의 운영 방식과 비즈니스 모델을 혁신함으로써 다양한 이점을 가져다준다. 그 중에서도 가장 중요한 이점은 "고객 경험의 혁신"이다. 고객 중심의 디지털 전략을 통해 기업은 더 나은 서비스를 제공하고, 고객과의 관계를 강화할 수 있다. 이러한 변화는 결국 기업의 성장을 촉진하고, 경쟁력을 강화하는 데 결정적인 역할을 한다.

가. 고객 경험의 혁신이 중요한 이유

현대의 디지털 환경에서 고객들은 더 높은 수준의 맞춤형 서비스와 편리함을 기대한다. 디지털 전환을 통해 기업은 고객 데이터를 수집, 분석하고, 이를 바탕으로 개인화된 서비스를 제공함으로써 고객 만족도를 극대화할 수 있다. 고객 경험의 혁신은 단순히 서비스를 개선하는 것을 넘어, 브랜드에 대한 충성도와 고객 생애 가치를 극대화하는 데 기여한다.

예시: 아마존은 고객 경험을 혁신적으로 개선한 대표적인 사례다. 아마존은 고객의 구매 이력과 검색 데이터를 분석해 개인화된 추천 서비스를 제공하며, 빠른 배송과 사용자 친화적인 인터페이스를 통해 최상의 고객 경험을 구현했다. 이처

럼 고객의 니즈를 정확히 파악하고, 맞춤형 솔루션을 제공함으로써 아마존은 전자상거래 시장에서 독보적인 위치를 차지하게 되었다.

나. 고객 데이터를 활용한 개인화 서비스

디지털 전환을 통해 기업은 방대한 양의 데이터를 수집하고, 이를 분석해 고객의 선호도와 행동 패턴을 파악할 수 있다. 이를 바탕으로 기업은 고객에게 맞춤형 서비스를 제공하여, 더 나은 고객 경험을 제공할 수 있다. 고객이 원하는 것을 미리 예측해 제공하는 서비스는 고객 만족도를 높이고, 재구매율을 증대시키는 핵심 요소로 작용한다.

> 예시: 넷플릭스는 사용자의 시청 이력과 선호도를 분석해 개인화된 콘텐츠를 추천한다. 이를 통해 사용자들은 자신이 좋아하는 콘텐츠를 쉽게 찾을 수 있으며, 넷플릭스에 대한 만족도와 충성도가 높아진다. 이러한 개인화 전략은 넷플릭스가 글로벌 스트리밍 시장에서 성공을 거두는 중요한 요인이다.

다. 실시간 고객 대응과 빠른 서비스 제공

디지털 전환을 통해 고객 서비스의 속도와 품질을 높이는 것이 가능하다. AI 챗봇이나 자동화된 고객 지원 시스템을 활용하면, 고객의 문의나 문제를 실시간으로 처리할 수 있어 응답 시간을 크게 단축할 수 있다. 이는 고객의 기대를 충족시킬 뿐만 아니라, 고객 불만을 최소화하여 기업의 이미지를 긍정적으로 유지하는 데 기여한다.

> 예시: 은행업계에서 디지털 전환을 성공적으로 수행한 하나은행은 AI 챗봇을 도입해 고객의 금융 관련 문의를 24시간 실시간으로 응대하고 있다. 이를 통해 고객은 시간과 장소에 구애받지 않고 편리하게 서비스를 이용할 수 있으며, 은행은 고객 만족도와 운영 효율성을 동시에 높였다.

라. 고객과의 지속적인 관계 강화

디지털 전환은 고객과의 접점을 확대하고, 관계를 지속적으로 유지하는 데 중요한 역할을 한다. 소셜 미디어, 모바일 앱, 이메일 마케팅 등을 통해 고객과의 소통을 강화하고, 브랜드에 대한 신뢰와 유대감을 형성할 수 있다. 특히, 디지털 채널을 통해 실시간 피드백을 수집하고 이를 바탕으로 개선점을 찾음으로써, 고객의 니즈를 지속적으로 반영하는 것이 가능하다.

> 예시: 스타벅스는 모바일 앱을 통해 고객과의 접점을 강화하고, 로열티 프로그램을 통해 지속적인 고객 관계를 유지하고 있다. 앱을 통해 주문, 결제, 포인트 적립이 가능하며, 맞춤형 혜택을 제공함으로써 고객의 재방문율을 높이고 있다. 이러한 전략은 스타벅스가 커피 시장에서 강력한 브랜드 파워를 유지하는 데 기여했다.

디지털 전환을 통해 기업이 얻을 수 있는 다양한 이점 중 가장 중요한 것은 고객 경험의 혁신이다. 고객 경험은 디지털 시대의 경쟁력 핵심 요소로, 고객 데이터를 기반으로 한 개인화 서비스, 실시간 응대, 지속적인 관계 강화 등을 통해 기업은 고객 만족도를 높이고, 충성도 높은 고객을 확보할 수 있다. 디지털 전환은 단순히 기술의 도입을 넘어, 고객 중심의 접근 방식을 통해 기업의 성장을 견인하고, 지속 가능한 경쟁 우위를 제공한다.

기업이 디지털 전환(DX) 전략을 수립할 때 고려해야 할 핵심 요소는 무엇인가?

디지털 전환(DX)은 단순히 최신 기술을 도입하는 것이 아니라, 기업의 운영 방식, 비즈니스 모델, 그리고 조직 문화를 근본적으로 변화시키는 전략적 과정이다. 성공적인 디지털 전환을 위해서는 전략 수립 단계에서부터 명확한 목표와 방향성을 설정하고, 이를 뒷받침하는 다양한 요소들을 종합적으로 고려해야 한다. 다음은 디지털 전환 전략을 수립할 때 반드시 고려해야 할 핵심 요소들이다.

가. 명확한 비전과 목표 설정

디지털 전환의 첫걸음은 기업의 비전과 목표를 명확히 설정하는 것이다. 디지털 전환을 통해 무엇을 달성하고자 하는지, 장기적인 비즈니스 목표와 어떻게 연결되는지를 명확히 규정해야 한다. 이 과정에서 디지털 기술을 통해 해결하고자 하는 문제를 구체적으로 정의하고, 목표 달성을 위한 단계적 로드맵을 수립하는 것이 중요하다.

예시: 삼성전자는 디지털 전환을 통해 스마트 제조 환경을 구축하고, 글로벌 경쟁력을 강화하는 것을 목표로 설정했다. 이를 위해 인공지능(AI)과 IoT를 활용한 스마트 팩토리를 도입해 생산성을 극대화하고, 고객 맞춤형 제품을 빠르게 공급하는 시스템을 구축했다. 명확한 비전과 목표가 있었기에 이러한 전략이 효과적으로 실행될 수 있었다.

나. 조직 문화와 리더십의 변화

디지털 전환은 기술의 변화만이 아닌 조직 문화와 리더십의 변화도 필수적이다. 디지털 전환 전략을 성공적으로 수행하기 위해서는 조직 구성원들이 변화에 적극적으로 참여할 수 있도록 리더십이 변화의 방향을 명확히 제시하고, 혁신적인 조직 문화를 구축해야 한다. 특히, 디지털 전환에 대한 리더십의 강력한 의지와 지속적인 커뮤니케이션이 중요하다.

> 예시: GE는 디지털 전환 과정에서 전사적인 혁신 문화를 조성하기 위해 리더십의 역할을 강화했다. CEO를 포함한 고위 경영진이 디지털 전환의 중요성을 지속적으로 강조하고, 혁신을 위한 아이디어를 조직 내에서 자유롭게 제안하고 실행할 수 있는 환경을 조성했다. 이를 통해 GE는 디지털 전환을 성공적으로 수행하고, 새로운 비즈니스 기회를 창출했다.

다. 고객 중심의 접근 방식

디지털 전환의 핵심은 고객 경험을 혁신하는 것이다. 전략 수립 단계에서부터 고객의 니즈와 기대를 반영한 접근 방식을 고려해야 하며, 이를 위해 고객 데이터를 활용해 맞춤형 서비스를 제공하고 고객 경험을 지속적으로 개선해야 한다. 고객 중심의 디지털 전환 전략은 장기적인 고객 충성도를 확보하고, 경쟁 우위를 유지하는 데 중요한 역할을 한다.

> 예시: 스타벅스는 디지털 전환을 통해 고객 중심의 서비스를 강화했다. 모바일 앱을 통해 개인화된 추천과 주문, 결제 서비스를 제공하며, 로열티 프로그램을 통해 고객과의 지속적인 관계를 유지하고 있다. 이러한 고객 중심의 전략 덕분에 스타벅스는 고객 만족도를 극대화하고, 경쟁이 치열한 시장에서 꾸준히 성장하고 있다.

라. 데이터 전략 및 관리 체계

디지털 전환의 성공 여부는 데이터를 얼마나 효과적으로 수집하고 분석하며 활용하는지에 달려 있다. 기업은 데이터를 기반으로 의사결정을 내리고, 운영 효율성을 극대화할 수 있어야 한다. 이를 위해 체계적인 데이터 관리 전략을 수립하고, 데이터 보안과 개인정보 보호를 위한 강력한 정책을 도입해야 한다.

> 예시: 아마존은 데이터 분석을 통해 고객의 구매 패턴을 예측하고, 이를 바탕으로 개인화된 상품 추천을 제공하고 있다. 또한, 실시간 재고 관리와 물류 최적화를 통해 비용을 절감하고, 고객에게 더 빠른 배송 서비스를 제공하고 있다. 아마존의 데이터 전략은 디지털 전환의 핵심 성공 요인 중 하나로 꼽힌다.

마. 기술 인프라와 역량 확보

디지털 전환 전략을 실행하기 위해 필요한 기술 인프라와 역량을 확보하는 것이 중요하다. 클라우드 컴퓨팅, AI, IoT, 빅데이터 등 디지털 전환을 위한 핵심 기술을 도입하고, 이를 효과적으로 운영할 수 있는 인재를 확보해야 한다. 특히, 기술의 도입과 함께 내부 역량 강화를 위한 교육과 트레이닝 프로그램을 지속적으로 운영해야 한다.

> 예시: LG전자는 디지털 전환을 위해 클라우드와 AI 기반의 스마트 제조 플랫폼을 구축하고, 이를 운영할 수 있는 전문 인력을 양성하기 위해 내부 교육 프로그램을 도입했다. 이러한 기술 인프라와 인재 확보 전략은 디지털 전환 과정에서 중요한 경쟁력을 제공했다.

바. 민첩성(Agility)과 유연성

디지털 환경은 빠르게 변화하기 때문에, 기업은 민첩성과 유연성을 갖춘 조직 구조를 마련해야 한다. 디지털 전환 전략 수립 시, 빠른 의사결정과 유연한 변화 대응을 가능하게 하는 프로세스를 구축하는 것이 필수적이다. 이를 위해 소규모 팀 단위의 운영 방식이나 애자일(Agile) 방법론을 도입해 신속한 실행과 피드백이 가능하도록 해야 한다.

> 예시: 구글은 애자일 방식을 통해 소규모 팀이 빠르게 프로젝트를 실행하고, 지속적으로 개선해 나가는 문화를 가지고 있다. 이러한 민첩한 조직 구조 덕분에 구글은 새로운 기술과 시장 변화에 신속하게 대응하며, 디지털 전환을 효과적으로 수행할 수 있었다.

디지털 전환 전략을 수립할 때, 기업은 단순한 기술 도입을 넘어서 명확한 비전과 목표 설정, 조직 문화 변화, 고객 중심 접근, 데이터 전략, 기술 인프라 확보, 그리고 민첩성과 유연성을 종합적으로 고려해야 한다. 이러한 요소들을 전략적으로 통합함으로써 기업은 디지털 전환을 성공적으로 수행하고, 미래의 경쟁에서 우위를 점할 수 있을 것이다.

디지털 전환(DX) 과정에서 조직 문화가 어떤 역할을 하며, 왜 중요한가?

디지털 전환(DX)은 단순히 기술을 도입하는 것을 넘어서, 기업의 운영 방식과 전략, 조직 문화까지 전반적인 변화를 요구하는 과정이다. 이때 조직 문화는 디지털 전환의 성공 여부를 결정짓는 중요한 요소로 작용한다. 아무리 첨단 기술을 도입하더라도 조직 문화가 이를 뒷받침하지 못하면, 디지털 전환은 실패로 끝날 수 있다. 그렇다면 디지털 전환 과정에서 조직 문화가 어떤 역할을 하며, 왜 중요한지 살펴보자.

가. 변화를 수용하는 유연성과 혁신적 사고 촉진

디지털 전환은 기존의 업무 방식과 관행을 근본적으로 바꾸는 과정이다. 이 과정에서 조직 문화가 유연하지 않고, 변화에 대한 저항이 강하다면 디지털 전환의 속도는 느려지고, 심지어 실패할 수 있다. 조직 문화는 변화와 혁신을 얼마나 잘 받아들이는지를 결정하는 중요한 요소다.

예시: GE는 디지털 전환을 추진하면서 "Fail Fast, Learn Faster(빠르게 실패하고 더 빨리 배우자)"라는 혁신적인 조직 문화를 강조했다. 이 문화는 직원들이 새로운 아이디어를 자유롭게 시도하도록 장려했고, 실패를 두려워하지 않게 함으로써 디지털 전환의 속도를 높였다. 그 결과 GE는 디지털 트윈, 산업용 IoT 등 다양한 혁신을 빠르게 구현할 수 있었다.

나. 디지털 리더십의 확산과 전사적 공감대 형성

디지털 전환은 단순히 IT 부서만의 과제가 아니라, 조직 전체가 함께 이끌어가야 하는 변화다. 이때 디지털 리더십이 중요한 역할을 한다. 리더십은 변화의 비전을 명확히 제시하고, 전사적으로 공감대를 형성하며, 조직원들이 디지털 전환의 중요성을 이해하고 적극적으로 참여하도록 유도하는 역할을 한다.

> 예시: 마이크로소프트의 사티아 나델라는 클라우드 중심의 디지털 전환을 추진하면서 조직 내 모든 구성원이 이 비전을 공유할 수 있도록 지속적으로 커뮤니케이션했다. 그는 전사적인 공감대를 형성하고, 직원들이 디지털 전환의 중요성을 깨닫도록 유도했다. 이러한 리더십 덕분에 마이크로소프트는 성공적으로 클라우드 기반의 비즈니스 모델로 전환할 수 있었다.

다. 협업과 커뮤니케이션 촉진

디지털 전환 과정에서 부서 간의 협업과 원활한 커뮤니케이션이 필수적이다. 데이터의 공유, 통합적인 문제 해결, 혁신적 아이디어 도출 등은 부서 간의 긴밀한 협력이 뒷받침되어야 가능하다. 이때 조직 문화가 협업과 열린 소통을 장려한다면, 디지털 전환의 효과는 극대화될 수 있다.

> 예시: 구글은 자유롭고 수평적인 조직 문화를 통해 협업을 촉진하고 있다. 프로젝트 팀 간의 원활한 소통과 협업 덕분에 구글은 신속한 의사결정과 혁신적인 기술 개발을 지속할 수 있었다. 이러한 문화는 구글이 디지털 전환을 성공적으로 추진하는 데 큰 기여를 했다.

라. 디지털 역량 강화와 학습 문화 조성

디지털 전환은 기술의 도입과 함께 그 기술을 효과적으로 활용할 수 있는 역량을 요구한다. 조직 내에서 새로운 기술을 배우고, 디지털 환경에 적응할 수 있는 학습 문화를 조성하는 것이 중요하다. 학습과 성장 중심의 조직 문화는 디지털 전환을 가속화하고, 변화하는 환경에 유연하게 대응할 수 있게 한다.

> 예시: IBM은 디지털 전환의 일환으로 'Think Academy'라는 내부 교육 프로그램을 운영하며 직원들의 디지털 역량을 강화하고 있다. 이러한 학습 문화는 직원들이 끊임없이 새로운 기술을 배우고, 디지털 환경에 빠르게 적응할 수 있도록 돕는다. IBM의 학습 중심 조직 문화는 디지털 전환을 지속적으로 추진할 수 있는 동력을 제공하고 있다.

마. 저항 관리와 변화 수용

디지털 전환은 조직 내에서 저항을 불러일으킬 수 있다. 특히, 오랜 시간 유지해온 업무 방식과 절차를 바꿔야 하는 상황에서 구성원들의 불안과 저항은 자연스럽게 나타난다. 이때 조직 문화가 변화를 어떻게 수용하고 관리하는지가 디지털 전환의 성공을 결정짓는 중요한 요인이 된다. 변화에 대한 저항을 효과적으로 관리할 수 있는 조직 문화는 디지털 전환의 안정적 추진을 보장한다.

> 예시: 금융업체 신한은행은 디지털 전환 과정에서 초기 저항에 직면했다. 그러나 신한은행은 변화 관리 프로그램을 통해 직원들의 불안을 해소하고, 디지털 전환의 필요성과 이점을 적극적으로 소통함으로써 저항을 극복했다. 이러한 변화 관리 과정에서의 조직 문화는 신한은행이 디지털 혁신을 성공적으로 이루는 데 중요한 역할을 했다.

디지털 전환 과정에서 조직 문화는 기술만큼이나 중요한 역할을 한다. 유연성과 혁신을 촉진하고, 리더십을 통해 공감대를 형성하며, 협업과 학습 문화를 조성하는 것이 디지털 전환의 성공을 좌우한다. 또한, 변화에 대한 저항을 효과적으로 관리하고, 조직원들이 디지털 전환의 필요성을 이해하고 적극적으로 참여하도록 하는 것은 조직 문화가 담당하는 핵심 역할이다. 기업이 디지털 전환을 성공적으로 이루기 위해서는 기술적인 요소뿐만 아니라, 이를 뒷받침하는 강력하고 혁신적인 조직 문화를 구축하는 것이 필수적이다.

09
디지털 전환(DX)을 추진하는 과정에서 임원, 직원 교육과 역량 강화가 왜 중요한가?

디지털 전환(DX)은 기업의 전반적인 변화를 요구하는 복잡한 과정이다. 이 과정에서 임원과 직원의 교육 및 역량 강화는 디지털 전환의 성공 여부를 결정짓는 중요한 요소다. 디지털 기술은 급속히 발전하고 있으며, 이를 효과적으로 활용하기 위해서는 기술적 지식뿐만 아니라 새로운 비즈니스 환경에 적응할 수 있는 역량이 필요하다. 다음은 디지털 전환을 추진하는 과정에서 임원과 직원 교육 및 역량 강화가 중요한 이유와 그 구체적인 예시들이다.

가. 디지털 리더십과 전략적 방향 설정

디지털 전환은 임원들의 리더십과 전략적 결정이 핵심이다. 임원들은 디지털 전환의 비전을 설정하고, 조직 전체가 그 방향으로 나아가도록 이끌어야 한다. 이를 위해서는 디지털 기술과 트렌드를 이해하고, 그에 맞는 전략을 수립할 수 있는 역량이 필수적이다. 따라서 임원들은 지속적인 교육을 통해 디지털 리더십을 강화해야 한다.

예시: AT&T는 디지털 전환을 추진하면서 임원들에게 디지털 역량 강화 교육을 의무화했다. 이를 통해 임원들은 최신 디지털 기술과 비즈니스 트렌드를 이해하고, 디지털 전환 전략을 효과적으로 설계하고 실행할 수 있었다. AT&T는 이러한 교육 프로그램을 통해 디지털 리더십을 강화하며 성공적인 전환을 이룰 수 있었다.

나. 직원의 기술적 역량 강화와 적응력 향상

디지털 전환 과정에서 다양한 디지털 기술이 도입되기 때문에 직원들의 기술적 역량이 매우 중요하다. 새로운 시스템이나 도구가 도입될 때, 이를 효율적으로 활용하기 위해서는 직원들이 해당 기술을 이해하고 능숙하게 다룰 수 있어야 한다. 이를 위한 교육과 트레이닝이 없으면, 디지털 전환의 효과는 제한적일 수 있다.

> 예시: 아마존은 클라우드 기술 도입 초기부터 직원들에게 AWS(Amazon Web Services)에 대한 교육을 집중적으로 제공했다. 이를 통해 직원들은 클라우드 기반 업무 환경에 신속히 적응하고, 새로운 시스템을 활용한 혁신적 비즈니스 모델을 창출할 수 있었다. 이처럼 직원들의 기술적 역량 강화는 디지털 전환의 성과를 극대화하는 데 중요한 역할을 했다.

다. 조직 내 저항 최소화와 변화 수용 촉진

디지털 전환 과정에서 새로운 기술이나 업무 방식에 대한 저항은 필연적이다. 직원들이 변화에 대해 이해하고 수용하도록 돕기 위해서는 교육과 트레이닝이 필수적이다. 직원들이 디지털 전환의 필요성과 이점, 그리고 새로운 기술 사용 방법을 명확히 이해할 때, 변화에 대한 저항이 줄어들고 조직 전체가 디지털 전환에 동참할 수 있다.

> 예시: 한국전력공사는 디지털 전환을 추진하는 과정에서 직원들의 저항을 줄이기 위해 디지털 교육과 소통 프로그램을 운영했다. 교육을 통해 디지털 기술의 중요성과 새로운 업무 방식에 대한 이해도를 높였으며, 직원들이 변화에 대한 불안감을 해소할 수 있도록 도왔다. 이러한 교육이 효과를 발휘하여 한국전력공사는 디지털 전환을 원활하게 추진할 수 있었다.

라. 지속 가능한 학습 문화 조성

디지털 전환은 한 번의 변화로 끝나는 것이 아니라, 끊임없는 학습과 적응을 요구한다. 새로운 기술이 계속해서 등장하기 때문에, 직원들은 지속적으로 학습하며 역량을 강화해야 한다. 이를 위해 기업은 학습 문화를 조성하고, 직원들이 자발적으로 학습하고 성장할 수 있는 환경을 제공해야 한다.

> 예시: IBM은 직원들이 최신 기술과 비즈니스 트렌드를 지속적으로 학습할 수 있도록 'Think Academy'라는 내부 교육 플랫폼을 운영하고 있다. 이를 통해 직원들은 AI, 클라우드, 데이터 분석 등 디지털 전환에 필요한 기술을 언제든지 학습할 수 있으며, 이는 IBM이 지속적으로 혁신을 유지하는 데 큰 기여를 하고 있다.

마. 업무 효율성 증대와 생산성 향상

디지털 전환은 자동화, 데이터 분석, AI 도입 등을 통해 업무 프로세스를 개선하고 생산성을 높이는 데 그 목적이 있다. 그러나 이러한 기술들을 효과적으로 활용하기 위해서는 직원들이 기술을 잘 이해하고, 이를 일상 업무에 적용할 수 있는 능력이 필요하다. 교육과 역량 강화는 이러한 기술 도입이 실제 업무 효율성과 성과로 이어지도록 돕는다.

> 예시: 삼성전자는 스마트 팩토리를 도입하면서 생산 현장 직원들에게 IoT, AI 등의 기술 교육을 강화했다. 이를 통해 직원들은 새로운 시스템을 효율적으로 운영할 수 있었고, 생산성은 크게 향상되었다. 이러한 교육과 역량 강화 덕분에 삼성전자는 디지털 전환의 성과를 극대화할 수 있었다.

디지털 전환을 성공적으로 추진하기 위해서는 임원과 직원들의 역량 강화가 필수적이다. 임원들은 디지털 리더십을 통해 전략적 방향을 제시해야 하며, 직원들은 기술적 역량을 강화하여 새로운 환경에 빠르게 적응해야 한다. 또한, 변화에 대한 저항을 줄이고, 지속 가능한 학습 문화를 조성함으로써 조직 전체가 디지털 전환의 가치를 이해하고 공감할 수 있도록 해야 한다. 이러한 교육과 역량 강화가 뒷받침될 때, 디지털 전환은 비로소 성공적인 결과를 가져다 줄 수 있다.

10

기업이 디지털 전환(DX)을 평가할 때
사용할 수 있는 성과 지표

디지털 전환(DX)은 기업의 경쟁력을 강화하고, 새로운 비즈니스 기회를 창출하기 위한 전략적인 과정이다. 하지만 디지털 전환이 성공적으로 이루어졌는지를 평가하기 위해서는 명확한 성과 지표(Key Performance Indicators: KPI)가 필요하다. 성과 지표를 통해 디지털 전환의 진척도와 효과를 객관적으로 평가하고, 향후 전략을 조정할 수 있다. 다음은 기업이 디지털 전환을 평가할 때 사용할 수 있는 주요 성과 지표와 그 예시들이다.

가. ROI (Return on Investment)

디지털 전환에 투자한 자본 대비 얼마나 수익을 창출했는지를 평가하는 지표다. ROI는 디지털 전환이 기업의 재무 성과에 미친 영향을 객관적으로 측정하는 데 유용하다. 디지털 전환 프로젝트에 투입된 비용과 그로 인해 얻은 이익을 비교함으로써 투자 효율성을 평가할 수 있다.

> 예시: A사는 디지털 마케팅 플랫폼을 도입하여 고객 데이터를 분석하고 맞춤형 광고를 진행했다. 이를 통해 매출이 20% 증가하였고, 초기 투자 비용 대비 ROI가 150%로 평가되었다. 이는 디지털 전환이 기업의 수익성에 긍정적인 영향을 미쳤다는 증거로 작용했다.

나. 고객 경험 지수 (Customer Experience Index, CXI)

디지털 전환의 핵심 목표 중 하나는 고객 경험을 개선하는 것이다. CXI는 고객의 디지털 경험에 대한 만족도를 평가하는 지표로, 고객의 피드백, 반복 구매율, 고객 유지율 등을 종합적으로 분석하여 측정한다. 디지털 전환 후 고객이 얼마나 편리하게 서비스를 이용할 수 있는지, 서비스 품질이 얼마나 개선되었는지를 평가한다.

> 예시: B사는 모바일 앱을 통해 고객 서비스와 주문 프로세스를 개선한 후, 고객 만족도 조사에서 CXI가 85점으로 상승했다. 이는 고객들이 디지털 전환을 통해 향상된 경험을 체감하고 있다는 것을 의미하며, 결과적으로 고객 충성도를 높이는 데 기여했다.

다. 생산성 지표 (Productivity Metrics)

디지털 전환은 자동화와 효율화된 프로세스를 통해 업무 생산성을 높이는 것을 목표로 한다. 생산성 지표는 직원당 처리 건수, 시간당 처리량, 작업 속도 등을 측정하여 디지털 전환이 실제로 업무 효율성에 얼마나 기여했는지를 평가한다.

> 예시: C사는 RPA(로보틱 프로세스 자동화)를 도입하여 반복적인 데이터를 처리하는 업무를 자동화했다. 그 결과, 데이터 처리 속도가 30% 빨라졌고, 직원들은 더 창의적이고 부가가치가 높은 업무에 집중할 수 있었다. 이는 생산성 지표를 통해 구체적으로 확인된 성과다.

라. 데이터 활용도 및 품질 (Data Utilization and Quality)

디지털 전환의 핵심은 데이터를 기반으로 한 의사결정이다. 데이터를 얼마나 효과적으로 수집, 분석, 활용하는지가 성공의 중요한 요소가 된다. 데이터 활용도는 기업이 데이터를 얼마나 자주 사용하고, 이를 통해 어떤 의사결정을 내리는지를 평가하며, 데이터 품질은 수집된 데이터의 정확성, 일관성, 완전성을 측정한다.

> 예시: D사는 데이터 분석 플랫폼을 도입한 후, 데이터 기반 의사결정의 비율이 70%로 증가했다. 또한, 데이터의 정확성과 일관성이 향상되어, 전략적 의사결정 과정에서 오류가 크게 줄어들었다. 이를 통해 디지털 전환이 기업의 데이터 활용도를 높이고, 의사결정의 신뢰성을 강화한 것을 알 수 있었다.

마. IT 성과 지표 (IT Performance Metrics)

디지털 전환은 IT 인프라의 효율성을 극대화하는 데 중요한 역할을 한다. 시스템 가동률(Uptime), 평균 복구 시간(MTTR, Mean Time to Repair), IT 비용 절감 효과 등을 통해 IT 인프라의 성과를 평가할 수 있다. 디지털 전환 후 IT 시스템이 얼마나 안정적이고 효율적으로 운영되고 있는지를 측정하는 것이다.

> 예시: E사는 클라우드 전환을 통해 시스템 가동률을 99.9%로 유지하고, 평균 복구 시간을 30분 이내로 단축했다. 이를 통해 IT 운영 효율성이 크게 향상되었고, 시스템 다운타임으로 인한 비즈니스 손실을 최소화할 수 있었다.

바. 시장 점유율 (Market Share)

디지털 전환이 기업의 시장 점유율에 미치는 영향을 평가하는 것도 중요한 지표다. 디지털 전환을 통해 신속하게 변화하는 시장에 대응하고, 고객에게 새로운 가치를 제공함으로써 경쟁 우위를 확보했는지를 시장 점유율 변화를 통해 확인할 수 있다.

> 예시: F사는 전자상거래 플랫폼을 도입하고, 온라인 판매를 강화한 후 시장 점유율이 15%에서 20%로 증가했다. 이는 디지털 전환이 시장 경쟁력 강화에 기여했음을 보여주는 사례다.

사. 직원 참여도 및 디지털 역량 (Employee Engagement and Digital Competency)

디지털 전환의 성공은 직원들이 변화에 얼마나 잘 적응하고, 디지털 기술을 효과적으로 활용하느냐에 달려 있다. 직원의 디지털 역량과 참여도를 평가함으로써 디지털 전환 과정에서의 내부 역량 강화 성과를 측정할 수 있다.

예시: G사는 디지털 트레이닝 프로그램을 도입한 후, 직원들의 디지털 역량 평가 점수가 평균 20% 향상되었다. 또한, 직원 참여도 조사에서 80% 이상의 직원이 디지털 전환이 자신의 업무에 긍정적인 영향을 미쳤다고 응답했다. 이는 조직 내 디지털 역량 강화가 성공적으로 이루어졌음을 나타낸다.

아. 지속적인 개선을 위한 피드백 루프

디지털 전환은 단기적인 프로젝트가 아닌 지속적인 과정이다. 디지털 전환의 성과를 측정하기 위한 지표를 설정하고, 그 결과를 분석함으로써 기업은 더 나은 전략을 수립하고 개선해 나갈 수 있다. 이를 위해 피드백 루프를 적극 활용하여 실시간으로 변화를 모니터링하고, 빠르게 대응하는 것이 중요하다.

예시: H사는 디지털 전환 과정에서 각 부서별로 설정한 성과 지표를 주기적으로 분석하고, 성과를 토대로 전략을 조정하는 피드백 루프를 구축했다. 이를 통해 초기 계획과 실제 성과 간의 차이를 확인하고, 필요한 경우 전략을 유연하게 수정하여 지속적인 개선을 이루었다.

디지털 전환의 성공 여부를 평가하기 위해서는 다양한 성과 지표를 종합적으로 고려해야 한다. ROI, 고객 경험 지수, 생산성, 데이터 활용도, IT 성과, 시장 점유율, 직원 참여도 등의 지표는 디지털 전환의 성과를 구체적으로 측정하고, 이를 통해 향후 전략을 조정하고 개선하는 데 중요한 기준이 된다. 기업은 자신들의 목표와 환경에 맞는 성과 지표를 설정하고, 이를 통해 디지털 전환이 실제로 가져온 변화를 객관적으로 평가함으로써 지속적인 혁신과 성장을 도모할 수 있다.

디지털 전환은 일회성 변화가 아닌 지속적인 혁신을 요구하는 과정이므로, 정기적인 성과 평가와 피드백을 통해 기업의 디지털 전환이 성공적으로 이어질 수 있도록 관리하는 것이 필수적이다.

Part 2
디지털 전환(DX)을 주도하는 핵심 기술은 무엇인가

01 인공지능(AI)과 머신러닝

가. 인공지능 기술과 서비스의 이해

인공지능(Artificial Intelligence)은 지능이 없는 기계에 사람처럼 지능을 갖게 하는 것이다. 인공지능 전문가는 인간만이 갖고 있는 특징을 이해하고, 이를 바탕으로 컴퓨터와 로봇 등이 인간처럼 생각하고 결정을 내리도록 하는 기술을 개발한다. 예를 들면 사람처럼 추론하는 기계, 사람처럼 사물을 이해하는 기계, 사람처럼 인식하기 위해 상황이나 정보를 복합적으로 표현하는 기술 등에 대해 연구와 개발이 진행 중이다.

이처럼 인공지능은 사람처럼 학습하고 사고할 수 있는 능력을 가진 프로그램이다. 일반적으로 인간의 지능이 필요한 작업을 컴퓨터가 수행하도록 훈련하는 기술을 말하며, 이 기술을 통해 기계는 로직을 적용하고 복잡한 데이터를 이해하여 추정할 수 있게 된다. 즉, 기계가 입력된 데이터에 숨겨진 패턴과 연관성을 식별하여 스스로 학습하는 것이다. 기계는 대량의 정보를 수집한 후 주요 특징 추출, 분석 기법 결정, 코드 작성 및 분석 실행을 거쳐 지능형 결과를 출력하며 이 모든 과정은 자동화된 프로세스로 진행된다. 여기서 자동화된 프로세스라는 것은 인적 개입을 최소화한 상태로 진행되는 것을 말한다. 또한 인공지능은 그 자체로 존재하는 것이 아니라, 컴퓨터 과학의 다른 분야와 직간접으로 많은 관련을 맺고 있다. 특히 현대에는 정보기술의 여러 분야에서 인공지능적 요소를 도입하여 그 분야의 문제 풀이에 활용하려는 시도가 매우 활발하게 이루어지고 있다.

인공지능기술은 인간의 인지(보다. 듣다. 읽다), 학습(반복 학습을 통해 지식 고도화), 추론

(학습된 지능에 기반 인지된 한경에 대한 추론 및 예측) 등을 컴퓨터 기술을 이용하여 구현함으로써 문제를 해결할 수 있는 기술이다. 특히 자연어처리, 시각, 청각지능 분야의 발전으로 인해 인공지능은 이제 사람보다 더 높은 정확도로 사물을 인식할 수 있고, 사람과 비슷한 수준으로 언어를 이해하고 대화할 수 있게 되었다. 이러한 인식분야의 발전으로 인공지능은 이제 외부의 수많은 다양한 데이터를 스스로 인식하고 이해해서 지식화 할 수 있는 '정보'로 받아드릴 수 있게 되었다. 그 동안 축적되어온 엄청난 빅데이터를 기계가 스스로 학습할 수 있게 되면서 인공지능의 지능이 혁신적으로 발전하고 있는 것이다.

1) 인공지능의 유형

일반적으로 인공지능의 유형을 크게 2가지 유형으로 구분하는데, 하나는 범용 인공지능(Artificial General Intelligence: AGI)으로 컴퓨터로 사람과 같은 또는 그 이상의 지능을 구현하는 것이다. 즉, 사람처럼 생각하고 사람과 비슷한 일을 하는 기계를 가리킨다.

범용 인공지능(AGI)은 사람의 모든 감각, 모든 추론 능력과 함께, 인간 지능의 모든 특징을 가지고 있어서 마치 사람처럼 생각할 수 있다. 예를들어, 사람과 대화하며 동시에 바둑도 둘 수 있는 인공지능이다. 또 하나는 전용 인공지능(Artificial Narrow Intelligence: ANI) 이다. 전용인공지능(ANI)은 인간 지능의 전체가 아닌 단 몇 가지 측면만 지니고 있다. 특정 프로세스의 자동화 또는 해당 프로세스에서 특정 작업의 자동화처럼 매우 특정적인 작업에 기계를 사용하는 것이다. 예를들어, 구글의 알파고(AlphaGo)처럼 특정 문제만을 해결하는 인공지능은 전용인공지능(ANI)으로 현재 비즈니스 애플리케이션에서 각광받는 기술이다.

인공지능은 [그림1]과 같이 머신러닝(Machine Learning)과 딥러닝(Deep Learning) 두 가지로 구분할 수가 있는데, 머신러닝은 기계가 명시적으로 프로그래밍 되지 않은 상태로 알고리즘을 사용하여 작업을 학습해서 실행하는 것이다. 머신 러닝을 기계 학습이라고도 하며, 패턴인식과 컴퓨터 학습 이론의 연구로부터 진화한 분야이다. 머신 러닝은 경험적 데이터를 기반으로 학습을 하고 예측을 수행하고 스스로의 성능을 향상시키는 시스템과 이를 위한 알고리즘을 연구하고 구축하는 기술이라 할 수 있다. 머신 러닝의 알고리즘들은 엄격하게 정해진 정적인 프로그램 명령들을 수행하는 것이라기보다, 입력 데이터를 기반으로 예측이나 결정을 이끌어내기 위해 특정한 모델을 구축하는 방식을 취한다.

[그림1] 인공지능의 구분

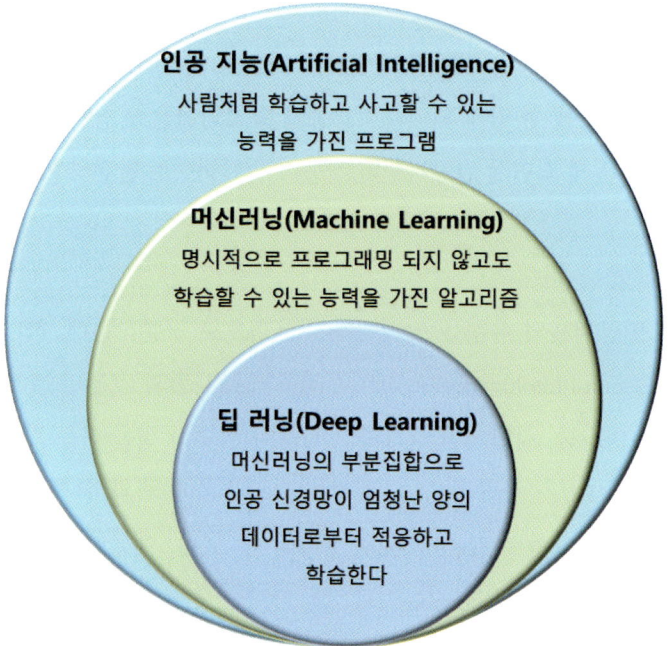

*참고: IDG Korea

머신 러닝은 컴퓨터 과학을 포함한 대부분의 모든 분야에서 활용되고 있으며, 컴퓨터 시각(문자 인식, 물체 인식, 얼굴 인식), 자연어 처리(자동 번역, 대화 분석), 음성 인식 및 필기 인식, 정보 검색 및 검색 엔진(텍스트마이닝, 스팸 필터, 추출 및 요약, 추천 시스템), 생물정보학(유전자 분석, 단백질 분류, 질병 진단), 컴퓨터 그래픽 및 게임(애니메이션, 가상현실), 로보틱스(경로 탐색, 무인 자동차, 물체 인식 및 분류) 등의 분야에서 응용되고 있다.

그리고 딥러닝은 머신러닝의 부분집합으로 인공신경망을 사용하여 엄청난 양의 데이터로부터 적응하고 학습하여 활용된다.

다층구조 형태의 신경망을 기반으로 하는 머신러닝의 한 분야로, 다량의 데이터로부터 높은 수준의 추상화 모델을 구축하고자 하는 기법이다. 얼굴이나 표정을 인식하는 등의 특정 학습 목표에 대해, 딥 러닝은 학습을 위한 더 나은 표현 방법과 효율적인 모델 구축에 초점을 맞춘다. 딥 러닝의 표현방법들 중 다수는 신경과학에서 영감을 얻었으며, 신경 시스템의 정보 처리나 통신 패턴에 기반을 두고 있다. 앞에서 예를 든, 구글의 알파고는 딥러닝 알고리즘으로 만들어진 것이다.

인공지능, 머신러닝, 딥러닝은 자율적으로 데이터에서 패턴을 찾고 예측과 대응 방안을 활성화하기 위해 애널리스트가 아닌 알고리즘에 의존한다.

지능형 알고리즘을 통해 발전해가고 있는 인공지능 기술은 지능형 금융서비스, 법률서비스 지원, 의료진단서비스, 기사작성, 지능형 로봇, 지능형 비서, 지능형 감시 시스템, 지능형 추전 시스템, 지능형 스팸분류 등 다양한 산업 분야에서 이미 널리 사용되고 있다. 점점 더 빠르게 발전해 가고 있는 인공지능은 인식 및 판단(Perception & decision making)기능과 학습 기능을 활용해 스스로 빠른 속도로 똑똑해지고 있다.

2) 인공지능의 기술분류 체계

인공지능 기술은 딥러닝 기술 등 알고리즘과 하드웨어 기술의 발전으로 다양한 영역에서 급진적인 발전과 함께 르네상스를 맞고 있다. 국내외 적으로 인공지능 기술을 다양한 영역에 적용하기 위해 연구 개발이 진행 중이다. 그 중에서 핵심이 되고 있는 인공지능 기술을 중심으로 [표1]과 같이 크게 3대 중분류 및 9개 소분류로 구분할 수 있고 다음과 같이 기술을 정의할 수 있다.

[표1] 인공지능의 기술분류 체계

대분류	중분류	소분류	기술의 정의
인공지능	학습지능	머신러닝	지식, 기능, 판단 등을 데이터분석, 시행착오, 기존 지식 활용 등을 통해 학습하는 기술
		추론/지식표현	기계가 이해할 수 있는 형태의 지식 표현 및 기존 지식으로부터 새로운 사실을 추론하는 기술
	단일지능	언어지능	인간의 언어인지 기능을 모사하여 텍스트 및 대화체 문장을 분석, 이해, 생성하는 기술
		시각지능	영상에서 사물의 위치와 내용(속성)을 이해하고 움직이는 행동(사건, 원인)을 이해하는 기술
		청각지능	인간의 청각기능을 모사하여 음향, 음성 등 소리를 인식, 분석, 이해, 표현하는 기술
	복합지능	행동/소셜지능	공간을 인지하고 움직임을 제어하며 사회적 협업이 가능한 지능
		상황/감정이해	주변환경, 상황, 맥락, 인간의 감정 등을 다양한 센싱 정보로부터 인식, 분석, 이해하는 기술
		지능형 에이전트	특정한 목적을 위해 사용자를 대신해서 작업을 수행하는 인공지능
		범용 인공지능	인간이 할 수 있는 어떠한 지적인 업무도 수행할 수 있는 인공지능

*참고: 정보통신 기획평가원, "인공지능 기술 청사진(2030)" 2019. 12

3) 인공지능의 주요 기술과 적용 서비스

인공지능의 기술분류 체계를 기준으로 공통 및 중복 등의 요소가 많은 이슈를 통합해서 구분할 수 있는데 통합된 내용을 정리하면 다음과 같다.

인공지능의 주요 기술과 서비스는 [그림2]와 같이 크게 7가지 주요 기술로 분류할 수 있고, 각각의 AI 주요 기술을 적용하여 개발된 서비스가 제공된다. 대표적인 인공지능 기술 서비스 영역은 안전, 의료, 국방, 에너지, 금융, 농수산업, 제조, 이동체, 도시, 복지, 항공, 물류, 여행 등 다양한 영역에 활용되고 있다.

[그림2] 인공지능(AI)의 주요 기술과 적용 서비스

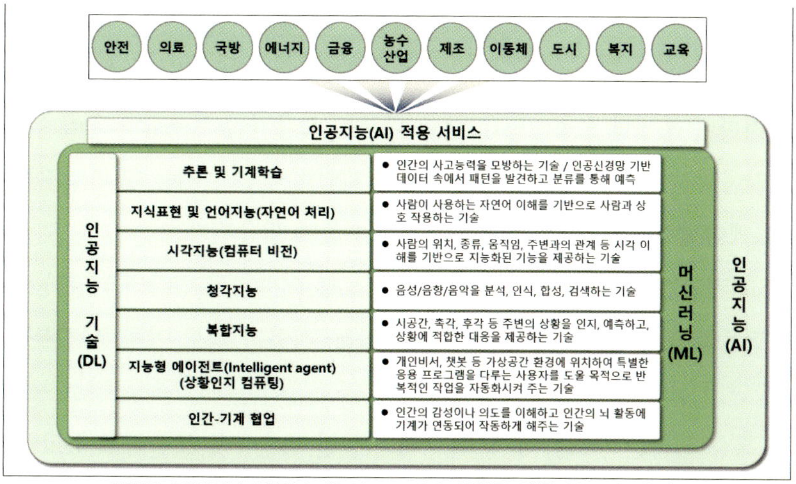

*참고: 과학기술정보통신부, "I-Korea 4.0 실현을 위한 인공지능(AI) R&D 전략", 2018. 5

인공지능의 주요 기술을 활용해서 개발할 수 있는 제품과 서비스 분야는 무궁무진하다.

인공지능을 기술을 활용해서 새로운 가치를 창출하기 위해서는 AI 기술에 대한 학습과 이해가 필요하다.

먼저 '추론과 기계학습'은 인간의 사고능력을 모방하는 기술들로 추론, 인공신경망, 강화학습, 딥러닝, 인지 공학 등이고, '지식표현 및 언어지능'은 사람이 사용하는 자연어를 이해하는 자연어 처리를 기반으로 사람과 상호 작용하는 기술들이 포함되는데, 지식공학 및 온톨로지(Ontology), 대용량 지식처리, 언어분석, 의미분석, 대화 이해 및 생성, 자동 통·번역, 질의 응답(Q/A), 텍스트 요약 등에 활용 된다.

'시각지능(컴퓨터비전)'은 사물의 위치, 종류, 움직임, 주변과의 관계 등 시각 이해를 기반으로 지능화된 기능을 제공하는 기술들이 포함되고 컴퓨터 비전, 사물 이해, 행동 이해, 장소/장면 이해, 비디오 분석 및 예측, 시공간 영상 이해, 비디오 요약 등에 활용 된다.

'청각지능'은 음성, 음향, 음악 등을 분석하여 음성을 합성하거나 음성을 검색하는 기술들이고 음성분석, 음성인식, 화자 인식/적응, 음성합성, 오디오 색인 및 검색, 잡음 처리 및 음원 분리, 음향인식 등에 활용된다.

'복합지능'은 시공간, 촉각, 후각 등 인간의 오감을 모방한 감각 데이터를 이용하여

Part 2 디지털 전환(DX)을 주도하는 핵심 기술은 무엇인가

주변 상황을 인지, 예측하고, 상황에 적합한 대응을 제공하는 기술들이고 공간 지능, 오감 인지, 다중 상황 판단 등에 활용된다.

'지능형 에이전트(Intelligent agent)(상황인지 컴퓨팅)'는 개인 비서, 챗봇 등 가상 공간 환경에 위치하여 특별한 응용 프로그램을 다루는 사용자를 보조할 목적으로 반복적인 작업들을 자동화시켜 주는 기술들이고 지능형 개인비서, 소셜지능 및 협업지능, 에이전트 플랫폼, 에이전트 기술, 게임 지능, 창작 지능 등에 활용된다.

'인간과 기계의 협업'은 인간의 감성이나 의도를 이해하고 인간의 뇌 활동에 기계가 연동되어 작동하게 해주는 기술들이고 감상 지능, 사용자 의도 이해, 뇌컴퓨터 인터페이스, 추론 근거 설명 등에 활용된다. 'AI 기반 하드웨어'는 초고속 AI정보 처리를 구현할 수 있도록 지원하는 하드웨어 및 하드웨어 관련 기술들을 포함하고 있고 사람의 뇌 신경을 모방한 차세대 반도체로 딥러닝 등 인공지능 기능을 구현할 수 있는 뉴로모픽 칩(Neuromorphic chip), 지능형 반도체, 슈퍼컴퓨팅, AI 전용 프로세서 등이 있다.

나. 머신러닝과 딥러닝

1) 머신러닝

머신러닝(Machine Learning)은 인공지능(AI)의 한 분야로, 데이터 분석을 위한 모델 생성을 자동화하여 소프트웨어가 데이터를 바탕으로 학습하고 패턴을 찾아낸다. 이를 통해 사람의 개입을 최소화하고 빠르게 의사 결정을 내릴 수 있도록 지원한다[그림3].

조금더 자세하게 설명하면, 머신 러닝은 기계가 명시적으로 프로그래밍 되지 않은 상태로 알고리즘을 사용하여 작업을 학습해서 실행하는 것을 말한다. 즉, 명시적으로 프로그래밍 되지 않고도 학습할 수 있는 능력을 가진 알고리즘이다. 데이터를 통해서 학습하기 위해 특정 비즈니스 규칙을 제공할 필요가 없다. 다른 말로 하면, "X가 보이면, Y를 실행해라"같은 명령어가 필요 없다. 머신 러닝을 기계 학습이라 고도하며, 컴퓨터 과학 중 인공지능의 한 분야로, 패턴인식과 컴퓨터 학습 이론의 연구로부터 진화한 분야이다. 머신 러닝은 경험적 데이터를 기반으로 학습을 하고 예측을 수행하고 스스로의 성능을 향상시키는 시스템과 이를 위한 알고리즘을 연구하고 구축하는 기술이라 할 수 있다. 머신 러닝의 알고리즘들은 엄격하게 정해진 정적인 프로그램 명령들을 수행하는 것이라기보다, 입력 데이터를 기반으로 예측이나 결정을 이끌어내기 위해 특정한 모델을 구축하는 방식을 취한다.

머신 러닝은 컴퓨터 과학을 포함한 대부분의 모든 분야에서 활용되고 있으며, 컴퓨터 시각(문자 인식, 물체 인식, 얼굴 인식), 자연어 처리(자동 번역, 대화 분석), 음성 인식 및 필기 인식, 정보 검색 및 검색 엔진(텍스트마이닝, 스팸 필터, 추출 및 요약, 추천 시스템), 생물정보학(유전자 분석, 단백질 분류, 질병 진단), 컴퓨터 그래픽 및 게임(애니메이션, 가상현실), 로보틱스(경로 탐색, 무인 자동차, 물체 인식 및 분류) 등의 분야에서 응용되고 있다.

훌륭한 머신러닝 시스템 구축에 필요한 조건으로는 데이터 준비 역량, 기본 및 고급 알고리즘, 자동화/반복 프로세스, 확장성, 앙상블 모델링을 들 수 있다.

머신러닝은 알고리즘을 이용해 연계성을 찾아내는 모델을 구축함으로써 조직은 사람의 개입 없이도 더 나은 의사 결정을 내릴 수 있다. 우리가 살아가는 세상을 만들고 발전시키는 기술들인 것이다.

[그림3] 머신러닝 기반 데이터 분석

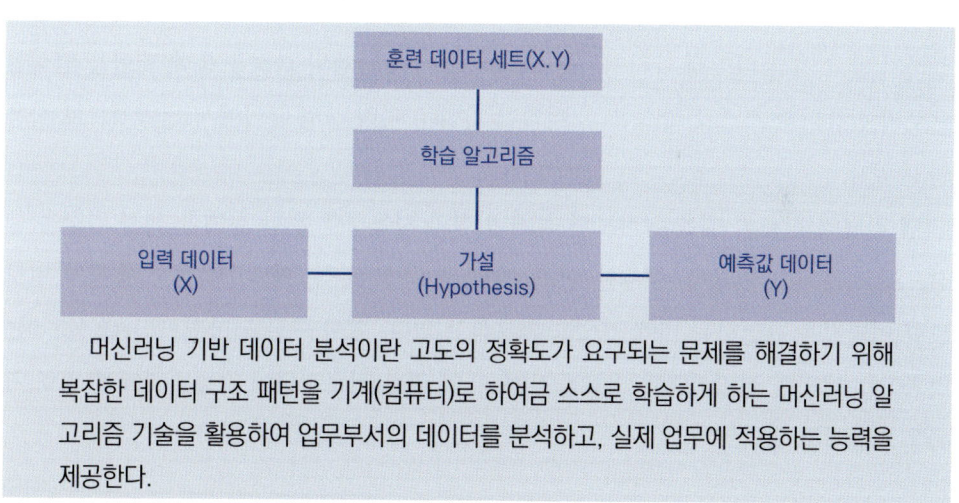

머신러닝 기반 데이터 분석이란 고도의 정확도가 요구되는 문제를 해결하기 위해 복잡한 데이터 구조 패턴을 기계(컴퓨터)로 하여금 스스로 학습하게 하는 머신러닝 알고리즘 기술을 활용하여 업무부서의 데이터를 분석하고, 실제 업무에 적용하는 능력을 제공한다.

2) 딥러닝

딥 러닝(Deep Learning)은 머신러닝의 부분집합으로 인공 신경망이 엄청난 양의 데이터로부터 적응하고 학습한다. 보통 인공 신경망(Artificial Neural Network: ANN)을 사용한다. 딥 러닝의 이점은 이론적으로는 어떤 데이터 속성(Data Element)이 중요한지를 알려줄 필요가 없다는 것이지만, 대부분의 경우 다량의 데이터가 필요하며,

이론적으로는 어떤 데이터 속성(또는 머신러닝 용어로는 "피처(Feature)")이 중요한지를 알려줄 필요가 없다.

*참고: 머신러닝에서는 목표값을 레이블이라고 부르고, 통계에서는 목표값을 종속변수라고 부른다. 또한 통계학에서 변수라고 부르는 것을 머신러닝에서는 피처라고 부른다. 통계학에서 변환이라고 부르는 것을 머신러닝에서는 피처 생성이라고 부른다.

딥러닝은 다층구조 형태의 신경망을 기반으로 하는 머신러닝의 한 분야로, 다량의 데이터로부터 높은 수준의 추상화 모델을 구축하고자 하는 기법이다. 얼굴이나 표정을 인식하는 등의 특정 학습 목표에 대해, 딥 러닝은 학습을 위한 더 나은 표현 방법과 효율적인 모델 구축에 초점을 맞춘다. 딥 러닝의 표현방법들 중 다수는 신경과학에서 영감을 얻었으며, 신경 시스템의 정보 처리나 통신 패턴에 기반을 두고 있다. 앞에서 예를 든, 구글의 알파고는 딥러닝 알고리즘으로 만들어진 것이다.

딥러닝은 음성 인식과 이미지 식별, 예측 등 다양한 작업을 수행할 수 있도록 컴퓨터를 트레이닝하는 머신 러닝의 한 유형이다. 사전에 정의된 방정식에 맞춰 데이터를 구성하지 않고 기본 데이터 파라미터를 설정하고 여러 단계의 과정을 통해 패턴을 인식함으로써 컴퓨터가 스스로 학습한다. 이러한 기법은 여러 산업 분야에서 전략적으로 사용되고 있다.

딥 러닝의 적용의 예를 살펴보면 물체 인식과 자동차를 위한 장애물 센서 연구를 중심으로 적용되고 있으며, 구글은 안드로이드의 음성 인식, 페이스북은 사용자가 업로드한 이미지를 판별하는 데에 기술을 활용하고 있다. 또한 구글 딥마인드(Deep Mind)는 알파고는 개인의 질병진단과 치료를 위해 개인 의료 기록접근이 가능영역에서 의료 기록을 학습하고 있다.

[그림4] 다양한 산업 분야의 딥 러닝 기술 활용 사례

금융	정부	보건 및 생명 과학	제조업 및 에너지	통신 및 리테일
부정 거래 적발 신용분석 자동 금융 자문 프로그램	스마트 시티 Security Intelligence 안면 인식	예측 진단 생체의학 영상 처리 보건 모니터링	공급망 최적화 자동화된 불량 검출 과정 에너지 사용량 예측	대화형 챗봇 Customer Intelligence 네트워크 분석

딥러닝은 데이터를 컴퓨터가 처리 가능한 형태인 벡터나 그래프 등으로 표현하고 이를 학습하는 모델을 구축하는 연구를 포함한다. 얼굴이나 표정을 인식하는 등의 특정 학습 목표에 대해, 딥 러닝은 학습을 위한 더 나은 표현 방법과 효율적인 모델 구축에 초점을 맞춘다. 딥 러닝의 표현방법들 중 다수는 신경과학에서 영감을 얻었으며, 신경 시스템의 정보 처리나 통신 패턴에 기반을 두고 있다.

머신러닝과 딥 러닝 모델은 "스스로" 새로운 데이터를 가지고 끊임없이 학습한다는 추가 장점도 가지고 있다. 데이터의 속성이 바뀌더라도, 머신러닝과 딥 러닝 모델을 새로운 데이터로 재교육하기만 하면 된다.

인공지능에 주로 응용됐던 딥 러닝(Deep Learning) 알고리즘은 스마트 가전제품, 스마트 자동차, 웨어러블 기술에도 사용되면서 사물 인터넷으로 모든 요소들을 묶게 된다.

사물 인터넷과 각종 모바일 기기에 의해 발생하는, 무한대로 확장되는 빅데이터를 효과적으로 처리할 수 있는 것은 딥 러닝의 특성 때문이다.

인간 두뇌의 시뮬레이션을 기반으로 하는 딥 러닝 알고리즘은 지금까지 음성 인식, 자연어 처리, 로봇 자율성과 같은 첨단 기술에 사용됐다. 기계 학습과 인공 지능에 주로 사용되며 앞으로 핵심적인 기술들이 발전하기 위한 토대가 될 수 있는 이러한 알고리즘의 차세대 버전을 개발하기 위한 연구가 활발하게 진행되고 있고, 많은 기업들이 앞다퉈 인공지능에 활용할 새로운 알고리즘 개발에 역량을 집중하고 있다.

인공지능을 탑재한 서비스는 이미 우리의 일상 생활에 다양한 형태로 다가오고 있고 상용화 단계로 발전되고 있다. 이에 맞물려 인공지능 기술과 사물인터넷(IoT)의 융합이 더욱 주목을 받고 있다. 센서, 네트워크, 알고리즘 등 기본적인 사물인터넷 인프라 위에 머신러닝 기술을 통해 더 정교한 판단력과 서비스를 구현하는 것이 기업의 경쟁력이 될

것이다.

최근에는 음성 인식 기술이 향상되면서 스마트폰을 통해 많은 서비스를 활용할 수 있다. 음성인식으로 전화를 걸고, 문자를 보낼 수 있고, 음악을 들을 수 있고, 인터넷 검색도 할 수 있고, 스케줄 관리 등도 할 수 있다.

인간의 뇌가 효과적으로 작동하는 이유는 전기적 자극을 통해 통신하는 많은 수의 신경 세포가 포진하고 있기 때문이다. 딥 러닝 알고리즘은 이러한 뇌 구조에 착안한 신경망 시뮬레이션을 기반으로 한다.

인공지능인 딥 러닝 알고리즘을 통해 사람들이 거주하는 집이 더 똑똑해지고 더 편리해진다. 집에서 음악을 듣고 싶을 때 인공지능 스피커 기기에 노래를 재생하라는 명령만 내리면 내장된 음원 정보뿐만 아니라 인터넷을 통해 정보를 검색하여 들려주고 듣고 싶은 노래가 없으면 직접 만들어서 들려줄 것이다. 미래에는 로봇이 친구가 되고 환자를 돌보거나 개를 산책시킬 수도 있게 된다. 또한 사람이 잠을 자거나 책을 읽는 동안 알아서 운전하는 무인 자동차가 상용화 될 것이고, 집에서 가전 제품에 사용하는 리모트 컨트롤이 사라질 것이다.

인공지능이 전세계적으로 가장 뜨거운 관심을 모으는 분야인 동시에, 인공지능 개별 기술 간 경계를 넘어 [그림4]와 같이 다양한 산업 분야에서 딥 러닝 기술이 활용되어 전 산업 분야에 커다란 파급 효과를 보일 것으로 예상된다.

02 클라우드 컴퓨팅

가. 클라우드 컴퓨팅이란 무엇인가?

클라우드 컴퓨팅(Cloud Computing)은 인터넷을 통해 컴퓨팅 자원(서버, 스토리지, 데이터베이스, 소프트웨어, 애플리케이션 등)에 대해 [그림1]과 같이 어디서나 접근이 가능하도록 하고 IT리소스를 필요에 따라 제공하는 서비스 모델이다. 기업은 클라우드를 통해 물리적인 IT 인프라를 구축하거나 유지할 필요 없이, 필요한 리소스를 유연하게 사용할 수 있다. 이는 디지털 전환 과정에서 기업의 IT 인프라를 효율적으로 관리하고, 빠르게 변화하는 시장 환경에 신속히 대응하는 데 중요한 역할을 한다.

넷플릭스는 클라우드 컴퓨팅을 통해 글로벌 스트리밍 서비스로 성장한 대표적인 사례. 넷플릭스는 클라우드 기반 인프라를 통해 전 세계 사용자의 데이터를 분석하고, 그에 맞춰 맞춤형 콘텐츠를 제공하며, 안정적인 스트리밍 서비스를 유지한다. 클라우드를 활용한 유연한 인프라 덕분에 넷플릭스는 사용자가 급증하는 시기에도 서비스 품질을 유지할 수 있으며, 새로운 시장 진출 시에도 빠르게 인프라를 구축할 수 있다.

[그림1] 클라우드 컴퓨팅 서비스 모델의 이해

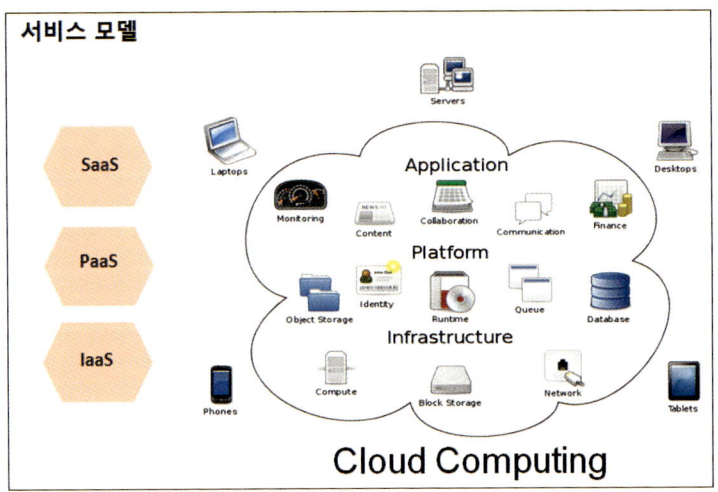

1) 클라우드 컴퓨팅의 주요 특징

① **유연성**(Flexibility): 클라우드 컴퓨팅은 사용자가 필요에 따라 자원을 확장하거나 축소할 수 있는 유연성을 제공한다. 이를 통해 기업은 비즈니스 규모나 변화하는 수요에 맞춰 신속하게 대응할 수 있다.

② **비용 절감**(Cost Efficiency): 클라우드는 사용한 만큼만 비용을 지불하는 방식(Pay-as-you-go)을 채택해, 초기 인프라 구축 비용과 유지보수 비용을 대폭 절감할 수 있다. 이는 특히 중소기업이나 스타트업이 클라우드를 통해 경제적으로 디지털 전환을 추진하는 데 도움이 된다.

③ **글로벌 접근성**(Global Accessibility): 클라우드는 인터넷만 있으면 어디서나 접근할 수 있어, 지리적 제약 없이 글로벌 비즈니스를 운영할 수 있다.

이는 다국적 기업이 전 세계의 다양한 시장에서 일관된 서비스를 제공하는 데 필수적이다.

예를 들어, 스타트업 F사는 신규 서비스를 출시하면서 대규모 서버와 데이터베이스를 관리해야 했다. 하지만 자체 서버를 구축하기엔 초기 비용이 부담되었고, 기술적 유지보수 역시 큰 도전 과제였다. F사는 클라우드 서비스 제공업체인 AWS(Amazon Web Services)를 활용해 필요한 서버 자원과 데이터 스토리지를 임대했다. 이를 통해 초기 투자 비용을 크게 절감하고, 서비스 수요가 증가할 때 유연하게 자원을 확장해 나갈 수 있었다. 또한, 클라우드 기반 인프라 덕분에 전 세계 고객에게 안정적인 서비스를 제공할 수 있었다.

2) 클라우드 컴퓨팅의 장점

① **비용 효율성**(Cost Efficiency): 클라우드는 초기 자본 투자를 최소화하며, 필요할 때만 자원을 사용하는 유연한 비용 구조를 제공한다. 이를 통해 기업은 IT 인프라에 대한 고정 비용을 줄이고, 더 많은 자원을 핵심 비즈니스에 집중할 수 있다.

② **확장성**(Scalability): 클라우드는 비즈니스 성장에 따라 자원을 신속하게 확장할 수 있다. 기업이 갑자기 트래픽이 급증하는 상황에서도 클라우드는 자동으로 자원을 확장해 서비스를 안정적으로 유지할 수 있다.

③ **보안과 안정성**(Security and Reliability): 클라우드 서비스 제공업체는 최신 보안 기술과 프로토콜을 통해 데이터를 보호하며, 재해 복구와 백업 서비스를 제공해 시스템의 안정성을 보장한다.

나. 클라우드 서비스 형태

클라우드 서비스의 형태는 [그림 2]과 같이 크게 3가지 IaaS(Infrastructure as a Service), PaaS(Platform as a Service), SaaS(Software as a Service)로 나누어 진다.

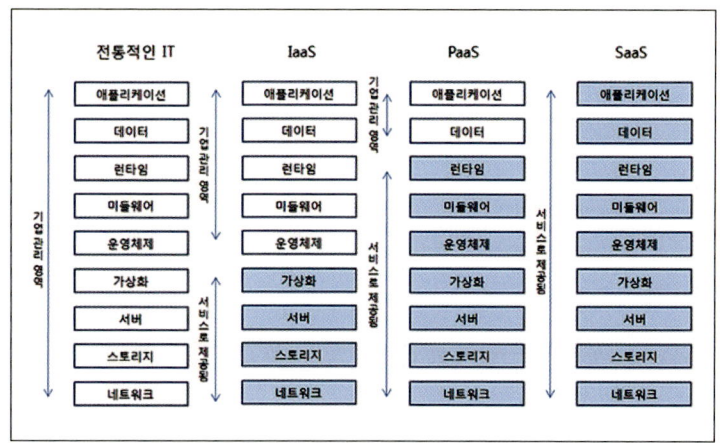

[그림2] 3대 클라우드 서비스 모델

1) IaaS(Infrastructure as a Service)

IaaS는 메모리나 CPU, 스토리지 등과 같은 인프라를 제공하는 형태의 클라우드 서비스이다. 즉, 인터넷을 통해 서버와 스토리지 등 데이터센터 자원을 빌려 쓸 수 있는 서비스를 말한다. 이용자는 직접 데이터센터를 구축할 필요 없이 클라우드 환경에서 필요한 인프라를 꺼내 쓰면 된다. 이렇게 빌려온 인프라에서 사용자는 운영체제를 직접 설치하고, 애플리케이션 등을 설치한 다음 원하는 서비스를 운영할 수 있다. 또한 물리적으로 만들어진 환경이 아니기 때문에 사용하지 않을 때는 시스템을 해체하는 것도 쉽게 할 수 있다. 시스템 관리자는 메모리나 스토리지의 용량, CPU나 OS의 종류 등과 같은 하드웨어 적인 요소를 선택하면 애플리케이션 소프트웨어가 인스톨되어 있지 않은 빈 서버가 제공된다.

2) PaaS(Platform as a Service)

PaaS는 IaaS의 확장판으로 애플리케이션을 가동하기 위한 플랫폼을 제공하는 형태의 클라우드 서비스이다. 즉, 소프트웨어 서비스를 개발할 때 필요한 플랫폼을 제공하는 서비스로 사용자는 PaaS에서 필요한 서비스를 선택해 애플리케이션을 개발하면 된다.

PaaS 운영 업체는 개발자가 소프트웨어를 개발할 때 필요한 API를 제공해 개발자가 좀 더 편하게 앱을 개발할 수 있게 도움을 준다. 개발자가 개발을 하는 데 필요한 도구와 환경을 사용하고, 사용한 만큼만 비용을 내기 때문에 개발자로선 비용 부담을 덜 수 있다. 단, 플랫폼 기반으로 애플리케이션을 개발하기 때문에 특정 플랫폼에 종속될 수 있다는 단점이 있다.

PaaS는 IaaS의 인프라에 프로그래밍 언어나 데이터베이스 애플리케이션 등 과 같은 애플리케이션을 가동하기 위한 플랫폼까지 제공해준다.

3) SaaS(Software as a Service)

SaaS는 소프트웨어(서비스)를 제공하는 형태의 클라우드 서비스이다. 즉, 클라우드 환경에서 운영되는 애플리케이션 서비스를 말한다. 모든 서비스가 클라우드에서 이뤄지기 때문에, 소프트웨어를 구입해서 PC에 설치하지 않아도 웹에서 소프트웨어를 빌려 쓸 수 있다.

SaaS는 필요할 때 원하는 비용만 내면 어디서든 곧바로 쓸 수 있다는 장점이 있고, PC나 기업 서버에 소프트웨어를 설치할 필요가 없다. 즉, 소프트웨어 설치를 위해 비용과 시간을 들일 필요가 없다.

SaaS는 중앙에서 소프트웨어를 관리하기 때문에 사용자가 일일이 업그레이드나 패치 작업을 할 필요도 없다. 시스템 관리자는 클라우드에 있는 소프트웨어를 서비스로서 이용하고, 이용자는 마련된 URL에 액세스하여 웹 브라우저에서 서비스를 사용한다.

IaaS나 PaaS는 플랫폼 부분에 대해 고려할 필요가 있지만, SaaS는 그 부분조차 제공업자에게 맡길 수가 있기 때문에 관리 효율이 대폭 향상된다. 데이터는 클라우드에서 안전하게 보호되므로 장비 고장으로 인해 데이터가 손실되지 않는다.

서비스 니즈에 따라 리소스를 확대하여 사용할 수 있다. 전 세계 거의 모든 위치에서 거의 모든 인터넷 연결 디바이스를 통해 애플리케이션을 이용할 수 있다.

다. 클라우드 컴퓨팅 배치(전개) 서비스 모델

일반적으로 클라우드 컴퓨팅의 배치(전개) 종류는 [표1]과 같이 3가지 유형으로 나누어서 설명할 수 있다. 먼저 클라우드의 인프라가 어디에 배치(전개)되고 구현되는지를 기준으로 설명하는 설치방식에 따른 분류인 "배치(전개)모델"이 있다. 그리고 어떤 형태의 클라우드 서비스가 공급되는지를 기준으로 설명하는 "서비스 모델"이 있다.

1) 전개 모델(Deployment Model)

전개 모델이라고 하는 것은 어떻게 클라우드를 구성하고 사용하는지에 대해서 설명하는 것으로 설치방식(배치. 전개) 모델이라고 하는데 클라우드를 설치하는 인프라 위치와 설치방식에 따른 구분하게 된다.

2) 서비스 모델(Service Model)

서비스 모델이라고 하는 것은 클라우드 서비스 접근하는 방식이나 클라우드를 이용 형태에 따라 구분하는 것이다. 즉 사용자가 클라우드 서비스를 어떻게 사용하는지에 따라서 구분하는 방식이다.

[그림3]은 클라우드 배치(전개) 서비스 모델에 대해 이해를 돕기 위한 그림이다.

[표1] 클라우드 배치(전개) 서비스 모델

클라우드 배치(전개) 모델	내용
프라이빗 클라우드 (Private Cloud)	• 한 기업이나 공공기관에 의해 인트라넷 상에서 배타적으로 사용되는 IT 환경으로 기업 또는 공공기관에 의해 통제 및 관리 ▸ 기업 또는 공공기관
퍼블릭 클라우드 (Public Colud)	• 인터넷 상으로 여러 사용자들에 의해 공유되는 IT 환경으로 클라우드 서비스 제공자가 서비스 제공 및 관리함 ▸ 아마존 AWS, KT, NAVER, LG유플러스
하이브리드 클라우드 (Hybird Cloud)	• 한 기업이나 공공이 Private Cloud 구축 후 Public Cloud도 병행해서 사용하는 것 ▸ 퍼블릭 클라우드와 프라이빗 클라우드 병행

[그림3] 클라우드 배치(전개) 서비스 모델

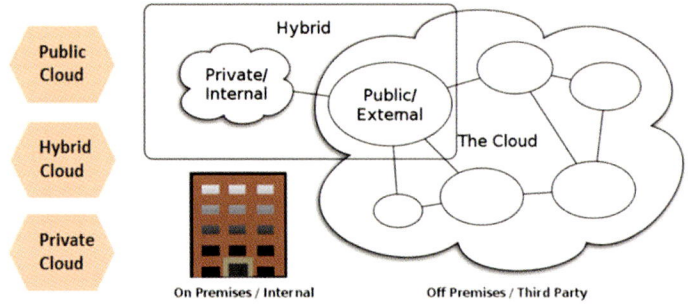

다. 클라우드 컴퓨팅이 디지털 전환에서 중요한 이유

클라우드 컴퓨팅은 디지털 전환을 가속화하는 데 중요한 역할을 한다. 기존 IT 인프라를 클라우드로 전환하면 더 효율적이고 유연한 운영이 가능해지며, 디지털 전환을 통해 새롭게 도입되는 기술들과도 쉽게 통합할 수 있다. 특히, 클라우드는 데이터 분석, AI, IoT와 같은 최신 기술을 빠르게 적용할 수 있도록 지원하여 기업의 혁신을 촉진한다.

클라우드 컴퓨팅은 디지털 전환의 핵심 기반으로, 기업이 더 유연하고 민첩하게 비즈니스를 운영할 수 있게 돕는다. 클라우드를 통해 기업은 변화하는 환경에 신속하게 대응하고, 디지털 전환의 성과를 극대화할 수 있다. 다음은 클라우드 컴퓨팅이 디지털 전환에서 중요한 이유를 구체적인 예시를 통해 좀 더 상세하게 설명하겠다.

1) 비즈니스 민첩성(Agility)의 극대화

디지털 전환 과정에서는 시장의 변화에 빠르게 대응하고, 신속하게 새로운 비즈니스 기회를 포착하는 것이 중요하다. 클라우드 컴퓨팅은 기업이 필요에 따라 IT 자원을 즉각적으로 확장하거나 축소할 수 있도록 지원하여, 이러한 민첩성을 극대화한다.

예시: 전자상거래 기업 G사는 특정 프로모션 기간 동안 웹사이트 방문자 수가 급증했다. 만약 G사가 자체 데이터 센터를 운영하고 있었다면, 이러한 갑작스러운 수요 증가를 대응하기 위해 많은 시간과 비용을 들여 서버를 확장해야 했을 것이다. 그러나 G사는 클라우드를 사용해 필요할 때만 서버 용량을 유연하게 확장함으로써, 고객이 몰리는 상황에서도 안정적인 서비스를 제공할 수 있었다. 이로 인해 G사는 고객 경험을 개선하고, 매출을 극대화할 수 있었다.

2) 데이터 중심 의사결정 지원

디지털 전환에서 데이터는 중요한 자산이다. 클라우드 컴퓨팅은 대규모 데이터를 수집, 저장, 분석하는 데 필요한 인프라를 유연하게 제공하며, 이를 통해 데이터 중심의 의사결정을 지원한다. 특히, 클라우드 기반 데이터 플랫폼을 활용하면 실시간으로 데이터를 분석하여, 더 빠르고 정확한 비즈니스 결정을 내릴 수 있다.

예시: 글로벌 기업 H사는 클라우드를 통해 모든 지점의 판매 데이터를 실시간으로 수집하고 분석하는 시스템을 구축했다. 이를 통해 H사는 특정 제품의 판매 추세를 실시간으로 모니터링하고, 지역별로 맞춤형 마케팅 전략을 빠르게 조정할 수 있었다. 클라우드 덕분에 H사는 데이터를 기반으로 한 빠른 의사결정이 가능해졌고, 경쟁사보다 유리한 위치를 차지할 수 있었다.

3) 글로벌 확장성(Global Scalability) 확보

클라우드 컴퓨팅은 물리적인 인프라 제약 없이 전 세계 어디서나 동일한 서비스를 제공할 수 있도록 지원한다. 이는 글로벌 시장으로 빠르게 확장하려는 기업에게 필수적인 요소다.

> 예시: 스타트업 I사는 아시아 시장을 겨냥해 새로운 모바일 앱을 출시했다. 클라우드를 사용해 글로벌 확장을 목표로 삼은 I사는 각 지역에 별도의 서버를 구축하지 않고, 클라우드 서비스 제공업체의 글로벌 데이터 센터 네트워크를 활용했다. 이를 통해 I사는 현지 시장의 수요에 맞춰 유연하게 서비스를 제공할 수 있었고, 짧은 시간 내에 여러 국가에서 사업을 성공적으로 확장할 수 있었다.

4) 비용 효율성과 초기 투자 부담 완화

디지털 전환은 종종 많은 초기 투자 비용을 수반한다. 클라우드 컴퓨팅은 이러한 부담을 줄여주며, 기업이 필요한 만큼만 자원을 사용하고, 이에 따라 비용을 지불할 수 있게 한다. 특히, 스타트업이나 중소기업은 클라우드를 통해 대규모 IT 인프라 구축 비용 없이도 첨단 기술을 도입할 수 있다.

> 예시: 중소기업 J사는 빅데이터 분석 시스템을 도입하고자 했으나, 자체 데이터 센터를 구축할 여력이 없었다. 클라우드 서비스를 통해 J사는 필요한 데이터 분석 도구와 스토리지를 임대하여 사용하였고, 초기 비용을 최소화하면서도 고도화된 분석 기능을 활용할 수 있었다. 이는 J사가 한정된 예산으로도 디지털 전환을 추진할 수 있게 해주었다.

5) 새로운 기술 도입의 용이성

디지털 전환의 과정에서 AI, 머신러닝, IoT 등 다양한 최신 기술을 도입하게 되는데, 클라우드는 이러한 기술들과의 통합을 쉽게 해준다. 클라우드 플랫폼은 이들 기술을 원활하게 연결하고, 기업이 복잡한 기술 스택을 간편하게 관리할 수 있도록 돕는다.

> 예시: 제조업체 K사는 스마트 팩토리를 구축하기 위해 클라우드 기반 IoT 플랫폼을 도입했다. 클라우드를 통해 K사는 각 제조 설비에 설치된 센서 데이터를 실시간으로

수집하고 분석하여, 생산 공정을 최적화했다. 이를 통해 운영 효율성이 크게 향상되었고, 불필요한 비용도 줄일 수 있었다. 클라우드 기반 플랫폼 덕분에 K사는 AI와 IoT 기술을 손쉽게 통합해 스마트 제조 환경을 구현할 수 있었다.

클라우드 컴퓨팅은 디지털 전환 과정에서 기업이 민첩성을 높이고, 데이터 중심의 의사결정을 내리며, 글로벌 확장과 비용 효율성을 극대화할 수 있도록 돕는다. 또한, 최신 기술을 쉽게 도입할 수 있는 환경을 제공해, 기업이 빠르게 변화하는 디지털 환경에서 경쟁력을 유지할 수 있게 해준다. 이러한 이유로 클라우드는 디지털 전환의 필수적인 요소로 자리잡고 있으며, 기업의 미래 성장을 위한 강력한 기반을 제공한다.

클라우드 컴퓨팅은 디지털 전환의 핵심 기반으로, 기업이 더 유연하고 효율적인 방식으로 비즈니스를 운영할 수 있게 돕는다. 초기 비용 절감, 확장성, 글로벌 접근성, 보안 등 클라우드의 다양한 이점은 디지털 전환을 추진하는 기업에게 필수적이다. 클라우드는 단순히 IT 인프라를 제공하는 것을 넘어, 기업이 빠르게 변화하는 환경에서 경쟁력을 유지하고 지속적인 성장을 이룰 수 있도록 지원한다.

03

빅데이터와 데이터 활용
끊임없이 쏟아지는 거대한 데이터를 어떻게 새로운 가치로 만들어낼 것인가?

　빅데이터(Big Data)를 여러 기관에서 정의하였는데, IDC는 "다양한 종류의 대규모 데이터로부터 저렴한 비용으로 가치를 추출하고, 데이터의 초고속 수집, 발굴, 분석을 지원하도록 고안된 차세대 기술 및 아키텍쳐"라고 하였다. 또는 빅데이터를 "사업에 도움이 되는 인사이트를 도출하기 위해 고해상, 고빈도로 생성된 데이터"라고 정의 하기도 한다.

　빅데이터란, 인터넷, 카카오톡, 페이스북, 트위터 등을 통해 오가는 모든 메시지, 이미지, 그리고 영상 등을 포괄하는 용어를 말한다. 간단하게 말해 이 세상에 존재하는 모든 정보를 의미한다고 볼 수 있다. 스마트폰 등 모바일 디바이스의 확산으로 인하여, 소셜미디어, 소셜네트워크 서비스(Social Network Service: SNS)의 활성화, M2M(Machine to Machine) 센서장비, 사물인터넷(Internet of Things)활용이 늘어나면서 데이터가 급속히 증가하고 있는데, 이러한 데이터를 수집, 저장(적재), 분석하고 예측하여 활용함으로써 기업의 신속한 의사결정, 생산성 향상 및 미래 예측을 하는데, 많은 도움을 주고 있다.

가. 빅데이터의 특징과 의미

　빅데이터는 단순히 데이터 크기만을 의미하지 않는다. 가트너 등 많은 전문 기관들은 빅데이터의 특징을 3V로 구분하고 있다. 즉 데이터의 양(Volume), 데이터 생성 속도(Velocity), 형태의 다양성(Variety)을 의미한다. 최근에는 가치(Value)나 복잡성

(Complexity)을 덧붙이기도 한다.

빅데이터는 '기존 데이터에 비해 너무 커서 기존 방법이나 도구로 수집, 저장, 검색, 분석, 시각화하기 어려운 정형 또는 비정형 데이터' 그리고, 이러한 데이터로부터 가치를 추출하고 결과를 분석하는 기술을 위미 한다.

미국의 조사연구 기관인 포레스터(Forrester)는 빅데이터를 다음의 세 가지 의미로 설명하고 있다.

첫째, 가치를 얻기 위한 데이터와 무엇을 할 것인지 아는 사람이 기업에게 필요하다는 것을 의미하는 기술이다.

둘째, 볼륨과 속도, 다양한, 그리고 다양성으로 인해 현재의 기술로는 도저히 감당하기 어려운 규모의 데이터를 말한다.

셋째, 경제적 가치 또는 솔루션을 저렴하게 제작하게 하고, 투자에 대한 비즈니스 사례를 지원하는 데이터를 말한다.

빅데이터의 특성은 적용 분야와 활용 가능성의 이해에 필수적이고, 구성요소는 빅데이터를 잘 활용하기 위한 전략 수립에 필수적 이다.

빅데이터는 말 그대로 막대한 양의 데이터이다. 빅데이터 기술에는 다양한 형태의 데이터를 수집하고 통합하는 것 → 데이터를 분석해 트렌드와 패턴을 찾아내는 것 → 분석 결과를 실시간으로 활용해 비즈니스 향상에 기여하는 것 등의 여러 단계가 모두 포함된다. 3대 요소 가운데 두 가지 이상의 요소만 충족된다면 빅데이터라고 볼 수 있다.

1) 빅데이터의 3대 특징

① 데이터의 양(Volume)

빅데이터는 크기 자체가 대형이다. 과거보다 데이터의 규모가 더욱 증가했다. 여러 개별요소들의 방대한 생데이터(Raw Data: Source Data)의 집합이다. 그리고 운영(Application) 활용에 따라 발생되는 모든 데이터로 데이터 양 방대하다. 기업들의 데이터는 테라바이트급 또는 패타바이트급의 정보가 축적될 정도로 방대하다.

② 다양성(Variety)

기존의 전통적인 데이터베이스에서 관리하는 구조적인 데이터와 달리, 빅데이터는 무수히 많은 종류가 발생할 수 있다. 빅데이터는 계층구조의 정형 데이터를 넘어 문자, 텍스트, 온도 등을 측정한 데이터, 오디오, 비디오, 클릭 스트립, 주가, 금융 데이터, 로그 파일 등과 같은 모든 다양한 비구조화된 데이터를 포함한 다양한 유형의 데이터인 비정형 데이터를 포함하고 있다. 즉 데이터 발생 원천과 종류가 매우 다양하다. 빅데이터에서는 기존의 관계형 데이터베이스뿐만 아니라 이메일, SNS에서 발생하는 데이터, 위치정보, 각종 로그 기록을 비롯해 멀티미디어 등의 비정형 데이터를 포함한 다양한 유형의 구조화되지 않은 데이터를 다룬다.

데이터는 정형화 정도에 따라 정형(Structured), 반정형(Semi-Structured), 비정형(Unstructured)으로 구분하고, 정형 데이터는 고정된 필드에 저장되는 데이터를 의미하며, 일정한 형식을 갖추고 있다.

③ **속도(실시간성)(Velocity)**

속도의 의미는 3가지로 구분된다. 데이터가 발생 후 기업내의 스토리지에 저장되기까지의 속도와 발생한 데이터의 불필요 부분과 무의미한 부분을 처리하여 가용하게 되는 수준까지의 속도, 그리고 정제된 데이터를 분석하고 의미를 추출하여 최종 목적을 달성하는 속도까지를 말한다. 이러한 속도는 데이터의 접근성과 사용 가능성을 높이는데 큰 도전이 된다. 빅데이터는 분초를 다툴 만큼 시간에 민감한 경우가 많으므로 비즈니스에서 데이터의 가치를 극대화하려면 기업 내에서 스트리밍 형태로 사용되어야 한다. 데이터를 수집하고 분석하고 활용하는 속도가 빨라야 한다. 데이터를 생성하거나 수집 및 통합하고 활용하는 모든 단계에 있어서 속도가 중요하다. 궁극적으로 빅데이터에서는 분석 결과를 실시간으로 활용하는 것을 추구하며, 이것이야말로 과거의 유사한 기술 트렌드와 빅데이터를 구별하는 가장 큰 특징이라 할 수 있다.

빅데이터의 속도적인 특징은 크게 실시간 처리와 장기적인 접근으로 나눌 수 있다.

오늘날 디지털 데이터는 매우 빠른 속도로 생성되기 때문에 데이터의 수집, 저장, 분석 등이 실시간으로 처리돼야 한다. 모든 데이터가 실시간 처리만을 요구하는 것은 아니다. 수집된 대량의 데이터를 다양한 분석 기법과 표현 기술로 분석해야 하는데, 이는 장기적이고 전략적인 차원에서 접근할 필요가 있다. 통계학과 전산학에서 사용하는 데이터 마이닝, 기계 학습, 자연어 처리, 패턴 인식 등이 분석 기법에 해당한다.

2) 빅데이터의 복잡성(Complexity)

데이터의 구조나 데이터의 획득과 처리에 드는 속도, 도메인 규칙이나, 저장 타입 등 데이터의 발생과 처리, 정제 등의 모든 과정이 복잡해지는 것을 말한다.

인터넷에서 발생되는 데이터의 양은 꾸준히 증가해왔는데 최근에는 SNS와 스마트폰의 대중화로 인해 데이터가 급증하고 있는 추세다. 또한 정부기관과 개별 기업들은 정보 시스템을 통해 방대한 데이터를 확보할 수 있게 됐으며, 스스로 확보한 데이터뿐만 아니라 타사의 데이터 또는 인터넷 상의 데이터를 통합하고 분석하여 비즈니스 인사이트(Insight)를 찾아내고 이를 정책 또는 비즈니스 향상에 활용하려는 욕구가 점차 커지고 있는 상황이다.

빅데이터를 위한 비즈니스 케이스란 고객이 사용하는 스마트폰 등 기기, 기호, 활동, 위치, 흥미 등으로부터 데이터를 수집하고 그 데이터를 실시간으로 분석해 긍정적 고객 경험을 창출하는 일련의 과정을 완벽히 수행하는 모습이 돼야 하는 것이다.

빅데이터를 둘러싼 에너지의 많은 부분은 통신 정보를 수집하고 이를 맞춤형 컨텐츠 제작과 고객 타겟팅에 활용하는 등의 소셜 미디어 관련 활동에 그 초점이 맞춰져 있었다. 하지만 빅데이터는 이러한 영역에만 이용되기엔 너무나 잠재력이 큰 존재다. 빅데이터는 소셜 미디어 관리 이상의 역할을 해야 한다. 오늘날 얼마나 많은 고객들이 자신들의 섬에만 갇혀 데이터 수집, 고객 이해 활동을 벌이고 있는가? 혁신적인 기업들은 빅데이터의 역할을 그들만의 공간, 소셜 미디어를 넘어서 보다 넓은 영역으로 확장시키고 그 가치를 고객을 위한 데이터로 활용해야 한다.

빅데이터의 등장은 혁명이라고 표현할 정도로 우리 생활과 산업 전반에 걸쳐 커다란 영향력을 행사하고 있다. 생활 그 자체가 빅데이터라 해도 지나치지 않다. 우리가 하루 동안 쏟아내는 데이터의 양을 생각해 보면 수긍이 간다.

우리가 일상적인 생활에서 스마트폰 활용은 거의 필수적이다. 또한 카톡, 위챗 등의 메신저 서비스는 거의 실시간으로 사용하고 있다. 아침에 일어나면 맨처음 머리맡에 놓인 스마트폰으로 밤새 이메일이나 카톡 메시지가 도착하지 않았는지 습관적으로 확인한다. 출근길에 지하철이나 택시 안에서도 스마트 기기로 뉴스도 보고 동영상도 즐긴다. 물론 내릴 때는 거의 신용카드 또는 교통카드로 결제한다. 회사에서는 출입카드가 내가 하루 종일 다닌 경로를 일일이 기록한다. 골목골목 도처에 설치된 CCTV도 내 모습을 영상에 담는다. 사무실에서 처리한 전자결재와 인터넷 서핑도 저장되고, 점심에 근처 식당에서 사용한 신용카드가 내가 이용한 점심 식당을 기록한다. 그리고 구내식당에서 식사를 할 경우 내가 뭘 먹었는지도 기록된다. 저녁 약속 시간도 마찬가지이다. 내가 저녁시간에 헬스장에 갔는지, 어떤 장소에서 저녁식사를 했는지, 그리고 어떤 방법으로 그 장소에 갔는지가 기록된다. 퇴근 후 집에 돌아와 인공지능 스피커를 이용한 스마트TV를 본다면 방송 프로그램은 물론 광고 시청까지 기록된다. 주말에 대형 마트에라도 들른다면 우리 가족의 일주일치 식단이 그대로 기록으로 남는다.

디지털 환경은 우리의 족적만을 기록하는 데서 그치지 않는다. 페이스북이나 트위터 이용자라면 그 사람의 취미나 관심사와 정치성향은 물론 어떤 사람들과 친구관계를 맺고 있는지도 상세하게 노출되어 기록되어 있다. 이런 정보를 모으면 그 사람이 어떤 유형의 라이프스타일에 속하는지, 개인별로 어떤 타겟 마케팅을 실행하면 성공가능성이 높을지 등 도 예측할 수 있다.

나. 빅데이터의 종류

빅데이터의 종류를 크게 3가지로 정리하면 다음과 같다.

첫째, 정형 데이터(Structured data), 고정된 필드에 저장된 데이터(예, RDBMS, Spread sheet 등)이다.

둘째, 반정형 데이터(Semi Structured data), 고정된 필드는 아니지만, 스키마를 포함하는 데이터(예, XML, HTML 등)의 데이터를 말한다.

셋째, 비정형 데이터(Unstructured data), 고정된 필드에 저장되어 있지 않은 데이터(예, 텍스트 문서, 이미지, 동영상, 음성데이터 등)을 비정형 데이터라고 한다.

가장 대표적인 비정형 데이터로는 문서가 있다. 문서에는 문자가 가장 많은 비중을 차지하고 있시만 숫자와 도표, 그림도 포함하고 있다. 이러한 문서 정보는 정보의 관점에서 보면 유형이 불규칙하고 의미를 파악하기 모호해서 기존의 컴퓨터 처리 방식을 적용하기 어렵다.

비정형 데이터란 일정한 규격이나 형태를 지닌 숫자 데이터와 달리 그림이나 영상,

문서처럼 형태와 구조가 복잡해 정형화 되지 않은 데이터를 말한다. 비정형 데이터의 사례로는 책, 잡지, 문서의료 기록, 음성 정보, 영상 정보와 같은 전통적인 데이터 이외에 이메일, 트위터, 블로그처럼 모바일 기기와 온라인에서 생성되는 데이터가 있다.

또한 블로그와 게시판 등 웹에서 폭발적으로 발생하는 비정형 데이터는 그 내용을 통해 여론의 흐름을 파악할 수 있다는 점에서 주목받고 있다. 비정형 데이터 분석방법으로는 텍스트 마이닝, 웹 마이닝, 오피니언 마이닝 등이 있다.

다. 빅데이터의 주요기술

빅데이터를 위한 주요기술을 인프라 기술, 분석기법, 표현기술 등으로 나룰 수 있는데, 인프라기술에서는 단연 하둡(Hadoop)기술이 잘 활용되고 있다. BI, DW, 클라우드 컴퓨팅, 분산데이터 베이스, 분산병렬처리, 분산파일 시스템등이 주요 기술 이다.

빅데이터에서 활용되는 주요 인프라기술(수집, 저장(적재), 처리, 관리)을 정리하면 다음과 같다.

[표1] 빅데이터에 활용되는 주요 인프라기술

기술명	내용
MapReduce	분산 시스템 상에서 대용량 데이터세트를 처리하기 위해 구글이 소개한 소프트웨어 프레임워크이다.
Hadoop	구글이 개발한 MapReduce를 오픈소스로 구현한 것으로 야후에서 최초로 개발하였다.
Cassandra	분산시스템에서 방대한 분량의 데이터를 처리할 수 있도록 디자인된 오픈소스 DB관리 시스템으로 페이스북에서 개발 하였다.
Hbase	구글의 빅테이블을 참고하여 오픈소스로 구현한 분산 비관계형 데이터 베이스 이다.
Key value Store	데이터를 테이블(행, 칼럼)에 저장하지 않는 스키마 없는 엔티티(NoSQL)관리가 가능한 DB이다.
In-Memory	빠른 검색 및 분석을 위해 HW의 Memory를 효과적으로 사용하는 기술
Data Compression	많은 양의 데이터를 효과적으로 처리할 수 있는 압축 기술이다.

*참고 : 빅데이터의 인프라기술(KRG)

구글은 빅데이터를 효과적으로 처리하기 위한 전략으로 컴퓨터 장비는 가능한 한 값싼 것을 사용하고 그 성능을 최대한 끌어 낼 수 있는 소프트웨어는 자신들이 직접 개발하는 전략을 선택했다. 이 과정에서 빅데이터 처리 기술인 분산파일 시스템과 맵리듀스가 새롭게 개발되었다.

하둡(Hadoop)은 대용량의 데이터 처리를 위해 개발된 오픈소스 소프트웨어다(Open Source Software). 하둡이란, 대용량 데이터를 분산 처리할 수 있는 자바 기반의 오픈소스 프레임워크이다. 하둡은 분산 파일 시스템인 HDFS(Hadoop Distributed File System)에 데이터를 저장하고, 분산 처리 시스템인 맵리듀스를 이용해 데이터를 처리 한다. 하둡은 데이터의 복제본을 저장하기 때문에 데이터의 유실이나 장애가 발생했을 때도 데이터의 복구가 가능하다. 기존 RDBMS는 데이터가 저장된 서버에서 데이터를 처리하는 방식이지만, 하둡은 여러 대의 서버에 데이터를 저장하고, 데이터가 저장된 각 서버에서 동시에 데이터를 처리하는 방식이다. 하둡의 저렴한 구축 비용과 비용 대비 빠른 데이터 처리, 장애를 대비한 특성은 많은 기업들의 구미를 당기게 했다. 하둡은 초기에 야후에서만 주도적으로 사용됐지만, 현재는 아마존, 이베이, 페이스북, 마이스페이스 등 글로벌 서비스 업체에서 주로 이용하고 있다. 국내에서는 NAVER, NHN, DAUM과 같은 포털 기업과 KT, SKT 같은 통신업체에서 사용하고 있다.

라. 성공적인 빅데이터 활용을 위한 3대 요소

1) 자원 : 성공적인 빅데이터 활용을 위한 3대 요소 중에 첫번째로 활용할 수 있는 빅데이터를 발견하는 것이다. 즉, 주어진 빅데이터를 관리. 처리하는 측면과 함께, 활용할 수 있는 외부 빅데이터 자원을 다양한 분야에서 발견하고 확보하는 전략이 수립되어야 한다. 또한 데이터의 품질(Quality)은 데이터 활용 결과에 중대한 영향을 미치므로 데이터 관리체계 및 데이터의 신뢰성 확보가 매우 중요하다.

　미래사회는 데이터가 상호 연결되고, 참여주체들의 협력 작업을 통해 새로운 가치를 창출하는 데이터 경제 시대가 도래 될 것이다.

　데이터 경제시대에는 상호 연결과 협력으로 데이터 활용 영역이 확장되며, 단계적으로 데이터 자원은 무한화 될 것이다. 데이터를 유용한 정보를 찾는데 필요한 자원(Resource)으로 본다면, 리소스를 키우는 전략은 중요한 성공 전략 중 하나가 될 것이다.

2) 기술: 빅데이터 활용을 위한 프로세스와 신기술을 접목해서 조직과 기업에서 혁신 전략으로 활용 할 수 있도록 빅데이터 플랫폼, 빅데이터 분석기술 및 빅데이터 분석 기법 등에 대한 이해를 바탕으로 활용 전략을 수립하여야 한다.

빅데이터는 데이터 자체 뿐만 아니라 관련 도구나 플랫폼, 분석기법까지 포괄하는 용어로 의미가 확장되며 IT 패러다임의 변화를 견인한다. 그러나 성장을 촉진하는 신기술에 대한 이해가 부족하면, 미래 경쟁력 강화를 위한 기회 포착에도 어려움을 겪을 수 있다.

정보화 시대와 스마트 시대의 가장 큰 차이점은 데이터 처리 사이클에 본격적으로 '추론'의 단계가 본격화된다는 것이다.

새롭게 추가된 추론의 영역은 IT산업의 성장동력으로 부상할 수 있으며, 의료, 금융, 공공 등을 혁신할 수 있는 새로운 산업분야이다. 특히 상황인식 서비스는 미래전망, 사전대응, 자동화 서비스와 연계되어 차세대 서비스분야로 각광을 받을 것이다.

개개인의 취향, 관심있는 정보의 성격, 상태, 개인 의중에 맞는 맞춤형 개인화 서비스, 인공지는 서비스로 서비스의 패러다임이 변화 될 것이다.

3) 인력: 성공적인 빅데이터 활용을 위해서 중요한 것은 데이터 사이언티스트 이다. 수학, 통계학, IT공학 등을 전공한 또는 관련 분야에서 많은 경험을 가지고 있는 전문가를 활용 하는 것이다.

신기술과 툴이 뛰어나도 실제 성과를 낼 수 있는 것은 이를 활용하여 적용하는 사람의 역량에 좌우 된다. 그리고 데이터 처리와 분석능력을 갖춘 인력은 IT 분야 뿐만 아니라 대부분의 기업과 조직에서 필수적으로 확보해야 할 핵심 인력이다. 그래서 조직의 차원에서 인재를 확보하기 위해 내부 역량 강화 및 외부 협력이 중요 하다.

데이터 사이언티스트는 경영 전략과 밀접한 관계가 있으므로 외부 아웃소싱 인력을 활용하는 것보다는 내재화가 바람직하다. 그 이유는 기업 내에서 사업 기회를 찾아내고,

전략적 통찰력을 발휘하기 위해서는 조직과 비즈니스 환경에 대한 깊은 이해가 필수적이기 때문이다. 특히 조직의 민감한 데이터나 비공개 데이터의 분석의 경우 외부데이터 분석 인력을 활용하는 것은 위험성이 있기 때문이다. 조직의 경쟁력 강화를 위해 조직 내부 인력들에게 데이터의 가치와 분석 역량을 키우는 사내 교육프로그램도 필요하다.

성공적인 빅데이터 활용을 위해서는 [그림1]과 같이 데이터의 자원화, 데이터를 가공하고 분석. 처리하는 기술, 데이터의 의미를 통찰하는 인력 등 3가지 분야의 전략 수립이 필수적이라 하겠다.

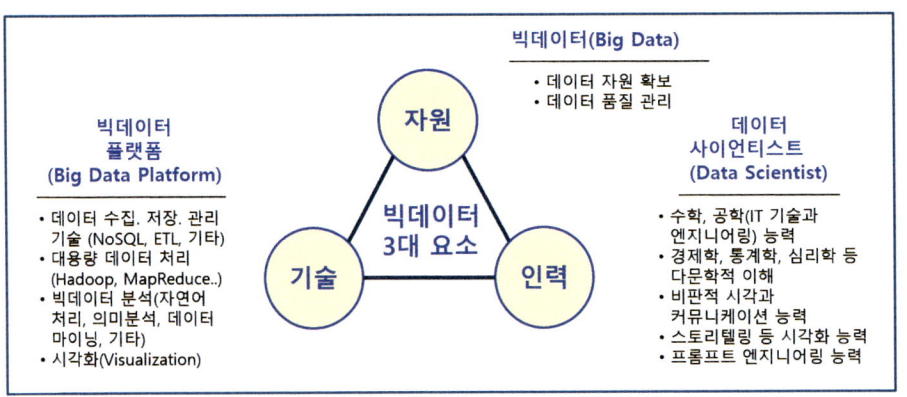

[그림1] 성공적인 빅데이터 활용을 위한 3대 요소

*출처: 한국정보화 진흥원(NIA)

빅데이터를 잘 활용하면 미래사회에서 새로운 기회를 창출하고, 위험을 해결하는 등 사회 발전의 중요한 엔진 역할을 수행 할 수 있다. 사회현상, 현실세계의 데이터를 기반으로 한 분석으로 미래에대해 통찰력을 얻고 위험징후 및 이상 신호도 사전에 포착 가능하고 그에따른 대응도 가능 하다. 대규모 데이터분석을 통한 상황인지, 인공지능 서비스 등이 가능하며, 이를 통해 개인화, 지능화 서비스가 발전할 것이다. 융합을통한 이종간 분야들의 정보결합(의료정보, 자동차징보, 건물정보, 환경정보 등)을 통한 새로운 가치창출과 신융합 시장이 창출될 수 있도록 관심을 가지고 노력해야한다.

빅데이터 기술 인프라 개발과 데이터 사이언티스트 인력 양성은 빅데이터 시대를 앞서나갈 수 있는 필수적인 요건이다. 이것은 차세대 IT분야 신성장 엔진 마련, 신산업 창출, 신규 일자리 창출 등 부가가치 창출이 가능 하다.

04 사물인터넷(IoT)

가. 사물인터넷(IoT)란 무엇인가?

사물인터넷(Internet of Things: IoT)은 인터넷에 연결된 다양한 '사물'들이 데이터를 주고받으며 서로 소통하는 기술을 의미한다. 여기서 '사물'이란 단순히 컴퓨터나 스마트폰을 넘어, 집에 있는 가전제품, 자동차, 공장의 기계 장비, 심지어는 옷이나 신발과 같은 일상생활의 모든 물건을 포함한다. IoT는 이처럼 일상에서 사용하는 사물들을 인터넷에 연결해 스마트하게 관리하고 제어할 수 있도록 도와준다.

1) 사물인터넷의 주요 개념

① **사물과의 연결**: IoT에서는 모든 기기들이 인터넷을 통해 서로 연결된다.
　예를 들어, 냉장고가 인터넷에 연결되어 있어, 식재료가 부족할 때 자동으로 주문하거나, 스마트폰으로 냉장고의 상태를 실시간으로 확인할 수 있다.

② **데이터 수집과 분석**: IoT 기기들은 센서를 통해 데이터를 실시간으로 수집한다.
　예를 들어, 공장의 기계들은 온도, 습도, 작동 상태 등의 데이터를 지속적으로 모니터링하고, 이를 분석해 문제가 발생하기 전에 예방 조치를 취할 수 있다.

③ **자동화와 제어**: IoT는 수집된 데이터를 바탕으로 자동으로 기기를 제어한다.
　예를 들어, 스마트 홈에서는 사용자의 생활 패턴에 맞춰 조명이 자동으로 켜지고 꺼지며, 실내 온도를 적절하게 조절해 준다.

스마트 팩토리에서는 IoT 기술을 활용해 공장 내 모든 장비와 기계들이 서로 연결된다. 이 장비들은 각각의 상태를 실시간으로 모니터링하고, 필요한 데이터를 중앙 시스템에 전송한다. 만약 어떤 기계가 이상 상태를 감지하면, 자동으로 유지보수 요청이 들어가고, 공정이 지연되지 않도록 다른 작업이 신속히 재배치된다. 이를 통해 생산성이 향상되고, 불필요한 비용이 절감된다.

2) 사물인터넷이 주는 장점
① **효율성 향상**: IoT는 기계나 장비의 상태를 실시간으로 모니터링하여 최적의 운영 상태를 유지할 수 있게 돕는다. 이로 인해 생산성과 효율성이 극대화된다.
② **비용 절감**: IoT를 통해 예측 유지보수가 가능해져, 장비가 고장나기 전에 미리 수리할 수 있다. 이로 인해 불필요한 수리 비용을 줄이고, 운영 중단 시간을 최소화할 수 있다.
③ **더 나은 사용자 경험**: IoT 기술은 일상생활을 편리하게 만들어 준다. 예를 들어, 스마트 홈 시스템은 사용자의 생활 패턴을 학습해, 자동으로 조명, 난방, 가전기기를 제어해 편리함과 에너지 절약을 동시에 제공한다.

나. 사물인터넷(IoT)의 핵심 기술

사물인터넷의 핵심 기술은 크게 네트워킹 기술, 센싱 기술, 인터페이스 기술이 있다.

1) 네트워킹 기술

네트워킹 기술은 인간과 사물, 서비스 등 분산된 환경요소들을 서로 연결시킬 수 있는 유무선 네트워킹 기능이며, 유무선 통신 및 네트워크 장치로는 4G.5G/LTE, WiFi(Wireless Fidelity), 블루투스(Bluetooth), 위성통신 등을 이용할 수 있다.

모든 사물의 IP 화 개념인 사물인터넷(IoT)을 구현하기 위해서는 4G LTE을 넘어서는 원거리무선통신과 근거리통신을 완벽 하게 연결시키는 것이 수반되어야 하며, 이러한 개념을 5G로 정의하기도 한다.

2) 센싱 기술

　센싱 기술은 온도, 습도, 열, 진동, 가스, 조도 및 초음파 등 다양한 센서를 이용하여 원격감지, 위치 및 모션 추적 등을 통해 사물과 주위 환경으로부터 정보를 획득하는 기능이다. 디지털 IT기기의 스마트화가 가속되면서, IT기기들이 인간의 행동을 정확히 인지하고 모방하거나 해석하고 대응하는 수준까지 발전하고 있기 때문에, 센싱 기술의 발전이 반드시 필요하다.

3) 인터페이스 기술

　인터페이스 기술은 사물인터넷의 주요 구성요소를 통해 특정 기능을 수행하는 응용 서비스와 연동하는 역할이다. 즉, 네트워크 인터페이스의 개념이 아니라 사물인터넷 망을 통해 저장, 처리 및 변환 등 다양한 서비스를 제공할 수 있는 인터페이스 역할을 실행할 수 있어야 한다. 정보의 검출, 가공, 정형화, 추출, 처리 및 저장기능을 의미하는 검출정보기반기술과 위치정보기반기술, 보안기능, 데이터 마이닝(Data Mining)기술, 웹 서비스 기술 등이 필요하다.

　사물인터넷의 연결 기술은 [그림1]과 같이 구분할 수 있다.

- M2M : 바코드, 원격검침기, CCTV, 자판기, POC 등 (사물 + 사물)
- IoT : 모바일, RFID, NFC, 2D 바코드, QR코드, 비콘 등 (사람 + 사물)
- IoE : 빅데이터, 클라우드, 스마트기술 (사람 + 사물 + 공간)

[그림1] M2M, IoT, IoE의 포괄적 개념

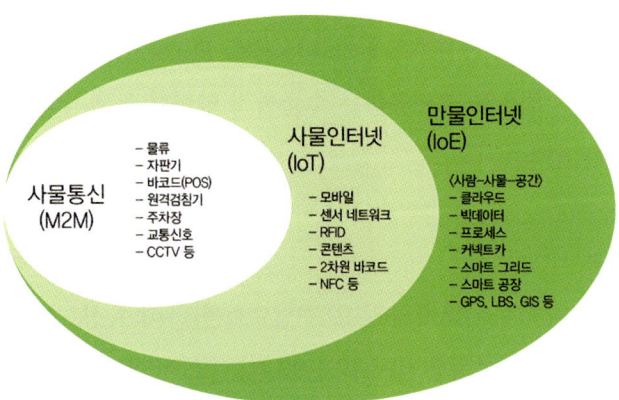

자료: 산업연구원(KIET), 2014.

다. 사물인터넷 비즈니스 활용 분야

사물인터넷을 이용한 비즈니스 활용 사례는 다양한 산업분야에서 이미 활용되어 효과를 보고 있다. 사물인터넷은 기존의 서비스에 "가치"를 더하고 새로운 활용가치를 만들어내며 발전하고 있다. 아래 [표1]은 사물인터넷을 활용한 비즈니스 활용 분야이다.

헬스케어, 의료, 복지, 에너지, 제조, 스마트홈, 금융, 교육, 국방, 농림축산, 수산, 자동차, 교통, 항공, 우주, 조선, 관광, 스포츠, 소매, 물류, 건설, 시설물 관리, 안전 환경 등 다양한 산업 분야에서 활용되고 있다. 사물인터넷으로 인해 기존 산업 내 경쟁의 핵심 및 비즈니스의 패러다임이 변화되고 있다. 특히 고령화 사회로 접어들면서 다양한 헬스케어 디바이스들이 지능형 의료 플랫폼과 접목되면서 단순한 모니터링이 아닌 질병의 진단과 처방에 이르는 의료 서비스로 구현되고 있다.

[표1] 사물인터넷 비즈니스 활용 분야

서비스 구분	서비스 분류	내용
헬스케어/의료/복지	헬스케어	운동량 관리서비스, 수면관리 서비스 등
	의료	의약품 및 의료기기 관리 서비스, 환자상태 모니터링 서비스, 원격 검진 서비스 등
	복지	취약계층(독거·치매노인, 여성, 장애인 등) 서비스, 사회복지시설(요양원 등) 서비스, 미아방지 서비스, 여성 안심서비스 등
에너지	검침	전기·가스·수도 등 원격 검침 서비스, 실시간 과금 서비스 등
	에너지 관리	에너지 모니터링 서비스, 건물 에너지 관리 서비스, 전력/전원 모니터링 및 제어 서비스, 신재생 에너지(태양광 등) 관리 서비스 등
제조		생산 공정관리 서비스, 기계진단 서비스, 공장 자동화서비스, 제조 설비 실시간 모니터링 서비스 등
스마트홈		가전·기기 원격제어 서비스, 홈CCTV 서비스, 스마트 도어락 서비스, 인공지능 서비스(음성인식 비서) 등
금융		IoT기반 동산 담보 관리 서비스, 비콘 기반 금융 상품 안내 및 고객 서비스
교육		스마트 스쿨(출결관리, 교육 기자재관리 등) 서비스, 스마트 도서관 서비스 등
국방		훈련병·예비군 관리 서비스, 전장감시 및 부대방호 서비스, 총기 및 탄약 관리서비스, 테러감지 서비스, 광섬유 군복 등
농림축산/수산	농림축산	재배환경 모니터링 및 관리 서비스, 사육관리 서비스, 사료 자동급이 서비스, 농산물 유통관리 서비스, 생산이력 관리 서비스, 가축 이력 추적 서비스, 가축 전염병(구제역 등) 관리 서비스 등
	수산	양식장 환경 정보 수집 서비스, 수산물 이력관리 서비스 등
자동차/교통/항공/우주/조선	자동차	차량 진단서비스(DTG, OBD), 커넥티드 카, 무인자율 주행 서비스 등
	교통/인프라	ITS, 대중교통 운영정보 관리(버스사령관제등)서비스, 스마트 파킹 서비스, 주차위치 제공 서비스, 주변 주차장 안내 서비스, 아파트 차량 출입통제 및 주차관리 서비스, 철도시설 관리 서비스 등
	항공/우주	행기 내부 모니터링 서비스, 실시간 항공기 원격점검 서비스 등
	조선/선박	박 위치 모니터링, 선박 내부 모니터링, 선박 원격점검 서비스 등
관광/스포츠	관광	• 관광지 위치정보 서비스, 관광/문화행사 정보 수집/제공 서비스, IoT기반 문화유산 관광 안내 서비스 등
	스포츠/레저/오락	• 운동선수 관리(운동량 체크 등) 서비스, 스포츠 장비 관리 서비스, 경기장내 위치청보서비스 등

서비스 구분	서비스 분류	내용
소매/물류	소매	• 지능형 쇼핑고객 관리 서비스, 실시간 재고관리 서비스, 운송추적 서비스, 비콘기반 O2O 서비스 등
	물류/유통	• 상품 위치정보 모니터링 서비스, 물류창고 관리 서비스, 조달관리 서비스, 물류추적 서비스 등
건설·시설물 관리/안전/환경	건설/시설물관리	• 구조물 안전관리 서비스, 공공시설물 제어서비스, 빌딩 관리서비스, 출입 통제 서비스, 시설물 감시서비스, 도로/교량 상태 모니터링 서비스 등 ※건물 및 빌딩의 에너지 관리 서비스는 "에너지 분야"의 에너지 관리 서비스에 포함 ※건물내 주차장 관리 및 주차관리 서비스는 "자동차/교통/항공/우주 분야"의 교통인프라 서비스에 포함
	산업 안전	화학물 관리, 재해 모니터링, 위험물 감지·경보 서비스 등
	환경/재난/재해	• 수질관리, 기상정보 수집/제공, 음식물쓰레기 관리, 스마트 환경 정보 제공, 재난재해 감시(홍수, 지진 등) 서비스

*출처: 한국지능형사물인터넷협회 편람

사물인터넷으로 제조산업에서 소비자의 다양한 니즈를 유연하게 대응하는 맞춤형 대량 생산 체제가 가능해졌고, 사물인터넷을 활용하여 소비자가 원하는 시간과 장소에 맞춰 물건을 배송하는 맞춤형 배송이 물류산업에서 경쟁의 핵심으로 작용되고 있다.

IT 기업들도 다양한 센서가 탑재된 사물인터넷 기기들을 출시하거나 혹은 연동 다능한 플랫폼을 제공하며 지능형 서비스 구현을 위한 저변을 급속도록 확대하고 있다.

사물인터넷은 다른 정보기술과 융합하여 새로운 가치를 생성하면서 발전해 가고 있다. 즉, 비즈니스에 대한 전통적인 관점이 생산성을 향상시키거나 비용을 절감하는 방식으로 이익을 극대화시키는 데에 있었다면, 현대 비즈니스에서는 고객에게 새로운 혹은 더 많은 가치를 제공함으로써 개인의 편리성과 기업의 이익을 극대화시키는 방법으로 융합 발전해 가고 있다.

라. 사물인터넷(IoT)가 디지털 전환에서 중요한 이유

사물인터넷은 기업의 디지털 전환에서 중요한 역할을 한다. 제조, 물류, 헬스케어, 농업 등 다양한 산업에서 IoT를 통해 데이터를 실시간으로 수집하고, 분석하여 비즈니스 운영을 최적화하는데 필수적인 역할을 한다. IoT는 데이터를 기반으로 효율적인 운영, 비용 절감, 새로운 비즈니스 기회 창출, 고객에게 더 나은 서비스를 제공할 수 있다. 아래는 IoT가 디지털 전환에서 중요한 이유를 좀 더 구체적인 예시를 통해 설명하겠다.

1) 제조업의 스마트 팩토리 구현

제조업에서 IoT는 스마트 팩토리의 핵심 기술이다. IoT 센서를 통해 공장 내 모든 장비와 기계가 연결되어 실시간으로 데이터를 주고받으며, 생산 공정을 자동화하고 최적화한다. 이를 통해 생산성 향상, 품질 개선, 비용 절감이 가능해진다.

> 예시: 자동차 부품 제조업체 L사는 IoT를 활용해 공장의 모든 기계를 실시간으로 모니터링하고 있다. 각 기계에는 센서가 장착되어 있어, 온도, 진동, 작동 상태 등의 데이터를 지속적으로 수집하고 분석한다. 이 데이터를 바탕으로 L사는 기계가 고장나기 전에 미리 유지보수를 수행해 불필요한 가동 중단을 방지하고, 생산 효율을 크게 높였다. 또한, IoT를 통해 수집된 데이터를 분석해 생산 공정을 최적화함으로써 불량률을 감소시키고, 품질 관리 비용을 절감할 수 있었다.

2) 물류 및 공급망 관리의 최적화

IoT는 물류 및 공급망 관리에서도 큰 역할을 한다. IoT를 통해 물류 센서가 실시간으로 위치, 온도, 습도, 진동 등의 데이터를 제공하며, 이를 바탕으로 공급망 전반을 효율적으로 관리할 수 있다. 이는 제품의 품질을 유지하고, 물류 비용을 줄이며, 고객 서비스의 질을 높이는 데 기여한다.

> 예시: 글로벌 식품 유통업체 M사는 IoT 기술을 활용해 냉장 유통 과정의 품질을 관리하고 있다. 제품이 창고에서 출발해 최종 소비자에게 도착할 때까지 모든 유통 단계에서 온도와 습도를 실시간으로 모니터링한다. 만약 운송 중에 온도가 기준치를 벗어나면 즉시 경고가 발생해 신속하게 대응할 수 있다. 이를 통해 M사는 신선도를 유지하면서도 폐기율을 줄일 수 있었으며, 고객에게 신뢰성 높은 서비스를 제공할 수 있게 되었다.

3) 스마트 시티 및 공공 서비스 혁신

스마트 시티는 IoT를 통해 도시 인프라를 효율적으로 관리하고, 시민들에게 더 나은 공공 서비스를 제공하는 것을 목표로 한다. IoT는 교통, 에너지, 환경 관리 등 다양한 영역에서 데이터를 수집하고, 이를 분석해 도시 운영을 최적화한다.

> 예시: 스페인 바르셀로나는 IoT 기술을 활용해 스마트 시티를 구현한 대표적인 사례다. 도시 내 거리의 가로등에는 IoT 센서가 설치되어, 주변 밝기와 사람의 움직임에 따라 자동으로 조명이 조절된다. 이 시스템은 에너지를 절약하고, 불필요한 전력 낭비를 줄이는 데 크게 기여했다. 또한, 주차 공간에도 IoT 센서가 설치되어 실시간으로 빈 주차 공간을 탐색해 운전자에게 정보를 제공함으로써 교통 혼잡을 줄이고, 주차 문제를 해결했다.

4) 헬스케어와 원격 진료의 혁신

IoT는 헬스케어 산업에서도 중요한 변화를 이끌고 있다. IoT 기기를 통해 환자의 건강 상태를 실시간으로 모니터링하고, 데이터를 분석해 맞춤형 진료를 제공할 수 있다. 이는 의료의 질을 높이고, 환자의 건강을 더 효과적으로 관리하는 데 기여한다.

> 예시: 헬스케어 스타트업 N사는 IoT 기반의 웨어러블 디바이스를 개발해, 환자의 심박수, 혈압, 혈당 수치를 실시간으로 모니터링하고 있다. 이 기기는 의료진에게 데이터를 실시간으로 전송해, 응급 상황이 발생하기 전에 조기 경고를 제공한다. 또한, 데이터를 기반으로 환자에게 맞춤형 치료 계획을 제안함으로써 치료 효과를 극대화했다. 이는 특히 만성 질환 관리와 원격 진료 분야에서 큰 혁신을 불러일으켰다.

5) 스마트 농업과 자원 관리

IoT는 농업 분야에서도 효율적인 자원 관리를 가능하게 한다. IoT 센서를 통해 토양의 상태, 날씨, 물 사용량 등을 실시간으로 모니터링하고, 이를 기반으로 농작물의 생장을 최적화하는 스마트 농업이 확산되고 있다.

예시: 농업 기업 O사는 IoT를 활용해 스마트 농장을 운영하고 있다. 토양 센서가 토양의 습도와 영양 상태를 실시간으로 측정해, 작물에 필요한 물과 영양소를 자동으로 공급한다. 이를 통해 물과 비료 사용을 절감하면서도 작물의 생산량과 품질을 높일 수 있었다. 또한, 기후 데이터를 분석해 최적의 파종 시기와 수확 시기를 결정하여 농업 효율성을 극대화했다.

결론적으로 IoT는 다양한 산업에서 데이터를 실시간으로 수집하고 분석함으로써 운영 효율성을 극대화하고, 비용을 절감하며, 새로운 비즈니스 기회를 창출하는 데 중요한 역할을 한다. 제조업, 물류, 스마트 시티, 헬스케어, 농업 등 IoT가 적용된 분야에서 디지털 전환의 성과가 극대화되고 있으며, 기업은 이를 통해 더 나은 고객 경험과 지속 가능한 성장을 이루어가고 있다. IoT는 디지털 전환에서 필수적인 기술로, 데이터를 기반으로 한 미래 비즈니스를 이끄는 핵심 요소다.

05 블록체인

블록체인은 거래의 투명성과 보안을 강화하는 기술로, 금융, 물류, 공급망 관리 등에서 디지털 전환을 촉진한다. 분산된 데이터 저장 방식을 통해 정보의 무결성을 보장하며, 디지털 신뢰를 구축하는 데 기여한다.

가. 블록체인(Blockchain Security Technology)이란 무엇인가?

블록체인(Blockchain)은 사실을 증명하는 것이다. 보이지 않는 생각 즉, "동의", "합의", "증명", "소유", "안전", "확실성"과 같이 추상적인 개념을 정보기술로 풀어낸 것이 블록체인이다. 이름에서 알 수 있듯이 블록체인은 블록(Block: 블록체인의 원소, 다수의 거래 정보의 묶음으로 블록헤더와 거래 정보, 기타 정보로 구성)들의 체인이다.

블록체인(Blockchain)이란 이름도 [그림1]과 같이 거래 내역(블록, Block)을 연결(Chain)했다는 뜻이다.

블록체인은 디지털 데이터를 신뢰할 수 있게 만들어 주는 기술이다. 누구나 열람할 수 있는 디지털 장부에 거래 내역을 투명하게 기록하고, 여러 대의 컴퓨터에 이를 복제해 저장하는 분산형 데이터 저장기술이다.

[그림1] 블록체인의 개념

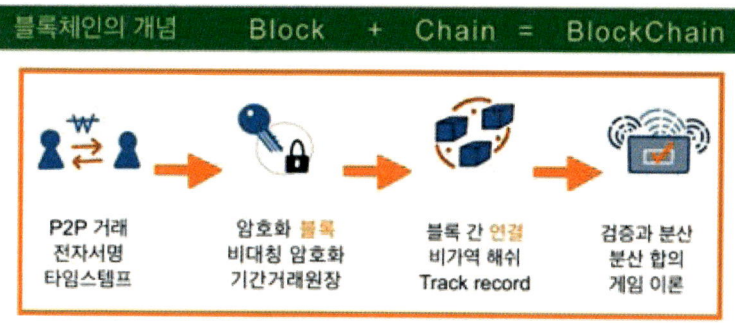

블록체인은 최초의 블록(Genesis Block)부터 시작해서 바로 앞의 블록에 대한 링크를 가지고 있는 링크드 리스트인 자료구조이다. 즉, 블록과 블록을 체인으로 이어준 형태이다. 블록체인에서 사용되는 블록은 일정 시간마다 생성이된다.(비크코인의 경우 10분에 한번 생성) 여러 건의 거래내역을 하나의 블록으로 묶어 기존에 생성된 블록에 체인처럼 계속적으로 연결한 구조를 의미 한다. 블록의 집합체인 블록체인은 여러 노드에 걸쳐서 분산되어 저장 및 관리되며 모든 거래 정보를 포함하는 거대한 장부 또는 공통장부(원장:Ledger)관리 기술이라할 수 있다.

블록체인에 사용되는 몇가지 용어를 간단하게 정리하면 다음과 같다.

블록(Block)이란, 블록체인의 원소 개념으로 다수의 거래정보의 묶음을 의미한다.

블록의 구성요소, 블록은 블록 헤더와 거래 정보, 기타 정보로 구성된다. 여기서 거래 정보와 기타 정보는 블록 바디라 볼 수 있다. 거래 정보는 입출금과 관련한 여러가지 정보를 가지고 있고 기타 정보는 블록 내에 있는 정보 중에서 블록 헤더와 거래 정보에 해당하지 않는 정보를 말한다.

블록해시(Block Hash), 블록해시는 블록의 식별자 역할을 한다. 블록해시는 블록의 헤더 정보인 버전, 이전 블록해시, 머클루트 타임, 타임, 빗츠, 논스 정보를 모두 더한 후 공식에 적용해 변환한 결과 값이다.

블록헤더(Block Header), 블록헤더는 버전, 이전블록 헤시, 타임, 비트, 논스 이상 6개의 정보로 구성 되어 있다. 각각에 대해 살펴보면 다음과 같다.

　- 버전(Version) : 소프트웨어 / 프로토콜 버전으로 해당 블록의 버전 이다. 현재

이블록 헤더를 만든 비트코인 프로그램의 버전 정보이다.
- **이전블록해시(Previousblockhash)** : 블록체인에서 바로 앞에 위치하는 블록의 블록해시 정보이다. 이전블록해시 정보는 이전블록의 주소값을 가리키는 요소이다. 각 블록의 헤더 정보에는 이전블록의 해시값을 갖고 있기 때문에 블록과 블록끼리 연결될 수 있다.
- **타임(Time)** : 해당 블록이 생성된 시간을 의미 한다.
- **비트(Bit)** : 비트는 난이도 해시 목표 값을 의미하는 지표이다.
- **논스(Nonce)** : 블록을 만드는 과정에서 해시값을 구할 때 필요한 재료 역할을 수행 한다. 최초 0에서 시작하여 조건을 만족하는 해쉬값을 찾아낼 때까지 1씩 증가하는 회수이다.

블록체인은 여러 대의 컴퓨터가 기록을 검증하여 해킹을 막는다. 다수의 노드가 같은 데이터를 공유하고 검증하는 방식을 통해 디지털 상에서 신뢰관계를 형성하고 있다. 블록체인은 각 블록들을 공유함으로써 데이터의 변조가 거의 불가능하다. 즉, 블록에 데이터를 담아 체인 형태로 연결, 수많은 컴퓨터에 동시에 이를 복제해 저장하는 분산형 데이터 저장 기술이다. 공공 거래 장부(Public Ledger)라고도 부른다. 중앙 집중형 서버에 거래 기록을 보관하지 않고 거래에 참여하는 모든 사용자에게 거래 내역을 보내주며, 거래 때마다 모든 거래 참여자들이 정보를 공유하고 이를 대조해 데이터 위조나 변조를 할 수 없도록 돼 있다.

특히 블록체인은 신용이 필요한 금융거래 등의 서비스를 중앙집중적 시스템 없이 가능하게 했다는 점에서 높은 평가를 받는다. 향후 대표적인 핀테크(FinTech) 기술로 비트코인 이외의 다른 온라인 금융거래에 활용되고 있다. 블록체인은 P2P 네트워크를 활용해 거래 내역을 사용자들의 컴퓨터에 저장하고 그중 과반수의 데이터와 일치하는 거래 내역만 정상 장부로 인정하는 방식으로 보인 안정성을 유지한다. 블록체인은 분산 데이터베이스의 하나로 P2P(Peer to Peer) 네트워크를 활용한다. 블록체인이 사용자 모두의 컴퓨터에 저장될 수 있는 것은 이 때문이다. 분산 데이터베이스란 데이터를 물리적으로 분산시켜 다수의 이용자가 대규모의 데이터베이스를 공유하게 만드는 기술이다. 데이터를 분산 배치하므로 비용이 적게 들고 장애에 강한 편이다. P2P는 서버나 클라이언트 없이 개인 컴퓨터 사이를 연결하는 통신망이다. 연결된 각각의 컴퓨터가 서버이자 클라이언트 역할을 하며 정보를 공유한다.

블록체인은 인터넷으로 연결된 가상호폐 사용자들의 P2P 네트워크를 만든다. 이를 통해 가상화폐의 거래 내역(블록)이 사용자의 컴퓨터에 저장된다. 그중 사용자 과반수의 데이터와 일치하는 거래 내역은 정상 장부로 확인되어 블록으로 묶여 보관한다. 비트코인의 경우 10분 정도마다 사용자들의 거래장부를 검사해 해당 시간의 거래 내역을 한 블록으로 묶는다. 만일 특정 사용자의 장부에서 누락 등의 오류가 발견된다면, 정상 장부를 복제해 대체하는 방식으로 수정한다. 새로운 거래 내역을 담은 블록이 만들어지면 앞의 블록 뒤에 덧붙이는 과정이 반복된다. 블록체인이란 이름도 거래 내역(Block)을 연결(Chain)했다는 뜻이다.

거래할 때는 각 사용자가 가진 거래 내역을 대조한다. 이를 통해 거래 내역의 진위를 파악할 수 있어 데이터 위조가 방지된다. 블록체인의 보안 안정성은 데이터를 공유하는 이용자가 많을 수록 커진다. 블록체인은 비트코인 이외에도 클라우드 컴퓨팅 서비스 등 다양한 온라인 서비스에 활용되고 있다.

앞에서 설명했듯이 블록체인은 보이지 않는 생각 즉, "동의", "합의", "증명", "소유", "안전", "확실성"과 같이 추상적인 개념을 정보기술로 풀어낸 것이 블록체인이다.

이름에서 알 수 있듯이 블록체인은 블록(Block: 블록체인의 원소, 다수의 거래 정보의 묶음으로 블록헤더와 거래 정보, 기타 정보로 구성)들의 체인이다. 일반적으로 각 블록에는 다음 블록에 대한 링크로 사용되는 거래와 해시(Hash: 긴 입력값이 들어가면 정해진 길이의 결과값이 나오도록 고안된 함수)포인터가 포함되어 있다. 이러한 방법에서 블록을 삭제하거나 체인 중간에 새로운 블록을 넣는 것이 중요한데 이는 해시가 일치하지 않기 때문이다. 블록은 블록체인 클라이언트 소프트웨어를 실행함으로써 거래를 처리하는 네트워크 참여자들에 의해 생성된다. 그러한 참여자들을 노드(Node: 비트코인 프로그램을 설치하여 전체 블록체인을 저장한 컴퓨터로 독자적으로 동작 한다)라 부른다. 컴파일된 거래 블록을 블록체인에 붙이기 위해 노드는 특정 수학 조건을 만족시키는 블록의 해시 함수를 풀어야 하지만 블록 연결 규칙은 특정 블록체인에 사용되는 개별 합의 알고리즘에 따라 다르다.

[그림2] 블록체인 거래 과정

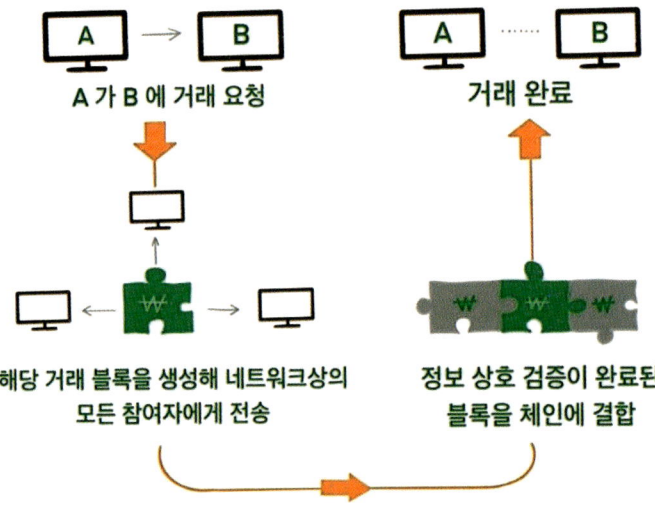

블록을 체인에 포함시키기 위해서는 [그림2]와 같이 네트워크 합의가 이루어져야 한다. 즉 모든 네트워크 참여자들은 진정성을 확인해야 한다는 뜻이다. 기술적 변수에 따라 블록은 여러 번의 특정 확인 이후 체인에 포함된다. 그러나 이는 모든 사람이 최신 블록체인 구조를 가질 때 모든 네트워크 노드에 의해 유효해 진다. 일부 연구들은 비트코인의 블록체인에서 비롯된 작업증명 합의를 주요 혁신으로 여긴다. 정확히 이 메커니즘은 중앙 권한을 대체하고 네트워크 구성원을 정직하게 유지시킬 수 있는 장점을 제공한다.

이전엔 거래내역을 종이에 적어서 당사자가 보유를 하고 필요시 이것을 보임으로써 사실을 증명 했다. 그러나 거래내역 장부를 가진 사람이 두 사람뿐일 때 한 사람이 거래내역을 조작하면 누가 맞는지 확인 하기 여렵다. 그러나 세 사람이 같은 장부를 가지고 있으면 한 사람이 조작하더라도 나머지 사람이 비교해 줄 수 있다. 그러나 둘이 서로 짠다면 애기가 달라진다. 만약에 100명이 같은 장부를 가지고 있다면? 또는 1,000명이 같은 장부를 가지고 있다면 장부를 조작하기 어려울 것이다. 즉, 장부를 가진 사람이 많을수록 조작하기가 어려워 진다. 또한 거래 장부에 새로 추가되는 페이지가 이전 페이지와 암호로 연결되어 있어 아무나 추가할 수 없게 했다. 오직 이전 페이지와 연결되는 암호를 발견한 사람만 블록을 추가할 수 있다. 그리고 이 암호를 발견한 사람에게는 보상이 주어진다. 보상으로 제공된 것이 비트코인인데 블록체인 기술을 바탕으로 몇 가지 간단한 규칙을 적용해 만들어진 최초의 암호화폐이다.

　비트코인은 누가 만들어서 배포하는 것이 아니라, 오직 암호를 찾은 데에 대한 보상으로만 생겨 난다. 이러한 암호찾기를 "채굴"이라고 부른다. 이렇게 생겨난 비트코인은 종이나 동전으로 된 실물이 없이, 태생부터 디지털이라는 점에서 가상화폐(Virtual Currency)라고 부른다. 가상화폐는 가상세계에서 활용되는 모든 거래수단들을 말한다.

　온라인 게임등에서 사용되는 하트, 보석, 캐시나 '사이월드'의 '도토리'처럼 인터넷에서 생겨난 모든 화폐가 다 포함된다. 암호화폐(Crypto Currency)는 설계 자체가 암호화(Encryption)기술을 활용해 설계된 하나의 거래수단이라고 할 수 있다.

　비트코인과 같은 다양한 코인들은 암호화폐라고 불린다. 그래서 가상화폐보다는 암호화폐가 좀 더 정확한 용어이다. 최근에는 다양하게 생성되고 있는 블록체인 기반 프로젝트들의 성격을 설명하기에 "화폐"라는 개념은 불충분한 부분이 있다고 여겨져 새롭게 사용되고 있는 용어가 전자자산(Digital Aasset)이다.

　블록체인은 관리 대상 데이터를 '블록'이라고 하는 소규모 데이터들이 P2P(peer to peer)방식을 기반으로 생성된 체인 형태의 연결고리 기반 분산 데이터 저장환경에 저장되어 누구라도 임의로 수정할 수 없고 누구나 변경의 결과를 열람할 수 있는 분산 컴퓨팅 기술 기반의 원장 관리 기술이다. 이는 근본적으로 분산 데이터 저장기술의 한 형태로, 지속적으로 변경되는 데이터를 모든 참여 노드에 기록한 변경 리스트로서 분산 노드의 운영자에 의한 임의 조작이 불가능하도록 고안되었다.

나. 블록체인의 10가지 속성

　블록체인의 속성을 정리하면 아래 [표1]과 같이 크게 10가지의 속성으로 정리할 수 있다.

[표1] 블록체인의 10가지 속성

1. 디지털 암호화폐	2. 탈중앙형 컴퓨팅 인프라	3. 거래처리 거래플랫폼	4. 탈 중앙형 데이터베이스	5. 공유된 분산 회계원장
거래 검증 채굴자에 보상으로 **생산**을 스마트계약 구동의 수수료는 **소비**를 지급	블록체인의 **물리적 동력**은 네트워크로 연결된 컴퓨터 서버들	마이크로 거래를 포함 **모든 거래**를 처리할 수 있는 거대한 플랫폼	어떤 데이터이든 반공개적으로 **블록에 저장**	분산, 공개, 지속적 타임스태핑으로 처리되는 모든 **거래 흔적**을 기록
6. 소프트웨어 개발 플랫폼	7. 오픈 소스 소프트웨어	8. 금융 서비스 시장	9. P2P 네트워크	10. 신뢰 서비스층
블록체인은 새로운 애플리케이션 작성의 **새로운 방법**	가장 견고한 블록체인은 **오픈소스 기반**	블록체인은 차세대 금융 서비스에 **혁신적인 환경** 제공	시공간 제약 없는 **즉시 거래**가 가능 거래에 관한 지식을 기반으로 한 서비스 제공	모든 블록체인의 서비스의 기본 단위는 **신뢰**

* 출처: William Mougayar, "The Business Blockchain" 재구성

다. 블록체인의 종류

블록체인은 [표2]와 같이 크게 퍼블릭 블록체인과 프라이빗 블록체인, 컨소시엄 블록체인 3가지로 분류할 수 있다.

- 퍼블릭 블록체인(Public Blockchain) : 퍼블릭 블록체인은 모두에게 개방돼 누구나 참여할 수 있는 형태로 비트코인, 이더리움 등 과 같이 누구나 네트워크에 참여할 수 있는 블록체인으로 암호화폐(가상통화)가 대표적이다.
- 프라이빗 블록체인(Private Blockchain) : 프라이빗 블록체인은 기관 또는 기업이 독자적으로 운영하며 사전에 허가를 받은 사람만 사용할 수 있다. 참여자 수가 제한돼 있어 상대적으로 속도가 빠르다.
- 컨소시엄 블록체인(Consortium Blockchain) : 여러 기관들이 컨소시엄을 구성하고 허가된 기관만 네트워크에 참여할 수 있는 블록체인이다.

[표2] 퍼블릭 블록체인 vs 프라이빗(컨소시엄) 블록체인

구분	퍼블릭 블록체인	프라이빗(컨소시엄)블록체인
읽기 권한	누구나	허가된 기관
거래 검증 및 승인	네트워크에 참여하면 거래 검증 및 승인	승인된 기관 및 감동기관
트랜잭션 생성자	누구나	법적 책임을 지는 기관
합의 알고리즘	부분 분기를 허용하는 작업증명(PoW)이나 지분증명(PoS) 알고리즘	부분분기를 허용하지 않는 BFT 계열의 합의 알고리즘
속도	7~20 TPS	1,000 TPS 이상
권한 관리	누구나	통제된 인원
예시	비트코인, 이더리움	IBM Fabbric, Loop Chain

퍼블릭 블록체인은 트랜젝션 생성을 누구나 할 수 있기 때문에 누구든지 모든 데이터를 확인할 수 있다. 또한 누구나 참여 또는 운영할 수 있기 때문에 운영주체가 불분명하고 독자적인 화폐를 통해 금융활동을 하기 때문에 법적 구속력에 상대적으로 자유롭다.

반면 프라이빗(컨소시엄) 블록체인은 누구나 트랜잭션을 생성할 수 있다면 금융사고가 일어났을 때 책임 주체가 불분명해질 수 있기 때문에 법적책임을 질 수 있는 기관만 트랜잭션을 생성해야 한다. 이해관계자가 아닌 모든 노드가 트랜잭션의 검증하는 것은 문제가 있고, 어플리케이션에 따라 개인의 금융 정보가 담긴 데이터가 네트워크 상으로 오고갈 수 있기 때문에 누구나 데이터를 확인되게 해서는 안된다. 또한 운영주체가 명확하고 기존에 있던 금융거래를 하는 것이기 때문에 모든 금융 관련 규제사항을 준수해야 한다.

라. 스마트 컨트랙트이란 무엇인가?

스마트 계약(Smart Contract) 또는 스마트 컨트랙트란 블록체인 기반으로 금융거래, 부동산 계약, 공증 등 다양한 형태의 계약을 체결하고 이행하는 것을 말한다.

스마트 컨트랙트는 중개자 없이 P2P로 쉽고 편리하게 계약을 체결하고 수정할 수 있는 기술이다. 보통 계약은 A가 계약에 명시된 조건을 수행하면 B가 약속한 돈을 보내주는 식으로 이루어진다. 그러다 A가 일을 다 했는데 B가 돈을 안 주면 법적 다툼으로

가기도 한다. 반면 스마트 컨트랙트는 프로그램화된 자동 계약으로 A가 일을 마치면 자동으로 B의 계좌에서 A의 계좌로 돈이 나가는 식으로 되어 있다. 그래서 일방적으로 계약을 어기거나 할 수 있는 여지가 없어서, 계약을 보증해주는 중간자 등이 불필요해지므로 비용을 줄이고 효율을 높여준다. 한 마디로 블록체인은 스마트 컨트랙트를 구현할 수 있는 최상의 환경이다.

비탈릭 부테린은 이 스마트 컨트랙트 개념을 창시해 블록체인과 암호화폐 분야에서 사토시 나카모토에 버금가는 영향력과 상징성을 지니게 되었다.

마. 소프트웨어의 중앙화(탈중앙화)란 무엇인가?

블록체인 기술은 비트코인을 비롯한 대부분의 암호화폐 거래에 사용된다. 암호화폐의 거래과정은 탈중앙화된 전자장부에 쓰이기 때문에 블록체인 소프트웨어를 실행하는 많은 사용자들의 각 컴퓨터에서 서버가 운영되어 중앙은행 없이 개인 간의 자유로운 거래가 가능하다.

블록체인은 이름에서 알 수 있듯이 블록체인은 블록들의 체인이다. 일반적으로 각 블록에는 다음 블록에 대한 링크로 사용되는 거래와 해시 포인터가 포함되어 있다. 이러한 방법에서 블록을 삭제하거나 체인 중간에 새로운 블록을 넣는 것이 중요한데 이는 해시가 일치하지 않기 때문이다. 블록은 블록체인 클라이언트 소프트웨어를 실행함으로써 거래를 처리하는 네트워크 참여자들에 의해 생성된다. 그러한 참여자들을 "노드"라 부른다. 컴파일된 거래 블록을 블록체인에 붙이기 위해 노드는 특정 수학 조건을 만족시키는 블록의 해시 함수를 풀어야 하지만 블록 연결 규칙은 특정 블록체인에 사용되는 개별 합의 알고리즘에 따라 다르다.

블록을 체인에 포함시키기 위해서는 네트워크 합의가 이루어져야 한다. 즉 모든 네트워크 참여자들은 진정성을 확인해야 한다는 뜻이다. 기술적 변수에 따라 블록은 여러 번의 특정 확인 이후 체인에 포함된다. 그러나 이는 모든 사람이 최신 블록체인 구조를 가질 때 모든 네트워크 노드에 의해 유효해 진다.

암호화폐의 노드는 부분 또는 전체의 블록체인을 가지고 있다. 이것이 기존의 금융 거래 시스템에서 필요로 하는, 중앙 집중형 데이터베이스를 가지고 있을 필요가 없게 한다. 일반적인 장부에는 수표나 영수증 또는 약속어음의 교환내역이 기록되는 반면에, 블록체인은 그것 자체가 거래장부인 동시에 거래증서(수표, 영수증, 약속어음)이다. 예를 들어 "지불인 안정환이 백만원을 수취인 손흥민에게 보낸다" 형식의 거래는 소프트웨어 앱(비트코인 지갑앱 등)을 통해 블록체인 네트워크에 뿌려진다. 블록체인 네트워크의 노드들은 거래를 검증한 다음, 자신의 장부에 거래를 추가한다. 그리고 이 거래가 추가된 장부를 네트워크의 다른 노드들에 뿌린다.

이때 이중지불되는 것을 방지해야하는데 암호화폐들은 신뢰할수 없는 제3자에 의한 시간표시거래를 블록체인에 추가하는 것을 피하기 위해, 작업증명(Proof of Work) 또는 지분증명(proof of stake) 같은 다양한 시간표시 방법들을 사용한다. 이것은 누구나 쉽게 이중지불되는 돈의 문제를 회피할 수 있게 한다.

이런 것을 가능하게 하는 것이 **소프트웨어의 중앙화이다.** 즉, 소프트웨어의 중앙화는 [그림3]와 같이 블록체인 네트워크를 구성하는 노드들 사이의 가교가 되어준다. 블록체인은 공유되는 분산 원장이다. 기존의 중앙화된 서버 보존 방식과는 달리 전 세계 어디서든 공유할 수 있고 그 기록들이 분산되어 저장되는 방식이다. 그래서 단 한 개의 풀노드만 살아 있어도 블록체인 네트워크는 죽지 않는다고 한다. 분산된 '원장'에 담기는 거래 내역들에 똑같은 내역이 존재해야 블록체인 네트워크의 핵심을 유지할 수가 있다. 바로 이 블록체인 네트워크 상에서의 거래 내역을 노드들끼리 동기화 시켜주는 역할을 하는 것이 이 소프트웨어라고 할 수 있다.

블록체인 기술의 장점은 [표3]와 같이 탈 중개성, 보안성, 신속성, 확장성, 투명성이라 할 수 있다.

[그림3] 블록체인 네트워크 개념도

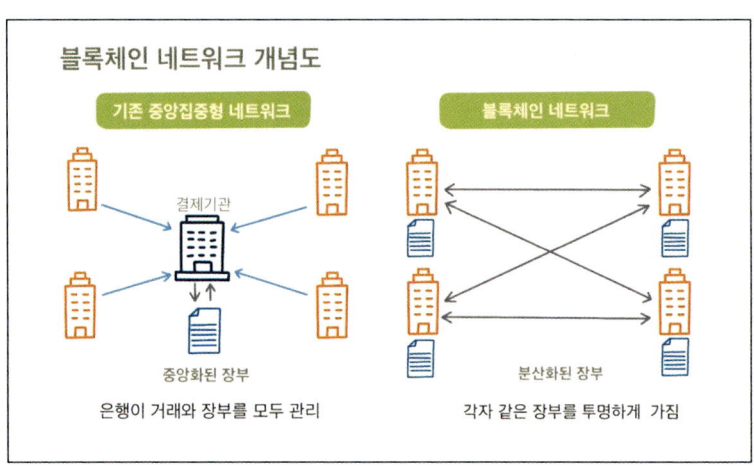

[표3] 블록체인 기술의 장점

구분	내용
탈중개성(P2P based)	공인된 제 3자의 공증 없이 개인간 거래 가능 → 불필요한 수수료 절감
보안성(Secure)	정보를 다수가 공동으로 소유하여 해킹 불가능 → 보안 관련 비용 절감
신속성(Instantaneous)	거래의 승인, 기록은 다수의 참여에 의해 자동 실행 → 신속성 극대화
확장성(Scalable)	공개된 소스에 의해 쉽게 구축, 연결, 확장 가능 → IT 구축비용 절감
투명성(Transparent)	모든 거래 기록에 공개적 접근 가능 → 거래 양성화 및 규제 비용 절감

로보틱 프로세스 자동화(RPA)

가. 로보틱 프로세스 자동화(RPA)란 무엇인가?

로보틱 프로세스 자동화(Robotic Process Automation: RPA)는 사람이 수행하던 반복적이고 규칙적인 업무를 소프트웨어 로봇(봇)이 대신 수행하도록 자동화하는 기술이다. RPA는 특히 금융, HR, 고객 서비스와 같은 업무에서 널리 사용되며, 업무 효율성을 높이고 시간과 비용을 절감하는 데 중요한 역할을 한다. 그래서 직원들은 더 창의적이고 부가가치가 높은 업무에 집중할 수 있다.

1) RPA의 주요 특징

① **반복적인 작업의 자동화**: RPA는 정형화된 절차를 따라 데이터를 입력하거나, 보고서를 생성하거나, 시스템 간 정보를 전송하는 등 반복적이고 단순한 업무를 자동화한다. 이를 통해 사람은 더 창의적이고 부가가치가 높은 업무에 집중할 수 있다.

② **비즈니스 프로세스 효율화**: RPA는 24시간 동안 멈추지 않고 작업을 수행할 수 있으며, 사람보다 훨씬 빠르고 정확하게 업무를 처리한다. 이로 인해 업무처리 속도가 빨라지고, 오류가 감소하며, 전체 비즈니스 프로세스의 효율성이 크게 향상된다.

③ **기존 시스템과의 통합**: RPA는 기존의 IT 시스템을 변경하거나 새로 구축할 필요 없이, 현재 사용 중인 시스템과 쉽게 연동된다. 이는 기업이 복잡한 시스템을 교체하지 않고도 디지털 전환을 빠르게 추진할 수 있도록 돕는다.

예를 들어, 대기업 A사는 HR 부서에서 수백 명의 직원 데이터를 수동으로 입력하고 관리하는 데 많은 시간과 인력을 소모하고 있었다. 이 기업은 RPA를 도입해 직원 정보 입력, 급여 계산, 출퇴근 기록 관리와 같은 반복적인 작업을 자동화했다. 그 결과, 업무 처리 시간이 70% 이상 단축되었고, 인적 오류가 크게 감소해 업무의 정확성과 효율성이 향상되었다.

2) RPA의 도입 효과

① **비용 절감**: RPA는 사람보다 더 빠르고 정확하게 작업을 수행하기 때문에, 인건비를 절감하고 업무 효율성을 높인다.
② **업무 정확성 향상**: 소프트웨어 봇은 사람이 실수할 수 있는 단순 작업을 오류 없이 처리한다.
③ **프로세스 속도 향상**: RPA를 통해 작업 처리 속도가 대폭 빨라지며, 24시간 연속 작업이 가능해진다.

예를 들어, 한 기업이 특정 제품의 시장 트렌드와 경쟁사 동향을 파악하기 위해 온라인 시장 조사를 진행한다고 가정해 보겠습니다. RPA를 사용하면 아래와 같은 프로세스를 자동화할 수 있습니다.

사례, ABC라는 기업이 특정 제품의 시장 트렌드와 경쟁사 동향을 파악하기 위해 [그림1]과 같이 RPA를 활용해 온라인 시장 조사를 진행한 실제 사례이다.

기존의 업무 처리는 자사의 판매 상품에 대한 온라인 경쟁 사이트의 판매가격, 할인 조건 등의 자료를 조사하여 부서에 공유하는 것이다. 기존 업무 처리시 70명이 2시간 동안 작업하던 것을 RPA를 활용해 2시간만에 자동으로 처리할 수 있게 되었다. 적용 효과는 사람의 개입 없이 70배 이상 시간을 단축하여 비용을 절감할 수 있었다. 이 회사는 RPA 기반의 온라인 시장 조사 자동화를 통해 기업은 시간과 비용을 절감할 수 있으며, 시장 변화에 민첩하게 대응할 수 있는 체계를 갖출 수 있다. RPA는 반복적인 작업을 빠르고 정확하게 수행하기 때문에 시장 조사 작업의 효율성을 극대화할 수 있다.

[그림1] RPA를 활용한 온라인 시장조사 자동화 사례

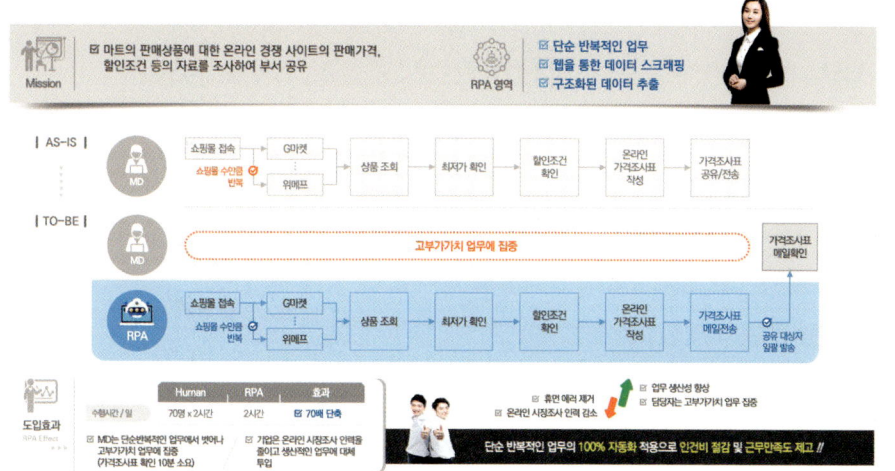

*출처: ECHOIT

3) RPA 활용 범위

기업에서 활용할 수 있는 RPA의 활용 범위는 매우 넓으며, 주로 반복적이고 규칙 기반의 업무에 자동화를 적용하여 효율성을 높이고 비용을 절감하는 데 활용된다. RPA의 주요 적용 범위는 다음과 같다.

- 데이터 입력 및 처리부분

  많은 기업에서는 대량의 데이터를 처리하는 작업을 수동으로 진행하는데, RPA는 이러한 데이터 입력, 검증, 처리 과정을 자동화할 수 있다. 예를 들어, Excel이나 ERP 시스템에 데이터를 입력하거나, 기존 시스템 간의 데이터를 전송하는 작업을 RPA가 자동으로 수행할 수 있다.

- 재무 및 회계 업무부분

  재무 및 회계 부서의 여러 업무, 예를 들어 송장 처리, 계정 관리, 결산 보고서 작성, 세금 계산 등의 반복적인 작업을 자동화하여 시간을 절약하고 오류를 줄일 수 있다. RPA를 활용하면 정해진 규칙에 따라 데이터를 수집하고 보고서를 작성할 수 있어 인력의 개입을 최소화할 수 있다.

- 고객서비스부분

  RPA는 고객 서비스 업무에서도 활용될 수 있다. 예를 들어, 고객의 요청 사항을

시스템에서 조회하여 빠르게 응답하는 작업, 고객 문의에 대한 정보를 검색하여 제공하는 작업 등을 자동화하여 서비스 속도를 높이고 고객 만족도를 향상할 수 있다.

- 인사 관리

  인사 관리에서의 RPA 활용 범위는 직원 정보 업데이트, 급여 계산, 근태 관리, 신규 입사자 등록 등이다. 이 과정을 자동화하면 HR 부서의 업무 부담을 줄이고, 직원 데이터를 정확하고 효율적으로 관리할 수 있다.

- IT 지원 및 운영

  IT 부서에서는 시스템 모니터링, 소프트웨어 업데이트, 비밀번호 재설정 요청 처리 등의 반복적인 작업을 RPA를 통해 자동화할 수 있다. 이를 통해 IT 인력은 더 고부가가치 업무에 집중할 수 있다.

- 공급망 관리

  RPA는 주문 처리, 재고 관리, 공급업체와의 커뮤니케이션 등 공급망 관리의 다양한 영역에서도 활용된다. 예를 들어, 재고 수준을 모니터링하고 필요 시 자동으로 주문을 생성하는 프로세스를 자동화할 수 있다.

이처럼 RPA는 다양한 비즈니스 영역에서 활용 가능하며, 단순하고 반복적인 업무를 자동화하여 직원들이 더 중요한 업무에 집중할 수 있도록 지원한다. RPA는 [그림2]와 같이 비용 절감, 업무 생산성 향상, 업무 처리 속도와 정확성을 높여주고, 인력 자원을 보다 전략적으로 활용할 수 있게 해준다.

① **비용 절감**: 작업을 온쇼어(On-shore)에서 오프쇼어(Off-shore), 그리고 로봇으로 전환함으로써 운영 비용을 크게 절감할 수 있다.

② **업무 생산성 향상**: 로봇은 24시간 작동할 수 있어 처리 속도를 높이고, 지속적인 작업 수행으로 생산성을 향상시킨다.

③ **업무 품질 향상**: 인간의 오류를 제거함으로써 RPA는 수행되는 작업의 전반적인 품질과 정확성을 향상시킨다.

④ **보안**: RPA는 민감한 정보를 효율적으로 관리하고 보호함으로써 데이터 보안을 강화하는 데 도움을 준다.

⑤ **업무 품질 향상**: 인간의 오류를 제거함으로써 RPA는 수행되는 작업의 전반적인

품질과 정확성을 향상시킨다.

⑥ **컴플라이언스 향상**: RPA는 정해진 규칙과 규정을 엄격하게 준수하여 프로세스에서 비인가된 변동을 방지한다.

[그림2] RPA(Robotic Process Automation) 활용 범위 및 도입 효과

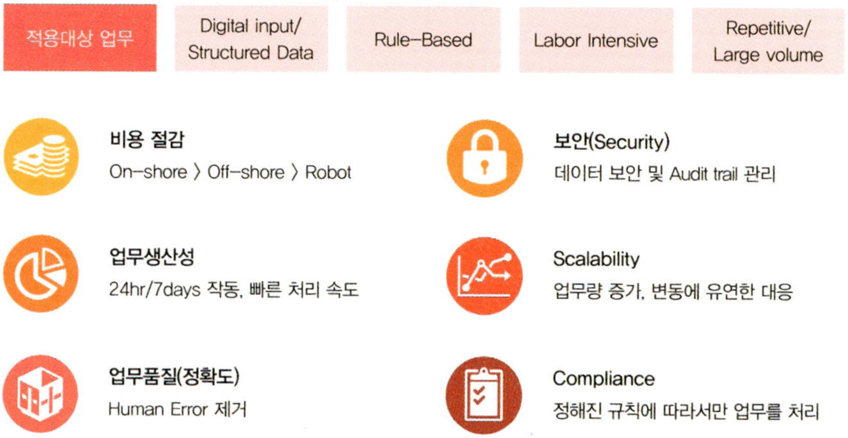

| 적용대상 업무 | Digital input/ Structured Data | Rule-Based | Labor Intensive | Repetitive/ Large volume |

- 비용 절감: On-shore 〉 Off-shore 〉 Robot
- 보안(Security): 데이터 보안 및 Audit trail 관리
- 업무생산성: 24hr/7days 작동, 빠른 처리 속도
- Scalability: 업무량 증가, 변동에 유연한 대응
- 업무품질(정확도): Human Error 제거
- Compliance: 정해진 규칙에 따라서만 업무를 처리

*출처: https://www.pwcconsulting.co.kr/, 'Robotic Process Automation'

RPA 적용 가능 영역은 '구조화된 데이터의 Input, 정해진 규칙에 따른 처리' 중심으로 적용되고 있으나, 데이터(Data) 인식과 예외사항 처리 능력 발달에 따라 [그림3]과 같이 적용범위와 영향력이 확대되고 있다. 특히 생성형 AI의 기술 발전으로 OCR(Optical Character Reader) 문서 인식 및 처리, 자가 학습을 통한 예외 사항 처리규칙의 지속적 개선(AI, Machine Learning 등)으로 기업에서 RPA 적용 범위가 확대되고 있다.

[그림3] RPA(Robotic Process Automation) 적용 가능 영역

*출처: https://www.pwcconsulting.co.kr/, 'Robotic Process Automation'

나. RPA가 디지털 전환에서 중요한 이유

로보틱 프로세스 자동화(RPA)는 기업의 디지털 전환 과정에서 필수적인 역할을 한다. RPA는 반복적이고 규칙적인 업무를 자동화하여 생산성을 높이고, 인적 오류를 줄이며, 더 중요한 업무에 자원을 집중할 수 있게 돕는다. RPA가 디지털 전환에서 중요한 이유를 구체적인 예시를 통해 좀 더 상세하게 설명하겠다.

1) 비즈니스 프로세스의 효율성 극대화

RPA는 사람이 일일이 처리해야 했던 반복적인 업무를 자동화하여 업무 효율성을 극대화한다. 이를 통해 기업은 더 적은 자원으로 더 많은 일을 처리할 수 있으며, 신속한 업무 처리가 가능해진다.

예시: 글로벌 은행 B사는 매일 수천 건의 고객 계좌 개설 요청을 처리해야 했다. 기존에는 직원들이 수작업으로 고객 데이터를 입력하고, 여러 시스템에 정보를 전송하는 작업을 수행했는데, 이 과정에서 시간이 오래 걸리고 종종 오류가 발생했다. B사는 RPA를 도입해 이 모든 과정을 자동화했다. 이제 고객 정보 입력, 계좌 개설 승인, 시스템 연동까지 RPA가 처리하면서 업무 처리 속도가 5배 이상 빨라졌고, 오류율도 거의 0%로 줄어들었다. 이를 통해 B사는 고객에게 더 빠르고 정확한 서비스를 제공할 수 있었다.

2) 비용 절감과 인적 자원의 재배치

RPA를 도입하면 기업은 인건비를 절감하고, 반복적인 작업에 투입되던 인적 자원을 더 가치 있는 업무로 재배치할 수 있다. 이는 조직의 전반적인 효율성을 높이고, 경쟁력을 강화하는 데 기여한다.

예시: 제조업체 C사는 매달 수백 건의 공급업체 청구서를 수작업으로 처리했다. 청구서 입력, 검증, 결제 절차는 모두 사람이 수행했으며, 이로 인해 많은 시간과 비용이 소모되었다. C사는 RPA를 도입해 청구서 처리 과정을 자동화함으로써 연간 30% 이상의 비용을 절감했다. 또한, 이로 인해 절약된 시간과 인력을 더 전략적인 업무(예: 공급망 최적화, 고객 관계 관리)로 재배치하여 기업의 성장 동력을 강화했다.

3) 디지털 데이터 관리와 활용의 효율성 증가

디지털 전환에서 중요한 부분은 데이터를 효율적으로 수집하고 관리하는 것이다. RPA는 시스템 간의 데이터 전송, 데이터 입력 및 정리 작업을 자동으로 수행해 데이터의 정확성을 높이고, 이를 실시간으로 활용할 수 있게 한다.

예시: 보험사 D사는 고객 클레임(보험 청구) 처리에서 많은 데이터를 다뤄야 했다. 고객 정보, 사고 보고서, 의료 기록 등 다양한 데이터가 여러 시스템에 분산되어 있어 이를 통합하고 처리하는 데 많은 시간이 소요되었다. RPA를 도입한 후, 클레임 접수부터 데이터 정리, 청구 승인까지의 과정이 자동화되었고, 처리 시

간이 70% 단축되었다. 동시에 데이터의 일관성과 정확성도 높아져, 분석과 의사결정이 더 신속하고 정확하게 이루어졌다.

4) 신속한 디지털 전환 추진

RPA는 기존 시스템을 변경하거나 교체하지 않고도 쉽게 적용할 수 있다. 기존 IT 인프라를 그대로 유지하면서 자동화를 도입할 수 있어, 디지털 전환 속도를 가속화하는 데 매우 유리하다.

예시: 유통업체 E사는 다양한 레거시 시스템을 사용하고 있었으며, 이들 시스템 간의 통합이 어려워 디지털 전환에 난항을 겪고 있었다. E사는 RPA를 통해 기존 시스템 간의 데이터 전송과 연동 작업을 자동화함으로써 디지털 전환을 빠르게 추진할 수 있었다. 기존 시스템을 그대로 사용하면서 자동화 솔루션을 도입한 덕분에 시간과 비용을 크게 절감할 수 있었고, 디지털 전환의 초기 단계를 성공적으로 마무리했다.

정리하면, RPA는 반복적이고 규칙적인 업무를 자동화함으로써 기업의 디지털 전환에 기여하는 중요한 기술이다. 업무 효율성을 극대화하고, 비용을 절감하며, 인적 자원을 전략적으로 재배치하는 데 기여한다. 또한, 기존 시스템을 유지하면서도 디지털 전환을 빠르게 진행할 수 있는 유연성을 제공한다. 이러한 이유로 RPA는 디지털 전환의 필수적인 도구로 자리 잡고 있으며, 이를 통해 기업은 새로운 경쟁력을 확보하고 지속 가능한 성장을 이룰 수 있다.

증강현실(AR), 가상현실(VR), 융합현실(MR)

가. 증강현실(AR)과 가상현실(VR)이란 무엇인가?

증강현실(Augmented Reality: AR)과 가상현실(Virtual Reality: VR)은 현실과 가상 세계를 연결하는 기술로, 디지털 전환(DX) 과정에서 다양한 산업에 새로운 가치를 창출하고 있다. AR은 현실 세계에 디지털 정보를 겹쳐 보여주는 기술이며, VR은 완전히 가상 환경을 만들어 사용자가 몰입할 수 있도록 하는 기술이다. 이 두 기술은 제조업, 교육, 마케팅, 의료 등 다양한 분야에서 혁신을 이끌고 있다.

1) AR(증강현실)과 VR(가상현실)의 주요 특징

① **AR (증강현실)**: AR은 현실 세계의 배경 위에 디지털 정보를 추가해 실시간으로 사용자에게 제공한다. 사용자는 스마트폰이나 AR 글래스를 통해 주변 환경에 겹쳐진 텍스트, 이미지, 3D 모델 등을 볼 수 있다. 이는 특히 제품 시연, 교육, 현장 지원 등에서 유용하게 활용된다.

② **VR (가상현실)**: VR은 사용자를 완전히 가상 세계로 이동시키는 기술이다. VR 헤드셋을 통해 사용자는 360도 가상 공간에서 몰입감 있는 경험을 할 수 있다. 주로 게임, 엔터테인먼트, 교육, 훈련 시뮬레이션 등에서 활용된다.

예를 들어, IKEA는 AR 앱을 통해 고객이 가구를 집에 배치하기 전에 미리 어떻게 보일지 시뮬레이션할 수 있도록 했다. 사용자는 스마트폰 카메라로 방을 스캔한 후, 원하는 가구를 선택해 실제 방에 가상으로 배치해 본다. 이를 통해 고객은 가구 구매 전 제품이 실제 공간에 어떻게 어울릴지 쉽게 확인할 수 있어, 구매 결정이 용이해진다. 이처럼 AR은 고객 경험을 향상시키고, 구매 과정을 혁신적으로 변화시키는 데 기여하고 있다.

2) AR과 VR의 장점
① **몰입감과 현실감 극대화**: AR과 VR은 사용자에게 몰입감 있는 경험을 제공해 학습, 훈련, 엔터테인먼트 등 다양한 분야에서 강력한 도구로 활용된다.
② **비용 절감과 시간 단축**: 가상 환경에서 시뮬레이션을 통해 테스트와 훈련을 진행함으로써, 실제 자원을 사용하는 것보다 비용과 시간을 절약할 수 있다.
③ **혁신적인 고객 경험 제공**: AR과 VR은 기존의 평면적이고 단조로운 고객 경험을 넘어, 상호작용적인 경험을 제공해 고객의 관심을 끌고, 만족도를 높일 수 있다.

3) AR과 VR의 주요 활용 분야
① **교육 및 훈련**: AR과 VR은 실습이 필요한 교육과 훈련에서 혁신적인 도구로 활용된다. 가상 환경에서 실제와 유사한 상황을 재현해 학습자가 안전하고 효율적으로 훈련을 받을 수 있도록 돕는다.
② **제조와 유보수**: AR은 제조 현장에서 작업자가 기계를 유지보수할 때, 실시간으로 지침과 정보를 제공해 효율성을 높인다. 작업자는 AR 글래스를 통해 기계의 작동 원리와 문제 해결 방법을 실시간으로 확인하며 작업을 진행할 수 있다.
③ **의료 및 원격 수술**: VR은 의료 분야에서 수술 훈련이나 환자 치료 시뮬레이션에 활용된다. 의사들은 가상 환경에서 수술 절차를 연습하거나 복잡한 수술을 사전에 시뮬레이션해 준비할 수 있다.

나. AR과 VR이 디지털 전환에서 중요한 이유

증강현실(AR)과 가상현실(VR)은 단순히 새로운 기술이 아니라, 기존 비즈니스 모델과 고객 경험을 혁신하는 디지털 전환의 핵심 도구다.

AR과 VR은 사용자 경험을 혁신적으로 변화시키고, 기존의 비즈니스 프로세스를 디지털화하며 효율성을 극대화한다. 특히 고객 경험, 직원 교육, 제품 개발 등의 영역에서 AR과 VR은 강력한 도구로 자리잡고 있다. 디지털 전환 과정에서 AR과 VR을 활용하면 더 몰입감 있고, 상호작용적인 경험을 제공할 수 있으며, 이는 고객의 만족도와 충성도를 높이는 데 기여한다.

또한 AR과 VR은 몰입감 있는 환경을 통해 사용자의 참여를 유도하고, 실제로 경험하기 어려운 상황을 가상으로 제공함으로써 더 깊이 있는 학습과 상호작용을 가능하게 한다. 아래는 AR과 VR이 디지털 전환에서 중요한 이유를 구체적인 예시를 통해 상세히 설명하겠다.

1) 제조업에서의 활용

AR과 VR은 제조업에서 직원 교육과 유지보수 과정에서 효율성을 극대화하는 데 중요한 역할을 한다. AR은 실제 현장에 디지털 정보를 겹쳐 보여줌으로써 작업자에게 실시간 지침을 제공하고, VR은 가상 환경에서 복잡한 작업을 안전하게 연습할 수 있게 해준다. 이를 통해 교육 비용을 절감하고, 유지보수 작업의 정확성을 높일 수 있다.

예시1: 보잉(Boeing)은 항공기 제조 공정에서 AR 기술을 활용해 전선 연결 작업의 정확성을 크게 개선했다. 전선 연결은 복잡하고 정밀한 작업이기 때문에 오류 발생 시 큰 비용이 발생할 수 있다. AR 글래스를 착용한 작업자는 실시간으로 전선 연결 지침을 보고, 오류 없이 작업을 진행할 수 있었다. 이를 통해 작업 시간은 25% 단축되었고, 오류율도 크게 감소했다. 또한, 신규 직원들이 AR 기반 교육을 통해 실제 현장에서 경험하기 전에 가상으로 작업 절차를 익히면서 더 빠르고 정확하게 숙련될 수 있었다.

예시2: 자동차 제조업체 볼보(Volvo)는 VR을 활용해 신차 개발 과정을 혁신했다. 디자이너와 엔지니어들은 VR 환경에서 차량의 3D 모델을 실시간으로 검토하고, 필요한 수정 사항을 즉시 반영할 수 있다. 이를 통해 실제 프로토타입 제작에 소요되는 비용과 시간을 절감하며, 개발 과정에서의 협업이 더욱 원활해졌다. 이처럼 VR은 제품 개발과 혁신을 가속화하고, 기업이 시장의 요구에 신속하게 대응할 수 있도록 돕는다.

예시3: BMW는 AR을 활용해 고객이 원하는 차량의 색상, 디자인, 내부 옵션을 가상으로 체험할 수 있는 서비스를 제공하고 있다. 고객은 현실감 있게 자신만의 맞춤형 차량을 선택할 수 있으며, 구매 전환율이 상승하고 있다.

2) 소비자 경험의 혁신적인 변화

AR과 VR은 소비자가 제품을 직접 체험하기 어려운 상황에서도 가상으로 체험할 수 있도록 해준다. 특히 쇼핑, 부동산, 자동차 판매 등 고객이 제품을 시각적으로 경험하는 것이 중요한 산업에서 AR과 VR은 고객 경험을 혁신적으로 변화시킨다. 이는 구매 결정 과정을 더 직관적이고 흥미롭게 만들어 고객의 만족도와 전환율을 높이는 데 기여한다.

예시: L'Oreal은 AR 기술을 활용한 'ModiFace'라는 앱을 통해 소비자가 가상으로 화장품을 미리 체험해 볼 수 있게 했다. 소비자는 스마트폰 카메라를 통해 자신의 얼굴에 다양한 화장품을 적용해 보고, 자신에게 어울리는 색상과 제품을 선택할 수 있다. 이처럼 AR을 활용한 가상 체험은 고객이 실제 제품을 사용해 보지 않고도 구매 결정을 내릴 수 있도록 돕는다. 결과적으로 L'Oreal은 온라인 쇼핑몰에서의 고객 참여율과 매출을 크게 증가시킬 수 있었다.

3) 건설과 부동산 분야에서의 시각적 커뮤니케이션 향상

건설과 부동산 산업에서는 건축물이 완성되기 전에 고객에게 설계안을 시각적으로 보여주는 것이 매우 중요하다. VR을 활용하면 고객은 가상 환경에서 건축물 내부를 미리 둘러보며, 자신의 요구에 맞게 공간을 설계하거나 수정할 수 있다. 이는 고객과의 커뮤니케이션을 개선하고, 프로젝트 진행 과정에서 발생할 수 있는 불일치를 줄여준다.

예시: 글로벌 부동산 기업 CBRE는 VR 기술을 통해 고객에게 건물 투어를 제공하고 있다. 고객은 VR 헤드셋을 착용해 완공 진 건물의 내부를 가상으로 탐험하며, 공간 배치나 인테리어 옵션을 확인할 수 있다. 이를 통해 고객은 실제 현장 방문 없이도 자신이 원하는 공간을 미리 경험하고 결정할 수 있어, 계약까지의 과정이 더 원활해졌다. VR을 통한 가상 투어 덕분에 고객 만족도가 높아졌으며, 특히 해외 바이어들에게 큰 호응을 얻었다.

4) 의료 교육과 치료의 혁신

의료 분야에서 AR과 VR은 의료진의 교육 훈련과 환자 치료를 혁신적으로 변화시키고 있다. 의료진은 VR을 통해 실제 환자를 다루기 전에 가상으로 수술 절차를 연습할 수 있으며, AR은 수술 중 중요한 정보를 실시간으로 제공해 정확성과 안전성을 높인다. 또한, VR은 정신 치료와 통증 관리에도 활용되며, 환자에게 맞춤형 치료 경험을 제공한다.

> 예시: 클리블랜드 클리닉(Cleveland Clinic)은 VR을 활용해 의대생과 신입 의사들에게 심장 수술 절차를 교육하고 있다. 이 훈련 프로그램은 실제 심장 수술 환경을 3D로 재현해, 학습자가 수술의 모든 단계를 가상으로 경험할 수 있도록 한다. 이를 통해 학습자는 복잡한 수술 기술을 반복적으로 연습할 수 있으며, 실제 수술 상황에 대한 준비도를 높일 수 있다. 또한, VR은 불안 장애 치료에서도 효과적으로 사용되고 있다. 환자는 가상 환경에서 자신이 두려워하는 상황을 점진적으로 경험하며, 불안을 극복하는 훈련을 받는다.

AR과 VR은 다양한 산업에서 디지털 전환의 촉매 역할을 하며, 고객 경험과 교육, 커뮤니케이션, 치료 등 여러 분야에서 혁신을 이끌어내고 있다. 제조업에서의 정밀한 작업 지원, 소비자 경험의 몰입감 증대, 부동산과 건설에서의 시각적 커뮤니케이션 개선, 그리고 의료 교육과 치료의 혁신까지 AR과 VR은 디지털 전환 과정에서 강력한 도구로 자리잡고 있다. 이러한 기술들은 기업이 디지털 환경에서 새로운 가치를 창출하고, 고객과의 관계를 더 깊이 있게 형성할 수 있도록 돕는다.

증강현실(AR)과 가상현실(VR)은 디지털 전환 과정에서 기업이 더 나은 고객 경험을 제공하고, 효율적인 운영을 실현하며, 혁신적인 제품과 서비스를 개발하는 데 중요한 역할을 한다. 교육, 제조, 의료, 마케팅 등 다양한 분야에서 AR과 VR은 디지털 전환의 가치를 극대화하며, 기업이 경쟁력을 유지하고 성장할 수 있도록 돕는다. AR과 VR을 통해 기업은 현실과 가상의 경계를 허물고, 새로운 비즈니스 기회를 창출할 수 있다.

다. 융합현실

　융합현실(Mixed Reality: MR)은 가상현실(VR)과 증강현실(AR) 기술을 혼합한 기술로 현실 세계와 가상 세계를 넘나드는 것처럼 구현한 기술이다.

　가상현실(VR)이 이미지, 주변 배경, 객체 모두를 가상의 이미지로 만들어 보여 주는 반면, 증강현실(AR)은 추가되는 정보만 가상으로 만들어 보여준다. 즉, 증강현실은 현실 세계의 실제 모습이 주가 된다는 점에서 가상현실과 다르다. 예를 들면, 네비게이션 시스템에서 실제 도로 장면(Reality)에 주행 정보를 추가하여 보여주면 증강현실이 되고, 가상의 지도(Virtual)에 주행 정보를 보여주면 가상현실이 된다.

　증강현실(AR)은 영화 〈아이언맨〉에서 아이언맨 슈트를 착용한 주인공이 명령을 내릴 때 등장하는 화면을, 가상현실(VR)은 영화 〈메트릭스〉에서 주인공이 접한 컴퓨터 세계를 떠올리면 된다.

　가상현실은 어떤 특정한 환경이나 상황을 컴퓨터로 만들어서, 그것을 사용하는 사람이 마치 실제 주변 상황·환경과 상호작용을 하고 있는 것처럼 만들어 주는 인간-컴퓨터 사이의 인터페이스를 말한다. 인공현실(Artificial Reality), 사이버 공간(Cyberspace), 가상세계(Virtual Worlds), 가상환경(Virtual Environment), 합성환경(Synthetic Environment), 인공환경(Artificial Environment) 등이라고도 한다.

　사용 목적은 사람들이 일상적으로 경험하기 어려운 환경을 직접 체험하지 않고서도 그 환경에 들어와 있는 것처럼 보여주고 조작할 수 있게 해주는 것이다. 응용분야는 교육, 고급 프로그래밍, 원격조작, 원격위성 표면탐사, 탐사자료 분석, 과학적 시각화(Scientific Visualization) 등이다.

　적지 않은 사람들이 가상현실(VR)과 증강현실(AR)을 혼동하고 있다. 가상현실은 자신(객체)과 배경·환경 모두 현실이 아닌 가상의 이미지를 사용하는데 반해, 증강현실은 현실의 이미지나 배경에 3차원 가상 이미지를 겹쳐서 하나의 영상으로 보여주는 기술이다. 증강현실과 가상현실은 서로 비슷한 듯하지만 그 주체가 허상이냐 실상이냐에 따라 명확히 구분된다. 컴퓨터 게임으로 예를 들면, 가상현실 격투 게임은 '나를 대신하는 캐릭터'가 '가상의 공간'에서 '가상의 적'과 대결하지만, 증강현실 격투 게임은 '현실의 내'가 '현실의 공간'에서 가상의 적과 대결을 벌이는 형태가 된다. 때문에 증강현실이 가상현실에 비해 현실감이 뛰어나다는 특징이 있다. 이 밖에 가상현실은 일반적으로 영화나 영상 분야 등 특수 환경에서만 사용되지만, 증강현실은 현재 일반인들에게도 널리 활용될 만큼 대중화된 상태다. 예를 들어, 인터넷을 통한 지도 검색, 위치 검색 등도 넓은 의미에서는 증강현실에 포함된다. 이렇듯 증강 현실은 현실세계와 가상세계를 잘 조화시켜 사용자가 실제 및 가상 환경이 분리되었다는 것을 인지하지 못한채, 사용자와 가상세계간의 실시간 상호작용이 가능한 몰입감을 제공합니다. 또한 증강 현실 기법을 활용하여 생활의 편리성을 제공하는 사례도 많다. 옷을 구매할 때, 의류 매장에서 색상이나 스타일이 어울리는지 옷을 입어봐야 하지만, 증강 현실을 사용할 경우 착용해보지 않고도, 간편하게 확인할 수 있다. 가구를 구매할 때에도, 잡지에 있는 가구가 원하는 장소에 배치된 모습을 증강 현실 기법으로 확인함으로써 마케팅 효과를 거두고 있다.

증강현실(AR)은 현실에 3차원 가상 이미지를 겹쳐서 보여주는 기술이다. 필요한 정보를 디스플레이 기술 등을 통해 보여준다. 가상현실(VR)은 현실이 아닌 100% 가상의 이미지를 사용하는 기술이다. 특수 제작된 고글 모양의 헤드셋을 써야 가상현실(VR)을 경험할 수 있다. 여기에서 한 단계 더 나아가, 현실세계와 가상세계 정보를 결합해 두 세계를 융합시키는 공간을 만들어내는 기술을 '융합현실(MR)'이라고 한다. 증강현실(AR)과 가상현실(VR)의 장점을 따온 기술이다. 융합현실(MR)은 현실세계와 가상 정보를 결합한게 특징이다.

AR과 VR분야의 활용사례[표1]를 보면, 엔터테인먼트, 교육, 교통, 의료, 전자상거래, 고객서비스, 제조, 국방 등에서 다양하게 활용하고 있다.

[표1] AR.VR 분야 활용사례

	활용 사례
엔터테이먼트	· 게임, 영화, 테마파크, 스포츠 등 분야에서 보는 것에서 체험하는 것으로, 손자 체험하던 것에서 여러 사람이 동시에 참여할 수 있는 것으로 발전
교육	· 의료용 실습, 화재 현장 등 위험한 환경에서의 훈련 등
교통	· 위치인식 및 지도 생성(SLAM) 기술을 활용한 AR 웨이즈(AR Ways) 등 길찾기 앱
의료	· 알츠하이머 환자 간병인 교육 · 시각 장애인, 운동장애 환자의 보조 기기로 활용

	활용 사례
전자상거래	· 가상 쇼핑몰과 자동 결제 시스템 　-페이스카웃(payscout), 아마존 등
고객서비스	· 고객의 쇼핑 경험을 강화하고, 소비자에게 편리함을 주는 서비스 제공 　-킴벌리-클라크(Kimberly-Clark), 파머스 보험(Farmers Insurance Group) 등
제조	· 제품 테스트, 조립, 수리, 모니터링 분야에 활용 　- 포드자동차, 현대자동차 등
국방	· 군사 훈련에 사용

*출처: 가상증강현실(AR·VR)산업의 발전방향과 시사점

08
디지털 트윈(Digital Twin)

디지털 트윈은 물리적 객체나 시스템의 디지털 복제본을 만들어, 실시간 모니터링과 시뮬레이션을 가능하게 한다. 제조업, 에너지, 스마트 시티 등에서 활용되어 효율적인 운영과 문제 예방을 돕는다.

가. 디지털 트윈(Digital Twin)이란 무엇인가?

디지털 트윈(Digital Twin)은 물리적인 객체나 시스템을 디지털로 동일하게 복제한 가상 모델이다. 이 가상 모델은 실제 환경에서 일어나는 일을 실시간으로 모니터링하고, 시뮬레이션하며, 분석할 수 있도록 도와준다. 디지털 트윈은 제조업, 스마트 시티, 에너지, 헬스케어 등 다양한 산업에서 활용되며, 디지털 전환(DX)을 가속화하는 데 중요한 역할을 한다.

1) 디지털 트윈의 주요 특징

① **실시간 데이터 기반 모델링**: 디지털 트윈은 실제 환경에서 수집된 데이터를 기반으로 가상 모델을 만든다. 이 데이터를 통해 실시간으로 물리적 시스템의 상태를 파악할 수 있으며, 시뮬레이션을 통해 다양한 시나리오를 실험해 볼 수 있다.

② **예측 분석과 문제 예방**: 디지털 트윈은 데이터를 분석해 잠재적인 문제를 미리 감지하고, 문제 발생 전에 예방 조치를 취할 수 있게 한다. 이를 통해 유지보수 비용을 절감하고, 시스템의 안정성을 높일 수 있다.

③ **효율적인 운영과 최적화**: 디지털 트윈은 시스템의 운영 방식을 최적화하는 데 도움을 준다. 가상 모델을 통해 최적의 운영 조건을 찾아내고, 이를 실제 시스템에 적용해 생산성을 극대화할 수 있다.

예를 들어, 항공기 엔진 제조사인 GE는 디지털 트윈을 활용해 항공기 엔진의 가상 모델을 만들어 운영하고 있다. 이 모델은 실제 엔진의 작동 데이터를 실시간으로 수집해 엔진 상태를 모니터링하고, 예상되는 문제를 미리 감지한다. 이를 통해 GE는 엔진의 고장을 예방하고, 유지보수 주기를 최적화해 비용을 절감하고 있다. 또한, 시뮬레이션을 통해 엔진의 성능을 향상시키기 위한 최적의 조건을 찾아내어 효율성을 높였다.

2) 디지털 트윈의 장점
① **문제 예방과 비용 절감**: 디지털 트윈을 통해 시스템의 상태를 실시간으로 파악하고, 예측 분석을 통해 문제 발생 전에 예방 조치를 취할 수 있다. 이를 통해 유지보수 비용을 절감하고, 비즈니스 연속성을 유지할 수 있다.
② **운영 효율성 극대화**: 디지털 트윈은 가상 환경에서 다양한 시나리오를 실험해 최적의 운영 방식을 찾아내는 데 도움을 준다. 이를 실제 운영에 적용해 효율성과 생산성을 극대화할 수 있다.
③ **혁신과 제품 개발 가속화**: 디지털 트윈은 제품 설계와 개발 과정에서도 중요한 역할을 한다. 새로운 제품이나 시스템을 설계할 때 가상 모델을 통해 시뮬레이션을 진행해 설계 오류를 줄이고, 개발 시간을 단축할 수 있다.

나. 디지털 트윈이 디지털 전환에서 중요한 이유

디지털 트윈(Digital Twin)은 물리적 세계의 모든 요소를 디지털로 복제해 실시간 데이터를 분석하고 시뮬레이션함으로써 운영 효율성을 극대화하는 데 중요한 역할을 한다. 디지털 트윈을 통해 기업은 실시간 데이터를 기반으로 더 정교한 분석과 예측을 할 수 있으며, 이를 통해 비용 절감과 품질 개선, 신제품 개발 등의 이점을 얻을 수 있다. 특히 제조업, 에너지, 스마트시티, 헬스케어와 같은 산업에서는 복잡한 시스템을 관리하고 최적화하는 데 필수적인 기술이다.

디지털 전환의 핵심 기술로 자리 잡은 디지털 트윈은 미래 비즈니스의 경쟁력을 강화하는 중요한 도구로서, 다양한 산업에서 그 활용 범위가 점점 넓어지고 있다.

아래는 디지털 트윈이 디지털 전환에서 중요한 이유를 구체적인 예시를 통해 설명하겠다.

1) 제조업의 스마트 제조(Smart Manufacturing) 구현

제조업에서 디지털 트윈은 스마트 제조 환경을 구현하는 데 핵심적인 역할을 한다. 공장 내 설비와 기계의 디지털 트윈을 통해 운영 상태를 실시간으로 모니터링하고, 생산 공정을 시뮬레이션하며, 문제 발생 전에 예방 조치를 취할 수 있다. 이를 통해 생산성은 극대화되고, 비용은 절감되며, 품질은 향상된다.

> 예시: 자동차 제조사인 BMW는 생산 라인 전체의 디지털 트윈을 구축했다. 각 설비와 로봇의 상태를 실시간으로 모니터링하며, 이를 기반으로 생산 공정을 최적화한다. 또한, 신제품 출시 전에 가상 환경에서 생산 라인을 시뮬레이션해 잠재적인 문제를 미리 식별하고 개선한다. 이를 통해 BMW는 생산 효율성을 높이고, 불량률을 줄여 비용 절감과 품질 향상을 동시에 이루었다. 디지털 트윈 덕분에 BMW는 더욱 유연한 생산 라인을 운영하며, 고객의 요구에 맞춘 맞춤형 차량을 신속하게 제작할 수 있었다.

2) 설비 유지보수와 운영 효율성 극대화

디지털 트윈은 기계 설비의 상태를 실시간으로 모니터링하고, 예측 유지보수를 가능하게 한다. 이는 장비 고장으로 인한 운영 중단을 최소화하고, 유지보수 비용을 절감하는 데 큰 기여를 한다. 특히 대규모 설비를 운영하는 산업에서는 디지털 트윈을 통해 운영 효율성을 극대화할 수 있다.

> 예시: 글로벌 에너지 기업인 쉘(Shell)은 자사의 석유 정제소와 플랫폼에 디지털 트윈을 도입했다. 이 시스템은 각 설비의 상태를 실시간으로 모니터링하며, 데이터 분석을 통해 고장이 발생할 가능성이 있는 부분을 사전에 감지한다. 만약 어떤

설비가 과열되거나 이상 진동이 감지되면, 디지털 트윈은 유지보수 팀에 즉시 알림을 보내 필요한 조치를 취하게 한다. 이를 통해 쉘은 예기치 않은 가동 중단을 최소화하고, 유지보수 비용을 20% 이상 절감할 수 있었다.

3) 스마트 시티의 효율적인 운영

스마트 시티 프로젝트에서 디지털 트윈은 도시 전체의 관리와 운영을 최적화하는 데 필수적인 기술이다. 도로, 건물, 교통, 에너지 시스템 등의 디지털 트윈을 통해 도시 운영을 시뮬레이션하고, 데이터를 분석해 효율적인 자원 관리를 할 수 있다.

예시1: 스마트 시티의 대표적인 예시로 싱가포르가 있다. 싱가포르는 도시 전체의 디지털 트윈을 구축해 교통, 에너지, 환경 관리를 최적화하고 있다. 도로 교통 상황, 대기 오염, 전력 소비 등을 실시간으로 모니터링하며, 이 데이터를 기반으로 도시 관리와 계획을 개선한다. 또한, 교통 혼잡을 줄이기 위한 시뮬레이션을 통해 최적의 교통 체계를 구축하고 있다. 이러한 디지털 트윈의 도입 덕분에 싱가포르는 자원을 효율적으로 관리하면서도 지속 가능한 도시 운영을 실현할 수 있었다.

예시2: 영국의 도시 글래스고는 스마트 시티 프로젝트의 일환으로 디지털 트윈을 구축했다. 도시 내 주요 인프라와 교통 시스템을 디지털 트윈으로 구현해, 실시간으로 교통 흐름을 분석하고 최적의 신호 체계를 자동으로 설정한다. 또한, 디지털 트윈을 통해 도시의 에너지 사용량을 모니터링하고, 효율적으로 조절해 에너지 낭비를 줄였다. 글래스고는 이 디지털 트윈을 활용해 교통 혼잡을 줄이고, 에너지 비용을 절감하며, 시민들에게 더 나은 공공 서비스를 제공하고 있다.

4) 제품 개발과 테스트의 혁신

디지털 트윈은 신제품 개발 과정에서 가상 시뮬레이션을 통해 설계 오류를 줄이고, 개발 속도를 가속화하는 데 기여한다. 실제 제품을 만들기 전에 가상 환경에서 다양한 시나리오를 테스트해 최적의 결과를 도출할 수 있다.

예시: 항공기 제조사 에어버스는 신형 항공기 개발 과정에서 디지털 트윈을 활용해 설계 단계부터 생산까지 모든 과정을 가상 시뮬레이션했다. 이를 통해 항공기 부품의 내구성, 에어로다이내믹스, 연료 효율성 등을 사전에 검증하고 최적화했다. 디지털 트윈 덕분에 에어버스는 실제 프로토타입 제작 비용을 크게 줄이고, 제품 출시 시간을 단축할 수 있었다. 또한, 생산 단계에서도 디지털 트윈을 통해 실시간으로 공정 상태를 모니터링해 생산 효율성을 극대화했다.

09
5G와 통신 기술

5G는 초고속, 저지연, 대규모 연결을 가능하게 하는 차세대 통신 기술로, IoT, 자율주행, 스마트 팩토리 등 다양한 디지털 전환 사례에서 중요한 역할을 한다. 5G는 데이터 전송 속도를 높여 디지털 전환의 가속화를 돕는다.

가. 5G와 통신 기술이란 무엇인가?

5G는 5세대 이동통신 기술로, 기존의 4G보다 훨씬 빠르고 안정적인 데이터 전송을 가능하게 한다. 5G는 초고속, 초저지연, 초연결성을 특징으로 하며, 이는 디지털 전환 과정에서 다양한 혁신 기술을 구현하는 데 필수적인 기반을 제공한다. 특히 IoT, 자율주행, 스마트 팩토리, 원격 의료 등 새로운 산업 분야에서 5G는 중요한 역할을 한다.

1) 5G의 주요 특징
① **초고속 데이터 전송**: 5G는 최대 20Gbps의 속도를 제공해, 4G보다 최대 100배 빠른 데이터 전송이 가능하다. 이를 통해 대용량 데이터를 실시간으로 처리할 수 있다.
② **초저지연**(Low Latency): 5G는 지연 시간을 1ms 이하로 줄여, 실시간 응답이 중요한 서비스에서 즉각적인 반응을 가능하게 한다. 이는 자율주행차, 원격 제어, 실시간 스트리밍 서비스에 큰 영향을 미친다.

③ **초연결성**: 5G는 한 번에 더 많은 기기를 연결할 수 있어, IoT 기기나 센서가 밀집된 환경에서도 안정적으로 네트워크를 유지한다. 이를 통해 스마트 시티, 스마트 공장 등의 구현이 가능해진다.

예를 들어, 자율주행차는 도로 위의 다른 차량, 신호등, 교통 상황을 실시간으로 파악하고 데이터를 주고받아야 한다. 이때 5G의 초저지연 통신이 필수적이다. 자율주행차가 5G 네트워크를 통해 빠르게 데이터를 주고받으면, 차량은 주변 환경을 즉각적으로 인식하고, 안전하게 경로를 조정할 수 있다. 이를 통해 자율주행차는 보다 안전하고 효율적인 운행을 할 수 있게 된다.

2) 5G의 주요 활용 분야
  ① **자율주행**: 자율주행차는 도로의 상황을 실시간으로 분석하고, 주행 중 발생하는 다양한 데이터를 주고받아야 한다. 5G의 초고속, 초저지연 통신은 자율주행차의 안전성과 효율성을 높이는 데 핵심적인 역할을 한다.
  ② **스마트 팩토리**: 5G를 기반으로 한 스마트 팩토리에서는 기계와 설비가 실시간으로 데이터를 주고받으며, 생산 공정을 최적화한다. 5G는 공장의 모든 기기를 동시에 연결해 빠르고 안정적인 데이터 통신을 제공하므로, 생산성을 극대화할 수 있다.
  ③ **원격 의료**: 5G는 원격 진료와 원격 수술에서도 중요한 역할을 한다. 초저지연 통신 덕분에 의료진은 실시간으로 환자의 상태를 모니터링하고, 수술 로봇을 원격으로 제어할 수 있다. 이를 통해 시공간의 제약을 넘어 더 많은 환자에게 고품질의 의료 서비스를 제공할 수 있다.

나. 5G가 디지털 전환에서 중요한 이유

5G는 단순히 데이터 전송 속도를 높이는 것에 그치지 않고, 새로운 비즈니스 모델과 서비스 혁신을 가능하게 한다. 특히 초저지연성과 초연결성 덕분에 이전에는 불가능했던 혁신적인 기술들이 현실화되고 있다. 5G는 IoT, AI, 클라우드 컴퓨팅 등 디지털 전

환에 필요한 다양한 기술들을 유기적으로 연결해 더 큰 시너지를 발휘하도록 돕는다.

5G는 디지털 전환(DX)의 핵심 인프라로, 초고속 데이터 전송, 초저지연 통신, 그리고 초연결성을 통해 다양한 산업에서 혁신을 가능하게 한다. 5G는 단순히 기술 발전의 도구가 아니라, 비즈니스 모델을 변화시키고, 새로운 서비스와 산업을 창출하는 데 중요한 역할을 한다. 아래는 5G가 디지털 전환에서 중요한 이유를 구체적인 예시를 통해 상세히 설명하겠다.

1) 자율주행차의 안전성과 효율성 강화

자율주행차는 도로에서 안전하게 운행하기 위해 실시간으로 주변의 정보를 수집하고 분석해야 한다. 차량 간 통신(V2V), 인프라와의 통신(V2I)을 통해 도로 상황, 교통 신호, 다른 차량의 움직임 등을 즉각적으로 파악하고, 이에 맞춰 주행 경로를 조정하는 것이 필수적이다. 5G는 이러한 실시간 데이터 전송에 필요한 초저지연성과 안정적인 네트워크를 제공한다.

> 예시: 테슬라는 5G 네트워크를 활용해 자율주행 기술을 더욱 고도화하고 있다. 5G의 초저지연 통신 덕분에 자율주행차는 장애물이나 돌발 상황을 감지한 즉시 반응할 수 있다. 예를 들어, 앞서 가는 차량이 급정거할 경우, 5G 네트워크를 통해 해당 정보를 즉시 공유받아 테슬라 차량이 신속하게 대응할 수 있다. 이를 통해 충돌 위험을 줄이고, 운행의 안전성을 높일 수 있다. 또한, 5G의 고속 데이터 전송으로 자율주행 소프트웨어 업데이트가 더 신속하게 이루어져, 차량의 성능과 안정성이 지속적으로 개선된다.

2) 스마트 팩토리에서의 실시간 생산 관리

스마트 팩토리는 IoT 기기, 로봇, 자동화 설비 등이 상호 연결되어 효율적인 생산을 가능하게 하는 공장이다. 5G는 이러한 공장에서 수많은 기기들이 동시에 데이터를 주고받고, 실시간으로 생산 공정을 제어하는 데 필요한 인프라를 제공한다. 특히, 5G의 초연결성과 초저지연성은 공장의 운영 효율성을 극대화하고, 생산성을 높이는 데 중요한 역할을 한다.

예시: 삼성전자는 5G를 활용한 스마트 팩토리를 구축해 반도체 생산라인의 효율성을 극대화하고 있다. 5G 네트워크를 통해 생산 공정의 모든 기계가 실시간으로 데이터를 주고받으며, 생산 상황을 모니터링하고 문제를 즉시 해결한다. 예를 들어, 특정 기계에서 이상 징후가 발생하면, 5G를 통해 즉시 경고가 전파되어 관련 공정이 자동으로 조정된다. 이를 통해 생산 중단 없이 연속적인 운영이 가능하며, 생산성은 물론 품질도 크게 향상되었다.

3) 스마트 시티의 효율적인 관리와 자원 최적화

스마트 시티는 도시의 인프라와 서비스가 5G를 통해 실시간으로 연결되어, 더 효율적이고 안전한 도시 운영을 가능하게 한다. 교통 시스템, 에너지 관리, 공공 안전, 환경 모니터링 등 다양한 영역에서 5G는 데이터를 신속하게 처리하고 대응할 수 있는 인프라를 제공한다.

스마트 시티 구현에서 5G는 핵심 인프라 역할을 한다. 도로의 차량, 신호등, CCTV, 스마트 가로등 등이 5G 네트워크로 연결되어 실시간으로 데이터를 주고받으며, 도시 운영을 최적화한다. 이를 통해 교통 체증을 줄이고, 에너지 사용을 효율적으로 관리하며, 시민들에게 더 안전한 환경을 제공할 수 있다. 5G 덕분에 데이터 전송이 빠르고 안정적으로 이루어지기 때문에, 스마트 시티의 모든 시스템이 원활하게 작동할 수 있다.

예시1: 중국의 항저우는 5G 기반 스마트 시티 프로젝트를 통해 교통 혼잡 문제를 해결하고 있다. 5G 네트워크를 활용해 도시 전역의 CCTV, 교통 신호, 차량 센서를 연결해 실시간으로 데이터를 수집하고 분석한다. 이 데이터를 바탕으로 교통 흐름을 최적화하여, 도로 혼잡을 줄이고 응급 차량의 이동 경로를 신속하게 조정한다. 이러한 5G 기반 교통 관리 시스템 덕분에 항저우는 출퇴근 시간 동안의 교통 체증을 크게 완화하고, 시민들의 삶의 질을 향상시킬 수 있었다.

예시2: SK텔레콤은 5G 기술을 활용해 자율주행 차량과 스마트 시티 인프라를 연동하고 있다. 이를 통해 실시간 데이터 교환과 신속한 의사결정이 가능해져 자율주행 차량의 안정성과 효율성이 크게 향상되었다.

4) 원격 의료와 실시간 환자 관리의 혁신

5G는 의료 산업에서도 혁신을 이끌고 있다. 5G를 통해 원격으로 환자를 진단하거나, 실시간으로 데이터를 전송해 수술 로봇을 원격으로 제어할 수 있다. 초저지연 통신 덕분에 환자의 상태 변화를 즉각적으로 반영하여 보다 정밀한 치료가 가능해진다.

> 예시: 대한민국의 서울아산병원은 5G 기반 원격 수술 시스템을 구축해, 국내외 환자들에게 고품질의 의료 서비스를 제공하고 있다. 의료진은 5G 네트워크를 통해 실시간으로 환자의 생체 신호를 모니터링하고, 수술 중 발생하는 데이터를 즉시 분석해 안전한 수술을 진행한다. 5G의 초저지연 특성 덕분에 원격으로도 세밀한 수술이 가능해져, 물리적 거리의 제약을 뛰어넘은 의료 서비스가 현실화되었다.

5G는 디지털 전환의 핵심 인프라로, 초고속, 초저지연, 초연결성을 기반으로 다양한 혁신 기술의 실현을 가능하게 한다. 자율주행, 스마트 팩토리, 원격 의료, 스마트 시티 등 5G를 활용한 디지털 전환 사례들은 새로운 비즈니스 모델과 서비스 혁신을 가능하게 하고, 기업과 사회 전반의 효율성을 크게 향상시킨다. 5G는 미래 산업의 기반이 되는 기술로서, 디지털 전환을 더욱 가속화하는 중요한 역할을 한다.

5G는 단순한 통신 기술을 넘어, 실시간 데이터 처리와 응답을 필요로 하는 새로운 비즈니스 모델을 가능하게 하며, 기업과 사회 전반에 걸쳐 혁신을 이끌고 있다.

애자일 개발 방법과 DevOps

애자일(Agile) 개발 방법과 DevOps는 신속한 소프트웨어 개발과 배포를 가능하게 하여 디지털 전환의 실행 속도를 높인다. 기업은 변화하는 시장 요구에 유연하게 대응하고, 지속적으로 제품과 서비스를 개선할 수 있다.

가. 애자일(Agile) 방법론이란 무엇인가?

애자일(Agile) 방법론은 소프트웨어 개발에서 시작된 프로젝트 관리 방식으로, 빠르고 유연한 대응을 강조하는 접근 방식이다. 전통적인 프로젝트 관리 방식이 고정된 계획에 따라 단계를 순차적으로 진행하는 반면, 애자일은 계획을 유연하게 조정하고, 변화에 신속하게 대응하는 데 중점을 둔다.

1) 애자일의 주요 개념

① **짧고 반복적인 작업 주기(스프린트)**: 애자일 방법론에서는 전체 프로젝트를 짧은 기간의 작업 주기(보통 1~2주)로 나눈다. 이를 "스프린트"라고 한다. 각 스프린트마다 팀은 새로운 기능을 개발하고 테스트하며, 그 결과를 고객이나 사용자에게 즉시 보여준다. 이렇게 하면 프로젝트가 빠르게 진척되고, 고객의 피드백을 즉시 반영할 수 있다.

② **계속적인 피드백과 개선**: 애자일은 지속적인 피드백을 통해 제품을 개선한다. 스

프린트가 끝날 때마다 회고 미팅을 통해 무엇이 잘 되었고, 무엇을 개선할 수 있을지 논의한다. 이를 통해 팀은 점점 더 효율적으로 일할 수 있고, 최종 제품의 품질도 높아진다.

③ **고객 중심의 개발**: 애자일 방법론에서는 고객의 요구를 우선시한다. 고객의 피드백을 주기적으로 반영해, 실제로 필요한 기능과 서비스를 개발하는 데 집중한다. 이는 최종 결과물이 고객의 기대에 부합할 수 있도록 돕는다.

④ **팀 간의 협업과 소통**: 애자일은 팀 간의 긴밀한 협업과 소통을 강조한다. 팀원들이 자주 만나 현재 작업 상황을 공유하고, 문제를 신속히 해결해 나가는 방식이다. 이를 통해 팀 전체가 목표를 명확히 이해하고, 더 효과적으로 협력할 수 있다.

2) 애자일의 장점

- **변화에 대한 유연한 대응**: 프로젝트 진행 중에 고객의 요구나 시장 상황이 변하더라도 유연하게 대응할 수 있다.
- **빠른 결과물 제공**: 초기부터 고객에게 기능을 제공함으로써 가치를 빠르게 창출할 수 있다.
- **리스크 최소화**: 짧은 주기로 작업을 완료하고 피드백을 받기 때문에 큰 실수를 초기에 발견하고 수정할 수 있다.

3) 애자일의 예시

예를 들어, 소프트웨어 개발 회사인 트렐로(Trello)는 애자일 방법론을 활용해 빠르게 변하는 고객 요구에 대응하고 있다. 트렐로는 짧은 스프린트를 통해 새로운 기능을 자주 출시하고, 사용자 피드백을 받아 빠르게 개선해 나간다. 이러한 방식 덕분에 사용자 만족도를 높이고, 경쟁력 있는 제품을 지속적으로 제공할 수 있다.

애자일(Agile) 방법론은 변화가 빠른 환경에서 효과적으로 프로젝트를 관리하고, 고객의 요구를 충족시키는 데 매우 유용한 접근 방식이다. 짧고 반복적인 작업 주기, 지속적인 피드백, 고객 중심의 개발, 그리고 협업을 통해 애자일은 더 나은 결과물을 더 빠르게 만들어낸다. 이는 특히 디지털 전환이나 신속한 변화 대응이 필요한 프로젝트에서 매우 효과적인 방법론이다.

나. DevOps란 무엇인가?

DevOps는 "Development(개발)"와 "Operations(운영)"의 합성어로, 소프트웨어 개발 팀과 IT 운영 팀이 긴밀히 협력해 소프트웨어를 더 빠르고 안정적으로 개발, 배포, 운영할 수 있도록 하는 방법론이자 문화다.

1) DevOps의 주요 개념

① **개발과 운영의 통합**: 전통적으로 개발 팀과 운영 팀은 서로 다른 목표를 가지고 일하는 경우가 많다. 개발 팀은 새로운 기능을 빠르게 개발하고 배포하는 데 집중하고, 운영 팀은 시스템의 안정성을 유지하는 데 초점을 맞춘다. 하지만 DevOps에서는 이 두 팀이 협력하여 빠른 배포와 안정성을 동시에 달성한다.

② **자동화**: DevOps의 핵심 중 하나는 자동화다. 코드를 개발하고 테스트하며 배포하는 과정이 자동화되면, 인간의 개입을 최소화하면서도 빠르고 일관된 결과를 얻을 수 있다. 이를 통해 소프트웨어 업데이트를 더 자주, 그리고 더 안정적으로 배포할 수 있다.

③ **지속적 통합과 지속적 배포(CI/CD)**: DevOps에서는 코드가 변경될 때마다 자동으로 빌드, 테스트, 배포가 이루어진다. 이를 "지속적 통합(Continuous Integration, CI)"과 "지속적 배포(Continuous Deployment, CD)"라고 한다. 이런 방식은 코드 변경이 즉시 적용되고 배포될 수 있도록 하여, 새로운 기능이나 수정 사항이 사용자에게 빠르게 전달된다.

④ **모니터링과 피드백**: DevOps는 소프트웨어가 실제 환경에서 어떻게 동작하는지 실시간으로 모니터링하며, 발생하는 문제를 빠르게 발견하고 해결할 수 있는 피드백 시스템을 구축한다. 이를 통해 더 나은 사용자 경험을 제공하고, 서비스 품질을 지속적으로 개선한다.

2) DevOps의 장점

- **빠른 배포 주기**: 새로운 기능을 빠르게 시장에 출시할 수 있어 경쟁력을 높인다.
- **안정적인 운영**: 개발과 운영이 통합되어 있어 오류나 문제가 발생했을 때 신속하게 대응할 수 있다.
- **효율적인 협업**: 팀 간의 장벽을 허물고 협업을 촉진하여 일의 효율성을 극대화한다.

3) 예시로 보는 DevOps

예를 들어, 넷플릭스는 DevOps 방식을 적극적으로 활용해 수많은 사용자들에게 원활한 스트리밍 서비스를 제공한다. 넷플릭스는 자동화된 배포 시스템을 통해 새로운 기능과 업데이트를 빠르게 적용하고, 발생할 수 있는 문제를 실시간으로 모니터링하여 서비스의 안정성을 유지한다.

DevOps는 소프트웨어 개발과 운영 간의 협업을 강화하여, 더 빠르고 안정적인 소프트웨어 배포를 가능하게 하는 접근 방식이다. 이를 통해 기업은 변화하는 시장 요구에 신속하게 대응하고, 지속적으로 서비스 품질을 개선할 수 있다.

> 예시: 구글은 애자일 방법론을 통해 신속한 개발 주기를 유지하며, 사용자 피드백을 빠르게 반영해 지속적으로 제품을 개선하고 있다. DevOps를 통해 개발과 운영의 협업을 강화하여 서비스 안정성과 품질을 동시에 높이고 있다.

Memo

생성형 AI란 무엇이고, 무엇이 가능한가

01 생성형 AI란 무엇인가?

오늘날 많은 기업들은 생성형 AI를 통해 혁신적인 비즈니스 모델을 구축하고 있다. 예를 들어, 오픈AI의 ChatGPT는 고객 응대, 콘텐츠 생성, 마케팅 전략 수립 등 다양한 분야에서 활용되고 있다. 하지만 단순히 AI를 도입하는 것만으로는 충분하지 않다. 생성형 AI의 개념과 기술적 원리, 그리고 데이터 처리 과정을 이해하는 것이 비즈니스의 성공이기 때문이다.

가. 생성형 AI의 정의

생성형 AI는 입력된 데이터를 바탕으로 새로운 콘텐츠를 생성할 수 있는 인공지능을 말한다. 기존의 AI는 주로 데이터 분석, 분류, 예측을 중심으로 사용되었지만, 생성형 AI는 학습된 데이터를 활용해 창의적인 결과물(텍스트, 이미지, 음악 등)을 스스로 만들어 낼 수 있다는 점이 차별화된다.

예를 들어, 오픈AI의 GPT-4는 방대한 양의 텍스트 데이터를 학습한 후 사용자의 입력(프롬프트)에 맞춰 글을 생성한다. 사용자가 "한국인공지능인재개발원에 대한 첫 문장을 작성해줘"라고 입력하면, GPT-4는 자연스러운 문맥을 고려하여 이어지는 문장을 생성한다. 이처럼 생성형 AI는 창의적이고 사람과 유사한 방식으로 새로운 콘텐츠를 만들어내는 것이 특징이다.

나. 생성형 AI의 주요 특징

1) 자가 학습(Self-supervised Learning)을 통한 자율적 성장과 창의성

생성형 AI는 자가 학습 기법을 활용해 정답 데이터 없이도 패턴을 학습할 수 있다. 이를 통해 AI는 스스로 데이터를 분석하고, 규칙성을 발견하여 결과물을 생성한다. 예를 들어, ChatGPT는 방대한 텍스트 데이터를 학습하면서 문장 간의 연관성을 파악해 질문에 맞는 답변을 생성할 수 있다.

좀 더 쉽게 설명하면, 자가 학습은 AI가 정답이 명확하게 주어지지 않은 상황에서도 스스로 데이터를 학습하는 방법이다. 이 학습 방식은 특히 생성형 AI에서 중요한 역할을 한다. 생성형 AI에서 자가 학습이 중요이유를 설명 드리면 다음과 같다.

자가 학습은 AI가 대량의 데이터를 효율적으로 학습할 수 있도록 도와준다. 사람이 일일이 정답을 알려줄 필요 없이, AI가 스스로 데이터를 이해하고 학습하기 때문에, 보다 넓은 범위의 데이터를 빠르게 다룰 수 있다. 또한, 이 방식은 AI가 새로운 데이터를 만났을 때도 그 의미를 추론하고 적절한 결과를 생성하는 능력을 키워준다.

이를 통해 생성형 AI는 다양한 상황에서 유연하게 대응할 수 있는 능력을 가지게 되며, 실제 비즈니스나 일상에서도 자연스러운 결과를 제공할 수 있게 된다. 이로 인해 다양한 문제 해결에 대한 창의적인 접근이 가능해진다.

생성형 AI는 기존 데이터를 변형하거나 조합해 새로운 콘텐츠를 창출한다. 이는 기존에 없던 아이디어나 창작물을 만들어낼 수 있는 능력을 의미한다. 예를 들어, AI 기반 음악 생성 모델은 기존의 악곡 데이터를 학습한 후, 새로운 멜로디와 리듬을 만들어낸다. 이는 음악 작곡가들이 창의적인 영감을 얻는 데 도움이 되며, 상업적으로도 활용도가 높다.

2) 확장성을 바탕으로 한 다양한 응용 분야

생성형 AI의 확장성을 바탕으로 한 다양한 응용 가능성은 AI가 특정한 목적이나 분야에 한정되지 않고, 다양한 산업과 응용 분야로 쉽게 적용될 수 있다는 점을 의미한다. 이는 AI의 모델이 대규모 데이터 학습을 통해 계속 확장 가능하기 때문이다.

생성형 AI의 모델은 기본적으로 대규모 언어모델(Large Language Model: LLM)을 바탕으로 다양한 분야에서 데이터를 학습할 수 있으며, 이를 통해 각 분야의 요구에 맞춘 해결책을 제시하는 능력을 갖추고 있다. 이처럼 확장성은 AI가 새로운 분야에도 신속하게 적응하고, 그곳에서 유용한 도구로 자리잡을 수 있도록 돕는 중요한 특징이다.

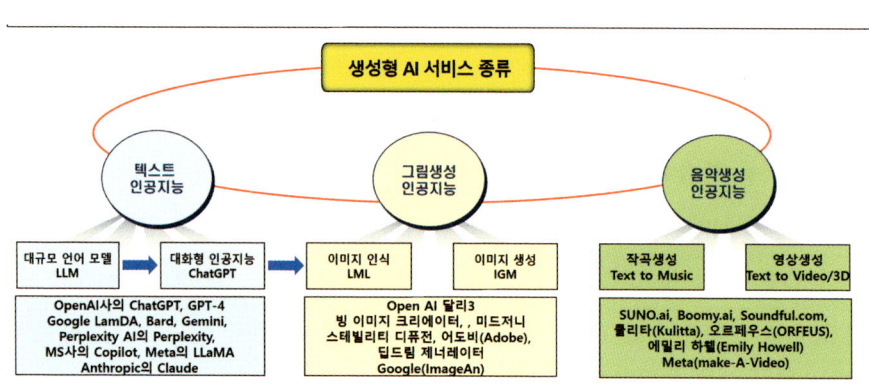

[그림1] 생성형 AI의 응용 분야

생성형 AI는 [그림1]과 같이 다양한 형태의 콘텐츠를 생성할 수 있다. 대규모 언어모델을 활용해 사람처럼 자연스럽게 글을 쓰는 텍스트 인공지능부터, 입력된 텍스트를 바탕으로 이미지를 그리는 그림생성 인공지능, 음악을 작곡하는 음악생성 인공지능까지 다양하게 발전하고 있다. 예를 들어, Open AI의 ChatGPT, Google의 Gemini, MS의 Copilot 등은 대화와 문서 작성에 활용되고, DALL-E는 텍스트를 이미지로 변환하며, 음악생성 인공지능은 사용자 요구에 맞춘 맞춤형 음악을 작곡한다. 이러한 생성형 AI는 다양한 산업에 걸쳐 효율성을 높이고 창의적인 결과물을 만들어낸다.

이러한 생성형 AI는 다양한 분야에서 활용되고 있다. 주요 응용 분야를 간단하게 설명하면 다음과 같다.

① 먼저 콘텐츠 생성 분야이다. 생성형 AI는 단순히 텍스트 생성에 국한되지 않는다. 이미지 생성, 음악 작곡, 영상 편집 등 다양한 분야에서 응용될 수 있다.

[그림2] OpenAI의 DALL-E로 생성한 이미지

*출처: GPT-4 DALL-E 생성, 정종기 Seed No: 3651158689

　OpenAI의 DALL-E라는 생성형 AI는 텍스트 설명을 바탕으로 창의적인 이미지를 생성해준다. 예를 들어 "팬더가 선글라스를 쓰고 산토리니 해변에서 일광욕하는 모습, 수채화 그림, 반 고흐의 별이 빛나는 밤 스타일" 라는 문구를 프롬프트로 입력하면, [그림2]와 같이 DALL-E는 해당 설명에 맞는 독창적인 이미지를 만들어낸다. 이러한 특징은 마케팅, 디자인, 예술 분야에서 혁신적인 아이디어를 도출하는 데 기여하고 있다.

② 의료분야에서는 의료 데이터 분석 및 진단 지원에서 활용된다.
　AI 기반 진단 시스템은 환자의 의료 기록과 데이터를 분석해 질병을 예측하고 맞춤형 치료법을 제안한다.
③ 교육분야에서는 맞춤형 학습 자료 생성과 학생 개별 피드백 제공에 활용된다.
　AI 튜터링 시스템은 학생의 학습 성과를 분석해 적절한 학습 경로를 제시한다.
④ 금융분야에서는 금융 분석, 리스크 관리, 사기 탐지 등에 활용된다.
　AI 금융 분석 시스템은 방대한 데이터를 분석해 투자 전략을 수립하고, 이상 거래를 실시간으로 탐지한다.
⑤ 엔터테인먼트분야 에서는 영화, 영화 대본 작성, 게임, 음악 등 다양한 엔터테인먼트 콘텐츠 제작에 활용된다.
　AI는 스토리 라인 생성, 캐릭터 디자인, 게임 환경 구축 등 창의적인 작업을 지원한다.

이처럼 생성형 AI는 각 산업에서 혁신을 촉진하며, 효율성을 높이고 사용자 경험을 향상시키는 데 중요한 역할을 하고 있다.

다. 생성형 AI의 장점

1) 창의적 콘텐츠 생성

생성형 AI의 장점은 다양한 분야에서 창의적인 혁신과 효율성을 제공한다. 주요 장점은 다음과 같다.

생성형 AI는 텍스트, 이미지, 음악, 비디오 등 다양한 콘텐츠를 자동으로 생성할 수 있다. 이를 통해 예술, 광고, 마케팅 등에서 창의적이고 독창적인 결과물을 빠르게 생산할 수 있다. 예를 들어, DALL-E와 같은 이미지 생성형 AI는 간단한 텍스트 설명만으로도 예술적 가치가 높은 이미지를 생성할 수 있다.

2) 시간과 비용 절감

생성형 AI를 활용해 반복적이고 시간 소모적인 작업을 자동화함으로써, 기업은 시간과 비용을 절감할 수 있다. 콘텐츠 작성, 데이터 처리, 고객 응대 등의 업무를 자동화하여 인력 비용을 줄이고, 효율성을 극대화할 수 있다.

3) 개인화된 경험 제공

생성형 AI는 고객 데이터를 분석해 개인화된 서비스와 콘텐츠를 제공한다. 고객의 선호도와 행동 패턴을 학습해 맞춤형 추천을 제공함으로써, 고객 만족도를 높이고 충성도를 강화할 수 있다. 예를 들어, 넷플릭스나 유튜브의 추천 시스템은 사용자 경험을 극대화한 사례이다.

4) 대규모 데이터 학습을 통한 정확성 향상

생성형 AI는 방대한 데이터를 학습해 패턴을 분석하고, 이를 바탕으로 높은 정확도의 결과물을 도출한다. AI는 학습이 진행될수록 더욱 정교해지며, 다양한 상황에서 일관된 품질의 콘텐츠를 생성한다. 이로 인해 비즈니스에서 더 신뢰성 있는 결정을 내릴 수 있다.

5) 혁신적인 제품 및 서비스 개발

생성형 AI는 새로운 아이디어를 제안하거나, 독창적인 디자인과 제품을 창출할 수 있다. 이를 통해 기업은 혁신적인 제품을 더 빠르게 시장에 출시하고, 경쟁 우위를 확보할 수 있다. 예를 들어, 패션 산업에서 AI는 트렌드를 반영한 새로운 디자인을 제안할 수 있다.

6) 자동화된 고객 서비스

생성형 AI를 활용한 챗봇은 24시간 고객 응대를 자동으로 처리하며, 정확하고 빠른 응답을 제공한다. 이를 통해 고객 서비스의 품질을 높이고, 고객 문제를 신속하게 해결할 수 있다. 이는 기업의 운영 효율성을 높이고, 고객 만족도를 개선하는 데 기여한다.

7) 복잡한 문제 해결과 의사결정 지원

생성형 AI는 대규모 데이터를 분석해 복잡한 문제를 해결하고, 의사결정을 지원한다. 예를 들어, 비즈니스 전략 수립 과정에서 AI는 다양한 시나리오를 분석해 최적의 결정을 도출할 수 있도록 도와준다.

8) 확장성과 유연성

생성형 AI는 다양한 산업과 응용 분야에서 유연하게 활용될 수 있다. 콘텐츠 생성, 마케팅, 의료, 교육 등 여러 분야에서 맞춤형 솔루션을 제공하며, 필요에 따라 쉽게 확장하거나 적용할 수 있다.

이와 같이 생성형 AI는 창의적인 결과물 생성과 자동화를 통해 다양한 산업에 걸쳐 혁신을 이끌고 있다. 이러한 장점들은 기업이 더 효율적이고 창의적인 방식으로 비즈니스를 운영하고, 새로운 기회를 창출하는 데 중요한 역할을 한다.

02 생성형 AI와 판별 AI의 차이점

가. 생성형 AI란 무엇인가?

생성형 AI(Generative AI)란, 이용자의 특정 요구에 따라 결과를 생성해내는 인공지능을 말한다. 즉, 텍스트, 오디오, 이미지 등의 기존 콘텐츠를 활용하여 유사한 콘텐츠를 새로 만들어내는 인공지능(AI) 기술이다.

생성형 AI는 컴퓨터 과학의 한 분야로, 컴퓨터가 짧은 프롬프트에 응답해 텍스트, 오디오, 비디오, 이미지, 코드 등 이전에 생성된 콘텐츠를 사용하여 새 콘텐츠를 생성할 수 있는 비지도 및 준지도 학습 알고리즘을 포함한다.

생성형 AI는 데이터 원본을 통한 학습으로 소설, 이미지, 비디오, 코딩, 시, 미술 등 다양한 콘텐츠 생성에 이용된다.

생성형 AI는 단순히 콘텐츠의 패턴을 학습하여 추론 결과로 새로운 콘텐츠를 만들어내는 것을 넘어 콘텐츠의 생성자와 만들어진 콘텐츠를 평가하는 판별자가 끊임없이 서로 대립하고 경쟁하며 새로운 콘텐츠를 생성해내는 기술이다. 특히, 이미지 분야에서는 특정 작가의 화풍을 모사한 그림으로 사진을 재생성하거나 가짜 인간 얼굴을 무제한으로 생성하여 쇼핑, 영화 등의 산업에서 활용한다. 음성 분야에서는 특정 장르의 음악을 작곡하거나 특정 노래를 원하는 가수의 음색으로 재생성하는 등으로 활용한다.

[표1] 생성형 AI서비스 종류

대 분류	중 분류	주요기술	기술의 정의
생성형 AI	텍스트 인공지능	대규모 언어모델 (Large Language Model)	• 인간보다 자연스러운 대화 능력을 갖춘 대화형 인공지능(ChatGPT) 예) Open AI사의 ChatGPT, GPT-4 Google의 LaMDA, Bard, Gemini, Perplexity사의 Perplexity Meta의 LLaMA, MS사의 Copilot, Anthropic의 Claude
		인공지능 검색엔진	• 텍스트 및 음성인식 입력 값으로 검색하는 인공지능 예) 구글 검색엔진, MS의 Bing, you.com
	그림 생성 인공지능	이미지 생성 모델 (Image-Generation Model)	• 텍스트를 입력하거나 이미지 파일을 삽입하면 인공지능이 알아서 그림을 생성해줌. 예) 달리, 미드저니, 빙 이미지 크리에이터, 스테빌리티 디퓨전, 딥드림 제너레이터, 어도비(Adobe) • 만들어야 할 그림 또는 영상을 키워드로 입력하면 생성 Google(ImageAn)
	작곡 생성 인공지능	Text to Music Text to Video/3D	• 텍스트를 입력하고 리듬과 곡조를 설정하면 자동으로 작사 작곡 생성 예) SUNO.ai, Boomy.ai, Soundful.com, 쿨리타(Kulitta), 오르페우스(ORFEUS), 에밀리 하웰(Emily Howell) • 영상에 필수적으로 노출되어야 할 것 텍스트입력 Meta(make-A-Video)
	음성 인공지능	Text to Speech Speech to Text	• 인공지능 스피커 예) AI어시스턴트, 구글 홈, 아마존 알렉사, SKT 누구, KT지니

생성형 AI기술에는 기계 학습 모델 중 생성 모델(Generative Model)이 사용되며, 대표적인 생성 모델로는 대규모 언어모델(LLM)과 오토인코더(Autoencoder) 그리고 생성적 대립 신경망(Generative Adversarial Network: GAN) 등이 있다.

기존 AI 역할은 데이터 분석, 예측, 활용 등 인간의 행위를 대체하거나 보완하는 역할이었다. 그러나 ChatGPT는 인간의 고유의 영역으로 여겨졌던 '창조'의 영역에 진입한 생성형 AI이다. OpenAI사가 개발한 ChatGPT는 생성형 AI의 대표적 모델인 GPT(Generative Pre-trained Transformer) 기술을 기반으로 하는데, 이것은 인공지능이

'자가학습'하여 답변을 '생성'하고 대량의 데이터와 맥락을 처리할 수 있는 '트랜스포머(Transformer, 변환기)' 기술이다.

GPT기술은 대규모 언어모델(LLM)을 기반으로 하는데, 이것은 하나의 단어 다음에 어떤 단어가 오는 것이 좋을지 적절한 단어를 통계적·확률적으로 예측하는 모델이다. 언어를 배우는 과정에서 기존의 AI 언어 학습량과는 비교도 안 될 만큼 막대한 규모의 데이터를 기반으로 학습했다는 의미이며, ChatGPT를 '초거대 AI'라고 부르는 이유이다.

대표적인 생성형 AI를 살펴보면, [표1]과 같이 구글이 개발한 AI 챗봇 람다(LaMDA), 제미나이(Gemini), MS사의 코파일럿(Copilot)과 자연스러운 대화능력을 갖춘 OpenAI의 ChatGPT, GPT-4가 있다. ChatGPT가 수행 가능한 작업으로는 인간이 할 수 있는 것 보다 더 많은 것을 전문적인 지식을 가지고 있는 것처럼 한다. 예를 들어, 챗봇 개발, 언어 번역, 각종 언어 관련 문제풀이, 랜덤 글짓기, 간단한 사칙연산, 콘텐츠 생성, 시나리오 작성, 기획 문서 작성, 추천하기, 텍스트 요약, 주어진 문장에 따른 간단한 웹 코딩, 대화 등이 가능하다.

기계적인 연산에 한정해서 인간보다 우월한 능력을 발휘할 것으로 예상되던 인공지능은 어느 샌가 인간의 고유한 활동이라고 할 수 있는 예술 분야에도 진출하고 있다.

영어로 텍스트를 입력하거나 이미지 파일을 삽입하면 인공지능이 알아서 그림을 생성해주는 달리(DALL-E), 빙 이미지 크리에이터(Bing Image Creator), 미드저니(Midjourney), 어도비(Adobe), 스테이블 디퓨전(Stable-Diffusion)가 있다.

구글에서 개발한 인공지능 로봇 '딥 드림 제너레이터(Deep Dream Generator)'는 다양한 전통화가의 화풍을 학습하여, 입력된 이미지를 특정화가의 이미지로 그려주기도 한다.

상업적 혹은 사회적인 쟁점으로 가장 대중적으로 알려진 생성형 AI로는 '인물 합성 기술(Deepfake)'이 있다.

삭사(作詞)와 작곡(作曲)을 하는 인공지능도 있다. 텍스트 기반 인공지능인 ChatGPT를 활용해 작사를 하면 자동으로 작곡을 하여 음악을 창작한다. 대표적인 음악 생성 인공지능은 SUNO.ai, Boomy.ai, Soundful.com 등이 있다.

AI의 장점으로 '대량생산'이 가능하지만 인간처럼 '트렌디한 사운드'를 만드는 능력은 부족할 것이다. 트렌드를 형성하는 것은 인간의 창의력과 사회관계성 그리고 소비와 밀접한 관련이 있기 때문에 AI가 경험하고 학습하기 어려운 부분도 있다.

나. 생성형 AI와 판별 AI의 차이점

생성형 AI(Generative AI)와 판별 AI(Discriminative AI)는 인공지능 분야에서 중요한 두 가지 접근 방식이다. 이들의 차이점을 이해하는 것은 AI 시스템의 설계와 응용에 있어 핵심적인 요소이다.

생성형 AI 등장 이전의 AI는 흔히 판별 AI라고 한다. 판별 AI는 아래 [그림1]과 같이 개과와 고양이과 동물을 식별해 내는 것 같이 입력된 데이터를 특정 기준에 따라 분류하는 역량이 뛰어나다. 주어진 데이터(사물/현상)에 대해 최적의 방법을 선택하고 실행하는 것까지 나아갈 수 있다. 반면 생성형 AI는 질문에 대해 그럴듯하게 답변하거나, 이미지나 음악 같은 새로운 콘텐츠를 만들어낼 수 있는 점에서 차별적이다. 예를 들어, 개나 고양이와 같은 이미지 데이터셋이 있을 때, 판별 AI는 특정 카테고리나 그룹을 구분해 내는 것에 초점을 맞추지만, 생성형 AI는 비슷하게 생긴 동물들을 미리 모아서 학습해 놓고 사용자 요청에 맞게 유사한 이미지를 출력해주는 것에 초점을 맞춘다.

[그림1] 판별 AI와 생성형 AI의 차이점

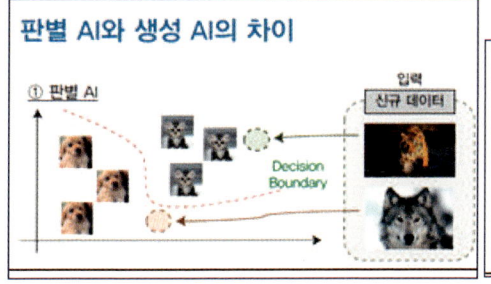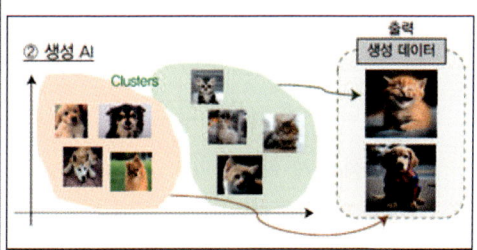

*출처: LG경영연구원

1) 생성형 AI와 판별 AI의 특징

① **생성형 AI**(Generative AI)

생성형 AI는 주어진 데이터로부터 새로운 데이터를 생성하는 인공지능의 한 분야이다. 이는 기존의 데이터를 바탕으로 학습하여, 학습 데이터와 유사하지만 새로운 데이터(예: 이미지, 텍스트, 음악 등)를 생성할 수 있다. 생성형 AI의 목적은 실제와 구분하기 어려운 새로운 데이터를 만들어내는 것이다.

- **데이터 생성**: 생성형 AI는 실제 데이터를 모방하여 완전히 새로운 데이터를 생성할 수 있다. 예를 들어, 사진에서 스타일을 학습하여 새로운 이미지를 생성하거나, 특정 작가의 글쓰기 스타일을 모방하는 텍스트를 생성할 수 있다.
- **데이터 증강**: 부족한 학습 데이터를 보충하기 위해 사용될 수 있다. 예를 들어, 소량의 의료 이미지 데이터에서 추가적인 학습 데이터를 생성해 학습 효율을 높인다.
- **대표 기술**: GAN(Generative Adversarial Networks), VAE(Variational Autoencoders) 등이 있다.

② **판별 AI**(Discriminative AI)

판별 AI는 주어진 데이터가 어떤 카테고리에 속하는지를 판별하거나 분류하는 데 초점을 맞춘 인공지능이다. 이는 입력 데이터를 분석하여 특정 클래스나 레이블에 할당하는 것이 목적이다. 판별 AI는 주어진 데이터 사이의 구별 가능한 특성을 학습한다.

- **분류 및 예측**: 판별 AI는 이미지, 텍스트, 음성 등 다양한 형태의 데이터를 분류하고 예측하는 데 사용된다. 예를 들어, 이메일 스팸 필터링, 얼굴 인식, 질병 진단 등에 적용된다.
- **결정 경계 학습**: 판별 모델은 다양한 클래스 사이의 결정 경계를 학습하여, 새로운 입력 데이터가 어떤 클래스에 속하는지 판별한다.
- **대표 기술**: SVM(Support Vector Machines), 결정 트리, 로지스틱 회귀 등이 있다.

[표2] 생성형 AI와 판별 AI의 주요 차이점

구분	생성형 AI (Generative AI)	판별 AI (Discriminative AI)
목적	새로운 데이터를 생성하는 데 초점을 맞춤	주어진 데이터를 분류하거나 예측하는 데 초점을 맞춤
학습데이터 활용	주어진 데이터를 바탕으로 새로운 데이터를 생성함	데이터 사이의 구별 가능한 특성을 학습하여 클래스를 판별함
응용 분야	창조적인 콘텐츠 제작, 데이터 증강, 이미지 생성 등	분류, 예측, 의사 결정 지원 등
대표 기술	GAN(Generative Adversarial Networks), VAE(Variational Autoencoders)	SVM(Support Vector Machines), 결정 트리, 로지스틱 회귀 등

생성형 AI와 판별 AI의 주요 차이점은 [표2]와 같이 생성형 AI는 새로운 데이터를 생성하는 데 초점을 맞춘 반면, 판별 AI는 주어진 데이터를 분류하거나 레이블을 할당하는 데 초점을 맞춘다. 생성형 AI는 주어진 데이터를 바탕으로 새로운 데이터를 생성하는 반면, 판별 AI는 데이터 사이의 구별 가능한 특성을 학습하여 클래스를 판별한다. 생성형 AI는 창조적인 콘텐츠 제작, 데이터 증강 등에 사용되며, 판별 AI는 분류, 예측, 의사 결정 지원 등에 주로 사용된다.

이 두 접근 방식은 각각의 고유한 장점과 적용 분야가 있으며, 때로는 상호 보완적으로 사용될 수도 있다. 생성형 AI와 판별 AI를 함께 활용하는 경우도 있는데, 예를 들어 생성적 대립 신경망(GAN)에서는 생성 모델과 판별 모델이 함께 학습되어, 생성된 데이터의 질을 향상시키는 데 기여한다. 이러한 상호작용을 통해 생성 모델은 더욱 정교한 데이터를 생성하게 되고, 판별 모델은 더욱 정확하게 실제 데이터와 생성된 데이터를 구분할 수 있게 된다.

생성형 AI와 판별 AI의 상호작용 예시를 살펴보면 다음과 같다. 생성적 대립 신경망(GAN)은 생성 모델과 판별 모델이 서로 경쟁하며 동시에 학습하는 구조이다. 생성 모델은 가능한 한 실제와 유사한 데이터를 생성하려 하고, 판별 모델은 실제 데이터와 생성된 데이터를 구분하려 한다. 생성적 대립 신경망(GAN)은 이미지 생성, 스타일 변환, 이미지 복원, 합성 이미지 생성 등 다양한 분야에서 활용되고 있다. 특히 고품질의 이미지 생성에 효과적인 기술로 평가받는다.

생성형 AI와 판별 AI는 인공지능 분야의 두 주요 접근 방식으로, 각각 고유한 기능과 목적을 가지고 있다. 생성형 AI는 새로운 데이터를 생성하는 데 초점을 맞추고, 판별

AI는 주어진 데이터를 분류하거나 예측하는 데 초점을 맞춘다. 이러한 차이점을 이해하고 적절히 활용함으로써, 다양한 문제 해결과 혁신적인 응용을 가능하게 한다. 또한, 상호작용하는 두 기술의 결합은 AI 분야에서 더욱 정교하고 혁신적인 솔루션을 탄생시키는 기반이 되고 있다.

03
생성형 AI의 기술적 원리는 무엇인가?

생성형 AI의 핵심 기술은 '**딥러닝**'과 '**트랜스포머**' 구조에 기반을 둔다. 트랜스포머 모델은 다량의 데이터를 병렬 처리하여 고도로 효율적인 학습을 가능하게 한다. 이 과정에서 '**어텐션 메커니즘**(Attention Mechanism)'을 통해 입력된 데이터를 문맥적으로 분석하고, 의미를 파악하여 자연스러운 텍스트나 이미지를 생성한다. 또한, 생성형 AI는 자가 지도 학습(Self-supervised Learning)을 통해 정답 없이도 패턴을 학습하며, 이를 통해 예측 결과나 창의적인 콘텐츠를 생성한다.

가. 생성형 AI의 기술적 기반: 트랜스포머(Transformer) 구조

OpenAI의 ChatGPT의 등장으로 인해 사람의 언어를 이해하는 기술에 대한 관심이 고조되고 있다. [그림1]과 같이 딥러닝 기반 언어 모델의 종류는 크게 **Transformer 기반과 RNN 계열** 두 가지 축으로 구분할 수 있다.

[그림1] 딥러닝 기반 언어 모델의 종류

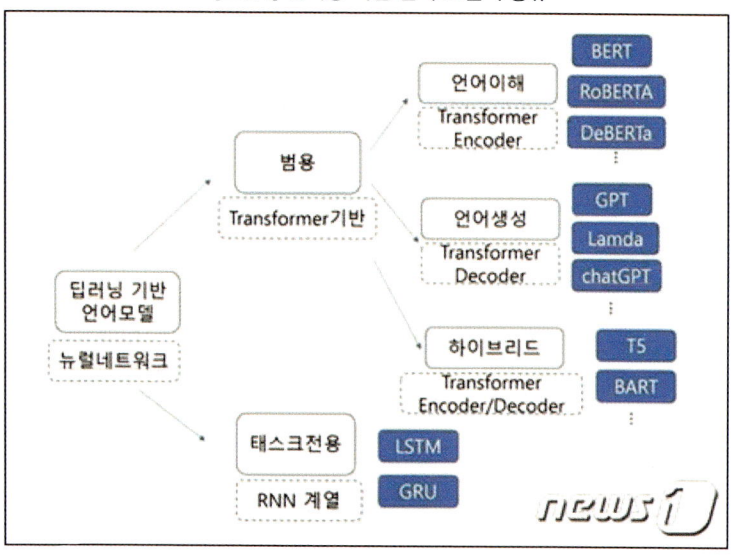

*출처: 한국과학기술정보연구원(KISTI)

먼저 Transformer 기반은 언어를 이해(Language Understanding)하는 기술인 Transformer Encoder와 언어를 생성(Language Generation)하는 기술인 Transformer Decoder를 사용하는 모델들로 ChatGPT(OpenAI), 제미나이(Google), 코파일럿(MS)와 같은 모델들이 여기에 속한다. 그리고 하이브리드 모델은 Encoder와 Decoder를 모두 사용하는 하이브리드 모델로 T5, BART 등이 포함된다.

[그림2] 트랜스포머(Transformer) 처리 구조

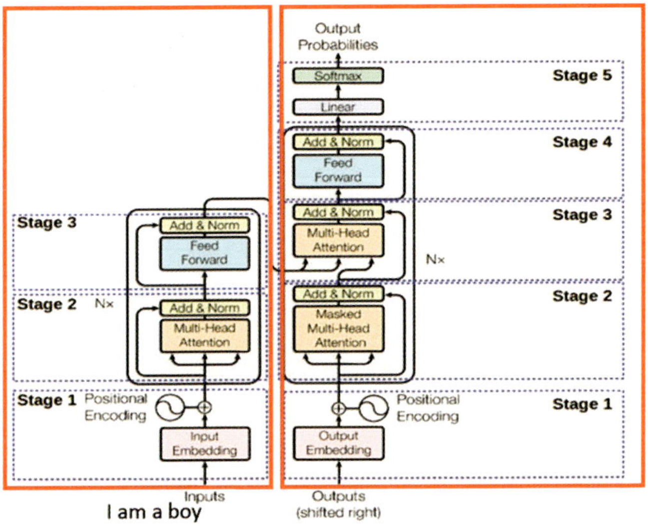

*출처: https://paperswithcode.com/methods/category/transformers

    생성형 AI의 핵심 기술은 '트랜스포머(Transformer)'라는 신경망 모델이다. 트랜스포머는 자연어 처리(Natural Language Processing: NLP)에서 혁신적인 성과를 가져온 모델로, 이전의 순차적 모델(RNN, LSTM)과 달리 병렬 처리 능력이 뛰어나 대규모 데이터를 빠르게 학습할 수 있다.

    조금 더 이해하기 쉽게 설명을 드리면, 딥러닝의 순환신경망 RNN(Recurrent Neural Network)은 반복적이고 순서가 있는 데이터 학습에 특화된 인공신경망으로 내부에 처리할 수 있는 순환구조가 들어있다. 또 하나의 순차적 모델인 LSTM(Long Short-Term Memory)은 RNN의 문제인, 데이터의 길이가 길어질 수록 앞쪽의 데이터 내용이 뒤쪽으로 전달되지 않는 '장기 의존성' 문제를 해결하기 위해 데이터를 일렬로 처리하는데 비해서, 트랜스포머는 병렬로 처리가 가능하도록 만들었다. 결론적으로 트랜스포머는 대규모 데이터를 다루는 데에 아주 효과적이다. 즉, 한 단어가 여러 가지 의미를 가지고 앞뒤 문장의 순서를 포함시킬 수 있다.

    트랜스포머의 핵심 요소는 '어텐션 메커니즘(Attention Mechanism)'이다. 어텐션은 입력 데이터의 각 요소가 다른 요소와 어떤 관계를 가지는지를 계산해, 특정 정보에 집중할 수 있게 한다. 예를 들어, "그는 점심으로 피자를 먹었다"라는 문장을 이해하기 위

해서는 '그'와 '먹었다'의 관계를 이해해야 한다. 어텐션 메커니즘은 이러한 문맥적 관계를 파악해 AI가 더 자연스러운 문장을 생성할 수 있도록 도와준다.

좀 더 이해하기 쉽게 설명하면, 트랜스포머의 어텐션 메커니즘은 입력 데이터의 중요도를 계산해, 문맥을 더 정확히 이해하도록 돕는다. 예를 들어, "나는 어제 도서관에 가서 책을 빌렸다"라는 문장을 생성할 때, '책'과 '빌렸다'의 관계를 이해해 자연스러운 문장을 만들어낸다. 이 과정에서 AI는 중요한 단어에 집중하고, 그 외의 단어는 덜 중요한 정보로 간주해 효율적으로 문장을 생성한다.

트랜스포머는 이러한 어테션메커니즘을 기반으로 하며, 입력 시퀀스와 출력 시퀀스 간의 관계를 모델링하는 데에 사용된다. 이를 위해 셀프 어텐션(Self-Attention)이라는 메커니즘을 사용하여 입력 시퀀스의 모든 단어 간의 관계를 파악한다. 이후, Encoder와 Decoder라는 두 개의 모듈을 사용하여 입력 시퀀스와 출력 시퀀스 간의 관계를 모델링한다. Encoder는 입력 시퀀스를 입력 받아, 셀프 어텐션과 피드퓌어드 네트웍(Feed-Forward Network)를 사용하여 입력 시퀀스를 처리한다. 이후, Decoder는 Encoder에서 출력된 정보와 이전 시점의 출력 결과를 사용하여 출력 시퀀스를 생성한다. Decoder에서는 다시 Self-Attention과 Encoder Decoder Attention을 사용하여 입력 시퀀스와 출력 시퀀스 간의 관계를 모델링한다.

트랜스포머 모델은 이러한 방식으로 대규모 데이터를 다룰 수 있으며, 번역, 요약, 챗봇 등 다양한 자연어 처리 작업에서 높은 성능을 보이고 있다. 특히, 최근의 자연어 처리 분야에서는 트랜스포머를 기반으로 한 모델들이 많이 개발되고 있다. 대표적인 트랜스포머모델로는 BERT, GPT 등이 있다.

나. 생성형 AI의 작동 원리는 무엇인가?

1) 사전 학습(Pre-training)

생성형 AI는 대량의 데이터로 사전 학습(Pre-training)을 한 뒤, 특정 작업에 맞게 미세 조정(Fine-tuning)하는 과정을 거친다. 이를 통해 새로운 데이터를 생성할 때 높은 품질의 결과를 도출할 수 있다.

AI 모델은 수많은 텍스트나 이미지 데이터를 학습해 패턴과 규칙을 익힌다. 예를 들어, GPT-4는 방대한 양의 책, 웹사이트, 문서 등의 데이터를 학습하면서 언어 구조와 문맥을 이해한다. 이 과정에서 AI는 단어 간의 관계, 문장 흐름 등을 학습하게 된다.

2) 미세 조정(Fine-tuning)

사전 학습이 완료된 모델은 특정 작업에 맞게 추가 학습을 받는다. 예를 들어, 고객 서비스용 AI 챗봇을 만들기 위해, AI는 고객 문의 사례 데이터를 학습하여 질문에 맞는 답변을 더 정확하게 생성하도록 미세 조정된다. 이 과정에서 AI는 특정 도메인에 특화된 지식을 습득하게 된다.

3) 생성 과정

사용자가 입력한 텍스트(프롬프트)에 따라 AI는 학습된 지식을 바탕으로 가장 자연스럽고 적절한 출력을 생성한다. 예를 들어, 사용자가 "겨울에 먹기 좋은 음식 추천해줘"라고 입력하면, AI는 학습된 데이터를 바탕으로 "뜨끈한 국물의 떡국이나 감자탕을 추천합니다"와 같은 응답을 생성한다.

생성형 AI의 데이터 처리 프로세스

가. 생성형 AI의 데이터 처리 프로세스 개요

생성형 AI는 데이터를 효과적으로 처리하고 학습하여 새로운 콘텐츠를 생성한다. 생성형 AI의 데이터 처리 프로세스는 크게 세 단계로 나눌 수 있다. **첫 번째는** 데이터 수집과 전처리이다. AI는 다양한 출처에서 데이터를 수집하고, 이를 정제하여 학습 가능한 형태로 만든다. **두 번째는** 모델 학습과 최적화이다. AI는 수집된 데이터를 바탕으로 패턴을 학습하고, 이를 최적화하여 정교한 결과를 도출한다. **세 번째는** 생성 및 응용 단계에서는 학습된 모델이 새로운 데이터를 생성하여 실제 비즈니스에 활용된다. 이러한 데이터 처리 프로세스는 AI의 성능과 결과물의 품질을 좌우하는 핵심 요소이다.

나. 데이터 처리 프로세스의 단계별 설명

1) 데이터 수집 및 전처리

생성형 AI의 데이터 처리 프로세스를 단계별로 설명하면 다음과 같다.

① **데이터 수집**: 생성형 AI는 대규모 데이터를 학습하여 결과물을 생성하기 때문에, 다양한 소스에서 데이터를 수집하는 것이 중요하다. 예를 들어, 텍스트 기반 생성형 AI는 웹사이트, 도서, 논문 등 다양한 문서 데이터를 수집하여 학습한다.

② **데이터 전처리**: 수집된 데이터는 그대로 학습에 사용될 수 없다. 노이즈 제거, 중

복 데이터 제거, 데이터 정규화 등의 과정을 거쳐야 한다. 예를 들어, 웹에서 수집한 텍스트 데이터에는 불필요한 HTML 태그나 광고 문구가 포함될 수 있는데, 이러한 노이즈를 제거하고 AI가 학습하기 적합한 형태로 데이터를 정제한다.

예를 들어, GPT-3 모델은 전 세계에서 수집된 방대한 양의 텍스트 데이터를 기반으로 학습한다. 이 데이터는 전처리 과정에서 잘못된 문법, 중복된 정보, 불필요한 기호 등이 제거되어 AI가 더 정확하게 학습할 수 있도록 가공된다.

2) 모델 학습과 최적화

전처리된 데이터를 바탕으로 AI 모델이 패턴을 학습한다. 이 단계에서는 입력 데이터와 출력 데이터 간의 관계를 파악하며, 반복적인 학습을 통해 모델의 성능을 개선한다. 생성형 AI는 자가 지도 학습(Self-supervised Learning) 기법을 사용하여, 정답이 없는 데이터에서도 스스로 규칙을 학습한다.

학습된 모델은 검증 데이터를 통해 성능을 평가받는다. 이 과정에서 모델의 정확도를 높이기 위해 하이퍼파라미터 튜닝이 이루어진다. 예를 들어, 텍스트 생성형 AI는 주어진 문장의 흐름을 더 자연스럽게 이어가도록 모델의 파라미터를 조정한다.

예를 들어 텍스트 생성형 AI인 GPT-4는 수많은 텍스트 데이터를 학습하며, 단어 간의 문맥적 관계를 파악하여 의미 있는 문장을 생성한다. 이 과정에서 모델은 입력된 단어와 다음에 올 단어를 예측하는 방식으로 학습이 진행된다.

3) 데이터 생성 및 응용

학습이 완료된 AI 모델은 사용자의 입력(프롬프트)을 받아 새로운 콘텐츠를 생성한다. 예를 들어, 사용자가 "겨울의 첫눈을 주제로 한 시를 써줘"라고 요청하면, 생성형 AI는 학습한 데이터를 바탕으로 시를 작성한다. 이 단계에서는 학습된 패턴을 활용해 창의적이고 유의미한 결과물을 도출한다.

생성된 결과물은 다양한 비즈니스나 연구 분야에 응용된다. 텍스트 생성, 이미지 생성, 음악 작곡 등 여러 방면에서 활용되며, 사용자 피드백을 통해 AI 모델은 지속적으로 개선된다. 예를 들어, 마케팅 분야에서는 생성형 AI가 작성한 광고 카피를 실시간으로 테스트하고, 그 결과를 반영해 다음 캠페인에서 더 나은 카피를 생성할 수 있다.

다. ChatGPT의 답변 도출 원리 및 핵심적인 세부 5단계

ChatGPT는 입력된 질문을 이해하고, 이에 대한 적절한 답변을 생성하기 위해 다음과 같은 과정을 거친다.

① **입력 문장의 이해 단계**: ChatGPT는 입력된 질문을 이해하기 위해 자연어 처리 기술(Natural Language Processing: NLP)을 사용하여 응답을 생성한다. 이를 통해 문장의 내용, 의도, 문맥 등을 파악한다.

② **관련 지식 추출 단계**: ChatGPT는 입력된 질문에 관련된 정보를 추출하기 위해 학습된 대규모 텍스트 데이터셋을 활용한다. 이를 통해 질문과 관련된 정보, 지식, 패턴 등을 파악한다.

③ **답변 생성 단계**: 입력된 질문과 문맥을 기반으로 관련된 정보와 패턴을 분석하여, 답변 가능한 답변 중에서 적절한 답변을 생성한다. 이를 위해 생성된 답변은 문맥적 일관성과 언어적인 자연스러움을 지키기 위해 추가적인 조정 및 수정이 이루어질 수 있다.

④ **응답 제시 단계**: 생성된 답변은 사용자에게 제시된다. 이때, ChatGPT는 다양한 평가 기준을 활용하여 생성된 답변이 언어적으로 일관성이 있고 자연스러운지 확인하기 위해 다양한 평가 기준을 활용한다.

⑤ **피드백 반영 단계**: 사용자의 피드백을 반영하여, 더 나은 답변을 생성할 수 있도록 지속적으로 학습한다. 이를 통해, ChatGPT가 제공하는 답변의 품질과 정확성을 높일 수 있다.

라. ChatGPT의 토큰화 과정

ChatGPT는 좀 더 정확한 답변을 도출하기 위해 입력 문장을 의미 있는 작은 단위로 분리한다. 이를 **토큰(Token)**이라고 한다. 예를 들어, "안녕하세요, 오늘 날씨가 좋네요!"라는 문장을 토큰화하면 "안녕하세요", ",", "오늘", "날씨가", "좋네요", "!"와 같은 토큰으로 분리된다. 그리고 분리된 각각의 토큰을 숫자로 변환한다. 이를 인코딩(Encoding)이라고 한다. 모델은 이를 바탕으로 입력 문장의 의미를 이해하게 된다. 인코딩된 입력 문장을 모델에 입력하면, 모델은 다음에 올 단어나 문장을 예측한다. 이때 이전 단어들과 문맥을 고려하여 예측(Prediction)을 수행한다. 그리고 모델이 예측한 숫자를 다시 자연어로 변환하여 출력한다. 이를 디코딩(Decoding)이라고 한다. 이러한 단계를 거쳐 입력 문장에 대한 응답을 생성한다. 이때 모델은 이전 대화 기록, 문맥, 주제, 사용자 프로파일 등 다양한 정보를 고려하여 응답을 생성한다.

마. 인간 피드백 기반 강화 학습

ChatGPT는 인간 피드백 기반 강화 학습(Reinforcement Learning with Human Feedback: RLHF)을 적용하여 사용자 질문에 적합한 응답을 생성한다.

ChatGPT가 사용자의 의도와 니즈에 부합하는 답변을 도출할 수 있도록 인간의 피드백을 반영하고 학습하는 RLHF 테크닉이 적용되는데, RLHF의 '인간 피드백(Human Feedback)'에 주목할 필요가 있다.

기존의 AI 학습 데이터에는 사람의 작업이 소량이거나 존재하지 않으나, ChatGPT의 경우 AI가 데이터를 학습하는 중간 단계에 레이블러(Labeler)라는 '인간' 학습가이드를 두어 이들의 피드백(Human Feedback)을 바탕으로 최종 아웃풋의 퀄리티를 높인다. 즉, 인간의 선호도를 AI의 보상 신호(Reward Signal)로 사용하여 ChatGPT 모델을 미세 조정(Fine Tuning)하는 것이다.

05
언어모델의 이해와 대규모 언어모델의 발전

언어모델(Language Model)은 문장 생성을 위해 단어의 순서에 다음에 올 수 있는 확률을 할당(Assign)하는 모델로, 기존 통계적 방법에서 인공신경망 방법으로 발전되었다.

가. 자연어의 이해

자연어(Natural Language)는 일반 사회에서 자연히 발생하여 사람이 의사소통에 사용하는 언어로, 컴퓨터에서 사용하는 프로그래밍 언어와 같이 사람이 의도적으로 만든 인공어(Constructed Language)에 대비되는 개념이다. 자연어는 한국어, 영어, 일어, 중국어 등과 같이 인간사회의 형성과 함께 자연발생적으로 생겨나고 진화하고 의사소통을 행하기 위한 수단으로서 사용되고 있는 언어를 자연어라고 말한다.

컴퓨터의 세계에서 "언어"라고 말하면 거의 프로그램 언어, 즉 FORTRAN, COBOL 등의 인공어 (Artificial Language)를 가리키고 있다. 그래서 이 인공어와는 다른 언어라는 의미로 자연어라는 말을 사용한다. 한국어에는 한국어 고유의 법칙, 영어에는 영어 고유의 법칙이 존재하고 있다. 모든 언어에 공통이면서 보편적으로 존재하고 있는 법칙도 있다고 생각할 수 있다. 자연어에 포함할 수 있는 이들 법칙을 주로 연구하는 학문을 언어학(Linguistics)이라고 부르고 있다. 그리고 그 법칙을 문법(Grammar) 이라고 부른다.

자연어(NL)는 어떤 정돈된 완벽한 문법이나 형식적인 의미가 없는 언어를 말한다. 인간과 인간이 통신을 하고자 할 때에는 문어(Written Language) 및 구어 (Spoken

Language)에 의한 수단으로 할 수 있다. 문어는 구어에 비해 문장의 애매모호함의 정도가 작은데, 그 이유는 정돈된 문법을 어느 정도 따르기 때문이다. 반면에 구어는 어떤 정돈된 완벽한 문법이나 형식적인 의미에 구애 받지 않고 사용되므로 구어를 이해하기 위해서는 모든 잡음과 가청신호의 애매함을 처리할 수 있는 충분한 지식이 있어야 하므로 구어를 이해하는 것은 문어를 이해하는 것보다 훨씬 어렵다.

그러므로, 자연어 처리에서는 구어 및 문어를 동시에 이해하는 것이 필요하다. 즉 전체 자연어 이해를 위해서는 다음 두 가지를 동시에 만족해야 한다.

첫째, 자연어의 어휘분석(Lexical), 구문분석(Syntactic) 및 의미분석(Semantic) 지식을 이용하여 문어의 내용을 이해할 수 있어야 한다.

둘째, 담화하는 과정에서 발생하는 불확실한 것들을 처리하기 위해 충분히 주어진 정보를 이용하여 구어의 내용을 이해할 수 있어야 한다.

자연어 처리의 요소 기술로 자연어 분석, 자연어 이해, 자연어 생성 등이 있으며, 정보 검색, 기계 번역, 질의응답 등 다양한 분야에 응용된다.

자연어 분석은 그 정도에 따라 형태소 분석(Morphological Analysis), 통사 분석(Syntactic Analysis), 의미 분석(Semantic Analysis) 및 화용(話用) 분석(Pragmatic Analysis)의 4 가지로 나눌 수 있다. 자연어 이해(Natural Language Understanding: NLU)는 컴퓨터가 자연어로 주어진 입력에 따라 동작하게 하는 기술이며, 자연어 생성은 동영상이나 표의 내용 등을 사람이 이해할 수 있는 자연어로 변환하는 기술이다.

나. 자연어 처리

자연어처리(Natural Language Processing: NLP)는 컴퓨터를 이용해 사람의 자연어를 분석하고 처리하는 기술이다. 요소 기술로 자연어 분석, 이해, 생성 등이 있으며, 정보 검색, 기계 번역, 질의응답 등 다양한 분야에 응용된다.

1950년대부터 기계 번역과 같은 자연어 처리 기술이 연구되기 시작했다. 1990년대 이후에는 대량의 말뭉치(Corpus) 데이터를 활용하는 기계 학습 기반 및 통계적 자연어 처리 기법이 주류가 되었으며, 최근에는 심층 기계 학습인 딥러닝(Deep Learning)이 기계 번역 및 자연어 생성 등에 적용되고 있다. 우리가 지구상에서 살고 있는 동안에 수 많은 대상과 커뮤니케이션을 한다. 요즘은 주고 받는 문서, 뉴스, 카톡 대화, 블로그, SNS 등 엄청난 정보와 지식이 사람이 사용하는 자연어 형태로 존재한다.

그런데 컴퓨터가 사람이 자연스럽게 말하는 자연어를 이해하기 위해서는 품사, 명사, 조사 등 다양한 문법적인 부분을 처리할 수 있어야 한다. 이런 처리를 해주는 것을 '자연어 이해(NLU)'라고 부른다. 컴퓨터가 문맥을 파악하기 위해서는 자연어의 이해를 통해서 사용자의 '의도(Intent)'와 '개체명(Entity)'를 정확히 파악하는 것이 필요하다. 예를 들어 자연어 이해에서 중요한 의도와 개체명을 '오늘 강남 날씨 어때?'라는 문장에서 찾아보자. 이 문장을 통해 사용자가 파악하고자 하는 의도(Intent)는 날씨가 어떠한지를 묻는 것이다. 개체명은 '오늘' 이라는 시간 개체 그리고 '강남' 이라는 장소 개체가 있다. 사용자가 쓴 문장의 문법 구조를 파악한 후 그 안에서 '의도'와 '개체명'을 정확히 분석하면 컴퓨터도 자연어를 사람처럼 이해할 수 있다.

자연어 처리(NLP)는 크게 두 가지 작업으로 나눌 수 있다. 첫째는 실세계의 필요한 정보뿐만 아니라 언어에 있어서의 어휘, 구문, 의미에 관한 지식(Lexical, Syntactic, Semantic Knowledge)을 사용해서 문어(Written Text)를 처리하는 것이다. 둘째는 위에 더하여 음성에서 발생되는 애매함을 비롯한 음성학(Phonology)에 대한 부가적인 지식을 필요로 하는 구어(Spoken Language)를 처리하는 것이다.

요약 및 논지 생성이 가능한 자연어 지식생성은 [그림1]과 같이 자연어 문제에 대한 근거를 법령, 특허, 백과사전, 뉴스 등 빅데이터에서 추출하여 자연어 분석과 문제 이해부터 지식의 생성하는 과정까지를 통해 정답을 추론 및 자연어를 생성하는 기술 이다. 질문이 요구하는 정답을 주어진 단락에서 추출하는 기계독해에서, 문제의 논지와 찬반의 근거를 추론하여 인간과 토론이 가능한 수준의 지식을 자동 생성하는 기술로 발전하고 있다.

[그림1] 요약 및 논지 생성이 가능한 자연어 지식 생성 과정

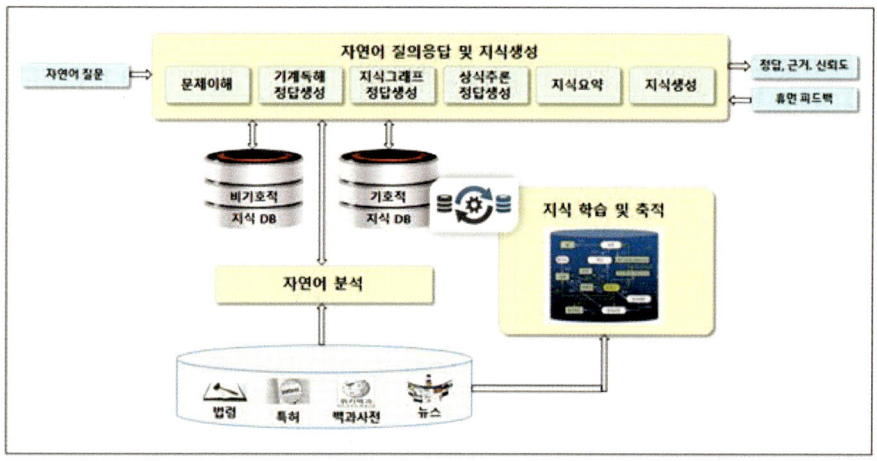

컴퓨터가 자연어를 이해하는 과정을 순서대로 정리하면, 신호처리(Signal Processing), 형태분석(Morphological Analysis), 구문분석(Syntactic Analysis), 의미분석(Semantic Analysis), 담화통합(Discourse Integration), 화용분석(Pragmatic Analysis)의 순서로 자연어를 이해한다.

인공지능 연구자들은 언어를 이해하고 생성할 수 있는 컴퓨터를 개발하려고 지속적으로 연구 개발하고 있다. 언어는 방대한 양의 지식과 지능을 기초로 학습되어 사용된다. 자연어의 처리는 [표1]과 같이 다양한 분야에서 연구개발이 진행되고 활용 되고 있다.

[표1] 자연어 처리 분야

자연어 처리분야	주요 내용
자연어 이해 (Natural Language Understanding)	• 컴퓨터가 자연어로 주어진 입력에 따라 동작하게 하는 기술이며, 자연어 생성은 동영상이나 표의 내용 등을 사람이 이해할 수 있는 자연어로 변환하는 기술이다.
자연어 생성 (Natural Language Generation)	• 자연어생성 과정은 자연어이해 (Natural Language Understanding) 의 반대이다. 정보를 나타내는 구조를, 원하는 언어로 된 올바른 문자열(String)으로 매핑(Mapping) 시켜야 한다. 실제 문장을 생성하기 위하여, 단어에 대한 정보 및 문장론적 규칙을 적용한다.
기계번역 (Machine Translation)	• 서로 다른 두 개의 자연어, 즉 영어와 한국어 사이, 혹은 일어와 한국어 사이의 번역을 컴퓨터와 소프트웨어가 자동적으로 해주는 것을 기계번역 이라고 한다.

질의응답 시스템 (Question Answering System)	• 사용자의 질의와 관련된 문서를 검색하는 정보검색(Information Retrieval) 시스템과는 달리 사용자의 질의에 대한 답변이 될 수 있는 정답을 문서 집합 내에서 탐색하여 사용자에게 제시해주는 시스템이다. 일반적으로 질의응답 시스템은 사용자의 질의에 관련된 문서를 검색하는 후보검색 단계 (Candidate Retrieval Phase) 와 검색된 문서 내에서 정답을 생성하는 정답 추출 단계(Answer Extraction Phase) 로 구성된다.
전산언어학 (Computational Linguistics)	• 전산 언어학은 컴퓨터와 계산 알고리즘(Algorithm) 을 자연언어의 처리에 적용하는 방법을 연구하는 학문이다. 전산언어학은 다른 명칭으로 자연어처리 (NLP), 또는 자동언어처리(ALP)라고도 한다.
음성인식 (Speech Recognition)	• 음성 인식 (Speech Recognition) 은 컴퓨터가 음향학적 신호 (Acoustic Speech Signal) 를 텍스트로 Mapping 시키는 과정이다. 즉 일반적으로 마이크나 전화를 통하여 얻어진 음향학적 신호를 단어나 단어 집합 또는 문장으로 변환하는 과정을 말한다.
음성합성 (Speech Synthesis)	• 음성합성 (Speech Synthesis)은 인간의 말 (Speech)을 인공적으로 만드는 것이다. 기계적인 장치나 전자회로 또는 컴퓨터 모의를 이용하여 자동으로 음성 파형을 생성해내는 것이다.
음성이해 (Speech Understanding)	• 자동 음성 이해는 컴퓨터가 음향 음성 신호 (Acoustic Speech Signal) 를 듣고서 음성의 의미 (Abstract Meaning) 로 Mapping 시키는 과정이다.
정보검색 (Information Retrieval)	• 전자 매체의 발달로 인해 정보 검색의 대상이 본문 검색(Text Retrieval), 화상(Image), 음성(Sound), 화학식의 구조 등으로 확대되고 있다.
문서분류 (Text Categorization)	• 문서 분류는 Text Categorization 또는 Document Classification(Clustering) 이라고도 한다.
텍스트마이닝 (Text Mining)	• 디지털 정보의 대부분은 비정형 데이터로서, Text Mining 은 디지털 정보의 비정형 및 반정형 데이터에 대하여 자연어처리 기술과 문서처리 기술을 적용하여 유용한 정보를 추출, 가공하는 것을 목적으로 하는 기술이다.
컴퓨터 지원 언어 학습 (Computer-Aided Language Learning)	• 시각, 청각, 문맥적 학습 정보를 통합적으로 저장 및 제공하는 것이다
대화 및 담화 시스템 (Dialogue and Discourse Systems)	• 사람의 대화 내용 및 담화문에 표현된 발표내용에 대한 언어 처리시스템이다.
자연어 인터페이스 (Natural Language Interfaces)	• 자연어 표현을 정형화된 의미 표현으로 변환하는 방법이다.

*출처: https://paperswithcode.com/methods/category/transformers

'언어지능 및 지식표현'은 사람이 사용하는 자연어(Natural Language)를 이해하는 자연어 처리(NLP)를 기반으로 사람과 상호 작용하는 기술들이 포함되는데, 지식공학 및 온톨로지(Ontology), 대용량 지식처리, 언어분석, 의미분석, 대화 이해 및 생성, 자동 통.번역, 질의 응답(Q/A), 텍스트 요약 등에 활용 된다. 여기에서 온톨로지(Ontology)란 존재하는 사물과 사물 간의 관계 및 여러 개념을 컴퓨터가 처리할 수 있는 형태로 표현하는 것이다. 온톨로지는 클래스(Class), 인스턴스(Instance), 속성(Property), 관계(Relation) 등의 구성 요소로 표현된다. 클래스는 사물의 개념(Concept), 즉 범주(Category)를 인스턴스는 개별 요소인 실체(Entity)를 뜻한다. 속성은 클래스와 인스턴스의 특성(Feature)을 나타내며, 관계는 클래스 및 인스턴스 간의 관계성을 표현한다. 예를 들어, '평창' 인스턴스는 '2018년 동계 올림픽 개최'라는 속성으로 '올림픽' 클래스와 관계를 맺는다. 따라서 '올림픽'을 검색하면 '평창'이 연관 검색어로 나온다.

다. 대규모 언어모델의 발전

대규모 언어모델(Large Language Model: LLM)은 사람들이 사용하는 언어(자연어)를 학습하여 실제 인간과 유사한 문장을 생성하기 위한 언어모델로 점차 규모가 커지며 초거대 AI로 [그림2]와 같이 진화하고 있다.

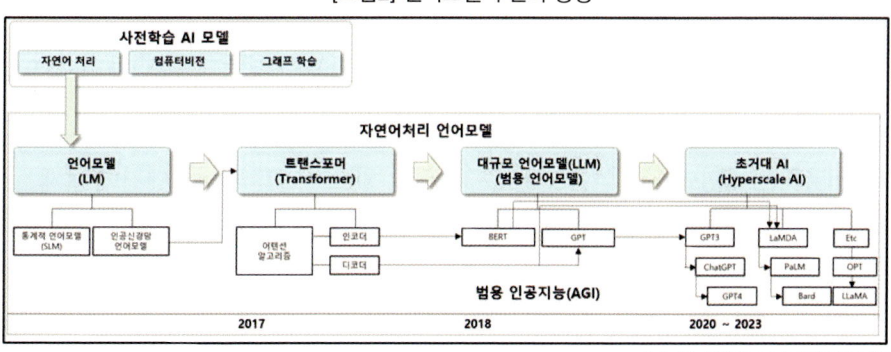

[그림2] 언어모델의 변화 양상

*출처: SPRi 이슈리포트 재편집

대규모 언어모델은 순차 데이터의 컨텍스트를 학습할 수 있는 신경망인 트랜스포머 모델을 통해 비약적인 성능 발전을 하고 있다. 최근에는 방대한 파라미터(Parameter) 크기와 데이터 학습을 통한 성능 면에서 '초거대 언어모델'로 불리는 경우도 있다.

트랜스포머(Transformer)모델은 문장 속 단어와 같은 순차 데이터 내의 관계를 추적해 맥락과 의미를 학습하는 신경망으로 대규모 언어모델(LLM)의 시초이다.

초거대 AI(Hyperscale AI)는 딥러닝과 같은 인공신경망 구조와 기법의 모델 중에서 파라미터 수가 수천억 개로 매우 많으며, 방대한 양의 데이터를 학습할 수 있는 모델로 대규모 언어모델을 포함하는 차세대 AI로 정의되고 있다. 여기서 파라미터 수는 인간 뇌의 뉴런 및 뉴런간의 연결에 해당되는 매개변수의 숫자로 개수가 많을수록 더 많은 정보를 저장하고 처리할 수 있어 고지능(고성능)을 의미 한다.

초거대 AI는 우수한 학습 성능을 바탕으로 모든 분야에 응용할 수 있는 범용인공지능(일반인공지능, AGI)으로의 진화 가능성을 보여준다는 것에 의의가 있다.

ChatGPT는 딥러닝을 통한 언어생성 측면에서 대규모 언어모델(LLM)이자 보유한 파라미터의 숫자 측면에서 초거대 AI에 해당된다.

ChatGPT의 기반이 되는 GPT-3.5(Generative Pre-trained Transformer)는 GPT-3과 매개변수 수(파라미터)가 1,750억 개가 같아 성능 면에서 큰 차이는 없으나, 인간 피드백을 통한 강화학습(Reinforcement Learning from Human Feedback: RLHF) 적용으로 대화에 최적화되어 있다. 예를 들어 사람의 피드백을 통해 강화학습을 시킬 경우 인간적인 말투, 문화적인 요소 등을 반영할 수 있는데, ChatGPT는 RLHF를 적용함으로써 인간과 구별할 수 없을 정도로 자연스러운 문장 구사가 가능하다.

2023년 3월 14일 공개한 GPT-4는 기존의 ChatGPT가 GPT-3.5와 상호작용하는 방식이었는데 이제는 GPT-4와 상호작용하는 방식이 되었다.

ChatGPT는 자연어처리 언어모델로 주목받고 있으나, MS의 검색엔진에 탑재·활용되는 등 점차 범용성이 확대되며 AI 확산에 기여할 것으로 전망된다.

라. 언어모델의 동작 방식

언어모델이란 단어의 배열(시퀀스-Sequence)에 확률을 부여하는 모델로, 자연스러운 문장에 높은 확률값을 부여하는 방식으로 동작 한다. 즉, 이전의 단어들이 주어졌을 때 다음 단어를 맞추는 것을 목표로 하며, 예측의 방향에 따라 순방향과 역방향으로 구분된다.

순방향 모델은 사람이 이해하는 순서대로 단어 배열을 계산하는 모델이다(예: GPT, ELMo). 역방향 모델은 문장의 뒤에서부터 앞으로 계산하는 모델이다(예: ELMo).

양방향 모델은 문장의 앞→뒤, 뒤→앞 모두 계산하는 모델로 중간에 비어있는 단어도 추측이 가능한 모델로 마스크(Masked)언어모델이라고도 한다(예: ELMo, BERT). 기타 스킵그램 모델은 단어 앞뒤에 특정 범위를 정해두고 범위 내에 어떤 단어가 올 수 있는지 계산하는 모델(예: Word2Vec) 이다.

트랜스포머는 기계번역(예: 구글번역기, 파파고 등)과 같은 작업수행을 목적으로 등장한 언어 모델로, 시퀀스-시퀀스(Sequence-to-Sequence)간 변환을 할 수 있으며 응용도 가능하다. 즉, '한글↔영어' 번역 외에도, '특정데이터→결과예측'과 같은 시퀀스(처음 상태)→시퀀스(이후 상태)전환에 해당되는 작업의 수행도 가능하다.

예를 들면, 과거 수년 치 기온·구름·풍속 데이터를 기반으로 분기별 날씨 변화를 예측이 가능하다. 이를 위해, 인코더(Encoder)와 디코더(Decoder)라는 두 개의 파트로 구성하는데, 인코더는 소스 시퀀스의 정보를 압축하여 디코더에게 전송(예: 한글 원문을 압축·전송)하고 디코더는 압축된 정보를 받아 타겟 시퀀스를 생성(예: 영어로 번역)한다.

어텐션(Attention)은 단어 시퀀스에서 중요한 특정 요소에 '집중'하여 작업의 성능을 올리는 트랜스포머의 핵심 기법이며, '단어들 간의 문맥적 관계성'을 파악할 수 있는 기능이다. Query, Key, Value 등 세 가지의 척도로 어텐션 점수를 계산하여 문맥적 관계성을 추출하고, 셀프 어텐션을 여러번 수행(Multi-Head Attention)하여 정확성이 높은 결과를 도출한다. 기존 RNN 및 CNN 기반 모델이 갖는 문맥 파악 불가의 한계점을 극복할 수 있는 기능으로 AI프로그램 전문가에 의해 활용되고 있다.

ChatGPT 학습과정 및 기술적 차별성

가. ChatGPT 학습과정

언어 모델은 주어진 이전 단어들을 바탕으로 다음에 나올 단어나 문장을 예측하는 모델이다. 예를 들어 다음 빈칸을 채우는 형태 이다. "나는 학교에 (간다)." 또는 [그림1]과 같이 다음 단어를 (떠올)(리면)(된다). 등으로 예측하는 것이다.

[그림1] ChatGPT 학습방법

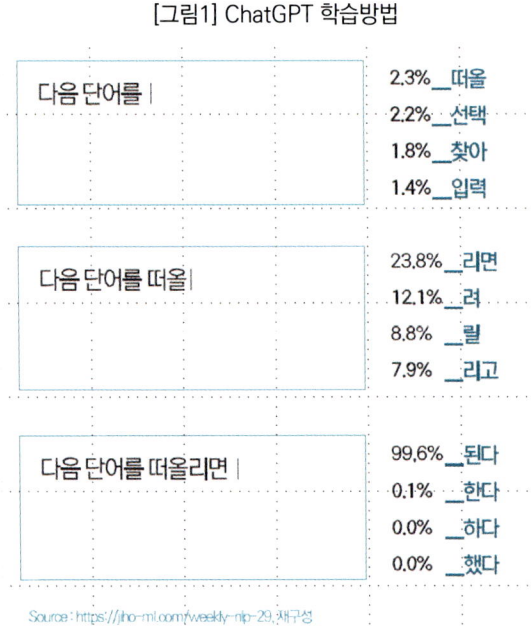

*출처: NIA The AI Report

예제만 본다면 단순해 보일 수 있지만 주어지는 단어나 문맥을 이해하여 비어 있는 영역을 채우는 것은 쉬운 일은 아이다. 그렇기 때문에 말뭉치 학습 등과 같은 과거의 언어 모델은 부자연스럽거나 기계적인 느낌이 있었다.

ChatGPT는 파라미터의 증가와 방대한 양의 데이터를 이용하여 학습시키면서 단순히 답변을 예상하여 답을 내놓는 수준을 넘어 지식을 다루는 영역에서는 훌륭한 성능을 보여주고 있다.

1) ChatGPT 학습과정

ChatGPT는 대규모 언어모델로, GPT-3.5 아키텍처를 기반으로 학습되었다. ChatGPT의 학습은 다음과 같은 과정으로 이루어졌다.

① **데이터 수집**: ChatGPT는 다양한 사전 및 법령 그리고 온라인 소스에서 수집된 대규모 텍스트 데이터로 학습되었다. 이러한 데이터에는 인터넷의 웹페이지, 영화 및 책 리뷰, 뉴스 기사, 온라인 포럼 등이 포함되어있다.

② **전처리**: 수집된 데이터는 전처리 과정을 거쳐 모델 학습에 적합한 형태로 가공되었다. 이 과정에는 텍스트 정제, 문장 분리, 토큰화 등이 포함된다.

③ **모델 학습**: 전처리된 데이터를 사용하여 GPT-3.5를 기반으로 모델을 학습시켰다. GPT-3.5는 Transformer라는 딥러닝 아키텍처를 기반으로 하며, 대규모 신경망을 통해 텍스트의 다음 단어를 예측하고 생성하는 능력을 가지고 있다.

④ **미세 조정**: 초기 학습 후, ChatGPT는 추가적인 미세 조정 단계를 거친다. 이 단계에서는 실제 사용자의 피드백과 수정된 데이터를 사용하여 모델을 개선했다. 이러한 반복적인 과정을 통해 ChatGPT는 더욱 뛰어난 대화 능력을 갖추게 되었다.

⑤ **배포**: 학습이 완료된 ChatGPT는 사용자들에게 서비스로 제공되었다. 이를 통해 사용자들은 다양한 주제에 대한 질문, 지식 요약, 창의적인 텍스트 생성 등 다양한 대화와 상호작용을 할 수 있다.

ChatGPT의 학습은 방대한 양의 데이터와 강력한 컴퓨팅 자원을 필요로 한다. 이를 통해 ChatGPT는 다양한 문제에 대한 일반적인 언어 이해와 생성 능력을 갖출 수 있다. 그러나 ChatGPT는 학습 데이터에 기반하여 작동하며, 현재로부터 이전에 알려진 지식에 대해서만 업데이트된 정보를 제공할 수 있다. 즉 실시간성 데이터는 제공하는데 한계가 있다.

ChatGPT기존 GPT-1에서 GPT-3까지의 모델변화와 학습방식의 변화를 통해 고도화된 모델이다.

ChatGPT는 [그림2]과 같이 인간 피드백 기반 강화 학습(Reinforcement Learning with Human Feedback: RLHF)을 적용하여 사용자 질문에 적합한 응답을 생성한다.

[그림2] 머신러닝(Machine Learning)의 3가지 학습방식

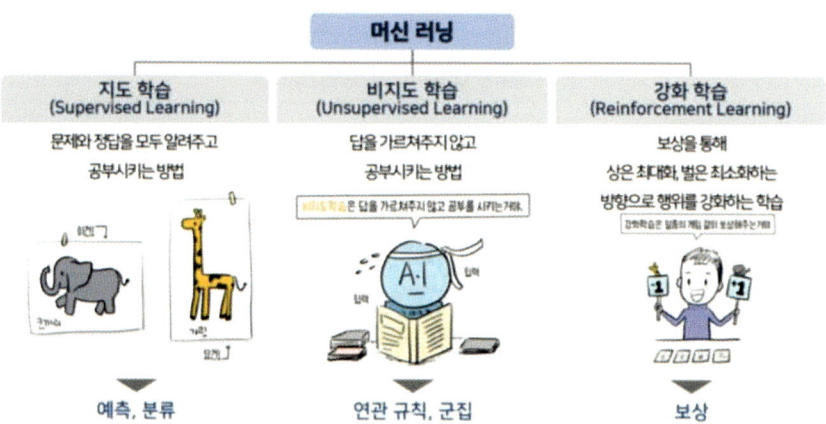

* 출처: https://hyeonjiwon.github.io/machine%20learning/ML-1/

ChatGPT가 사용자의 의도와 니즈에 부합하는 답변을 도출할 수 있도록 인간의 피드백을 반영하고 학습하는 RLHF 테크닉이 적용되는데, RLHF의 '인간 피드백(Human Feedback)'에 주목할 필요가 있다.

기존의 AI 학습 데이터에는 사람의 작업이 소량이거나 존재하지 않으나, ChatGPT의 경우 AI가 데이터를 학습하는 중간 단계에 레이블러(Labeler)라는 '인간'학습가이드를 두어 이들의 피드백(Human Feedback)을 바탕으로 최종 아웃풋의 퀄리티를 높인다. 즉, 인간의 선호도를 AI의 보상 신호(Reward Signal)로 사용하여 ChatGPT 모델을 미세 조정(Fine Tuning)하는 것이다.

ChatGPT는 GPT-3.5를 기반으로 파인튜닝(Fine Tuning) 되고 학습과정에서 인간이

개입된다.

GPT-3.5에 강화학습 알고리즘인 RLHF을 적용하여 편향성과 유해성 등을 감소시킬 수 있도록 한다.

2) RLHF의 동작 과정

AI 모델이 생성한 결과가 우수한가를 판단하는 기준은 결국 인간의 선호 점수에 의해 귀결된다. RLHF는 [그림3] RLHF의 동작 과정과 같이 인간이 AI 모델의 결과에 대해 평가한 피드백(Feedback)을 만들고, 이 피드백을 AI가 생성한 결과에 대한 우수성 지표로 사용함과 동시에, 다시 AI 모델에 반영하여 모델을 최적화하는 기법이다.

RLHF는 세 가지의 핵심적인 단계로 구성된다.

첫 번째는 모델의 사전 훈련(Pre Training) 단계이며, 미리 훈련된 언어모델(LM)이 있는 경우 STF(Supervised Fine Tuning)을 통해 미세조정을 한다.

두 번째는 보상모델(Reward Model) 단계로, 언어모델이 생성한 텍스트를 사람(라벨러)이 얼만큼 좋다고 생각할지에 대한 점수를 부여하고, 다음 학습에 반영하기 위해 숫자 보상을 지정(일반적으로 0~5) 한다.

세 번째는 앞서 설정한 보상모델이 제공하는 보상을 사용하여 언어모델을 훈련시키는 단계로, 정책 그라디언트 강화학습 알고리즘인 PPO(Proximal Policy Optimization)를 활용하여 모델을 조정(Fine-Tuning) 한다. PPO알고리즘은 최적으로 모델을 업데이트할 수 있는 강화학습정책으로 상대적으로 복잡도가 낮고 우수한 성능을 보인다.

[그림3] RLHF의 동작 과정

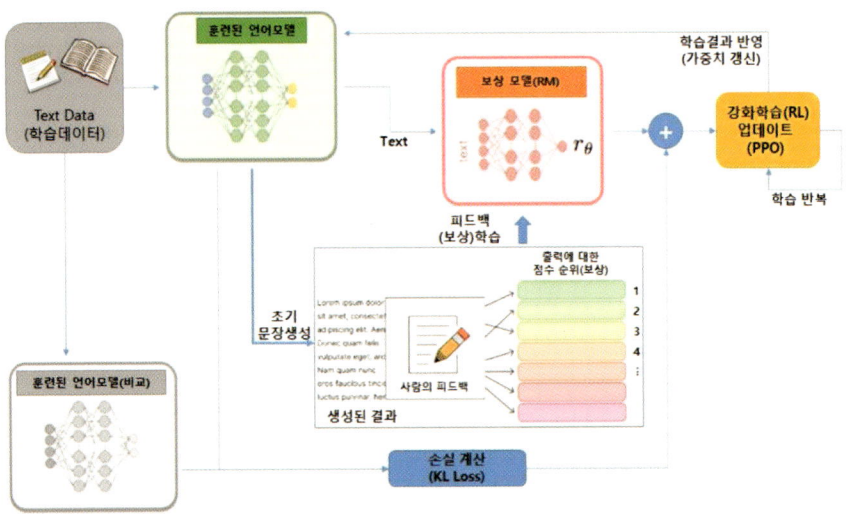

*출처: SPRi 소프트웨어정책연구소(재편집)

　RLHF는 모델의 응답을 인간이 순위화(Rank)하고 보상함수를 통해 피드백을 반영하여, 인간의 선호도가 모델에 반영되는 것이 특징이다.

　학습방식은 [표1]과 같이 세 단계로 구성되어, 프롬프트 기반의 지도학습과 RLHF 알고리즘을 통해 GPT-3.5를 추가학습 시킨다.

　먼저 지시프롬프트와 그에 대한 결과물로 이루어진 데이터셋을 정의하고 파인튜닝 한다. 두 번째는 프롬프트 결과로 나온 응답에 대해 선호도 순위를 구성하고 비교 데이터셋을 활용하여 보상 모델(Reward Model)을 학습시킨다. 세 번째는 프롬프트를 바탕으로 결과를 추론하고 보상 모델이 결과를 평가하고 보상값을 계산하여, 이를 기반으로 모델을 지속적으로 업데이트 시키다.

[표1] ChatGPT 학습과정

1단계	2단계	3단계
데모 답변 수집 및 정책 부합성 검증	비교 데이터 수집 및 보상 모델 훈련	강화 학습 알고리즘으로 정책 최적화
프롬프트 생성 ↓ 데이터 라벨러(사람)가 답변 적절성 평가 ↓ 해당 데이터로 GPT-3.5 모델을 지도학습 기반으로 모델추가 조정	기존 프롬프트에 여러 개의 모델 산출값 생성 ↓ 데이터 라벨러(사람)가 산출물들의 점수(rank) 평가 ↓ 보상 모델 학습에 이 값을 활용	새로운 프롬프트 생성 ↓ 정책최적화 모델 가동 ↓ 정책에 따라 하나의 산출물 생성 ↓ 보상 모델이 산출물에 대한 보상값 산정 ↓ 보상값은 정책 업데이트에 반영

*출처: OpenAI, ChatGPT Method, 2023. (재편집)

나. ChatGPT 기술적 차별성

GPT-1은 라벨링되지 않은 대량의 데이터를 활용하기 위해 비지도 사전학습(Unsupervised Pre Training)되고 특정 태스크 수행을 위해 라벨링 데이터를 이용해 파인튜닝하는 구조이다. 즉, 사전 학습한 모든 가중치에 대해 미세한 파라미터 조정을 수행하는 작업이다.

GPT-2는 파인튜닝 없이 비지도 사전학습만을 사용하여 모델을 학습하고, 이후 모델이 특정한 작업을 수행하도록 학습 과정에서 가르친 적이 없는데도 해당 작업을 수행할 수 있도록 하는 기법인 제로샷 러닝(Zero Shot Learning)을 통해 일반적으로 사용될 수 있는 언어모델을 목표로 개발되었다.

GPT-3는 매우 적은 데이터가 주어진 상황에서도 모델을 효과적으로 학습시키기 위한 기법인 퓨샷 러닝(Few Shot Learning) 그리고 프롬프트 기반 학습(Prompt Based Learning) 즉, 사람이 읽을 수 있는 텍스트 형태의 입력을 통해 도메인 지식을 모델 학습에 활용하는 방법으로 랜덤 글짓기, 번역, 웹코딩, 대화 등 다양한 기능을 수행한다.

[표2]와 같이 GPT의 변화에 따른 기술의 특징을 살펴보면, GPT-1에서 GPT-3까지

의 주된 변화는 모델 크기의 변화로, 다양한 데이터셋에서 더 많은 정보를 학습하며 성능을 향상시켰다.

[표2] GPT의 변화

순서	날짜	마일스톤	파라미터	기술특성
1	2018.06	GPT-1	1억 1,700만개	• Unlabeled 데이터 학습, 특정 주제에서의 분류, 분석 등의 응용 작업 가능 • 사용 데이터셋 news articles, wikipedia, single domain text • 라벨링되지 않은 대량의 데이터를 활용하기 위해 비지도 사전학습과 라벨링 데이터를 이용한 특정 태스크에 맞춘 파인튜닝
2	2019.02	GPT-2	15억 개	• 비지도 학습 기반으로 패턴 인식하여 대용량 데이터 학습이 가능 • 파인튜닝 없이 비지도 사전학습만을 사용하여 모델 학습 • 제로 샷을 통해 일반적인 언어모델 타겟 (멀티태스크러닝)
3	2020.05	GPT-3	1,750억 개	• 자가학습(Self-attention) 레이어를 많이 쌓아 파라미터 수100배 이상 증가. 사람처럼 글 작성, 코딩, 번역, 요약, 번역, 웹코딩, 대화 등 수행 가능 • 퓨샷 러닝 및 프롬프트 기반 학습
4	2022.01	GPT-3.5 (InstructGPT)	1,750억 개	• 인간의 피드백을 통한 강화학습(RLHF)을 수행하여 도움이 되고, 독성이 없고, 혐오발언을 최소화하는 언어모델 학습로 답변의 정확도와 안정성 급증 • InstructGPT(다빈치-002)모델을 개선하여 다빈치-003으로 업그레이드 하고, 이를 다시 채팅에 최적화하여 GPT-3.5-turbo 모델로 개선하며 ChatGPT로 발전
5	2022.11	ChatGPT	1,750억 개	• GPT-3.5 모델을 RLHF를 통해 미세 조정(fine-tuning)한 것으로 InstructGPT와 거의 유사한 형태 • 주요한 차이점은 ChatGPT가 더 유해한 질문에 대해 유연하게 대응

순서	날짜	마일스톤	파라미터	기술특성
6	2023.3	GPT-4	미발표 (5,000억 개 ~ 1조 개 예상)	• GPT-4의 특징 **첫 번째**는 GPT-3.5와 이전 버전의 ChatGPT의 제한은 4,096개의 토큰(컴퓨터가 이해하는 언어단위)이었음. 이는 약 8,000단어 또는 책 한 권의 4~5페이지에 해당하는 한계가 있었음. GPT-4의 최대 토큰 수는 32,768개임. 이는 약 64,000단어 또는 50페이지의 텍스트로 변환되기 때문에 희곡 또는 단편 소설도 쓸 수 있음. 즉, 대화하거나 텍스트를 작성할 때 최대 50페이지 정도를 기억할 수 있다는 뜻임. • **두 번째**는 고급 추론(Reasoning) 기능으로 폭넓은 일반 지식과 문제 해결 능력 덕분에 어려운 문제를 더 정확하게 풀 수 있음. • **세 번째**는 '멀티모달(Multimodal)'로 이전의 ChatGPT 및 GPT-3.5는 텍스트로 제한되었지만 GPT-4는 이미지를 보고 이해하고 설명하고 요청한 사항을 처리할 수 있음. 예를 들어, 맛있는 음식 사진에서 레시피를 추론하고 설명 할 수 있고, 또한 다양한 상표와 제품에 부착된 라벨의 이미지를 보고 내용을 번역하고, 복잡한 지도를 읽는 등 다양한 분야에서 활용도가 엄청날 것으로 예상됨.
7	2024.5	GPT-4o GPT-4o mini		• GPT-4 : 레거시 모델 GPT-4o : 대부분의 업무 처리 o1 : 논리적 설명 o1-mini : 더 빠른 논리적 설명 • 인간 수준으로 '보고 듣고 말하기' 가능

*출처: OpenAI, 2023. SPRi.(재편집)

다. 파인튜닝(Fine Tuning) 이란 무엇인가?

기존에 학습되어 있는 모델을 기반으로 아키텍쳐를 새로운 목적(나의 이미지 데이터에 맞게)변형하고 이미 학습된 모델 가중치(Weights)로 부터 학습을 업데이트하는 방법을 말한다.

모델의 파라미터를 미세하게 조정하는 행위이다. 특히, 딥러닝에서는 이미 존재하는 모델에 추가 데이터를 투입하여 파라미터를 업데이트하는 것을 말한다.

파인튜닝을 했다고 말하려면 기존에 학습이 된 레이어에 내 데이터를 추가로 학습시켜 파라미터를 업데이트 해야 한다.

BERT 이후로 딥러닝 자연어처리는 사전훈련 모델이 기본이 되었다. 보통 위키피디아 같은 데이터로 사전훈련을 하면 언어의 기본적인 특징을 이해하게 된다. 그 다음 개별 태스크에 맞게 새로운 데이터로 재학습을 하는 파인튜닝을 거치게 된다.

요즘 딥러닝 모델은 기술을 Leading하는 몇몇 기관에서 거대한 데이터를 사용하여 미리 크기가 큰 Deep Learning Model을 학습하고 일반 사용자들을 위해 이를 배포하는 형식으로 발전이 이루어지고 있다. 그럼 이제 사용자들은 이렇게 사전 학습된 모델을 가져와서 각자 적용할 데이터에 맞게 Tuning한다.

전이학습(Transfer Learning)과 파인튜닝의 차이점은 [표3]와 같이 구분 할 수 있다.

[표3] 전이학습과 파인튜닝의 차이점

구분	특징
전이학습(Transfer Learning)	- 입력층에 가까운 부분의 결합 파라미터는 학습된 값으로 변화시키지 않음 - 학습된 모델을 기반으로 최종 출력층을 바꿔 학습하는 것 - 학습된 모델의 최종 출력층을 보유 중인 데이터에 대응하는 출력층으로 바꾸고, 교체한 출력층의 결합 파라미터(그리고 앞 층의 결합 파라미터)를 소량의 데이터로 다시 학습하는 것
파인튜닝(Fine Tuning)	- 출력층 및 출력층에 가까운 부분뿐만 아니라 모든 층의 파리미터를 다시 학습 - 출력층 등을 변경한 모델을 학습된 모델을 기반으로 구축한 후, 직접 준비한 데이터로 신경망 모델의 결합 파라미터 학습 - 결합 파라미터의 초기값은 학습된 모델의 파라미터 사용 - 전이학습과 달리, (출력층 및 출력층에 가까운 부분 뿐 아니라) 모든 층의 파라미터 재학습

ChatGPT 답변 도출 원리 세부 3단계

ChatGPT의 답변 도출 원리는 텍스트 데이터로부터 학습하여 언어의 패턴을 이해하고, 이를 바탕으로 사용자의 질문이나 명령에 대한 적절한 답변을 생성하는 과정이다. 이 과정을 조금 더 구체적으로 살펴보면 다음과 같다.

- **대량의 데이터 학습**: ChatGPT는 인터넷상의 다양한 텍스트(책, 기사, 대화 등)를 학습한다. 이때, 텍스트 내의 문장 구조, 단어의 사용 방법, 문맥 등을 분석하여 언어의 패턴을 학습한다.
- **문맥 이해**: 사용자가 질문하거나 명령을 입력하면, ChatGPT는 그 문맥을 이해하기 위해 학습된 패턴을 활용한다. 즉, 입력된 텍스트가 무엇을 의미하는지, 어떤 정보를 요구하는지 판단한다.
- **답변 생성**: 문맥을 이해한 후에는, ChatGPT는 학습된 데이터를 바탕으로 적절한 답변을 생성한다. 이 과정에서 인공지능은 여러 가능한 답변 중에서 가장 적합하다고 판단되는 답변을 선택하여 제시한다.
- **지속적인 학습**: ChatGPT는 사용자와의 상호작용을 통해 계속해서 학습을 진행한다. 사용자의 피드백이나 새로운 정보를 통해 더 정확하고 자연스러운 답변을 생성할 수 있도록 모델을 지속적으로 업데이트한다.

이러한 과정을 통해 ChatGPT는 다양한 주제에 대해 자연스럽고 유익한 대화를 제공할 수 있다. 인공지능 언어 모델의 이러한 능력은 빅데이터와 기계학습 알고리즘의 발전에 기반하고 있으며, 앞으로도 더욱 발전될 전망이다.

ChatGPT 답변 도출 원리를 아래 [그림1]과 같이 핵심적인 3단계로 구분할 수 있다.

[그림1] ChatGPT답변 도출 원리 및 세부 3단계

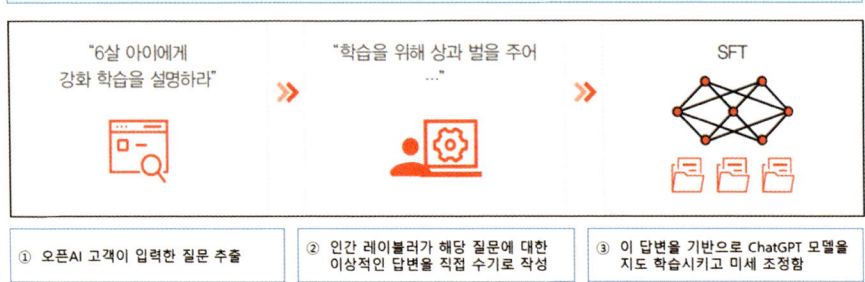

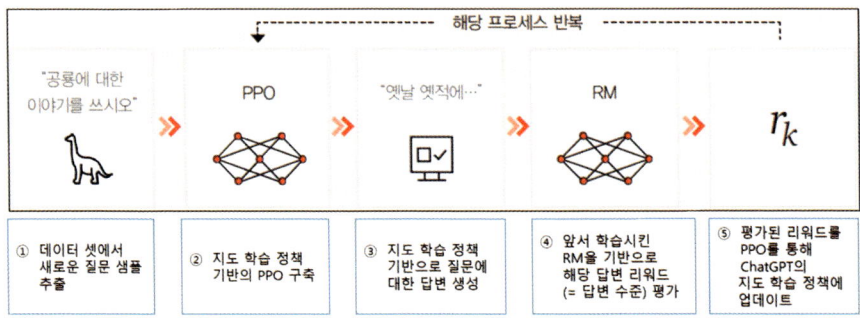

*출처: PwC Korea Insight Flash(재편집)

먼저, 1단계는 모델의 사전 훈련(Pre Training) 단계이며, 인간에 의해 생성된 데이터를 수집하고 데이터셋을 정의하고 미리 훈련된 지도학습 기반으로 미세 조정(Supervised Fine Tuning: SFT)을 한다.

2단계는 보상모델(Reward Model) 단계로, 프롬프트 결과로 나온 응답에 대해 선호도 순위를 구성하고 비교 데이터셋을 활용하여 보상 모델(Reward Model)을 학습시킨다. 또한 언어모델이 생성한 텍스트를 사람(라벨러)이 얼만큼 좋다고 생각할지에 대한 점수를 부여하고, 다음 학습에 반영하기 위해 숫자 보상을 지정(일반적으로 0~5) 한다.

3단계는 앞서 설정한 보상모델이 제공하는 보상을 사용하여 언어모델을 훈련시키는 단계로, 프롬프트를 바탕으로 결과를 추론하고 보상 모델이 결과를 평가하고 보상값을 계산하여, 이를 기반으로 모델을 지속적으로 업데이트 시킨다.

3단계의 핵심은 정책 강화학습 알고리즘인 PPO(Proximal Policy Optimization)를 활용하여 모델을 조정(Fine Tuning)하는 것이다. PPO알고리즘은 최적으로 모델을 업데이트할 수 있는 강화학습정책으로 상대적으로 복잡도가 낮고 우수한 성능을 보인다.

ChatGPT 무엇이 가능한가?

ChatGPT는 자연어 처리의 혁신적인 성장이라 할 수 있다. ChatGPT가 수행 가능한 작업으로는 [표1]과 같이 글쓰기부터 각종 언어 관련 문제풀이, 논문작성, 랜덤 글짓기, 소설 창작, 사칙연산, 번역, 주어진 문장에 따른 간단한 웹 코딩, 프로그래밍 코딩, 언어번역, 언어회화, 문장교정, 문장요약, 전문지식정리, 표작성 및 표 해석, 콘텐츠 제작, 이미지인식 내용분석, 음성인식 질의 및 답변, 엑셀업무 활용, 창의적 아이디어 구현, 유튜브 추천, 법령, 규정 등 검색, 대화 등이 가능하다. 전세계 많은 사람들이 ChatGPT와 많은 대화를 나누고 있고, 인간 피드백을 통한 강화학습(Reinforcement Learning from Human Feedback: RLHF) 을 하고 있기 때문에 인간과 구별할 수 없을 정도로 자연스러운 문장 구사가 가능하고, 훨씬 더 정확하게 결과를 도출하며 지속적으로 발전하고 있다.

[표1] ChatGPT로 활용 가능한 것

No	활용 가능한 것	내 용
1	글쓰기, 시, 기사, 소설 창작, 연설문, 정책기획서, 보고서 작성	• 한글, 영어 모두 가능, 분량 지정 가능 • 전문적인 카피라이팅, 소설, 다양한 책쓰기, 영화 시나리오 작성, 블로그 포스팅, 시, 가사, 레포트, 연설문 등
2	논문 작성	• 초록 글자 수 요약, 창의적인 연구 제목, 실험 결과의 논의, 연구 목차 작성, 향후 연구 아이디어 추천, 특정 주제에 대한 글 작성 작성 내용에 대한 문법 교정, 번역 등 가능
3	프로그래밍(코딩)	• 프로그래밍 언어를 명시하면 그 언어에 맞게 코딩 함. 예 파이썬 등

No	활용 가능한 것	내 용
4	언어 번역 및 교정 / 언어 회화	• 기본 번역기와 비교하여 뛰어난 성능을 보이며, 단순 번역을 넘어 교정 및 문법적 오류까지 설명 가능
5	콘텐츠 제작	• 사용자의 질문에 대한 단순 답변 수준을 넘어 영화 시나리오, 소설, 노래가사, 제품 전단지, 광고 대본, 금융보고서, 계약서, 제안서, 교재, 강의 커리큘럼 등 다양한 콘텐츠 제작 가능
6	전문 지식 정리	• 변호사, 법무사, 회계사, 행정사, 노무사 등 해당 분야의 판결문, 법령, 각종 예시들의 출처가 뚜렷하며, 그에 따라 결과물도 정형화되어 있어 패턴화 된 반복적 작업을 최소화할 수 있음
7	문장 요약, 수정	• 단락을 원하는 형태로 요약하거나 번역하기 가능, 영어 -> 한국어, 한국어 -> 영어, 중국어, 일본어 등 50개국 이상
8	검색엔진 최적화 (SEO)	• 필요한 정보 확인 가능, 검색 포털 서비스 정보 동시 검색 가능, GPT-4, GPTs로 검색엔진 최적화 가능
9	새로운 아이디어 탐색	• 상상 이상의 새로운 아이디어 탐색 가능, 사실관계와 무관하게 생각의 범위 확장 가능
10	유튜브 추천 같은 개인화 서비스	• 유튜브 추천, 유튜브 내용 요약, 유튜브 영상 텍스트로 변환, 유튜브 링크내용 요약 및 분석, 유튜브용 영상 시나리오 작성 가능
11	같은 내용을 다른 어조로 변환	• 예, 전문적 -> 대중적, "손님 마음대로 먹으면 됩니다" -> "고객님의 선택에 따라 자유롭게 메뉴를 골라 드시면 됩니다" • (초등학생, 중학생, 고등학생, 대학생, 교수 등 청자, 독자 지정 가능)
12	엑셀, 워드, 표 해석, 분석 및 시각화	• 예, 동향 요약 가능, 평균 출력 가능, 매출 분석 등 다양한 엑셀 표, 엑셀 내용 분석, 시각화 가능, 어려운 엑셀 함수 활용 가능
13	법령, 규정 등 검색	• 법령, 규정 등 전문 지식 검색 및 관련 근거 제시 가능
14	창의적 아이디어 구현	• 브레인스토밍, 사람들에게 대화 유도하기 등, 생성 가능, 상황에 적합한 창의적 아이디어 내용, 여행 안내서, 지원서, 추천서, 일기 등
15	그림 그리기(다양한 스타일의 그림)	• GPT-4 DALL.E3, Bing Image Creator, Stable Diffusion, Midjourney 등
16	이미지 인식 및 이미지 내용 분석	• 이미지 인식, 이미지 속 장면 이해, 이미지 속 내용 요약, 이미지 속 내용 분석
17	개인 코칭, 상담, 멘토링 챗봇 만들기	• ChatGPT 프롬프트 활용 가능, GPTs 활용 Customize GPT로 나만의 상담, 개인 코칭 챗봇 만들기 가능
18	마인드맵, 다이어그램 그리기	• GPT-4, AI Diagram으로 마인드맵 그리기, Plugin "Whimsical" 등 이용 Flowchart and Mind Map 가능
19	수업계획 세우기, 단계별 교육 코치	• 교사/교수 수업 계획 세우기, 수업 주제와 학생들의 수준에 맞는 단계별 교육 코치, 학습 목표 달성 방법 가이드

No	활용 가능한 것	내 용
20	PPT 자동 작성하기	• ChatGPT를 사용해 파워포인트 자동 작성하기, 감마(Gamma)를 활용해 PPT 빠르게 만들기, Napkin.ai로 시각적 자료 만들기
21~30	GPT-4o 특징 및 가능한 것	• 한국어 등 50개 언어 실시간 통역 가능 • 스마트폰 두개에 두 AI가 서로 대화 가능 • 인간 수준으로 실시간 '보고 듣고 말하기' 가능, 실시간으로 이미지 보여주면서 대화할 수 있음 • 사람의 감정, 사람의 느낌을 이해하며 대화가 가능(표정·말투로 기분 즉각 알아채고 대화 가능) • 핸드폰 앱이나 데스크탑 앱 등을 통해 카메라에서 보이는 영상들에 대해서 바로 실시간으로 상황 파악을 하면서 그것에 대해서 대화를 할 수 있음 • GPT-4o가 말하는 동안 인터럽트(Interrupt) 가능 • 수학문제를 같이 보면서 풀 수 있음. (풀이 방법 쉽게 설명) • 아이들 교육 튜터링(Tutoring)도 해줄 수 있음. (친절하고 똑똑한 가정교사 역할을 할 수 있음) • 컴퓨터 프로그램 코드를 보고 말로 설명할 수 있음 • 실시간 작곡도 하고 실시간 즉흥적인 테마에 대해 노래로 대화할 수 있음(뮤지컬에서 하는 방식 표현 가능)

지금은 ChatGPT가 앞당긴 인공지능 대중화 시대이다. 전세계는 ChatGPT를 위시한 생성형 AI의 혁신적인 진화에 관심이 집중되고 있고, 산업 및 사회적으로 큰 파급력을 보이며 급속하게 성장하고 있다.

OpenAI는 새로운 인공지능 모델 GPT-4, GPT-4o(Omni), o1-preview, o1-mini, GPT-4o with canvas 등을 출시해 다시 오픈AI에 집중되고 있다. 이 모델들은 사람처럼 보고 듣고 말하며 사용자와 실시간 대화를 할 수 있다. 10여 년 전 개봉한 공상과학(SF) 영화 '허(Her)'에서 묘사한 '인격형 AI'가 현실이 되었다. 이제 정말 인공지능과 친구처럼 대화할 수 있는 시대가 시작된 것이다.

사용자와 실시간으로 대화하는 것은 기본이고, 사용자의 말투와 억양을 분석해 현재의 기분을 파악하고, 이미지를 실시간으로 분석해 수학 문제의 답을 맞힐 수 있다.

인간이 주로 사용하는 텍스트, 시각, 청각 데이터를 종합적으로 분석하고 사람과 같이 영상을 보면서 실시간성으로 대화를 할 수 있다.

최근 OpenAI 및 글로벌 주요 빅테크 컴퓨팅 인프라 기업들이 [그림1]과 같이 데이터 수집, 파운데이션 모델 구축 뿐만 아니라 자사의 AI모델을 기반으로 텍스트, 이미지, 음성 등 다양한 분야를 통합 처리하는 멀티모달 AI를 앞다퉈 선보이고 있다. 이처럼 글로벌 기업을 중심으로 생성형 AI 밸류체인 전체를 아우르는 비즈니스가 전면 부각되고 있다. 우리나라 기업도 빠르게 변화하는 AI 시장에서 보다 유연하게 대응하며 새로운 수요 및 비즈니스 모델을 창출할 수 있도록 노력해야 한다.

[그림1] 생성형 AI의 밸류체인 및 창작 영역에서의 생성형 AI 활용성

*출처: 삼정 KPMG 경제 연구원(2024.05)

ChatGPT는 [표2]와 같이 다양한 분야에서 활용이 가능하기 때문에 향후 ChatGPT가 비즈니스적 환경부터 사회적 환경까지 다방면으로 큰 영향을 미칠 것은 분명하며, 주요 변화에 따른 대응책을 마련하는 것이 필요하다.

[표2] ChatGPT를 활용해 기업의 업무 효율을 높일 수 있는 분야

비즈니스 분야	업무효율을 높일 수 있는 것
고객 서비스	• ChatGPT는 고객문의에 즉각적이고 정확한 답변을 제공하여 고객서비스를 개선할 수 있음 • 웹사이트나 메시징 플랫폼에 ChatGPT를 통합하여 고객의 질문이나 우려사항에 대한 답변을 할 수 있음 • 고객 피드백 요약 및 분석 • 실시간 고객 지원 서비스 제공
영업 * 마케팅	• ChatGPT는 제품 추천을 개인화하고, 제품과 서비스에 대한 질문에 답변함으로서 영업을 개선하는데 활용할 수 있음. 이는 고객 정보에 기반하여 구매결정을 내릴 수 있도록 하고 전환율을 높일 수 있음 • ChatGPT를 사용하여 맞춤형 추천을 제공하고 메시징 플랫폼을 통해 고객과 상호작용 함으로서 마케팅 캠페인을 자동화 할 수 있음. 이것은 고객 참여도와 충성도를 높일 수 있음 • 고객과의 대화 내용을 녹음·텍스트로 바꾼 내용을 요약하고 CRM에 자동 입력 하기 • 고객 관련된 데이터를 넣으면서 각 고객에 맞는 홍보 문자 메시지를 만들기 • 고객 관련된 데이터 + 회사 콘텐츠를 넣으며 고객별 흥미로운 이야기를 찾아 내기 • 고객 연락처가 있는 웹사이트를 크롤링 하는 프로그램을 자연어로 만들어 내기 • 마케팅 및 영업 콘텐츠 (SNS, 기술서 등) 생성 • 상품 및 서비스 사용 가이드북 생성 • 최적화된 영업 방법 추출하여 서비스 향상
연구개발	• ChatGPT를 사용하여 고객데이터와 피드백을 분석하여 추세와 개선사항을 파악할 수 있음, 이는 고객요구를 더 잘 충족시키기 위해 제품과 서비스를 개선하는데 도움이 됨
운영	• 생산 상품 관련 고객 문의사항 해결 • 프로세스 에러, 생산 이상, 상품 결함 등 파악 • 프로세스 자동화를 통해 고객 서비스 향상 • 문서 분석을 통해 구체적인 계약 조건 파악
IT 개발자	• 다른 개발 언어로 쓰여진 라이브러리를 내가 쓰는 개발 언어로 변환하기 • 프로그램 코딩하기(Python, Java, C++, JavaScript, C#, Ruby,Swift등) • 코드를 입력하고 코딩할 내용을 자연어로 명령해서 코드를 수정하고 보완하게 만들기 • 내가 작성한 코드 리뷰를 명령하기 • 발생하는 에러애 대해서 분석을 시켜보기 • (PM을 위해서) 코드를 읽기 쉽게 변환 시키기. 예, SQL 쿼리, 정규식 • 코드를 넣어 주면서 주석을 달라고 하기 • ChatGPT는 프로그래밍에 훌륭한 결과를 도출해주고 있음 • 복잡한 코딩 문제 해결, 신규 코드 생성 • 데이터 테이블 자동 생성 • 머신러닝 모델의 훈련 정확도를 높이기 위해 합성 데이터 생성
법률	• 계약, 특허출원 등 법적 문서 검토 • 대량의 규제 관련 문서들을 검토, 규제변화 추적 • 공공 및 민간 기관 관련 법적 문서 내 질의사항 답변

비즈니스 분야	업무효율을 높일 수 있는 것
인사 및 직원교육	• ChatGPT를 사용하여 회사 정책과 절차에 대한 정보를 제공하고 질문에 답변함으로서 자동화된 교육을 제공할 수 있음 • 인력 채용 시 사용될 면접 질문 생성 • HR 업무 자동화 처리(Ex. 직원 온보딩, 복지, 규정 등 설명)
인력 최적화	• 사내 커뮤니케이션 기능 최적화 • 비즈니스 프레젠테이션 생성 (이메일 발송 자동화, 번역 등) • 온라인 회의 내용, 발표 자료 등 업무요약 • 사내 지식 포털 관련 Q&A 자동화 처리 • 고성능 스캐너, 머신러닝, 문서인식 등으로 회계업무 자동화
업무활용	• 보고서 자료조사: 각종 전문적 지식, 논문 등의 자료 조사 후 결과를 정리 • 사업기획 아이디어: 정책, 사업 등의 계획수립 시 아이디어 도출 등 • 글쓰기, 보도자료, 번역 및 교정: 영어번역이나 교정 등 표현을 자연스럽게 수정 • 엑셀업무 활용: 어려운 엑셀 함수를 간단한 명령어로 생성하여 활용 가능

ChatGPT는 [표3]에서 정리한 것과 같이 교육, 전문 분야, 일상생활 및 공공분야에서도 효율을 높일 수 있다.

[표3] ChatGPT를 활용해 효율을 높일 수 있는 주요 전문 분야

비즈니스 분야	업무효율을 높일 수 있는 것
교육 (학원, 학교, 교육사업, 학생)	• 학생의 수준에 맞는 단계별 문제를 생성해 내기 • 학생들 평가 글을 키워드만으로 생성해 내기 • 커리큘럼을 짜는 것을 브레인스토밍하고 세부 내용을 작성 시키기 • 답을 지정해 주고 다른 풀이 방법을 생성해 내기 • 학생들의 주관식 답을 분석하고 평가 하기 • ChatGPT로 숙제하기 • 합하여 고객의 질문이나 우려사항에 대한 답변을 할 수 있음 • 고객 피드백 요약 및 분석 • 실시간 고객 지원 서비스 제공

창작활동(크리에이터) (블로거, 작곡가)	• 트렌드한 주제를 자동으로 뽑아서 자동으로 블로그 글을 수백개 만들기 (예, 일잘러, 장피엠) • 정리 없이 수집한 흥미로운 주제, 사례, 인사이트를 넣어주며 콘텐츠 주제를 브레인스토밍하기 • 혼자 말하기, 사람들과 대화하는 내용을 녹음하여 텍스트로 변환한 뒤 브레인스토밍에 사용하기 • 불릿 포인트(Bullet Point)에서 세부결과물 만들어 내기 –글, 음악 노트 • 청중이나 독자들의 피드백을 모아서 중요한 내용을 뽑아 내는데 사용하기 • **블로그 및 글쓰기**: 블로그 포스트, 기사, 에세이 등의 글쓰기를 자동화할 수 있음 • **노래가사 및 시작성** : 노래 가사를 자동으로 생성 가능하며, 시적 표현도 가능하여 시 작성을 자동화 할 수 있음 • **소설작성** : 소설을 자동으로 작성할 수 있음, 예를 들어, 이전 작품을 분석하고 비슷한 스타일의 소설을 생성 • **유튜브 스크립트** : 유튜브 비디오에 대한 스크립트를 주제를 주고 작성
연구 (VC, 연구원, 대학원생)	• 나의 핵심 아이디어가 다른 분야에서도 쓰이는지 찾아 보라고 명령하기 • 연관이 없어 보이는 두 주제를 강제로 결합해서 자연스레 이어보게 시키기 • 논문, 기술문서, 보고서, 세미나 녹음 파일 등을 짤라서 입력한 뒤 요약한 내용 보기 • 문서 작성 시에 불릿 포인트(Bullet Point)로 내용을 제공한 뒤 온전한 글을 만들기
일상생활 활용	• **법률자문**: 각종 법률에 대한 질문을 통해 기본적인 답변을 도출 예)전세를 살고 있는데 전세계약 만료 후 계약금을 받지 못했습니다. 어떻게 하나요? • **투자자문**: 부동산, 주식 전망 등에 대한 질문 등 예)테슬라에 투자하려고 하는데 전망은 어떤가요? • **건강상담**: 건강문제에 대한 기본적인 질의 및 응답 예)혈압에 좋은 음식은 무엇인가요? • **심리상담**: 개인의 심리적 상태에 대해서 조언하고 해결책을 제시 예)마음이 불안하고 잠이 오지 않는데 어떻게 해야 하나요? • **진로상담**: 청소년 대학진학 등의 조언 예)경영학과는 어떤 것을 배우는 곳입니까? 경영학과에 진학하려면 어떤 역량이 필요한가요? • **자동차 정비상담**: 자동차 고장시 진단에 관한 상담이 가능 • **영어공부**: ChatGPT를 영어교사처럼 행동하게 하는 명령어 입력 후 대화 및 즉시교정 가능(Talk to ChatGPT)

공공분야 활용	**• 고객서비스** ChatGPT는 시민들에서 고객 서비스를 제공하는 가상 비서로 사용될 수 있음. 시민들이 정부 서비스에 대한 정보를 얻고, 질문에 답하고, 양식과 신청서를 작성하는 데 도움을 줄 수 있음. (가상비서, 챗봇 등 전자정부 서비스 등)
	• 정책 분석 ChatGPT는 정책 문서를 분석하고 잠재적 영향에 대한 인사이트를 제공하는 데 사용할 수 있음. 이를 통해 정책 입안자가 더 많은 정보에 기반한 결정을 내리고 정책의 효과를 개선할 수 있음. (정책 장단점, 시뮬레이션 예측, 부정 예측 및 탐지, 의사결정 지원 등)
	• 대중 참여 ChatGPT는 시민들과 소통하고 정부 정책 및 프로그램에 대한 피드백을 수집하는 데 사용할 수 있음. 또한 시민들의 질문에 답변하고 예정된 이벤트와 이니셔티브에 대한 정보를 제공하는 데에도 사용할 수 있음
	• 데이터 분석 ChatGPT는 대량의 데이터를 분석하고 트렌드와 패턴에 대한 인사이트를 제공하는 데 사용할 수 있음. 이를 통해 정부 기관은 데이터 기반 의사 결정을 내리고 운영 효율성을 개선 할 수 있음
	• 언어 번역 ChatGPT는 문서와 커뮤니케이션을 다른 언어로 번역하는 데 사용할 수 있어 다른 언어를 사용하는 시민이 더 쉽게 접근할 수 있음

전반적으로 ChatGPT는 고객 서비스부터 정책 분석 및 데이터 분석에 이르기까지 다양한 방식으로 공공 부문에 유용한 도구가 될 수 있다. 자연어를 이해하고 적절한 응답을 제공하는 능력은 정부 운영의 효율성과 효과성을 향상시키는 데 도움이 될 수 있다. 다만, 공공 활용 시 프라이버시 및 보안, 편향성과 공정성, 규제 및 법제도 변경에 따른 적시성, 비용, 변화에 대한 저항 등이 문제가 될 수 있다.

또한 'ChatGPT를 잘 활용하는 사람이 활용하지 않는 사람을 대체(代替)' 할 가능성도 점점 높아질 것으로 예상된다.

이미지 생성 인공지능(Text to Image)

ChatGPT가 일으킨 생성형 AI(Generative AI) 열풍이 이미지 생성형 AI로도 확산되고 있다. 몇 년 전부터 개발되고 사용된 프로그램들이지만 최근 ChatGPT 덕분에 사용자들이 늘고 있는 것이다. 문장을 그림으로 전환할 수 있는 인공지능(AI)이 탄생한 것은 디퓨전 모델이라는 새로운 영역이 개척됐기에 가능하다.

생성형 AI에서 이미지 생성형 AI는 학습된 데이터를 기반으로 새로운 이미지를 생성하는 인공지능 기술을 말한다. 이 기술은 기존에 존재하는 이미지 데이터를 학습하여, 학습 데이터와 유사하지만 완전히 새로운 이미지를 자동으로 생성할 수 있는 능력을 가지고 있다. 이미지 생성형 AI는 다양한 방식으로 구현될 수 있으며, 대표적인 기술로는 GAN(Generative Adversarial Networks, 생성적 적대 신경망)과 VAE(Variational Autoencoders, 변이형 오토인코더)가 있다.

이미지 생성형 AI의 주요 활용 분야를 살펴보면 다음과 같다.

- **예술 및 디자인**: 예술 작품 생성, 패션 디자인, 인테리어 디자인 등 창의적인 분야에서 새로운 디자인 아이디어를 제공한다.
- **게임 및 엔터테인먼트**: 게임 캐릭터, 배경, 아이템 등을 자동으로 생성하여 게임 개발 과정을 지원하고, 영화나 애니메이션의 시각적 요소를 생성하는 데 사용된다.
- **데이터 증강**: 실제와 유사한 이미지를 대량으로 생성하여, 기계 학습 모델의 학습 데이터를 증강하는 데 활용된다. 이는 특히 학습 데이터가 부족한 분야에서

유용하다.

- **사진 편집 및 복원**: 기존 사진의 스타일을 변환하거나, 손상된 사진을 복원하고, 사진에 누락된 부분을 채우는 데 사용된다.

이미지 생성형 AI의 작동 원리 크게 두 가지가 있다. 이해를 돕기 위해 각각에 대한 예시를 통해 설명하겠다.

가. 생성적 적대 신경망(GAN)

생성적 적대 신경망(GAN)은 생성자(Generator)와 판별자(Discriminator) 두 개의 신경망이 서로 경쟁하며 학습하는 구조이다. 생성자는 실제와 구분할 수 없는 이미지를 생성하려 하고, 판별자는 생성된 이미지와 실제 이미지를 구분하려 한다. 이 과정에서 생성자는 점점 더 정교한 이미지를 생성하게 된다.

예를 들어 "가상 인물 사진 생성"을 한다면 생성적 적대 신경망(GAN)을 이용해 실존하지 않는 인물의 사진을 생성하는 경우를 생각해본다. GAN은 두 개의 네트워크, 즉 생성자와 판별자로 구성된다.

생성자는 실제 인물 사진과 유사한 새로운 사진을 생성하는 역할을 한다. 처음에는 임의의 이미지를 생성하지만, 학습을 거듭할수록 실제 사진과 구별하기 어려운 이미지를 만들어낸다.

판별자는 주어진 이미지가 실제 인물 사진인지, 생성자가 만든 가짜 사진인지를 구별하는 역할을 한다. 판별자는 점점 더 정확하게 진짜와 가짜를 구별하는 방법을 학습한다.

이 과정에서 생성자와 판별자는 서로 경쟁하며 서로의 성능을 향상시키는데, 이를 통해 생성자는 실제와 구분하기 어려운 매우 현실적인 가상 인물 사진을 생성할 수 있게 된다.

나. 변이형 오토인코더(VAE)

변이형 오토인코더(Variational Autoencoder: VAE)는 인공지능에서 이미지 생성이나 데이터 압축 등에 사용되는 딥러닝 모델 중 하나이다. VAE는 주로 복잡한 데이터를 단순한 형태로 변환하여 쉽게 다룰 수 있도록 하는데, 이를 쉽게 설명하면 다음과 같다.

① **오토인코더(Autoencoder)란?**

오토인코더는 데이터를 입력으로 받아 압축(인코딩)한 후, 다시 원래 데이터로 복원(디코딩)하는 구조이다. 예를 들어, 고해상도 이미지를 저해상도 형태로 압축하고, 다시 그 이미지를 원래의 고해상도로 복원하는 방식이다. 하지만 오토인코더는 입력 데이터의 구조만 학습하고 새로운 데이터를 생성하는 능력은 부족하다.

② **변이형 오토인코더(VAE)의 역할**

VAE는 오토인코더를 발전시킨 형태로, 데이터를 단순히 압축하고 복원하는 것을 넘어서 새로운 데이터를 생성할 수 있는 모델이다. 예를 들어, VAE를 사용하면 기존에 없던 새로운 이미지나 텍스트를 만들어 낼 수 있다.

③ **VAE가 작동하는 방식**

VAE는 입력 데이터를 잠재 공간(Latent Space)이라고 불리는 공간으로 변환한다. 이 잠재 공간에서 데이터의 중요한 특성만을 간단히 표현한다. 예를 들어, 얼굴 이미지 데이터를 VAE에 넣으면 "얼굴의 특징"만을 추출하여 간단히 표현한 잠재 공간을 만든다. 이 잠재 공간의 특징은 마치 얼굴이 위치한 좌표와 같아서, 좌표를 조금씩 변경하면 기존 얼굴과 비슷하면서도 다른 얼굴 이미지를 생성할 수 있다.

VAE는 기존의 오토인코더와 다르게, 이 잠재 공간에서 좌표(특성)가 무작위적이거나 분포를 따르도록 한다. 이를 통해 새로운 데이터를 생성할 때 다양성을 가질 수 있다.

④ **VAE의 활용 예시**

- 이미지 생성: VAE는 새로운 이미지를 생성하는 데 많이 사용된다. 예를 들어, 고양이 사진 데이터로 학습된 VAE는 새로운 고양이 사진을 만들어낼 수 있다.
- 데이터 압축: VAE는 데이터의 중요한 정보만을 담아 압축하므로, 데이터 전송이나 저장 시 효율적으로 사용할 수 있다.

- **데이터 복원**: 손상된 데이터나 결측값이 있는 데이터를 VAE가 복원하여 보다 완전한 데이터로 만들 수 있다.

VAE는 데이터를 단순히 압축하고 복원하는 것에서 나아가, 새로운 데이터를 생성할 수 있는 오토인코더의 변형 모델이다. 이를 통해 이미지 생성, 데이터 복원, 데이터 압축 등 다양한 분야에서 유용하게 활용되고 있다. VAE는 특히 새로운 데이터 생성에 강점을 가지며, 데이터 분포를 학습하여 유사한 데이터를 만들어 내는 능력을 갖추고 있다.

VAE는 이런 방식으로 이미지의 스타일을 변환하는데 사용될 수 있으며, 사용자가 원하는 다양한 스타일의 이미지를 생성할 수 있게 해준다.

GAN과 VAE는 모두 생성형 AI의 일부로, 각각의 방식으로 새로운 이미지를 생성하거나 변환할 수 있는 강력한 기술이다. GAN은 실제와 구분하기 어려운 새로운 이미지를 생성하는 데 뛰어난 능력을 보이며, VAE는 이미지의 스타일 변환과 같은 다양한 응용이 가능하다.

이미지 생성형 AI는 지속적으로 발전하고 있으며, 창의성과 혁신을 요구하는 다양한 분야에서 그 가능성을 탐색하고 있다.

이미지 생성형 AI는 ChatGPT처럼 프롬프트라는 입력창에 텍스트를 적으면 이미지 결과물을 생성해주는 AI 모델이다.

이 외에도 빙 이미지 크리에이터(Bing Image Creator), 딥 드림 제너레이터(Deep Dream Generator), 미드저니(Mid Journey) 크레용(Craiyon), 나이트카페(Night Cafe), 웜보 드림(Wombo Dream), 아트브리더(Artbreeder) 등이 있다. 이 프로그램들로 생성한 그림은 각종 미술대회에서 수상작으로 선정되는 등의 놀라움을 보여주고 있다. 뿐만 아니라 이 프로그램들을 활용해 비즈니스 모델을 개발하고 상용화하는 사례도 나오고 있다.

텍스트가 이미지가 되기 위해서는 '디퓨전 모델(Diffusion Model)'이 어떻게 적용되어 그림을 생성하는지 그리고 앞으로 3D나 4D 등의 영상까지 제작되는데 그 끝은 어디까지일지 궁금하다.

다. 디퓨전 모델(Diffusion Model)

디퓨전 모델은 데이터를 만들어내는 Deep Generative Model 중 하나로, 데이터

(Data)로부터 노이즈(Noise)를 조금씩 더해가면서 데이터를 완전한 노이즈로 만드는 퍼워드 프로세스(Forward Process or Diffusion Process)와 이와 반대로 노이즈로부터 조금씩 복원해가면서 데이터를 만들어내는 리버스 프로세스(Reverse Process)를 활용한다. DALL-E나 엑사원이 도입한 디퓨전 모델은 보다 진일보했다는 평가를 받고 있다. 디퓨전이란 초점이 흐리다는 뜻으로 노이즈를 연속해서 학습시킨 뒤 이를 역으로 적용하는 방식이다. 마치 초고해상도 사진을 백지가 될 때까지 문질러, 다시 이를 반대로 백지에서 초고해상도 사진으로 바꾸는 작업과 유사하다고 할 수 있다.

예를 들어 '그랜드캐년에 있는 서부의 총잡이'라는 문장을 입력하면 이를 텍스트 인코더가 받아들여 이를 컴퓨터가 이해할 수 있도록 숫자로 전환하는 작업인 텍스트 임베딩을 거친다. 이후 디코더 모델이 그랜드캐년과 서부의 총잡이에 해당하는 각각의 이미지를 학습한 것을 토대로 그려낸다.

GAN은 지금껏 무수히 많은 컴퓨터 비전에서 사용되고 있기 때문에 표현이 제한적일 수 있는데, 디퓨전 모델은 백지 상태에서 그림을 그리기 때문에 매우 다양한 그림을 그릴 수 있다는 평가를 받고 있다.

디퓨전 모델은 현재 이미지(Image) 쪽에서는 가장 잘 작동하는 제너레이티브 모델(Generative Model) 중 하나이기 때문에 기본으로 알아놓으면 이미지 생성이나 이미지 생성에 관련된 연구를 할 때 아주 유용할 것 같다.

이미지생성 인공지능 서비스를 제공하는 주요 회사들을 살펴보면 다음과 같다.

① **달리(DALL-E)**

달리는 오픈AI에서 개발한 이미지 생성형 AI로 높은 해상도와 사실적이고 세밀한 이미지 생성이 특징이다.

사용법은 비교적 간단하다. 오픈AI(https://openai.com/) 사이트에서 GPT-4 유료 버전을 구독하면 사용이 가능하다. 로그인 한 후 프롬프트에 원하는 내용을 입력하면 된다. 내용을 입력할 때는 단어의 나열보다는 상상한 이미지를 구체적으로 설명하면 더 품질 좋은 이미지를 얻을 수 있다. 사용자가 "달에서 서핑하는 아바타"와 같이 상상력을 자극하는 설명을 입력하면, 달리는 해당 설명에 부합하는 이미지를 생성해낸다. 이 과정에서 달리는 텍스트의 의미를 해석하고, 관련된 시각적 요소를 조합하여 새로운 이미지를 창조한다.

달리의 주요 특징은 다음과 같다.

- **고품질 이미지 생성**: 달리는 높은 해상도의 이미지를 생성할 수 있으며, 디테일과 색상 표현이 뛰어나 사용자가 요구하는 시각적 내용을 정확하게 반영할 수 있다.
- **창의적인 이미지 생성**: 사용자가 입력하는 다양한 텍스트 설명에 대해 창의적이고 혁신적인 방식으로 이미지를 생성한다. 이는 기존에 존재하지 않는 장면이나 개념도 포함된다.
- **텍스트 이해 능력**: 자연어 처리 기술을 기반으로 텍스트에서 복잡한 개념과 관계를 이해하고, 이를 시각적 이미지로 변환할 수 있는 능력을 가지고 있다.

달리과 같은 생성형 AI 기술은 예술, 디자인, 광고 등 다양한 분야에서 창의적인 아이디어 구현과 시각적 콘텐츠 생성에 활용될 잠재력을 가지고 있다. 또한 문장을 입력하는 것만으로 이미지를 편집할 수 있다는 점은 이미지 생성형 AI 활용의 무한한 확장성을 시사한다.

아래 이미지는 저자가 직접 프롬프트를 입력하여 생성한 이미지이다.

*출처 ChatGPT, JK Jung 생성, Seed No: 520774844

*프롬프트: 빈 공간에 "한국에 오신 것을 환영합니다"라는 문자, 한국 전통 건물

*출처 ChatGPT, JK Jung 생성, Seed No: 993506863

*프롬프트: 스타벅스 커피 마시는 얼굴이 예쁜 한국 여성

*출처 ChatGPT, JK Jung 생성, Seed No: 1031741176

② 미드저니(Midjourney)

미드저니는 미국 항공우주국(NASA) 엔지니어 출신인 데이비드 홀츠가 개발한 'AI 화가' 프로그램이다.

인공지능 이미지 생성 서비스인 '미드저니(Midjourney)'가 2022년 7월에 서비스를

시작해 사용자 수 5000만명을 돌파하며 빠른 속도로 확산되고 있다. 어느 시간에 접속하든 평균 300만명 이상의 사용자들이 이 서비스를 동시에 사용하고 있다.

미드저니는 상용 SNS 서비스인 디스코드(Discord)를 이용해 로그인 만으로 비교적 쉽게 사용하여 이미지를 생성하는 매우 특이한 방식을 사용한다.

프로그램 접속 후 프롬프트에 '/imagine'이라는 명령어를 넣고 원하는 문장이나 단어 등을 입력하면 이미지를 생성해준다. 특히 참조 이미지 주소(URL)를 넣어 좀더 자신의 스타일에 맞게 이미지를 만들 수 있으며, 이미지 비율이나 해상도도 조절할 수 있다.

미드저니의 이러한 인기는 상당 부분 범용성에서 온다. 미드저니는 키워드만 잘 입력하면 분야에 크게 구애 받지 않고 바로 사용할 수 있는 수준의 결과물을 내놓는 것이 장점이다. 서비스 가입 시 기본으로 주어지는 25장의 무료 생성권을 다 사용하면 속절없이 최소 10달러부터 시작하는 월간 회원권을 유료 결제를 해야 함에도 이용자가 빠르게 증가한 이유다.

월간 유료 회원권 가격은 10달러(Basic Plan: 200분), 30달러(Standard Plan: 900분), 80달러(Pro Plan:1800분), 120달러(Mega Plan: 3600분)이다.

*출처: 미드저니(Midjourney)

*미드저니(Midjourney), JK Jung 생성

대부분 위에서 소개된 이미지 생성 프로그램들은 프롬프트에 영어로 입력하는 것이 기본이기 때문에 ChatGPT 영어 번역, 구글 번역, 파파고 등을 활용해도 충분히 원하는 이미지를 얻을 수 있다.

③ **딥 드림 제너레이터**(Deep Dream Generator)

딥 드림 제너레이터는 2015년 구글이 개발한 딥러닝 기반의 이미지 생성 프로그램이다. 영화 인셉션에서 영감을 받아 개발했다는 프로그램으로 결과 이미지가 미술 작품의 느낌을 주는 것이 특징이다.

사용법은 크게 다르지 않다. 회원가입(페이스북, 구글 로그인 가능) 후 프롬프트에 원하는 문장을 입력하면 된다. 무료는 아니지만 첫 가입 시 100포인트를 주며, 한 번 이미지를 생성할 때마다 포인트가 감소한다. 설정에 따라 감소하는 포인트는 다르다.

딥 드림 제너레이터는 문장 입력 외에도 AI 모델, 종횡비, 품질, 네거티브 프롬프트, 얼굴 보정 등을 선택할 수 있다.

AI 모델에서는 퓨전, 예술적, 판타지, 포토리얼, 안정적인 이미지 가운데 원하는 스타일을 선택할 수 있고, 비율에서는 사각형, 풍경, 초상화 비율 중 하나를, 품질은 일반 품질과 고품질 중 하나를 선택할 수 있다. 네거티브 프롬프트는 결과 이미지에서 보고 싶지 않은 부분을 미리 빼는 설정으로 자동, 미설정, 직접 입력 중 하나를 선택하면 된다. 이 외 얼굴 보정 여부와 이미지 파일 크기를 선택할 수 있다.

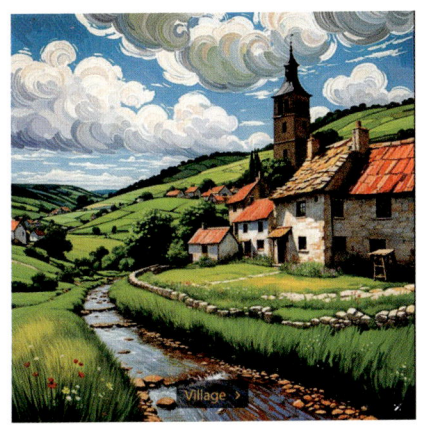

*출처: Deep Dream Generator

④ **스테이블 디퓨전(Stable Diffusion)**

스테이블 디퓨전은 대표적인 딥러닝 기반 이미지 생성형 AI 프로그램으로 독일 뮌헨 대학교 Machine Vision & Learning Group연구실의 "잠재 확산 모델을 이용한 고해상도 이미지 합성 연구"를 기반으로 하여, 스테빌리티 AI(Stability AI)와 런웨이 ML(Runway ML)의 지원을 받아 개발됐다. 스테이블 디퓨전은 다른 웹 프로그램과 달리 자연어 처리 스타트업이 개발한 허깅페이스(Hugging Face)에서 설치 파일을 다운로드 받아 개인 컴퓨터에 설치해야 하는 번거로움이 있다. 하지만 무료이고 오픈소스이기 때문에 누구나 스테이블 디퓨전을 통해 이미지 생성형 AI 프로그램을 만들 수 있다. 다만 허깅페이스의 '스테빌리티 AI' 공간에서는 웹 환경에서 사용해 볼 수 있는 데모 버전(Stable Diffusion Demo)을 제공한다. 사용법은 간단하며 별도의 로그인도 필요 없다. 프롬프트에 원하는 문장을 입력하고 선택 사항으로 네거티브 프롬프트를 입력하면 된다.

스테이블 디퓨전을 사용한 짧은 애니메이션을 제작할 수 있다. 예를 들어 10초짜리 실물 동영상을 각 프레임별로 쪼개서 사진 파일로 바꾸어야 한다. 이 작업은 비디오 편집 소프트웨어를 사용하여 수행할 수 있다. 대표적인 비디오 편집 소프트웨어로는 Adobe Premiere Pro, Final Cut Pro, DaVinci Resolve 등이 있다. 그리고 나서, 각각의 이미지를 스테이블 디퓨전 소프트웨어로 열어서 애니메이션화 작업을 수행해야 한다. 이 작업은 수동으로 한 프레임씩 변경해야 하기 때문에 시간이 많이 소요될 수 있다. 하지만, 일부 프레임을 복제하여 더욱 자연스러운 모션을 만들 수도 있다. 또한, 프레임 수를 줄이거나, 작은 영역에만 애니메이션을 적용하는 등의 방법을 사용하여 작업 시간을 줄일 수도 있다. 이런 방법들을 통해, 수백 장에서 수천 장의 이미지를 애니메이션화 시키는 작업을 더욱 효율적으로 수행할 수 있다. 하지만, 여전히 시간과 노력이 많이 필요하므로, 빠르게 제작하는 사람들은 이미지의 개수를 줄이거나, 더 간단한 애니메이션을 만드는 경우가 많다.

*출처: Stable Diffusion, JK Jung 생성: 190818831

⑤ 구글 이매진(Google Imagen)

구글에서 개발한 텍스트 입력을 기반으로 이미지를 생성할 수 있는 인공지능 프로그램이다. 구글은 '전례 없는 수준의 사실적 묘사와 깊은 수준의 언어 이해' 통해 사실적인 이미지를 생성할 수 있다고 소개 했다. Imagen은 텍스트를 이해하는 대형 변환기 언어모델의 성능을 기반으로 정확도 높은 이미지를 생성하는 확산을 결합한다.

Imagen은 대규모 사전 훈련된 언어 모델과 계단식 확산 모델이 결합하여 깊은 텍스트 이해와 사실적인 이미지 생성이 가능한 것이 Imagen의 장점이다.

*출처: Imagen

⑥ 어도비 파이어플라이(Adobe Firefly)

Adobe Firefly는 현재 베타 테스트 중인 Adobe에서 개발한 새로운 생성형 AI 도구이다. 이 도구는 Photoshop, Illustrator 및 Premiere Pro와 같은 Adobe에서 가장 많이 사용되는 제품에 적용되었다. 또한 Adobe Firefly의 목표는 크리에이티브가 독특하고 흥미로운 콘텐츠를 빠르고 효율적으로 생성하는 것을 더 쉽게 만드는 것이라고 한다. Adobe Firefly도 텍스트 기반 프롬프트에서 고유한 이미지를 생성하는 기능이다. 예를 들어 사용자는 텍스트 기반의 프롬프트를 입력할 수 있으며 Firefly는 해당 프롬프트를 기반으로 이미지를 생성한다. 그런 다음 사용자는 작업하려는 이미지의 일부를 자르고 Photoshop 내에서 계속 편집할 수 있다.

사용자는 자신의 프롬프트를 입력하여 그림을 생성하거나, Adobe에서 제공하는 프롬프트 갤러리에서 선택할 수 있다. 프롬프트가 입력되면 Firefly는 해당 프롬프트를 기반으로 이미지 또는 디자인을 생성한다. 그런 다음 사용자는 작업하려는 생성된 이미지 부분을 클릭하고 선택한 Adobe 애플리케이션 내에서 계속 편집할 수 있다.

Adobe Firefly는 이미지나 동영상 같은 창작물을 빠르고 효율적으로 생성하는 방법을 제공하여 크리에이티브 업무 방식을 혁신할 수 있는 잠재력을 가지고 있다. 손이 많이 가고 시간이 많이 걸리는 콘텐츠 생성 작업을 처리함으로써 크리에이터 들은 창의성과 혁신과 같은 작업의 더 중요한 측면에 집중할 수 있다. Firefly는 또한 마케팅에서 교육에 이르기까지 다양한 산업 분야에서 사용될 가능성이 있다.

*출처: Adobe Firefly, JK Jung 생성

아래 이미지는 저자가 "프롬프트: 이탈리아 베네치아를 수채화 스타일로 그려줘"라고 입력하여 생성한 이미지이다.

*출처: Adobe, JK Jung 생성

음악 생성 인공지능(Text to Music)

오픈AI가 개발한 ChatGPT는 생성형 AI(Generative AI)를 대중에게 각인시켰다. 생성형 AI는 거대한 양의 데이터를 학습해 문장, 이미지, 음악 등 독창적인 창작물을 만들어낸다.

사람처럼 어색함 없는 문장으로 대화하고 이용자의 요구대로 소설, 시, 노래 가사를 창작하거나 곡의 코드를 구성하기도 한다.

생성형 AI인 음악생성 인공지능의 발전으로 음원 시장은 특히 새로운 경쟁의 중심지로 떠오르고 있다. 음악생성 인공지능 기술은 이제 작곡, 작사, 믹싱 등 음악 제작의 모든 과정에서 활용될 정도로 발전했으며, 그 결과물은 인간이 만든 음악과 비교해도 손색이 없을 정도이다.

실제로 음악생성 인공지능으로 작곡한 노래가 독일 대중음악 차트 48위에 오르고, 중국에서는 AI 작곡 콘서트가 개최되는 등 생성형 AI의 창작 활동이 화두가 되고 있다.

생성형 AI인 ChatGPT를 활용하여 가사를 쓰고 SUNO.ai를 활용하여 음악을 생성하는 사례를 들어보겠다.

① 먼저 ChatGPT를 활용해 내가 원하는 음악의 가사를 쓴다.

 You
미술관에서 명화를 감상하다 우연히 만난 여인, 같은 그림에 한참 동안 집중해서 감상하고 있는데 그 여인과 눈이 마주쳐서 가슴이 뭉클해지며 사랑의 감정이 싹트는 느낌이 있는 발라드 스타일의 노래, 기쁨과 사랑과 희망이 느껴지게 가사를 작성해줘.

ChatGPT
이런 아름다운 시나리오를 바탕으로 발라드 스타일의 가사를 작성해보겠습니다. 기쁨, 사랑, 희망이 느껴지는 감성을 담아서 말이죠.

[제목: 미술관에서의 우연한 사랑]

1절:
미술관 조용한 전시실,
한 폭의 그림 앞에 멈춰 선 나.
색채 속에 숨겨진 이야기,
마음 깊이 스며들어 오는데.

사랑스러운 눈빛, 우연히 마주친 그녀,
같은 그림 속에 빠져든 우리.
묵직한 시선이 만들어낸 작은 기적,
가슴 한켠이 따뜻해져 가네.

후렴:
미술관의 작은 사랑,
조용히 피어나는 감정의 색깔.
그녀의 눈빛 속에서,
기쁨과 사랑, 희망을 발견해.

2절:
그림 속의 이야기처럼,
우리 둘 사이에도 이야기가 피어나.
각자의 세계에서 걸어온 길,
같은 캔버스에서 만나다니.

한참을 서로의 눈을 바라보며,
가슴에 새겨진 순간의 온기.
말하지 않아도 알 수 있는,
서로의 마음 속 깊은 떨림.

후렴:
미술관의 작은 사랑,
서로를 향한 미소 속에 녹아드는 마음.
그녀와 나눈 시선 속에서,
기쁨과 사랑, 희망을 그려내.

브릿지:
각자의 길을 걷던 우리,
미술관의 한 순간에 운명처럼 마주쳐.
이제는 그림 속 이야기가 아닌,
우리 둘만의 이야기를 시작해.

마지막 후렴:
미술관의 작은 사랑,
조심스레 속삭이는 우리 둘의 이야기.
이 순간 속에서,
기쁨과 사랑, 희망을 영원히 간직해.

② 다음은 음악을 생성하는 AI Tool인 SUNO.ai에 접속하여 로그인을 한다. 저자는 로그인이 되어 있는 화면이다.

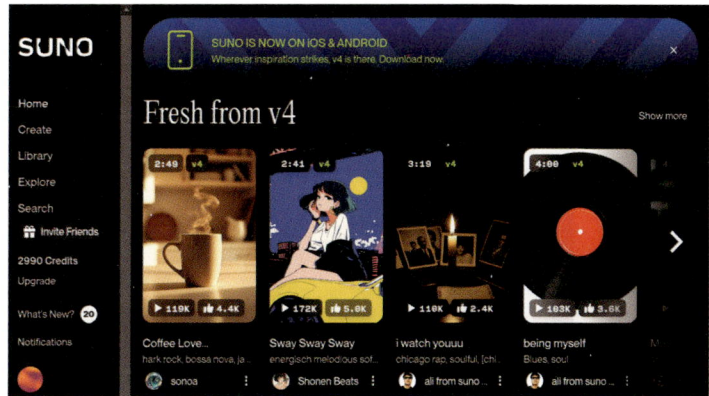

아래의 화면에 표시되어 있는 "Create"를 클릭한다.

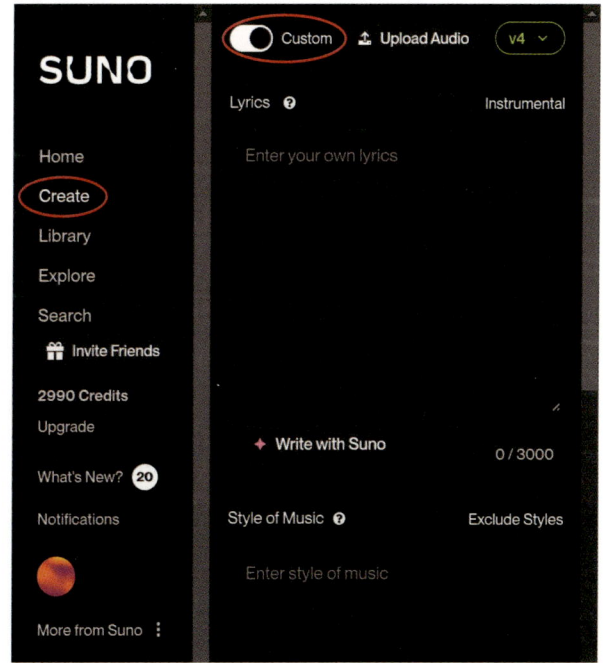

다음은 위와 같은 화면이 나타나면 'Custom"버튼을 클릭하고 ChatGPT에서 가사를 쓴 내용을 복사하여 붙여넣기 한다.

Part 3 생성형 AI란 무엇이고, 무엇이 가능한가 209

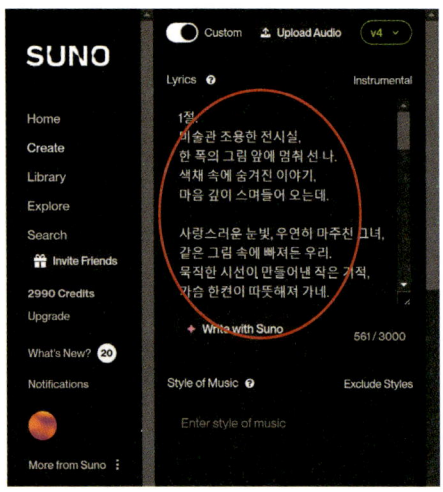

내가 원하는 음악의 스타일 예를 들어, 팝, 록, 랩, 발라드, 트로트 등을 선택하고 "Create"를 클릭하면 자동으로 음악 2곡이 생성된다.

위 화면의 오른쪽은 음악 2곡이 생성된 화면이다. 클릭하면 음악이 재생된다.

위 화면은 저자가 ChatGPT를 활용해서 가사를 쓰고 SUNO.ai를 이용해서 "미술관에서의 우연한 사랑" 이라는 음악을 생성한 것이다. 생성된 음악은 Video로 Download해서 공유할 수 있다.

그림을 그리는 프로그램이 있는 것처럼 작곡 역시도 프로그램을 이용한 작곡이 가능하다. 작곡 프로그램의 UI는 크게 오선보, 시퀀서, 트랙커로 나눌 수 있다.

음악 분야에서 인공지능은 구글의 마젠타(Magenta) 프로젝트, IBM의 왓슨(Watson), 소니의 플로우 머신(Flow machine) 등 IT 분야의 세계적 기업들이 앞장서서 인공지능 음악 작곡가를 만들어내기 위해 활발히 연구하고 있고 지속적인 발전을 하고 있다. 인공지능 작곡 기술을 활용한 다양한 서비스가 출시 되었는데, 몇 가지 파라미터만 결정해주면 완성된 음악을 자동으로 만든다. 하지만 인공지능의 능력이 돋보이는 타 분야와는 달리 음악 분야에서는 아직 인간 작곡가의 복합적인 창작 능력에 미치지 못하고 있어, 영상을 위한 배경음악 같이 특정 목적을 위한 제한된 수준의 음악이 필요한 분야에서만 부분적으로 서비스되고 있는 상황이다. 시간적 예술이라는 특징과 함께, 조금만 어긋나도 음악적이지 못하거나 불쾌하게 들리는 음악의 민감한 특성 때문에 음악 작곡은 인공지능이 완성하기 어려운 분야 중 하나이다.

작곡에는 중요한 세 가지 요소가 있다. 그것은 조성과 화음, 멜로디 이다. 지금까지 사람이 작곡을 하면 먼저 음악이론을 머리에 넣어서 곡의 콘셉을 정하고 곡조를 결정한 후 코드 진행을 만든다. 이때 곡에 위화감을 주지 않도록 자연스러운 코드를 찾는 것이 중요하다. 그 후 마지막으로 그 코드에 멜로디 사운드를 붙이는 흐름으로 작곡을 하는 것이 일반적이다.

AI가 자동으로 작곡하는 경우 만들고 싶은 곡의 조성을 정하고, 대량 곡의 악보를 AI로 로드하여 코드 패턴을 학습 시킨다. 그리고 곡조와 같은 일정한 지침을 소프트웨어로 지시하면 학습한 정보를 바탕으로 작곡을 할 수 있다.

생성형 AI의 하나인 ChatGPT의 확산과 함께 텍스트를 입력하면 그림을 그려주는 인공지능과 텍스트를 입력하면 작곡을 해주는 인공지능에 대한 관심이 커지고 있다.

구글이 텍스트 설명으로 모든 장르의 음악을 생성할 수 있는 인공지능(AI) 모델인 '뮤직LM(MusicLM)'를 개발했다.

*출처: 구글의 뮤직LM

　구글 AI 연구팀은 2023년 1월 텍스트 기반 음악 생성 AI 모델 '뮤직LM (MusicLM)'을 개발했다. 구글은 뮤직LM은 방대한 양의 데이터셋을 바탕으로 높은 완성도의 곡으로 차별화했다. 뮤직LM은 28만 시간 분량의 음악 데이터를 학습했고, 복잡한 글을 입력해도 그에 상당히 어울리는 음악을 만들어 낸다..

　사용자가 만들고 싶은 음악을 문장으로 설명하면, 그대로 음원을 만들어주는 생성 AI '뮤직LM' 기술이다. 하지만 구글 측은 아직 뮤직LM 모델을 상용화 서비스로 제공하진 않고 있다. 연구팀 분석 결과 뮤직LM이 생성한 음악의 1% 정도가 학습 데이터를 직접 복제한 것으로 나타났기 때문이다. 이는 분명히 저작권 침해 소지가 있다고 판단한 것이다. 그래서 구글은 상당한 노력을 기울여 개발한 서비스의 출시를 늦추고 있다. 구글이 공개한 논문에 따르면 뮤직LM은 장르와 악기를 가리지 않고 이용자의 주문에 따라 30초 분량의 음원을 만들어준다. 예를 들어 "플루트, 기타와 함께 차분하고 진정되는 명상 음악"을 주문하면 요청에 맞는 음악이 생성된다. 이처럼 음악을 생성해주는 AI가 나온 것은 이번이 처음은 아니다. '리퓨전(Riffusion)'을 비롯해 구글의 '오디오LM(AudioLM)', 오픈AI의 '쥬크박스(Jukebox)', 메타의 '오디오젠(AudioGen)' 아마존웹서비스(AWS)가 간단한 멜로디를 입력하면 노래를 만들어주는 '딥컴포저'를 등 이미 다양한 모델이 나와있다. 그러나 이들 모델은 모두 기술적 한계와 제한된 학습 데이터로 인해 설득력을 지니지 못했다. 구성이 복잡하거나 충실도가 높은 곡을 제작하는 데는 어려움이 있다.

국내에서는 콘텐츠·플랫폼 기업이 AI를 활용한 작곡에 주목한다. 주 수요는 대중음악보다는 배경음악에 집중되어 있다. 시청자들이 소비하는 콘텐츠가 늘어나면서 저작권료에서 자유로운 배경음악의 수요가 늘었고, AI를 활용하면 사람이 작곡할 때보다 저렴하고 빠르게 음원을 제작할 수 있기 때문이다.

인공지능 기술을 통해 음악 데이터만을 학습시켜 만든 인공지능 작곡 프로그램은 음악 작곡에 대한 교육을 전혀 받지 않은 일반인도 일정 수준 이상의 작곡을 가능하게 한다. 전문 작곡가와 일반인의 작곡 수준은 인공지능 작곡 기술이 발전함에 따라 그 격차가 좁혀질 것이고, 음악 분야에서 창작자와 소비자의 경계가 점차 허물어지며 누구나 지식과 시간의 제약 없이 음악을 작곡할 수 있게 될 것이다. 따라서 인공지능 시대의 전문 작곡가의 역할은 전통적인 작곡가와는 많이 달라질 것으로 보인다. 인공지능 시대의 전문 작곡가의 역할은 인공지능이 기존의 음악 데이터에서 학습할 수 없는, 창의적이고 새로운 음악 데이터를 구축하는 영역에서 전문적 창작 활동을 하는 방식으로 변화할 가능성이 높다. 데이터가 없는 영역에서는 인공지능이 동작할 수 없기 때문에 기존에 없는 창의적인 스타일을 개척하는 분야는 미래에도 여전히 인간 전문 작곡가의 영역일 것이다.

인공지능이 음악을 작곡한다는 현상에 대해 다양한 시선이 존재한다. 한쪽 측면에서는 기계가 생성한 음악은 인간의 작품처럼 창작자의 의도가 담기지 않았기 때문에 진정한 음악이 아니라고 생각해 거부감을 느끼기도 하고, 다른 측면에서는 최근에 갑자기 나타난 신비로운 기술이라는 환상을 갖기도 한다. 하지만 음악의 역사를 살펴보면 오늘날 인공지능 기술을 통해 작곡하는 연구는 오래전부터 음악 분야와 밀접하게 존재해왔다는 것을 알 수 있다.

*출처: JK Jung 생성, Seed No: 1090036551

Part 4

생성형 AI를 활용한 디지털 전환(AX) 혁신 사례(국내)

삼성전자의 '스마트 제조(Smart Manufacturing)와 AI 도입' 혁신 사례

삼성전자의 스마트 제조(Smart Manufacturing)와 AI 도입 사례는 제조업 분야에서 생성형 AI를 활용하여 생산성 향상과 운영 최적화를 이룬 대표적인 사례이다. 삼성전자는 스마트 팩토리(Smart Factory)를 구축하고, AI 기술을 도입하여 제조 공정 전반에 걸쳐 혁신을 이루었다.

① 스마트 팩토리 구축

삼성전자는 스마트 제조 시스템을 통해 공장의 자동화 수준을 대폭 향상시켰습니다. 이를 위해 IoT(사물인터넷)와 **빅데이터, AI** 기술을 결합하여 제조 공정을 실시간으로 모니터링하고 최적화했다. 특히, 생산 과정에서 발생하는 방대한 데이터를 분석하여 공정의 비효율적인 부분을 실시간으로 파악하고, 자동으로 개선 조치를 취할 수 있는 시스템을 구축했다.

예시: 반도체 생산 공정에서 AI 기반 시스템이 각 생산 장비의 데이터를 수집하고, 이를 분석해 이상 징후를 감지한다. AI는 장비의 작동 상태를 실시간으로 분석하여 고장이 발생하기 전에 유지보수를 실행함으로써 생산 공정의 중단을 예방할 수 있다. 이를 통해 삼성전자는 불량률을 줄이고, 생산 장비의 가동률을 높였다.

② 생성형 AI를 활용한 품질 관리

삼성전자는 **AI 기반 품질 관리 시스템**을 도입해 제품의 품질을 향상시켰다. 생산 라인에서 제품의 품질을 검사하는 과정에 AI 알고리즘을 적용하여, 사람이 인식하기 어려운 미세한 결함까지도 자동으로 감지할 수 있게 했다. 이 과정에서 **컴퓨터 비전** 기술이 사용되어 제품의 표면 상태를 분석하고, 품질 이상이 발생한 제품을 빠르게 식별해냈다.

예시: 스마트폰이나 가전제품 생산 라인에서 AI가 카메라와 센서를 통해 제품의 외관을 검사한다. AI는 이미지 데이터를 학습하여 표면의 작은 스크래치나 오염을 감지하고, 결함 있는 제품을 자동으로 걸러낸다. 이를 통해 삼성전자는 제품 불량률을 크게 줄였고, 고객에게 제공되는 제품의 품질을 더욱 높일 수 있었다.

③ AI 기반 예지 보전 시스템

삼성전자는 **AI 기반 예지 보전**(Predictive Maintenance) 시스템을 통해 공정의 효율성을 극대화하고, 공장 가동 중단 시간을 최소화했다. AI가 공정 장비의 작동 데이터를 분석하여 장비의 고장 가능성을 예측하고, 고장 발생 전에 유지보수 작업을 수행할 수 있도록 알림을 제공한다. 이를 통해 생산 라인의 비가동 시간을 줄이고, 장비의 수명을 연장하는 데 기여했다.

예시: 반도체 공장에서 AI 시스템이 설비의 온도, 압력, 진동 등의 데이터를 실시간으로 모니터링한다. 특정 장비에서 이상 패턴이 감지되면 AI가 고장이 발생하기 전에 예방적 조치를 취할 수 있도록 경고를 발생시킨다. 이를 통해 삼성전자는 불필요한 유지보수 비용을 절감하고, 공장의 운영 효율성을 높였다.

④ AI 기반 물류 및 공급망 관리

삼성전자는 **AI를 활용한 물류 및 공급망 관리 시스템**도 구축했다. AI가 공급망에서 발생하는 데이터를 분석하여 수요를 예측하고, 적시에 필요한 부품과 자재를 공급할 수 있도록 지원한다. 이는 공급망 효율성을 극대화하고, 재고 관리 비용을 줄이는 데 기여했다.

예시: AI 시스템은 제품의 판매 데이터를 기반으로 다음 분기 혹은 다음 해의 수요를 예측한다. 이를 통해 부품 공급업체에 적정량의 주문을 자동으로 생성하며, 과잉 재고나 재고 부족을 방지한다. 또한, 물류 경로를 최적화하여 물류비용을 절감하고, 배송 시간을 단축하는 데도 기여했다.

⑤ AI를 활용한 인공지능 로봇 도입

삼성전자는 생산 공정에서 **AI 기반 로봇**을 도입해 자동화를 더욱 강화했다. 로봇은 단순 반복 작업뿐만 아니라, AI를 통해 복잡한 작업도 수행할 수 있도록 훈련되었다. 예를 들어, 조립 공정에서 AI 로봇이 사람보다 더 빠르고 정확하게 부품을 조립할 수 있으며, 사람과 협력하여 작업의 효율성을 극대화할 수 있다.

예시: 삼성전자의 가전제품 생산 라인에서 AI 로봇이 부품을 조립하고, 품질 검사를 동시에 수행한다. 로봇은 AI를 통해 생산 속도를 최적화하고, 조립 과정에서 발생할 수 있는 오류를 최소화한다. 이를 통해 삼성전자는 인건비를 절감하고, 생산 라인의 효율성을 높였다.

⑥ AI를 통한 에너지 효율성 극대화

삼성전자는 공장의 **에너지 관리 시스템**에도 AI를 도입해 에너지 사용을 최적화했다. AI는 공장의 에너지 소비 패턴을 분석하고, 불필요한 에너지 소비를 줄이기 위한 제어 시스템을 제공한다. 이는 에너지 비용 절감과 환경 지속 가능성 측면에서 큰 효과를 발휘했다.

예시: 공장 내 조명, 냉난방 시스템, 생산 장비의 전력 사용 데이터를 AI가 분석하여 필요하지 않은 시간대에는 자동으로 전력을 줄이거나 끄도록 제어한다. 이를 통해 삼성전자는 공장의 에너지 사용을 최적화하고, 연간 에너지 비용을 크게 절감했다.

⑦ AI를 활용한 제품 설계 및 개발 혁신

삼성전자는 **AI 기술을 활용한 제품 설계 및 개발 프로세스**를 통해 신제품 개발 주기를 단축하고, 제품 품질을 개선하고 있다. AI는 제품 설계 시 수많은 변수를 고려하여 최적의 설계안을 도출할 수 있으며, 설계 과정에서 발생할 수 있는 오류를 사전에 방지하는 역할을 하고 있다. 특히, AI는 시뮬레이션 기술과 결합하여 다양한 설계안을 테스트하고, 실제로 제품을 생산하기 전에 최적의 설계를 결정할 수 있도록 지원한다.

예시: 삼성전자는 스마트폰 개발 과정에서 AI를 활용해 새로운 재료와 설계 방안을 시뮬레이션하여 최적의 재료 조합과 설계를 찾아낸다. 이 과정에서 AI는 제품의 내구성, 열 전도성, 전력 소모 등을 종합적으로 분석하여 가장 효율적인 설계안을 제시한다. 이를 통해 삼성전자는 제품 개발 주기를 단축하고, 시장 출시 속도를 크게 높였다.

⑧ AI 기반 고객 수요 예측 및 맞춤형 제품 생산

삼성전자는 **AI 기반 고객 수요 예측 시스템**을 도입하여 고객의 요구에 맞춘 맞춤형 제품 생산을 실현하고 있다. AI는 고객의 구매 데이터를 분석하여 특정 제품의 수요를 예측하고, 그에 맞춰 생산 계획을 조정한다. 이로 인해 과잉 생산이나 재고 문제를 방지하고, 고객의 다양한 요구에 신속하게 대응할 수 있다.

예시: 삼성전자는 AI를 통해 고객의 스마트폰 사용 데이터를 분석하여 어떤 기능이 가장 많이 사용되고 있는지, 어떤 디자인이 선호되는지 파악한 후 그에 맞춰 제품을 맞춤형으로 생산한다. 예를 들어, 특정 시장에서 카메라 기능이 중요한 요소로 평가된다면 해당 시장을 대상으로 카메라 성능을 강화한 제품을 출시하는 식으로 맞춤형 전략을 펼친다.

⑨ AI를 활용한 글로벌 공급망 최적화

삼성전자는 **AI를 활용해 글로벌 공급망 관리**를 혁신했다. AI는 전 세계에서 발생하는 공급망 데이터를 분석하고, 특정 지역에서 발생할 수 있는 문제를 사전에 예측하여 대응할 수 있도록 돕는다. 이를 통해 삼성전자는 공급망의 안정성을 확보하고, 생산 중단이나 배송 지연 같은 문제를 최소화할 수 있었다.

예시: 삼성전자는 AI를 통해 특정 지역의 정치적 상황이나 자연재해와 같은 변수로 인해 공급망이 차질을 빚을 가능성을 미리 파악하고, 이에 대응하기 위한 대안

을 마련한다. 예를 들어, 특정 부품이 특정 지역에서 공급에 차질이 빚어질 경우, AI는 다른 지역에서 대체 공급망을 찾거나 사전에 추가 재고를 확보하도록 조정한다. 이를 통해 삼성전자는 글로벌 공급망의 리스크를 최소화하고, 생산 연속성을 유지하고 있다.

⑩ **AI를 통한 인공지능 로봇의 도입과 인간 협업**

삼성전자는 **AI 로봇을 생산 공정에 도입**하여 인간과 로봇의 협업을 강화하고 있다. AI 로봇은 반복적이거나 위험한 작업을 대신 수행할 수 있으며, 이를 통해 직원들의 안전을 보장하고 작업 효율성을 높일 수 있다. AI는 또한 로봇과 인간의 협업 과정에서 발생하는 데이터를 분석해 최적의 작업 흐름을 제안하고, 이를 통해 생산성 향상과 오류 감소를 실현한다.

예시: 삼성전자는 공장 내 조립 작업에서 AI 로봇을 활용해 정확성과 속도를 높였다. 특히, 무거운 부품을 조립하는 작업이나 고온의 환경에서 이루어지는 작업은 로봇이 대신 수행하여 인간의 위험 노출을 줄이고 있다. 또한 AI 로봇은 자율학습 기능을 통해 스스로 작업 속도를 최적화하며, 이를 통해 생산 공정의 자동화를 가속화하고 있다.

정리하면, 삼성전자의 스마트 제조와 AI 도입은 제조업 혁신의 대표적인 성공 사례로, 생산 공정 전반에 걸쳐 **효율성**과 **품질 관리**를 혁신적으로 향상시켰다. AI는 공장 자동화 수준을 높이고, 불량률을 줄이며, 운영 비용을 절감하는 데 중요한 역할을 했다. 특히, **생성형 AI**는 삼성전자의 생산성 향상뿐만 아니라 글로벌 경쟁력을 강화하는 데 중요한 역할을 하고 있으며, 이는 향후 더욱 많은 산업 분야에서 AI 기술이 도입될 가능성을 시사한다.

이러한 사례는 다른 기업들이 AI를 활용해 디지털 전환을 성공적으로 수행하고, 글로벌 시장에서 경쟁 우위를 확보하는 데 중요한 교훈을 제공한다.

SAMSUNG 삼성전자

*출처: 삼성전자

카카오의 '디지털 플랫폼' 혁신 사례

카카오의 디지털 플랫폼 혁신 사례는 생성형 AI를 활용한 디지털 혁신의 대표적인 사례 중 하나로, 카카오는 자사의 플랫폼을 지속적으로 발전시키고 사용자 경험을 극대화하기 위해 AI 기술을 적극적으로 도입해 왔다. 특히, **카카오톡**, **카카오페이**, **카카오모빌리티** 등 다양한 서비스에서 AI를 적용하여 효율성과 편의성을 극대화하고 있다.

① **카카오톡: AI 챗봇 도입**

카카오의 대표적인 메신저 서비스인 **카카오톡**에서는 **AI 챗봇**을 도입해 고객 서비스와 비즈니스 운영을 혁신했다. 카카오는 AI 챗봇을 통해 기업들이 고객과 소통할 수 있는 플랫폼을 제공하고 있으며, 이를 통해 고객 응대 속도를 개선하고, 대규모 고객 데이터를 기반으로 맞춤형 서비스를 제공할 수 있다. **카카오 i**라는 이름의 AI 플랫폼이 다양한 AI 서비스를 제공하며, 이 기술은 고객 문의에 실시간으로 대응하고, 반복적인 업무를 자동화하여 운영 효율성을 크게 높였다.

예시: 많은 기업들이 카카오톡 챗봇을 도입하여 고객 문의 응대를 자동화했다. 예를 들어, e커머스 업체들은 상품 조회, 배송 정보 확인, 반품 신청 등 고객들이 자주 묻는 질문을 AI 챗봇을 통해 처리하고 있으며, 이를 통해 고객들은 빠르게 필요한 정보를 얻을 수 있고, 기업은 고객 서비스를 효율적으로 운영할 수 있게 되었다.

② 카카오페이: AI기반의 보안 시스템

카카오페이는 카카오의 금융 서비스 플랫폼으로, AI 기술을 기반으로 금융 서비스를 혁신했다. 카카오페이는 사용자에게 더 빠르고 안전한 결제 환경을 제공하기 위해 **AI 기반의 보안 시스템**을 도입하여 금융 거래의 안정성을 확보했다. AI는 금융 데이터 분석을 통해 이상 거래를 실시간으로 감지하고, 사용자의 금융 거래 패턴을 학습하여 비정상적인 활동이 있을 경우 즉각적으로 대응할 수 있도록 한다.

예시: 카카오페이는 AI를 통해 사용자의 결제 패턴을 분석하여 부정 결제 시도를 사전에 차단한다. 예를 들어, 사용자가 평소와 다른 지역에서 큰 금액을 결제하려고 할 경우 AI는 이를 비정상 활동으로 감지하고 사용자에게 알림을 보내 결제를 일시적으로 중단할 수 있도록 지원한다. 이러한 AI 기반 보안 시스템은 사용자의 금융 안전성을 강화하고, 신뢰할 수 있는 결제 환경을 제공한다.

③ 카카오모빌리티: AI 기반 모빌리티 서비스 제공 플랫폼

카카오모빌리티는 택시 호출, 내비게이션, 대리운전 등의 모빌리티 서비스를 제공하는 플랫폼으로, AI 기술을 활용해 사용자에게 최적의 교통 솔루션을 제공하고 있다. 카카오는 **AI 알고리즘**을 통해 실시간으로 도로 교통 정보를 분석하고, 최적의 경로를 제시함으로써 사용자들이 빠르고 안전하게 목적지에 도달할 수 있도록 돕고 있다.

예시: 카카오 T 택시는 AI를 통해 사용자가 원하는 시간과 장소에 가장 적합한 택시를 빠르게 배차할 수 있도록 시스템을 구축했다. AI는 사용자의 위치, 택시 운행 상황, 도로 혼잡도 등을 실시간으로 분석해 최적의 경로를 선택하고, 배차 시간을 단축시키는 데 기여한다. 이로 인해 사용자는 더 빠르고 편리하게 택시를 이용할 수 있으며, 택시 기사의 효율적인 운행 또한 가능해졌다.

④ 카카오 AI 랩: 생성형 AI 연구 및 개발

카카오는 자체 **AI 연구 조직인 카카오 AI 랩**을 통해 생성형 AI 기술을 연구 및 개발하여 플랫폼 전반에 적용하고 있다. 카카오는 생성형 AI를 활용해 텍스트 생성, 음성 인식, 이미지 분석 등의 다양한 기능을 발전시키고 있으며, 이를 통해 사용자 경험을 혁신하고 있다. 특히, 카카오 AI 랩은 자연어 처리 기술을 활용하여 카카오

톡, 카카오페이, 카카오모빌리티 등 다양한 서비스에서 AI 기능을 제공하고 있다.

예시: 카카오는 생성형 AI를 통해 자동으로 고객 응대 문서를 생성하거나, 음성 데이터를 텍스트로 변환하는 기능을 제공한다. 예를 들어, 카카오 i의 음성 인식 기술은 사용자가 카카오톡 음성 메시지를 전송할 때 텍스트로 변환해주는 서비스를 제공하며, 이를 통해 사용자는 메시지를 더 쉽게 관리할 수 있다.

⑤ 카카오: AI 기반 사용자 맞춤형 추천 시스템

카카오는 생성형 AI를 활용하여 **사용자 맞춤형 추천 시스템**을 발전시켰다. 카카오는 사용자 데이터를 기반으로 개인의 취향과 행동 패턴을 분석하여 사용자에게 최적의 콘텐츠와 서비스를 추천한다. 이 추천 시스템은 카카오의 다양한 플랫폼에서 작동하며, 사용자 경험을 크게 향상시키고 있다.

예시: 카카오는 카카오톡, 카카오스토리, 카카오TV 등 다양한 플랫폼에서 AI를 활용한 맞춤형 콘텐츠 추천을 제공한다. 예를 들어, 카카오톡의 **'선물하기'** 기능은 사용자의 선물 구매 패턴을 분석해 적절한 선물을 추천하고, 카카오스토리는 사용자가 자주 보는 콘텐츠를 기반으로 맞춤형 콘텐츠를 추천한다. 이러한 AI 기반 추천 시스템은 사용자들이 더 많은 콘텐츠를 소비하고, 플랫폼에 머무르는 시간을 늘리며, 카카오의 비즈니스 수익을 극대화하는 데 기여하고 있다.

⑥ 카카오: 클라우드 기반 AI 플랫폼

카카오는 **클라우드 기반의 AI 플랫폼**을 구축하여 다양한 기업들과 개인 사용자들이 AI 기술을 활용할 수 있도록 지원하고 있다. 카카오는 생성형 AI를 포함한 다양한 AI 솔루션을 클라우드 서비스로 제공하여, 기업들이 손쉽게 AI 기술을 도입하고 활용할 수 있도록 돕고 있다.

예시: 카카오는 클라우드 플랫폼을 통해 기업들이 AI 챗봇을 자체적으로 도입하고 운영할 수 있도록 지원한다. 예를 들어, 중소기업은 카카오의 클라우드 AI 솔루션을 활용해 별도의 IT 인프라 없이도 고객 문의를 자동으로 처리할 수 있는 AI 챗봇을 구축할 수 있으며, 이를 통해 고객 서비스 효율성을 높일 수 있다.

⑦ 카카오맵: AI 기반 경로 안내 및 실시간 정보 제공

카카오는 **카카오맵**을 통해 AI 기반 경로 안내와 실시간 교통 정보를 제공하는 서비스를 운영하고 있다. AI는 사용자의 현재 위치와 목적지를 바탕으로 최적의 경로를 실시간으로 제안하며, 교통 상황, 공사 구간, 사고 발생 등 변수를 고려하여 경로를 지속적으로 업데이트한다. 이를 통해 사용자는 항상 최신 정보를 바탕으로 빠르고 안전하게 목적지에 도착할 수 있다.

예시: 사용자가 출근길에 카카오맵을 사용해 경로를 설정하면, AI는 현재 도로 상황을 분석하여 가장 빠른 경로를 추천한다. 도중에 사고나 도로 공사가 발생하면 AI는 이를 감지해 경로를 변경하여 사용자가 우회할 수 있도록 안내한다. 이러한 실시간 AI 경로 안내는 사용자들이 교통 혼잡을 피하고 시간을 절약할 수 있게 해준다.

⑧ 카카오엔터프라이즈: AI를 활용한 기업 솔루션 제공

카카오는 기업을 대상으로 한 AI 솔루션을 제공하는 **카카오엔터프라이즈**를 운영하며, 이를 통해 기업들이 AI 기술을 활용하여 디지털 전환을 효과적으로 추진할 수 있도록 지원한다. 카카오엔터프라이즈는 AI를 기반으로 **클라우드, 빅데이터 분석, 업무 자동화** 솔루션을 제공하며, 기업의 업무 생산성과 효율성을 높이기 위해 다양한 서비스를 제공한다.

예시: 카카오엔터프라이즈는 기업의 고객 서비스를 자동화할 수 있는 AI 챗봇 솔루션을 제공하며, 기업이 더 빠르고 정확하게 고객 문의에 응답할 수 있도록 돕는다. 또한 빅데이터 분석 도구를 통해 기업의 데이터를 AI로 분석해 시장 예측이나 고객 분석을 수행할 수 있는 인사이트를 제공한다. 이를 통해 기업들은 비즈니스 전략을 더 체계적으로 수립하고, 운영 효율성을 극대화할 수 있다.

⑨ 카카오뱅크: AI 기반 비대면 금융 서비스

카카오의 자회사인 **카카오뱅크**는 AI 기술을 금융 서비스에 적극적으로 도입하여 **비대면 금융 서비스**의 선두주자로 자리잡았다. 카카오뱅크는 사용자가 모바일을 통해 손쉽게 금융 서비스를 이용할 수 있도록 다양한 AI 기반 기능을 제공하고 있으며, 이를 통해 금융 서비스의 접근성과 효율성을 크게 향상시켰다. 특히, AI는 고객의 금융 데이터를 분석하여 맞춤형 금융 상품을 추천하고, 대출 심사와 같은 복잡한 금융 절차도 자동화하였다.

예시: 카카오뱅크는 AI를 통해 고객의 신용도와 금융 거래 기록을 분석하여 적절한 대출 한도를 산정하고, 이를 즉시 제공하는 서비스를 운영하고 있다. 사용자는 복잡한 서류 제출이나 방문 없이도 모바일 앱을 통해 몇 분 내로 대출 심사와 승인을 받을 수 있다. 이러한 AI 기반 대출 서비스는 금융 절차의 번거로움을 줄이고, 신속하고 편리한 금융 경험을 제공함으로써 카카오뱅크의 이용자 수를 급격히 증가시켰다.

⑩ 카카오뮤직: AI 기반 음악 추천 서비스

카카오뮤직은 사용자의 음악 청취 데이터를 분석하여 개인의 취향에 맞는 음악을 추천하는 AI 기반 서비스다. AI는 사용자의 음악 청취 패턴, 좋아하는 장르, 아티스트 등을 학습하고, 이를 바탕으로 사용자가 좋아할 만한 음악을 자동으로 추천한다. 이러한 추천 시스템은 사용자가 더 많은 음악을 소비하도록 유도하고, 플랫폼의 사용 시간을 늘리는 데 기여한다.

예시: 사용자가 특정 장르의 음악을 자주 청취하면, 카카오뮤직의 AI는 그와 유사한 아티스트나 앨범을 추천한다. 또한, AI는 사용자가 이전에 들었던 음악과 비슷한 곡을 플레이리스트에 자동으로 추가해 새로운 음악을 발견할 수 있도록 도와준다. 이를 통해 사용자는 개인 맞춤형 음악 경험을 제공받으며, 카카오뮤직의 사용자 충성도가 높아진다.

⑪ 카카오톡, 카카오페이: AI 기반 검색 기능 개선

카카오는 **카카오톡, 카카오페이지** 등의 서비스에서 **AI 기반 검색 기능**을 도입하여 사용자가 더 쉽게 필요한 정보를 찾을 수 있도록 돕고 있다. AI는 사용자의 검색어를 분석하여 가장 관련성이 높은 결과를 제공하며, 특히 사용자의 의도를 학습하여 검색 경험을 개인화한다. 이는 사용자가 원하는 정보를 더 빠르고 정확하게 찾을 수 있도록 지원한다.

예시: 카카오톡에서 사용자는 과거 대화 기록을 쉽게 찾기 위해 AI 검색 기능을 사용할 수 있다. AI는 사용자가 입력한 키워드뿐만 아니라, 대화의 맥락까지 분석하여 더 정확한 결과를 제공한다. 예를 들어, 사용자가 친구와 나눴던 특정 대화를 찾고 싶을 때, AI는 해당 대화가 오고 간 시간, 관련 키워드 등을 분석하여 사용자가 찾고자 하는 내용을 빠르게 제공해준다.

⑫ **카카오: AI 기반 자율 주행 기술 적용**

카카오는 AI를 활용한 **자율주행 기술** 개발에도 주력하고 있다. 카카오는 **카카오모빌리티**와 협력하여 AI 기반 자율주행차 기술을 연구하고 있으며, 이를 통해 교통 혼잡을 줄이고, 더욱 안전한 교통 환경을 조성하고자 한다. 자율주행 기술은 AI가 도로 상황, 교통 신호, 차량의 위치 등을 실시간으로 분석하고, 이를 바탕으로 안전하게 차량을 운행할 수 있는 능력을 제공한다.

예시: 카카오는 자율주행차 실험에서 AI가 실시간으로 도로 상태를 분석해 다른 차량이나 보행자와 충돌하지 않도록 안전하게 운전하는 기술을 시연했다. AI는 차량 주변의 모든 요소를 감지하고 예측하여 최적의 주행 경로를 설정한다. 이를 통해 카카오는 자율주행차 상용화를 목표로 하며, 스마트 모빌리티 환경을 구축하는 데 기여하고 있다.

정리하면, 카카오는 생성형 AI를 활용하여 디지털 플랫폼의 다양한 서비스에서 혁신을 이루었으며, 사용자 경험을 향상시키고, 서비스의 효율성을 극대화했다. 카카오톡 **AI 챗봇, 카카오페이 보안 시스템, 카카오모빌리티의 실시간 경로 안내, 카카오뱅크의 비대면 금융 서비스** 등은 카카오가 AI를 활용해 플랫폼 혁신을 이루는 대표적인 사례들이다. 이러한 사례들은 AI 기술이 사용자 맞춤형 서비스를 제공하고, 플랫폼의 경쟁력을 강화하는 데 중요한 역할을 하고 있음을 보여준다.

카카오는 대한민국의 대표적인 디지털 플랫폼 기업으로서의 위치를 더욱 공고히 하고 있으며, 앞으로도 AI 기술을 통해 다양한 서비스에서의 혁신을 이어갈 것으로 기대된다.

*출처: 카카오

네이버(NAVER)의 '생성형 AI와 클라우드 서비스' 혁신 사례

네이버는 생성형 AI와 클라우드 서비스 혁신을 통해 다양한 분야에서 AI 기술을 선도적으로 적용하고 있다. **네이버 클라우드 플랫폼**과 **클로바 AI**는 네이버의 대표적인 AI 및 클라우드 서비스 혁신 사례로 꼽히며, 이를 통해 네이버는 다양한 산업에서 AI 기반 솔루션을 제공하고 있다.

① **네이버: 네이버 클로바 AI 기반 서비스 플랫폼**

네이버의 **클로바 AI**는 음성 인식, 자연어 처리, 이미지 인식 등 다양한 AI 기술을 포함한 플랫폼으로, 네이버의 여러 서비스에 적용되고 있다. 클로바 AI는 고객 서비스, 콘텐츠 추천, 맞춤형 광고 등에 활용되어 사용자 경험을 향상시키고 있다.

예시: 네이버의 **클로바 AI**는 네이버 검색 서비스에서 사용자의 의도를 파악해 더 정확한 검색 결과를 제공하며, 네이버 뉴스에서는 사용자의 관심사를 분석하여 맞춤형 뉴스 기사를 추천한다. 또한, 클로바 AI는 음성 인식 기술을 통해 **네이버 AI 스피커**와 같은 음성 기반 기기에서도 적용되어, 음성 명령으로 다양한 기능을 수행할 수 있다.

② **네이버 클라우드: AI 기술 활용 솔루션 제공**

네이버 클라우드는 AI 기술을 활용해 기업들이 더 효율적으로 비즈니스를 운영할 수 있도록 지원한다. 네이버 클라우드는 다양한 AI 솔루션과 함께 데이터 분석,

인프라 관리, 보안 서비스를 제공하여 기업들이 자체적으로 AI를 도입하고 활용할 수 있는 환경을 마련하고 있다.

예시: **네이버 클라우드**는 여러 중소기업들이 자체 AI 서비스를 구축할 수 있도록 지원하고 있다. 예를 들어, 한 중소기업은 네이버 클라우드를 활용해 고객 데이터를 분석하고 AI 기반 고객 맞춤형 마케팅 캠페인을 진행하여 매출을 크게 증가시켰다. 네이버 클라우드는 클라우드 상에서 기업이 쉽게 AI 모델을 적용하고 운영할 수 있도록 플랫폼을 제공하고 있다.

③ 네이버: AI 기반 콘텐츠 생성 및 추천

네이버는 **AI 기반 콘텐츠 생성**과 추천 시스템을 통해 사용자에게 더 나은 콘텐츠를 제공하고 있다. 특히 네이버 블로그, 카페 등에서 AI는 사용자 취향을 분석하고, 그에 맞는 게시물이나 광고를 추천하여 사용자의 관심을 끌고 있다.

예시: 네이버의 AI는 사용자가 자주 읽는 블로그 포스트나 카페 글을 분석해 비슷한 주제의 콘텐츠를 추천해준다. 이를 통해 사용자는 자신이 관심 있는 주제에 대한 콘텐츠를 쉽게 찾을 수 있으며, 블로거나 카페 운영자들은 더 많은 트래픽을 유도할 수 있다. 또한, AI는 광고 추천에도 활용되어, 사용자에게 더 맞춤형 광고를 제공하고 있다.

④ 네이버 파파고: AI 기반 번역 서비스 제공

네이버는 AI 기반의 **번역 서비스 파파고**를 통해 글로벌 사용자들에게 서비스를 제공하고 있다. 파파고는 생성형 AI 기술을 활용하여 실시간으로 고품질 번역을 제공하며, 텍스트뿐만 아니라 이미지와 음성도 번역할 수 있는 기능을 제공한다.

예시: **파파고**는 사용자가 외국어로 작성된 문서를 촬영하면, 해당 이미지를 인식하고 AI가 즉시 번역해주는 기능을 제공하고 있다. 또한, 여행 시에 외국어로 된 표지판이나 메뉴판을 번역하여 실시간으로 제공하는 기능을 통해 사용자들이 더 편리하게 외국어 환경을 이해할 수 있게 돕는다. 이 AI 기반 번역 서비스는 전 세계 사용자들에게 큰 인기를 끌고 있다.

⑤ 네이버: AI 기반 자율 주행 기술

　네이버는 AI를 활용해 **자율주행 기술** 개발에도 나서고 있다. 네이버랩스는 자율주행차 연구와 더불어 **로보틱스** 기술에도 AI를 적용하고 있으며, 이를 통해 스마트 모빌리티 환경 구축에 기여하고 있다.

예시: 네이버는 **자율주행차 기술** 연구를 통해 AI가 실시간으로 도로 상황을 분석하고 안전하게 차량을 제어할 수 있는 시스템을 개발 중이다. 또한, 로봇 배송 서비스 등에서 AI 로봇을 도입해 효율적인 물류 시스템을 구축하고 있다. 이 기술은 향후 자율주행차 상용화와 물류 자동화에 중요한 역할을 할 것으로 기대된다.

⑥ 네이버: 클라우드 플랫폼 기반 AI 연구 및 개발

　네이버는 AI 연구자와 기업들이 **클라우드 플랫폼**을 통해 AI 연구와 개발을 할 수 있도록 지원하는 프로그램도 운영 중이다. 이를 통해 연구자들은 고성능 컴퓨팅 자원을 활용하여 더 효율적으로 AI 연구를 진행할 수 있으며, 기업들은 자체 AI 솔루션을 개발하고 테스트할 수 있는 환경을 제공한다.

예시: 네이버는 여러 연구 기관과 협력하여 AI 연구를 위한 **클라우드 플랫폼**을 제공하고 있다. 연구자들은 네이버 클라우드를 활용해 대규모 데이터를 처리하고, AI 모델을 훈련시킬 수 있으며, 이를 통해 AI 연구 성과를 빠르게 도출할 수 있다. 또한, 스타트업들은 네이버 클라우드에서 자사의 AI 모델을 테스트하고 운영할 수 있는 환경을 제공받아 개발 비용을 절감할 수 있다.

⑦ 네이버 스마트 스토어: AI 기반 전자상거래 플랫폼

　네이버는 **스마트 스토어** 플랫폼을 통해 AI 기반 전자상거래 혁신을 추진하고 있다. 이 플랫폼은 중소상공인들이 손쉽게 온라인 쇼핑몰을 개설하고 운영할 수 있도록 지원하며, AI 기술을 활용해 상점 운영과 고객 관리를 자동화할 수 있는 다양한 솔루션을 제공한다. AI는 고객의 구매 패턴을 분석해 맞춤형 상품 추천을 제공하고, 재고 관리와 판매 예측까지도 지원하여 중소상공인들의 판매 성과를 높이고 있다.

예시: 한 소상공인은 네이버 스마트 스토어의 AI 추천 기능을 활용하여 자신의 온라인 매장에서 판매 중인 상품을 구매한 고객에게 유사한 제품을 추천함으로써 매출을 30% 증가시켰다. AI는 고객의 선호도와 구매 이력을 분석해 맞춤형 추천을 제공하며, 이를 통해 고객의 재구매율을 높이고, 이탈율을 줄일 수 있었다.

⑧ 네이버: 네이버 AI 기반 광고 솔루션 '네이버 애드' 운영

네이버는 AI 기술을 활용한 **네이버 애드** 광고 플랫폼을 운영하며, 광고주가 목표 고객을 보다 정교하게 타겟팅할 수 있도록 지원하고 있다. AI는 사용자 행동 데이터를 분석해 광고주가 설정한 목표에 맞는 타겟층을 찾아내고, 최적의 광고 게재 위치와 시점을 제안한다. 이를 통해 광고 효율성을 극대화하고, 광고비용 대비 성과(ROAS)를 개선할 수 있다.

예시: 한 패션 브랜드는 네이버 애드를 통해 AI 기반 타겟팅 광고를 진행했다. AI는 해당 브랜드의 고객층에 맞는 연령대와 관심사를 분석하여, 광고를 효과적으로 노출할 수 있는 시간대와 페이지를 추천했다. 이를 통해 해당 브랜드는 광고 효율성을 높였고, 온라인 매출 또한 크게 증가했다.

⑨ 네이버 파파고: AI 기반 글로벌 실시간 번역 서비스

파파고(Papago)는 네이버의 AI 번역 서비스로, 생성형 AI 기술을 통해 실시간 번역을 제공하며, 전 세계적으로 많은 사용자를 보유하고 있다. 파파고는 특히 텍스트 번역뿐 아니라 음성 인식 및 이미지 인식 기능도 포함하고 있어, 사용자가 외국어로 작성된 문서나 이미지를 촬영하면 이를 즉시 번역해주는 기능을 제공한다. 이 서비스는 여행, 비즈니스, 학습 등 다양한 분야에서 활용되고 있다.

예시: 한 여행자는 파파고 앱을 사용해 외국어로 된 메뉴판을 촬영하자, AI가 이를 즉시 번역해 사용자가 쉽게 메뉴를 선택할 수 있도록 도왔다. 또한, 파파고는 대화를 실시간으로 번역하여 외국인과의 의사소통에 도움을 주며, 이러한 혁신적인 AI 번역 기능 덕분에 사용자들의 높은 평가를 받고 있다.

⑩ 네이버: 클로바 AI를 기반으로 고객 서비스 챗봇 개발

네이버는 **클로바 AI**를 기반으로 고객 서비스 챗봇을 개발하여 여러 서비스에서 자동화된 고객 지원을 제공하고 있다. 이 챗봇은 고객의 질문을 실시간으로 분석하여 빠르게 답변을 제공하며, 상담원과 연결될 필요 없이 단순 문의는 챗봇이 자동으로 처리한다. 또한, 복잡한 문의나 불만사항의 경우에는 AI가 적합한 부서로 고객을 안내해 준다.

예시: 네이버 쇼핑을 이용하는 고객이 제품 환불 절차에 대해 문의하자, 클로바 챗봇은 즉시 환불 절차에 대한 정보를 제공하고, 필요 서류와 절차를 안내해 주었다. 챗봇은 AI를 활용해 고객의 문의 내용을 빠르게 분석하고, 맞춤형 답변을 제공하여 고객 만족도를 높일 수 있었다.

⑪ 네이버 스마트워크: AI 기반 스마트워크 솔루션

네이버는 스마트워크 솔루션을 통해 AI 기술을 업무 환경에 도입하여 업무 효율성을 높이고 있다. 특히 AI 기반 일정 관리, 문서 작성 보조, 회의록 작성 자동화 등 다양한 AI 툴을 제공하여 직원들이 더 생산적으로 일할 수 있도록 지원한다. 이러한 AI 도구는 단순 반복 작업을 자동화하고, 보다 창의적인 업무에 집중할 수 있는 환경을 조성한다.

예시: 네이버는 자사 내부적으로 AI 회의록 작성기를 도입해, 회의 중 AI가 실시간으로 회의 내용을 기록하고 요약본을 제공하도록 하였다. 이를 통해 직원들은 회의 내용을 빠르게 공유할 수 있었고, 회의 후에도 기록을 손쉽게 검토할 수 있어 업무 효율성이 크게 향상되었다. 또한, AI 기반 일정 관리 툴을 통해 일정 조율을 자동화하여 직원들이 일정을 쉽게 관리할 수 있었다.

정리하면, 네이버는 **생성형 AI와 클라우드 서비스**를 활용해 자사의 다양한 서비스에 혁신을 도입하고 있으며, 이러한 기술을 통해 사용자 경험을 향상시키고, 비즈니스 효율성을 극대화하고 있다. **클로바 AI**, **파파고**, **네이버 클라우드**, **네이버 애드** 등 다양한 AI 기반 솔루션들은 네이버가 디지털 플랫폼 시장에서의 경쟁력을 강화하는 데 큰 역할을 하고 있다. AI 기술은 네이버의 지속적인 성장을 이끄는 중요한 동력으로 자리잡

고 있으며, 향후에도 네이버는 AI 기술을 바탕으로 더 많은 혁신을 이뤄낼 것으로 기대된다.

NAVER

*출처: 네이버

LG전자의 '스마트홈과 IoT 솔루션' 혁신 사례

LG전자의 스마트홈과 IoT 솔루션 혁신 사례는 생성형 AI와 IoT(사물인터넷) 기술을 기반으로, 가정 내 다양한 기기들을 연결하고 자동화하는 데 중점을 둔 혁신적인 솔루션이다. LG전자는 **ThinQ 플랫폼**을 통해 AI 기반의 스마트홈 생태계를 구축하고 있으며, 이를 통해 사용자는 가전 제품을 더 효율적이고 편리하게 사용할 수 있다. 또한, IoT 기술을 활용해 가정 내 다양한 기기들을 하나로 연결하고, 사용자의 생활 패턴에 맞춰 자동화된 서비스를 제공한다.

① LG ThinQ 플랫폼을 통한 스마트홈 생태계 구축

LG전자는 LG ThinQ라는 스마트홈 플랫폼을 통해, 가정 내의 다양한 가전 제품들을 하나의 앱에서 제어하고 관리할 수 있는 생태계를 구축했다. 이 플랫폼은 AI 기반으로 동작하며, 냉장고, 세탁기, TV, 에어컨 등 다양한 기기를 연결해 스마트홈 경험을 제공한다. ThinQ는 음성 인식과 AI 학습 기능을 통해 사용자의 생활 패턴을 분석하고, 그에 맞는 맞춤형 제안을 제공하며, 기기 간의 상호작용을 자동화하여 효율성을 높인다.

예시: LG ThinQ 플랫폼을 통해 사용자는 외출 시 스마트폰을 사용해 집 안의 가전 제품을 원격으로 제어할 수 있다. 예를 들어, 외출 중 에어컨을 켜거나, 세탁기를 돌리는 것이 가능하며, 냉장고에 있는 재료를 확인하고, 필요한 재료를 자동으로 쇼핑 리스트에 추가할 수 있다. 또한, AI는 사용자의 생활 패턴을 학습

해 아침마다 커피 메이커를 자동으로 작동시키거나, 퇴근 시간에 맞춰 에어컨을 켜는 등의 맞춤형 자동화를 제공한다.

② **AI와 IoT를 결합한 스마트 가전 솔루션**

LG전자는 **AI**와 **IoT** 기술을 결합해, 가전 제품들이 사용자의 편의성을 극대화할 수 있도록 설계되었다. IoT는 가전 제품 간의 연결성을 제공하며, AI는 이러한 데이터를 실시간으로 분석하여 사용자가 최적의 방식으로 가전 제품을 사용할 수 있도록 돕는다. 예를 들어, AI가 세탁기의 사용 패턴을 분석해 적절한 세탁 주기를 추천하거나, 냉장고가 내부의 식품 유통기한을 감지해 사용자에게 알림을 보내는 등의 기능을 제공하고 있다.

예시: LG전자의 **AI 기반 세탁기**는 사용자가 세탁물을 넣으면 AI가 옷감의 종류와 오염도를 감지해 최적의 세탁 코스를 자동으로 설정한다. 또한, IoT 기능을 통해 세탁기와 건조기가 연결되어, 세탁이 끝나면 자동으로 건조기로 전환되어 사용자가 별도의 조작 없이도 세탁과 건조가 완벽히 이루어진다. 이러한 AI와 IoT 기술의 결합은 사용자의 편의성을 높이고, 가전 제품의 효율적인 운영을 지원한다.

③ **에너지 절약과 효율성을 위한 스마트홈 솔루션**

LG전자는 **에너지 절약**을 위한 스마트홈 솔루션에도 AI와 IoT를 적극 활용하고 있다. 스마트홈 솔루션은 가정 내 전력 소비량을 실시간으로 모니터링하고, 불필요한 에너지 사용을 줄이기 위한 최적의 제어 방안을 제안한다. 이를 통해 사용자는 전력 소비를 줄이고, 환경 친화적인 생활을 할 수 있다. LG전자의 스마트 가전 제품들은 에너지 효율성을 최우선으로 하여 설계되었으며, IoT를 통해 실시간 모니터링과 제어가 가능하다.

예시: **LG전자의 AI 기반 에어컨**은 사용자의 생활 패턴을 학습해, 실내 온도를 자동으로 조절하여 에너지를 절약할 수 있는 최적의 조건을 유지한다. 만약 사용자가 방을 비운 상태라면, 에어컨이 자동으로 절전 모드로 전환되며, 사용자가 돌아오면 다시 적정 온도로 설정된다. 또한, IoT를 통해 실시간으로 에어컨의

전력 소비를 확인하고, 사용자가 목표로 설정한 전력 소비량을 초과하지 않도록 자동으로 제어된다.

④ 맞춤형 헬스케어 서비스 제공

LG전자는 AI와 IoT를 결합한 **헬스케어 서비스**도 제공하고 있다. LG의 스마트홈 솔루션은 사용자 건강을 모니터링하고, 실내 공기질을 개선하거나, 건강 관리와 관련된 맞춤형 제안을 제공할 수 있다. 이를 통해 사용자는 보다 건강한 생활을 할 수 있으며, 가전 제품을 통해 자신의 건강 상태를 관리할 수 있다.

예시: **LG의 공기청정기**는 실내 공기질을 실시간으로 감지하여, 미세먼지 농도가 높아지면 자동으로 공기 정화를 시작한다. AI는 사용자의 건강 상태와 선호도를 학습해, 알레르기나 호흡기 질환이 있는 사용자를 위해 최적의 공기 청정 모드를 자동으로 설정해 준다. 또한, IoT 기술을 통해 스마트폰에서 실시간으로 공기질 상태를 확인할 수 있으며, 원격으로 공기청정기를 작동시킬 수 있다.

⑤ AI 로봇 클로이(CLOi)

LG전자는 AI 로봇 클로이(CLOi)를 통해 스마트홈의 새로운 차원을 제시하고 있다. 클로이는 로봇 내부에 탑재된 센서가 전방의 장애물과 공간 인지, 위치를 정확하게 파악하여 자율주행을 한다.

클로이는 가정에서 다양한 역할을 수행할 수 있는 AI 로봇으로, 음성 인식과 AI 기술을 활용해 사용자의 명령을 수행하고, 스마트홈 기기들을 제어하는 허브 역할을 한다. 또한, 클로이는 사용자의 생활 패턴을 분석해 적절한 서비스를 제공하며, 가족 구성원 간의 소통을 돕는 등 다양한 기능을 제공하고 있다.

예시: **클로이 AI 로봇**은 사용자가 "아침에 커피를 준비해 줘"라고 말하면, AI가 사용자의 일정을 확인하고 아침에 맞춰 커피 머신을 자동으로 작동시킨다. 또한, 클로이는 사용자와 대화를 통해 날씨 정보를 제공하거나, 집안의 IoT 기기들을 제어하는 허브로서의 역할도 수행한다. 클로이는 어린이와 노인들을 위해 음성 기반의 간단한 게임과 대화를 제공하며, 가정 내에서 다양한 맞춤형 AI 서비스를 제공한다.

⑥ 미래 스마트홈과 스마트 시티 솔루션

LG전자는 앞으로도 **AI**와 **IoT** 기술을 결합한 혁신적인 솔루션 개발에 집중하고 있으며, **미래 스마트홈**과 **스마트 시티** 솔루션에 대한 연구개발을 지속적으로 확대하고 있다. 특히, LG전자는 가전 제품뿐 아니라 다양한 **스마트 시티 인프라**와 연계된 IoT 기술을 통해, 도시 전체를 스마트하게 관리하고 에너지 효율성을 높이는 방향으로 나아가고 있다.

미래의 스마트홈 솔루션은 더욱 개인화되고, AI가 사용자의 생활 방식을 더 깊이 이해하는 방향으로 발전할 것이다. 또한, AI가 제공하는 데이터 분석 결과를 바탕으로 가정 내 에너지 사용, 건강 관리, 보안 시스템이 통합적으로 관리될 것이다. 이를 통해, AI는 가정에서 발생하는 데이터를 학습하고, 그 데이터를 바탕으로 사용자가 필요로 하는 맞춤형 솔루션을 지속적으로 제공하게 될 것이다.

예시: 향후 LG전자의 AI 기반 스마트홈 솔루션은 가전제품뿐만 아니라 집 전체의 에너지 관리와 보안을 강화하는 방향으로 발전할 것이다. 예를 들어, LG전자의 스마트 도어락과 연계된 AI 보안 시스템은 사용자의 얼굴 인식을 통해 자동으로 문을 열거나 잠그고, 스마트 감시 카메라는 AI를 통해 실시간으로 이상 징후를 감지해 사용자에게 경고를 보내는 방식으로 보안 시스템을 강화할 수 있다.

또한, LG전자는 **스마트 시티**와 같은 더 큰 규모의 IoT 네트워크 구축에 주력하고 있으며, 이 과정에서 AI를 통해 도시 전체의 에너지 소비와 교통 관리 등을 자동화하는 스마트 시티 솔루션을 개발하고 있다. 이러한 기술들은 도시의 자원 사용 효율성을 극대화하고, 시민의 생활 편의를 크게 향상시킬 수 있다.

예시: **스마트 시티** 프로젝트에서는 AI와 IoT를 통해 도시의 전력 소비, 교통 흐름, 물 공급 등의 인프라가 실시간으로 모니터링되며, 필요한 곳에 자동으로 자원을 배분할 수 있다. 이를 통해, 도시의 전력 사용을 최적화하고, 교통 혼잡을 줄이며, 시민의 삶의 질을 향상시키는 것이 가능해진다.

정리하면, LG전자의 **스마트홈** 및 **IoT 솔루션**은 AI와 IoT 기술의 결합을 통해 일상생활에서의 편의성과 효율성을 극대화하고 있으며, 미래의 스마트홈 및 스마트 시티 솔루션을 선도하는 데 중요한 역할을 하고 있다. **LG ThinQ** 플랫폼을 통해 AI 기반의 개인화된 경험을 제공하고, 다양한 가전제품과 IoT 기기를 연결하여 스마트한 생활 환경을 구축해 나가고 있다. 향후 LG전자는 AI 및 IoT 기술을 더욱 발전시켜, 에너지 관리, 건강 관리, 보안 등 다양한 분야에서 혁신을 이어나갈 것으로 기대된다.

생성형 AI와 **IoT** 기술을 기반으로 한 LG전자의 혁신적인 솔루션들은 소비자들에게 보다 나은 생활 환경을 제공할 뿐만 아니라, 기업이 **스마트홈 시장**에서 경쟁력을 갖추는 데 중요한 요소로 작용하고 있다. LG전자의 지속적인 연구개발과 기술 혁신은 앞으로도 전 세계 가전 시장과 스마트 시티 시장에서 주요한 변화를 이끌어낼 것으로 전망된다.

*출처: LG전자

현대자동차의 '자율주행과 전기차' 혁신 사례

현대자동차의 자율주행 및 전기차 혁신 사례는 생성형 AI와 최첨단 기술을 활용해 자동차 산업을 선도하는 대표적인 사례 중 하나이다. 현대자동차는 자율주행 기술과 전기차 기술을 결합하여, 미래 모빌리티 혁신을 이끌고 있다. AI 기술을 기반으로 자율주행 차량의 안전성과 편의성을 높이고 있으며, 동시에 친환경적인 전기차 개발을 통해 지속 가능한 미래 자동차 산업을 구축하는 데 앞장서고 있다.

① **자율주행 기술 개발**

현대자동차는 **자율주행 기술** 개발에 많은 투자를 하고 있으며, 이를 통해 자동차의 안전성과 편리성을 극대화하고 있다. AI 기술을 기반으로 한 자율주행 차량은 도로 상황을 실시간으로 분석하고, 교통 신호, 다른 차량, 보행자 등을 감지하여 안전한 주행을 가능하게 한다. 현대자동차는 자율주행 차량의 완전 자율 주행(레벨 4 및 5) 실현을 목표로 하고 있으며, 이를 위해 다양한 센서 기술과 AI 알고리즘을 결합하여 차량이 스스로 주행할 수 있도록 하고 있다.

예시: 현대자동차는 **아이오닉 5** 모델을 통해 자율주행 기능을 선보였다. 이 차량은 고급 운전자 지원 시스템(ADAS)을 탑재하고 있으며, AI를 기반으로 도로의 차량 흐름과 교통 상황을 실시간으로 분석해 자동으로 차선을 유지하고, 일정한 속도로 주행하며, 앞차와의 안전거리를 유지한다. 특히, **고속도로 주행 보조**(HDA) 기능을 통해 운전자의 개입 없이 고속도로에서 자율적으로 주행할 수 있다.

② AI 기반 자율주행 시스템의 안전성 강화

현대자동차는 자율주행 차량의 안전성을 극대화하기 위해 **AI 기반의 자율주행 시스템**을 도입하고 있다. AI는 주변 환경을 인식하고, 실시간으로 데이터를 처리하여 위험 요소를 감지하며, 신속하게 대응할 수 있도록 돕는다. 이러한 기술은 자율주행 차량이 도로에서 발생할 수 있는 다양한 상황에 빠르게 대처하고, 사고를 예방하는 데 큰 역할을 하고 있다.

예시: 현대차는 **라이다(LiDAR)와 레이더** 등의 센서 데이터를 AI가 실시간으로 분석해 도로 위 장애물이나 보행자를 감지하고, 차량이 이를 피할 수 있도록 제어하는 기술을 도입했다. AI는 날씨, 도로 상태 등 여러 변수를 고려해 안전한 주행 경로를 계산하며, 이를 통해 자율주행 차량의 사고 발생 가능성을 크게 줄였다.

③ 전기차(EV) 기술의 아이오닉 시리즈

현대자동차는 **전기차(EV)** 기술의 선두주자로 자리매김하고 있으며, 친환경 차량을 개발하여 지속 가능한 모빌리티를 실현하고 있다. **아이오닉** 시리즈는 현대차의 전기차 혁신을 대표하는 모델로, 최신 전기차 기술과 함께 자율주행 및 스마트 기능을 결합한 미래형 차량이다. 특히, **아이오닉 5**는 전기차 시장에서 큰 호응을 얻고 있으며, 현대차의 전기차 기술력을 전 세계에 알리는 계기가 되었다.

예시: **아이오닉 5**는 AI 기반의 배터리 관리 시스템을 탑재해, 운전 패턴에 따라 배터리 성능을 최적화한다. AI는 사용자가 주행하는 경로, 날씨, 교통 상황 등을 실시간으로 분석하여 전력 소모를 줄이고, 효율적인 에너지 사용을 지원한다. 또한, 이 차량은 초고속 충전 시스템을 갖추고 있어, 18분 만에 배터리를 80%까지 충전할 수 있습니다. 이러한 기술 혁신은 전기차의 편리성과 사용성을 크게 높였다.

④ V2G(Vehicle-to-Grid) 기술 도입

현대자동차는 전기차 기술과 함께 **V2G(Vehicle-to-Grid)** 기술을 도입하여, 전기차가 단순한 운송 수단을 넘어 에너지 관리의 중요한 요소로 작용하도록 하고 있다.

V2G 기술은 전기차가 충전된 전력을 다시 전력망에 공급하는 기술로, 이를 통해 에너지 효율성을 극대화하고, 지속 가능한 에너지 생태계를 구축할 수 있다. V2G에 대해서 좀 더 이해하기 쉽게 설명하면, V2G는 전기자동차를 전력망과 연결해 배터리의 남은 전력을 이용하는 기술이다. 즉, 전기차를 에너지 저장 장치로 활용해, 주행 중 남은 전력을 건물에 공급하거나 판매한다.

예시: 현대차의 **아이오닉 5**는 V2G 기술을 통해 차량 배터리에 저장된 전기를 가정이나 전력망에 다시 공급할 수 있다. 이는 전기차가 충전하는 데 그치지 않고, 필요할 때 전력을 공급함으로써 에너지 자원으로 활용되는 것을 의미한다. 이 기술은 전력 사용이 많은 시간대에 전기를 공급함으로써 전력망의 부담을 줄이고, 에너지 비용 절감에도 기여할 수 있다.

⑤ 전기차와 자율주행의 융합

현대자동차는 전기차와 자율주행 기술을 융합한 새로운 모빌리티 솔루션을 개발하고 있다. 전기차의 에너지 효율성과 자율주행 기술의 편리성을 결합하여, 미래 교통 환경에서 더 안전하고 친환경적인 차량 운행을 목표로 하고 있다. 자율주행 전기차는 운전자가 개입하지 않아도 최적의 경로를 스스로 찾아가며, AI가 전력 소비를 조절해 배터리 사용 시간을 극대화할 수 있다.

예시: 현대자동차는 **자율주행 전기차 택시** 개발을 목표로 하고 있으며, 이를 통해 교통 혼잡을 줄이고, 친환경 교통 수단을 제공하는 것을 목표로 하고 있다. 이러한 차량은 AI를 통해 목적지까지 최적의 경로를 설정하고, 실시간 교통 데이터를 반영해 배터리 소모를 최소화하면서도 안전하게 운행할 수 있다. 이는 도시 교통 문제 해결과 환경 보호에 기여할 수 있는 중요한 기술 혁신으로 평가받고 있다.

⑥ 스마트 팩토리와 AI 기반 생산 공정 최적화

현대자동차는 자율주행차와 전기차 생산을 위한 **스마트 팩토리**를 구축하고, AI 기술을 기반으로 생산 공정 전반을 자동화하고 있다. AI는 공정 데이터를 실시간으로 분석하여 생산성을 높이고, 불량률을 줄이는 데 기여하고 있다. 특히, 전기차 배터리 생산 공정에서 AI는 데이터 분석을 통해 최적의 공정 흐름을 제안하고, 이를 통해 생산 효율성을 극대화하고 있다.

예시: 현대자동차는 **스마트 팩토리**에서 로봇과 AI를 활용해 전기차 배터리 조립을 자동화했다. AI는 실시간으로 조립 상태를 모니터링하고, 오류 발생 시 즉각적인 수정 조치를 취할 수 있도록 설계되었다. 이를 통해 현대차는 생산 과정에서의 불필요한 비용을 줄이고, 전기차 생산 속도를 높이는 데 성공했다.

⑦ 로보택시(자율주행 택시) 프로젝트

현대자동차는 **로보택시** 프로젝트를 통해 자율주행 차량의 상용화를 목표로 하고 있다. 로보택시는 AI 기반 자율주행 기술을 사용하여 운전자가 없는 상태에서도 안전하고 효율적으로 택시 서비스를 제공할 수 있는 차량을 의미한다. 이를 통해 교통 혼잡을 줄이고, 대중 교통의 새로운 패러다임을 제시하고 있다. 로보택시는 도시 교통 문제 해결뿐만 아니라, 차량 공유 서비스와 연계되어 새로운 비즈니스 모델로 자리 잡을 수 있다.

예시: 현대자동차는 미국의 자율주행 기술 회사 앱티브(Aptiv)와의 협력을 통해 모션(Motional)이라는 합작 회사를 설립하여 로보택시 개발을 진행하고 있다. 모션은 AI 기반 자율주행 시스템을 바탕으로, 고속도로와 도심 내에서 안전하게 주행할 수 있는 자율주행 택시를 개발 중이다. 이러한 로보택시는 향후 **우버**(Uber) 등과 같은 차량 공유 서비스와 결합되어, 자율주행 차량을 기반으로 한 대규모 모빌리티 서비스가 가능해질 전망이다.

⑧ 자율주행 기술의 지속적인 발전(레벨 4와 5)

현대자동차는 완전 자율주행(레벨 4, 5) 실현을 목표로 자율주행 기술을 지속적으로 발전시키고 있다. **레벨 4**는 특정 조건에서 차량이 스스로 운전할 수 있는 기술을 의미하며, **레벨 5**는 모든 상황에서 차량이 운전자의 개입 없이 주행할 수 있는 기술이다. 현대자동차는 이러한 기술을 통해 궁극적으로 자율주행 차량이 일상적인 교통 수단으로 자리 잡을 수 있도록 하고 있다.

예시: 현대자동차는 자율주행 레벨 4 기술을 시험 중이며, 특정 지역과 도로에서 제한된 조건 하에 자율적으로 주행할 수 있는 차량을 개발하고 있다. AI는 다양한 교통 환경에서 실시간으로 데이터를 분석하고, 주행 경로를 설정하며, 안전한 주행을 위한 결정을 스스로 내릴 수 있다. 현대차는 이 기술을 기반으로 향후 완전 자율주행(레벨 5) 차량 개발을 목표로 하고 있다.

⑨ **스마트 충전 인프라와 V2X(Vehicle-to-Everything) 기술**

현대자동차는 전기차 기술과 함께 **스마트 충전 인프라** 구축에도 힘쓰고 있다. **V2X(Vehicle-to-Everything)** 기술은 차량과 인프라, 차량과 차량 간의 통신을 가능하게 하여, 전기차의 충전 효율성과 운행 안전성을 높일 수 있는 핵심 기술이다. 이 기술은 전기차와 충전소, 도로 인프라가 상호작용하여 실시간으로 데이터를 공유하고, 전력 공급과 차량의 에너지 사용을 최적화할 수 있다.

예시: 현대자동차는 전기차의 충전 인프라를 강화하기 위해 **고속 충전 네트워크** 구축에 나서고 있다. 또한, V2X 기술을 통해 전기차가 도로와 통신하여 충전소 위치, 도로 상태, 교통 신호 정보를 실시간으로 받아 주행 경로를 최적화할 수 있도록 돕는다. 이 기술은 전기차의 주행 효율성을 높이고, 충전 시간을 줄이며, 도시 전체의 교통 흐름을 개선할 수 있는 중요한 역할을 하고 있다.

⑩ **친환경 전기차 개발을 위한 수소 연료전지 기술**

현대자동차는 전기차 외에도 **수소 연료전지 차량**(FCEV) 개발에 집중하고 있다. 수소 연료전지 차량은 수소를 연료로 사용하여 전기를 발생시키는 친환경 차량으로, 배출가스를 거의 발생시키지 않는 지속 가능한 에너지 솔루션이다. 현대자동차는 수소 연료전지 차량을 전기차와 함께 미래 친환경 모빌리티의 핵심 기술로 발전시키고 있다.

예시: 현대자동차는 넥쏘(NEXO)라는 수소 연료전지 SUV 모델을 출시하여, 수소 연료전지 기술을 상용화했다. 넥쏘는 한 번 충전으로 600km 이상의 주행이 가능하며, 물 이외의 배출가스를 거의 발생시키지 않아 환경 친화적인 차량으로 평가받고 있다. 현대차는 이 기술을 통해 미래의 친환경 모빌리티 시장에서 글

로벌 리더십을 확보하고 있으며, 수소 인프라 확장에도 기여하고 있다.

⑪ 지능형 전기차와 스마트 모빌리티 서비스 결합

현대자동차는 **지능형 전기차**와 **스마트 모빌리티 서비스**를 결합하여 새로운 모빌리티 생태계를 구축하고 있다. 자율주행 기술, 전기차 기술, 스마트폰 애플리케이션 등 다양한 기술이 통합된 스마트 모빌리티 서비스는 사용자에게 더욱 편리하고 효율적인 교통 솔루션을 제공한다. 현대차는 **카헤일링(car-hailing), 차량 공유, 전기차 배터리 대여 서비스** 등 다양한 비즈니스 모델을 선보이고 있다.

예시: 현대자동차는 **카셰어링 서비스**를 운영하며, 전기차를 기반으로 한 차량 공유 시스템을 제공하고 있다. 사용자는 스마트폰 애플리케이션을 통해 가까운 전기차를 예약하고, 필요한 시간 동안만 이용한 후 다시 반납할 수 있다. 이러한 서비스는 전기차 보급을 촉진하고, 개인 차량 소유 비용을 줄이며, 도시 교통 혼잡을 완화하는 데 기여할 수 있다.

⑫ 미래형 전기차 전용 플랫폼 E-GMP(Electric-Global Modular Platform) 개발

현대자동차는 전기차 전용 플랫폼인 E-GMP(Electric-Global Modular Platform)를 개발하여, 전기차의 성능을 극대화하고 효율성을 높였다. E-GMP는 전기차의 모듈형 플랫폼으로, 다양한 전기차 모델에 유연하게 적용될 수 있으며, 배터리 성능을 최적화하고 주행거리를 늘리는 데 기여하고 있다.

예시: **아이오닉 5**는 E-GMP 플랫폼을 기반으로 개발된 전기차로, 전기차 전용 플랫폼 덕분에 넓은 실내 공간과 뛰어난 주행 성능을 자랑한다. 또한, 이 플랫폼은 전기차의 구조를 모듈화하여 다양한 차종에 쉽게 적용할 수 있으며, 빠른 충전 속도와 긴 주행거리를 제공하여 전기차 사용자의 편의성을 높였다.

정리하면, 현대자동차는 자율주행 기술과 전기차 기술을 결합한 미래형 모빌리티 솔루션을 개발하며, 글로벌 자동차 시장에서 혁신을 주도하고 있다. AI 기반 자율주행 시스템, 전기차 충전 인프라, V2X 통신 기술, 수소 연료전지 기술 등을 통해 친환경적이고 스마트한 교통 시스템을 구축하고 있으며, 이를 통해 지속 가능한 미래 모빌리티를 실현하고 있다. 이러한 혁신적인 기술들은 현대자동차가 글로벌 모빌리티 시장에서 경쟁력을 강화하는 데 중요한 역할을 하고 있으며, 향후에도 친환경적이고 혁신적인 모빌리티 솔루션을 제공하는 데 앞장서고, 자동차 산업 전반에 걸친 변화를 이끌어갈 것이다.

*출처: 현대자동차

SK텔레콤의 '5G와 AI 기반 서비스' 혁신 사례

SK텔레콤의 5G와 AI 기반 서비스 혁신 사례는 초고속 5G 네트워크와 AI 기술을 결합하여 다양한 산업 분야에서 디지털 혁신을 이루어낸 대표적인 사례로 꼽힌다. SK텔레콤은 5G 네트워크의 속도와 안정성을 바탕으로 AI 기술을 접목해 스마트 시티, 스마트 팩토리, 헬스케어, 미디어 서비스 등 다양한 영역에서 혁신적인 솔루션을 제공하고 있다.

① **5G 기반 스마트 시티 솔루션**

SK텔레콤은 **5G 네트워크**를 활용해 스마트 시티 구축에 중점을 두고 있다. 스마트 시티에서는 도시 내 다양한 인프라가 5G 네트워크로 연결되고, AI는 데이터를 실시간으로 분석해 교통 관리, 환경 감시, 안전 관리 등 다양한 서비스를 최적화한다. SK텔레콤은 초고속, 초저지연, 초연결성을 갖춘 5G 기술을 통해 도시 인프라의 실시간 모니터링과 제어가 가능하도록 했다.

예시: SK텔레콤은 **세종 스마트 시티** 프로젝트에서 AI와 5G를 기반으로 교통 시스템을 혁신했다. AI는 교통 흐름을 분석해 실시간으로 신호를 조정하고, 교통사고 발생 시 즉시 대응할 수 있도록 알림을 보낸다. 또한, 도시 곳곳에 설치된 5G 기반 카메라가 실시간으로 도시 내 상황을 모니터링해 안전사고를 예방하는 데 도움을 준다.

② AI 기반 스마트 팩토리 솔루션

SK텔레콤은 **5G 네트워크와 AI 기술**을 결합해 스마트 팩토리 솔루션을 제공하고 있다. 이 솔루션은 제조 공정의 자동화를 실현하고, 공장 내 모든 장비와 생산 라인이 5G로 연결되어 실시간으로 데이터를 주고받으며, AI가 이를 분석해 생산성 향상과 불량률 감소를 도모한다. 특히, AI는 데이터를 기반으로 예측 유지보수를 수행하여 기계 고장 가능성을 사전에 파악하고 대응할 수 있다.

예시: SK텔레콤은 **SK 하이닉스**의 반도체 공장에 5G 기반 스마트 팩토리 시스템을 도입했다. AI는 실시간으로 반도체 제조 공정 데이터를 분석하여 제품의 불량 여부를 예측하고, 기계의 이상 징후를 사전에 감지해 고장을 예방한다. 이를 통해 생산성은 증가하고 불량률은 크게 감소했으며, 전반적인 제조 공정의 효율성이 향상되었다.

③ 5G와 AI 기반 헬스케어 솔루션

SK텔레콤은 **5G와 AI**를 결합한 헬스케어 솔루션을 통해 의료 분야에서도 혁신을 이루고 있다. 초고속 5G 네트워크는 의료 데이터를 실시간으로 전송하고, AI는 방대한 의료 데이터를 분석해 환자의 상태를 모니터링하고 치료 계획을 제안하는 역할을 한다. 원격 진료 및 원격 모니터링 서비스도 5G 기술을 통해 더욱 안정적이고 효율적으로 운영될 수 있다.

예시: SK텔레콤은 **5G 기반 원격 진료 서비스**를 제공하여, 의사가 원격으로 환자의 상태를 실시간으로 모니터링하고 진단할 수 있도록 지원한다. AI는 환자의 건강 데이터를 분석해 이상 징후를 조기에 감지하고, 이를 의사에게 전달해 적시에 치료할 수 있도록 돕는다. 특히, 코로나19 팬데믹 상황에서 원격 진료 서비스는 의료 시스템의 부담을 줄이고, 환자와 의사의 안전을 보호하는 데 큰 기여를 했다.

④ AI 기반 미디어 서비스 혁신

SK텔레콤은 **5GX 미디어** 서비스를 통해 AI와 5G 기술을 결합한 미디어 혁신을 선보였다. 5G는 대용량 데이터를 빠르게 전송할 수 있어 고해상도 스트리밍, 실시간 방송, 가상현실(VR) 콘텐츠 제공이 가능해졌으며, AI는 사용자의 취향을 분석해 맞춤형 콘텐츠 추천 서비스를 제공한다. 이로 인해 미디어 소비 방식이 더욱 개인화되고, 사용자 경험이 크게 향상되었다.

예시: SK텔레콤은 웨이브(Wavve)라는 스트리밍 플랫폼에서 AI 기반의 맞춤형 콘텐츠 추천 시스템을 도입했다. AI는 사용자의 시청 패턴을 분석해 선호하는 장르, 배우, 감독 등의 데이터를 학습하고, 이를 바탕으로 사용자가 관심을 가질 만한 콘텐츠를 추천한다. 또한, 5G를 통해 초고화질 스트리밍과 실시간 방송이 지연 없이 제공되어 사용자들이 보다 몰입감 있는 미디어 경험을 즐길 수 있다.

⑤ AI 기반 자율주행 기술

SK텔레콤은 **5G 네트워크**를 자율주행 기술에 접목하여, 자율주행차가 안전하고 효율적으로 도로를 주행할 수 있도록 지원하고 있다. AI는 차량의 주행 데이터를 실시간으로 분석해 안전한 주행 경로를 설정하고, 도로의 위험 요소를 감지해 즉각적으로 대응할 수 있다. 5G는 자율주행차가 주행 중 발생하는 방대한 데이터를 신속하게 처리하고, 주행 중의 지연을 최소화할 수 있는 핵심 기술이다.

예시: SK텔레콤은 **5G 자율주행차 테스트베드**를 구축해, 자율주행차가 실시간으로 교통 상황을 분석하고 도로의 상황에 맞춰 주행할 수 있는 시스템을 개발하고 있다. AI는 보행자, 차량, 도로의 위험 요소를 실시간으로 분석해 자율주행차가 최적의 경로를 선택할 수 있도록 돕는다. 이를 통해 자율주행차는 사고를 예방하고, 더욱 안전하게 주행할 수 있다.

⑥ 5G 메타버스 플랫폼 '이프랜드(IFLAND)'

SK텔레콤은 **5G 기반 메타버스 플랫폼**인 이프랜드(IFLAND)를 출시하여, 가상현실과 증강현실을 결합한 새로운 디지털 경험을 제공하고 있다. 이프랜드는 5G의 초고속, 초저지연 특성을 활용해 실시간으로 가상 공간에서 다양한 활동을 할 수 있게 하며, 사용자들이 가상 회의, 가상 이벤트, 교육 등을 메타버스 환경에서 진행할 수 있도록 지원한다.

예시: SK텔레콤은 이프랜드에서 **가상 회의**와 **가상 콘서트**를 개최하는 등 다양한 비즈니스와 엔터테인먼트 활동을 지원하고 있다. 사용자는 5G의 빠른 속도 덕분에 끊김 없는 가상 공간에서 실시간으로 다른 사용자들과 상호작용할 수 있으며, AI 기반 아바타 기술을 통해 더욱 몰입감 있는 경험을 제공한다. 이는 팬데믹 상황에서 비대면 업무와 행사에 큰 기여를 하고 있다.

⑦ **5G와 AI 기반 스마트 오피스 솔루션**

SK텔레콤은 **5G와 AI 기술**을 결합하여 **스마트 오피스 솔루션**을 제공하고 있다. 이 솔루션은 재택근무, 원격 회의, 협업 툴 등을 통해 업무 환경을 혁신하는 데 중점을 두고 있으며, 특히 팬데믹 이후 급격히 증가한 비대면 업무의 수요에 대응하고 있다. AI는 직원의 업무 패턴을 분석하고 효율성을 높이기 위한 맞춤형 제안을 제공하며, 5G 네트워크는 빠르고 안정적인 원격 협업 환경을 제공한다.

예시: SK텔레콤은 **T-타워** 사옥에 스마트 오피스 솔루션을 도입해 직원들이 시간과 장소에 구애받지 않고 업무를 수행할 수 있는 환경을 조성했다. AI 기반 회의 예약 시스템, 문서 작성 보조, 자동 회의록 작성 등의 기능을 통해 업무 효율성을 높였으며, 5G 네트워크를 통해 빠르고 원활한 비대면 회의와 실시간 협업을 지원했다. 이를 통해 직원들의 업무 생산성이 크게 향상되었고, 유연한 근무 환경이 구축되었다.

⑧ **5G와 AI를 활용한 보안 솔루션**

SK텔레콤은 **AI 기반 보안 솔루션**도 제공하고 있으며, 특히 5G 기술을 활용한 실시간 보안 모니터링 서비스를 강화하고 있다. 5G 네트워크의 초저지연 특성은 실시간으로 데이터를 전송하고 분석하는 데 최적화되어 있으며, AI는 이를 기반으로 이상 징후를 즉시 감지하고 대응할 수 있다. 이를 통해 산업 현장이나 스마트 시티에서 보안 사고를 미연에 방지할 수 있다.

예시: SK텔레콤은 **AI CCTV** 시스템을 통해 공공장소나 산업 현장에서 실시간으로 영상 데이터를 분석하여 이상 상황을 감지하고, 즉각적인 대응을 할 수 있는 보안 솔루션을 개발했다. AI는 사람의 동작이나 특정 패턴을 학습하여 이상 행

동을 자동으로 식별하고, 위험 상황 발생 시 경고 알림을 보낸다. 이러한 AI 기반 보안 시스템은 5G의 초저지연 네트워크를 통해 실시간으로 데이터를 처리하며, 현장에서의 대응 속도를 높인다.

⑨ **5G와 AI를 활용한 자율 물류 시스템**

SK텔레콤은 **5G와 AI** 기술을 접목한 자율 물류 시스템을 구축하여, 물류 효율성을 극대화하고 있다. 자율 물류 시스템은 AI가 물류 데이터를 분석하여 물류 경로와 일정, 재고 관리 등을 최적화하며, 5G 네트워크를 통해 실시간으로 물류 차량과 창고, 배송 상태를 모니터링하고 제어한다. 이를 통해 물류 비용을 절감하고, 물류 과정에서 발생할 수 있는 오류를 최소화할 수 있다.

예시: SK텔레콤은 **5G 자율 물류 로봇**을 도입하여 물류 창고에서 자동으로 물품을 적재하고 이동할 수 있는 시스템을 운영하고 있다. AI는 물류 창고 내에서 실시간으로 물품의 위치를 파악하고, 물류 로봇이 가장 빠르고 효율적인 경로로 물품을 이동시킬 수 있도록 제어한다. 또한, 5G 네트워크를 통해 로봇 간의 실시간 통신이 이루어져, 창고 내 물류 흐름을 최적화할 수 있다. 이러한 자율 물류 시스템은 물류 작업의 생산성을 크게 향상시키고 있다.

⑩ **5G와 AI 기반 콘텐츠 제작 혁신**

SK텔레콤은 5G와 AI를 활용하여 **미디어 콘텐츠 제작**에도 혁신을 가져왔다. AI는 영상 편집, 음성 합성, 자동 자막 생성 등 다양한 콘텐츠 제작 과정을 자동화하여 제작 시간을 단축하고, 품질을 향상시킬 수 있다. 특히, 5G는 초고화질의 영상 데이터를 빠르게 전송할 수 있어, 실시간 콘텐츠 제작과 스트리밍 서비스에서 중요한 역할을 하고 있다.

예시: SK텔레콤은 **5G AI 스튜디오**를 통해 실시간으로 고화질 방송을 제작할 수 있는 환경을 구축했다. AI는 실시간으로 영상 편집 작업을 수행하며, 자동으로 자막을 생성하고 음성을 합성해 방송 품질을 높였다. 또한, 5G 네트워크를 통해 고화질의 영상을 지연 없이 실시간으로 전송할 수 있어, 스포츠 경기나 뉴스와 같은 라이브 콘텐츠 제작에 최적화된 시스템을 제공하고 있다.

정리하면, SK텔레콤은 **5G와 AI** 기술을 결합하여 다양한 산업 분야에서 **디지털 혁신**을 이루어내고 있다. 스마트 시티, 스마트 팩토리, 헬스케어, 미디어, 자율주행 등 여러 영역에서 디지털 전환을 주도하고 있다. AI와 5G를 활용해 새로운 비즈니스 모델을 창출하고 있으며, 이를 통해 효율성을 극대화하고 사용자 경험을 개선하는 데 기여하고 있다. SK텔레콤의 이러한 혁신적인 서비스들은 5G의 속도와 AI의 데이터 분석 능력을 바탕으로 더 나은 미래를 위한 디지털 전환을 이끌고 있으며, 앞으로도 5G와 AI를 기반으로 한 다양한 솔루션을 통해 디지털 혁신을 선도할 것으로 기대된다.

*출처: SK텔레콤

CJ그룹의 '디지털 콘텐츠와 물류' 혁신 사례

CJ그룹의 디지털 콘텐츠와 물류 혁신 사례는 **생성형 AI**와 첨단 기술을 활용하여 미디어와 물류 산업에서 큰 혁신을 이루어낸 대표적인 사례이다. CJ그룹은 콘텐츠 제작부터 유통, 물류까지 다양한 영역에서 디지털 전환을 추진하고 있으며, AI 기반 솔루션을 통해 효율성을 극대화하고 있다. 특히, **CJ ENM**과 **CJ대한통운**에서 이루어진 디지털 콘텐츠 및 물류 혁신이 두드러진 성과를 보여주고 있다.

① **CJ ENM: 디지털 콘텐츠 혁신**

CJ ENM은 **디지털 콘텐츠 제작**과 유통에서 AI 기술을 적극 도입하여 콘텐츠 제작의 효율성을 높이고, 시청자에게 맞춤형 콘텐츠를 제공하고 있다. AI는 콘텐츠의 기획, 제작, 편집뿐만 아니라 소비자의 취향을 분석해 맞춤형 콘텐츠를 추천하는 데 중요한 역할을 하고 있다.

예시: CJ ENM은 AI 기반 콘텐츠 추천 시스템을 도입해 시청자의 시청 패턴을 분석하여 맞춤형 콘텐츠를 제공한다. AI는 시청자가 선호하는 배우, 장르, 프로그램 유형 등을 학습해 시청자가 관심을 가질 만한 콘텐츠를 추천하며, 이를 통해 시청 시간이 늘어나고, 콘텐츠 소비가 증가하는 효과를 얻었다. 또한, AI는 콘텐츠 편집 과정에서 자동으로 자막을 생성하거나 영상 편집 시간을 단축시켜 제작 효율성을 높였다.

② CJ ENM: AI 기반 미디어 분석 및 기획

CJ ENM은 **AI 분석 도구**를 통해 콘텐츠의 트렌드와 시청자의 반응을 실시간으로 분석하고 있다. 이를 바탕으로 새로운 프로그램 기획과 콘텐츠 전략을 세우며, 콘텐츠의 성공 가능성을 높이고 있다. AI는 소셜 미디어, 검색 트렌드 등 다양한 데이터를 분석해 콘텐츠에 대한 시장의 요구를 예측하고, 이를 반영한 기획을 제안한다.

예시: CJ ENM은 AI 분석을 통해 시청자들의 관심도가 높은 주제를 미리 예측하여, 그에 맞는 프로그램 기획을 빠르게 진행했다. 예를 들어, 특정 음악 장르나 연예인의 인기가 급격히 상승하는 트렌드를 감지한 후, 그에 맞는 신규 음악 예능 프로그램을 기획하여 성공을 거두었다. AI는 이러한 데이터를 분석해 성공 가능성이 높은 콘텐츠를 추천하며, 콘텐츠 제작사와 협력해 더욱 전략적인 콘텐츠 기획을 가능하게 했다.

③ CJ대한통운: 스마트 물류 혁신

CJ그룹의 물류 부문인 **CJ대한통운**은 **AI**와 **빅데이터**를 활용한 **스마트 물류 시스템**을 구축하여 물류 혁신을 이끌고 있다. CJ대한통운은 물류센터에서부터 배송 과정까지 AI 기술을 적용해 효율성을 극대화하고, 고객 서비스의 품질을 향상시키고 있다.

예시: **CJ대한통운의 스마트 물류센터**에서는 AI와 로봇을 활용해 자동화된 물류 처리가 이루어지고 있다. AI는 물류센터 내에서 실시간으로 재고 상태를 파악하고, 가장 최적의 경로로 물품을 이동시키는 작업을 관리한다. 또한, AI는 물류 차량의 최적 경로를 자동으로 설정해 배송 시간을 단축하고 연료 소모를 줄이는 데 기여했다. 이를 통해 물류센터의 운영 비용을 절감하고, 고객들에게 더 빠르고 정확한 배송 서비스를 제공할 수 있었다.

④ CJ대한통운: AI 기반 최적화 물류 경로

CJ대한통운은 AI를 활용해 **물류 경로 최적화**를 달성했다. AI는 실시간으로 교통 상황과 날씨, 배송 경로를 분석하여 가장 효율적인 경로를 제시함으로써, 배송 시간과 비용을 줄이는 데 중요한 역할을 하고 있다. 특히, CJ대한통운의 스마트 물류 플랫폼은 물류 네트워크 전반을 AI가 실시간으로 모니터링하고 제어할 수 있도록 구축되었다.

예시: CJ대한통운의 AI 시스템은 대규모 이벤트 기간 중 폭증하는 배송 수요를 실시간으로 분석해 물류 자원을 효율적으로 배분했다. 예를 들어, 추석이나 설과 같은 대규모 물류 수요가 발생하는 시기에 AI는 수요가 집중되는 지역과 시간대를 예측해 물류 차량과 인력을 사전에 배치했다. 이를 통해 CJ대한통운은 빠른 배송과 정확한 배송을 유지하며 고객 만족도를 크게 높였다.

⑤ CJ대한통운: 스마트 배송과 AI 로봇 도입

CJ대한통운은 **AI 로봇**을 도입해 물류 자동화와 스마트 배송 시스템을 구축했다. AI 로봇은 물류창고에서 상품을 자동으로 분류하고, 배송 준비를 완료하는 데 중요한 역할을 한다. 또한, 배송 과정에서도 AI는 드론이나 자율주행차와 같은 기술을 통해 물류 효율성을 더욱 높일 수 있다.

예시: CJ대한통운은 스마트 물류창고에서 **AI 기반 로봇**을 활용해 재고를 관리하고 물품을 분류하는 작업을 자동화했다. 이 로봇은 실시간으로 재고 상태를 점검하고, 필요한 물품을 가장 효율적인 경로로 이동시킨다. 또한, 자율주행차를 통한 스마트 배송을 도입하여 복잡한 도심 지역에서도 정확한 시간에 물품을 배송할 수 있도록 했다. 이러한 자동화된 시스템은 물류 작업의 효율성을 높였고, 인건비 절감에도 기여했다.

⑥ CJ대한통운: 디지털 물류 플랫폼과 고객 맞춤형 서비스

CJ대한통운은 AI와 빅데이터를 활용해 고객 맞춤형 **디지털 물류 플랫폼**을 구축하였다. 이 플랫폼은 고객의 배송 데이터를 실시간으로 분석하여, 고객이 원하는 시간과 장소에 맞춰 물품을 배송할 수 있도록 지원한다. 또한, 고객이 배송 상태를 실시간으로 추적할 수 있으며, AI가 물류 처리 과정을 최적화하여 배송 지연을 최소화하고 있다.

예시: CJ대한통운은 고객이 물류 프로세스를 실시간으로 관리하고, 배송 상태를 추

적할 수 있는 **My CJ**라는 플랫폼을 운영하고 있다. AI는 고객의 주문 패턴과 선호도를 분석하여 배송 시간과 경로를 최적화하고, 고객이 직접 배송 시간을 지정할 수 있도록 지원한다. 예를 들어, 한 고객이 매주 일정한 요일에 물품을 정기적으로 수령해야 하는 경우, AI는 고객의 스케줄에 맞춰 자동으로 배송 일정을 조정하여 제공하며, 이를 통해 고객 편의성이 크게 향상되었다.

⑦ CJ ENM: AI 기반 콘텐츠 글로벌화 전략

CJ ENM은 생성형 AI를 활용해 **글로벌 콘텐츠 시장**에서의 경쟁력을 강화하고 있다. AI는 다양한 언어로 콘텐츠를 자동 번역하거나, 자막을 생성하는 데 사용되며, 이를 통해 CJ ENM의 콘텐츠가 해외 시장에서 더 쉽게 유통될 수 있도록 지원한다. 또한, AI 기반의 분석 툴을 통해 각 국가의 시청자 선호도를 파악하고, 이에 맞는 콘텐츠를 기획하여 글로벌 성공 가능성을 높였다.

예시: CJ ENM의 **AI 번역 기술**은 다양한 언어로 콘텐츠를 실시간으로 번역해, 드라마와 영화 등의 콘텐츠를 글로벌 시장에 신속하게 유통할 수 있게 했다. 예를 들어, 인기 한국 드라마가 동시다발적으로 여러 국가에서 방송될 때, AI는 영어, 중국어, 일본어 등 다양한 언어로 번역된 자막을 자동으로 생성해 각국의 시청자들이 불편 없이 콘텐츠를 감상할 수 있도록 지원했다. 이를 통해 CJ ENM은 글로벌 시장에서 큰 성공을 거두고, K-콘텐츠의 해외 진출을 가속화할 수 있었다.

⑧ CJ대한통운: 물류 AI 챗봇을 통한 고객 지원 혁신

CJ대한통운은 물류 프로세스에서 발생하는 고객 문의를 처리하기 위해 **AI 기반 챗봇**을 도입했다. 이 챗봇은 고객이 배송 상태를 문의하거나, 특정 배송과 관련된 정보를 요청할 때 실시간으로 답변을 제공하며, 고객의 요구를 신속하게 해결할 수 있도록 지원한다. 챗봇은 반복적인 고객 문의를 자동으로 처리하여 고객 서비스 부문의 효율성을 극대화하고, 빠른 대응을 가능하게 했다.

예시: CJ대한통운의 **AI 챗봇**은 고객이 물류 관련 문의를 할 때, 실시간으로 배송 정보를 제공하며, 문제가 발생했을 경우 즉각적인 조치를 안내한다. 고객이 특정

배송에 대한 지연 이유를 물으면, AI 챗봇은 해당 배송의 상황을 분석하고 지연 원인을 설명하는 동시에 해결 방안을 제시한다. 이와 같은 AI 챗봇의 도입으로 고객 서비스 대응 시간이 크게 단축되었으며, 고객의 만족도 또한 높아졌다.

⑨ **CJ대한통운: 지속 가능한 물류와 친환경 물류 솔루션**

CJ대한통운은 AI 기술을 활용해 **친환경 물류 솔루션**을 도입하여 물류 과정에서 발생하는 탄소 배출을 줄이고 있다. AI는 물류 경로와 차량의 운행을 분석하여 연료 효율을 높이고, 배출가스를 줄이는 방법을 제시한다. 또한, 전기차나 친환경 연료를 사용하는 차량을 도입하여, 지속 가능한 물류 생태계를 구축하고 있다.

예시: CJ대한통운은 물류 차량에 전기차를 도입하고, AI가 운행 경로와 운전 패턴을 분석해 연료 소모를 줄일 수 있도록 지원했다. AI는 차량의 주행 데이터를 분석해 불필요한 정차나 불필요한 경로를 최소화하고, 연료 사용을 절감할 수 있는 경로를 실시간으로 제안했다. 이러한 친환경 물류 솔루션은 기업의 사회적 책임(CSR)에도 기여하고 있으며, 환경 보호와 비용 절감이라는 두 마리 토끼를 잡는 데 성공했다.

⑩ **CJ그룹: AI와 빅데이터를 활용한 미래 물류 전략**

CJ그룹은 물류와 디지털 콘텐츠 분야에서 지속적으로 **AI와 빅데이터**를 활용한 미래 전략을 개발하고 있다. AI는 물류 데이터를 실시간으로 분석하고, 향후 발생할 수 있는 수요와 공급을 예측하여 미래 물류 환경에 대비하고 있다. 또한, CJ ENM은 빅데이터를 기반으로 콘텐츠 소비 트렌드를 분석하여, 향후 콘텐츠 시장의 흐름을 예측하고 새로운 기획과 제작 방향을 설정하고 있다.

예시: CJ대한통운은 물류 데이터를 분석해 미래 물류 수요와 공급망 위험 요소를 예측하는 **AI 기반 수요 예측 시스템**을 운영하고 있다. 이를 통해 갑작스러운 물류 수요 증가나 공급망 이슈에 신속하게 대응할 수 있으며, 재고 관리와 물류 네트워크 운영을 최적화할 수 있다. 또한, CJ ENM은 글로벌 콘텐츠 시장에서의 트렌드를 분석해, 향후 제작할 콘텐츠의 방향을 결정하는 데 AI를 활용하고 있으며, 이를 통해 콘텐츠의 성공 가능성을 높이고 있다.

정리하면, CJ그룹은 **생성형 AI와 디지털 전환**을 통해 미디어와 물류 분야에서 혁신적인 성과를 이뤄냈다. **CJ ENM**은 AI를 활용해 콘텐츠 제작, 기획, 유통에서 효율성을 극대화하고, 시청자 맞춤형 콘텐츠 추천 시스템을 도입해 고객 경험을 향상시켰다. **CJ 대한통운**은 AI 기반 물류 혁신을 통해 스마트 물류센터, 물류 경로 최적화, 자율주행 로봇 도입 등 물류 운영의 효율성을 극대화하고, 비용 절감과 고객 만족도를 크게 향상시켰다. CJ그룹은 앞으로도 AI 기술을 바탕으로 미디어와 물류 산업에서 지속적으로 혁신을 이어갈 것으로 기대된다.

*출처: CJ그룹

롯데그룹의 '옴니채널 및 스마트 리테일' 혁신 사례

롯데그룹의 옴니채널 및 스마트 리테일 혁신 사례는 생성형 AI와 첨단 기술을 통해 유통과 소매 분야에서 혁신을 이룬 대표적인 사례이다. 롯데그룹은 디지털 전환을 통해 오프라인과 온라인 채널을 통합한 **옴니채널** 전략을 추진하고 있으며, **스마트 리테일** 솔루션을 도입해 고객 경험을 향상시키고 있다. 특히, AI 기반의 맞춤형 서비스와 스마트 매장 운영을 통해 소비자들에게 더욱 편리하고 혁신적인 쇼핑 환경을 제공하고 있다.

① 롯데: 롯데온(LOTTE ON) 옴니 채널 플랫폼 통합

롯데그룹은 **옴니채널** 전략을 통해 오프라인 매장과 온라인 쇼핑몰 간의 경계를 허물고, 고객이 어느 채널을 이용하든 일관된 쇼핑 경험을 제공하는 것을 목표로 하고 있다. 고객은 오프라인에서 제품을 보고, 온라인에서 구매하거나 그 반대로도 할 수 있으며, 이를 통해 더욱 유연한 쇼핑 경험을 제공한다.

예시: 롯데는 롯데온(LOTTE ON)이라는 통합 쇼핑 플랫폼을 통해 다양한 쇼핑 채널을 하나로 통합했다. 고객은 롯데백화점, 롯데마트, 롯데홈쇼핑 등 롯데 계열사의 다양한 쇼핑 서비스를 하나의 플랫폼에서 이용할 수 있으며, 상품을 오프라인 매장에서 확인한 후 온라인으로 주문하거나, 온라인에서 주문한 상품을 가까운 오프라인 매장에서 수령할 수 있는 **클릭 앤드 컬렉트**(click-and-collect) 서비스를 제공한다. 이처럼 롯데의 옴니채널 전략은 고객 편의성을 극대화하고, 고객의 쇼핑 패턴에 맞춘 맞춤형 서비스를 제공한다.

② 롯데그룹: AI 기반 맞춤형 추천 서비스

롯데그룹은 **AI 기술**을 활용하여 고객의 쇼핑 데이터를 분석하고, 맞춤형 상품 추천 서비스를 제공하고 있다. AI는 고객의 이전 구매 기록, 검색 패턴, 관심 상품 등을 분석해 고객이 관심을 가질 만한 상품을 추천하며, 이를 통해 고객의 구매 전환율을 높이고 있다.

예시: 롯데온은 **AI 기반 추천 알고리즘**을 도입해 고객에게 맞춤형 상품을 추천한다. 예를 들어, 고객이 특정 브랜드의 패션 상품을 자주 검색하고 구매한 이력이 있다면, AI는 고객에게 해당 브랜드의 신상품이나 관련된 상품을 추천한다. 또한, 계절과 이벤트에 맞춘 맞춤형 추천을 제공하여 고객의 구매 욕구를 자극하며, 개인화된 쇼핑 경험을 제공한다. 이를 통해 고객의 만족도가 높아졌고, 롯데온의 매출이 상승하는 효과를 얻었다.

③ 롯데백화점: 스마트 매장 도입

롯데그룹은 오프라인 매장에서 **스마트 리테일** 기술을 도입하여, 고객이 더욱 편리하고 스마트한 쇼핑을 경험할 수 있도록 하고 있다. 스마트 매장은 AI와 IoT(사물인터넷) 기술을 활용해 매장 내 고객의 동선을 분석하고, 재고 관리 및 결제 과정을 자동화하여 매장 운영의 효율성을 높인다.

예시: 롯데백화점은 **스마트 미러**와 **AI 기반 가상 피팅룸**을 도입해 고객이 직접 옷을 입지 않고도 가상으로 피팅을 경험할 수 있는 서비스를 제공한다. 고객은 스마트 미러 앞에서 옷을 선택하면, AI가 고객의 신체 데이터를 분석해 옷을 가상으로 입혀준다. 이를 통해 고객은 다양한 의상을 쉽게 비교하고 선택할 수 있으며, 피팅 시간도 절약할 수 있다. 또한, 롯데마트에서는 스마트 카트를 도입해, 고객이 상품을 카트에 담기만 하면 자동으로 계산이 이루어지는 비대면 결제 시스템을 운영하고 있다.

④ 롯데그룹: AI 기반 재고 및 공급망 관리

롯데그룹은 AI 기술을 활용해 **재고 관리**와 **공급망 관리**를 최적화하고 있다. AI는 매장 내 재고 상태를 실시간으로 모니터링하고, 수요 예측을 통해 필요한 물품을 자동으로 주문하여 재고 부족이나 과잉 재고 문제를 해결한다. 이를 통해 물류 비용을 절감하고, 고객이 원하는 상품을 언제든지 구입할 수 있도록 한다.

예시: 롯데마트는 **AI 재고 관리 시스템**을 도입해 각 지점의 판매 데이터를 실시간으로 분석하고, 각 매장의 수요를 예측하여 필요한 만큼의 재고를 자동으로 주문한다. 예를 들어, 특정 제품이 계절별로 판매량이 급증하는 경우, AI는 해당 상품의 판매 데이터를 분석하여 미리 필요한 재고를 확보하고, 공급망에 전달하여 적시에 물품을 공급한다. 이를 통해 재고 부족으로 인한 고객 불편을 줄이고, 재고 과잉으로 인한 비용 손실을 방지할 수 있었다.

⑤ 롯데그룹: 디지털 전환을 통한 고객 경험 강화

롯데그룹은 **디지털 전환**을 통해 고객 경험을 혁신하고 있다. AI, 빅데이터, 5G 등 첨단 기술을 활용하여 고객과의 상호작용을 개선하고, 매장 내에서의 고객 경험을 개인화하여 고객 만족도를 높이고 있다. 특히, 롯데는 온·오프라인에서의 고객 데이터를 통합하여 고객의 취향과 구매 패턴을 더욱 정확하게 분석하고, 이를 바탕으로 맞춤형 마케팅과 프로모션을 진행한다.

예시: 롯데는 고객 데이터를 통합 관리하는 **디지털 고객 경험 플랫폼**을 구축하여, 고객의 쇼핑 패턴을 분석하고 맞춤형 혜택을 제공하고 있다. 예를 들어, 특정 고객이 평소에 화장품을 자주 구매하는 패턴을 보인다면, 롯데는 해당 고객에게 맞춤형 할인 쿠폰이나 프로모션 정보를 제공해 추가 구매를 유도한다. 또한, 매장 내에서 고객이 원하는 상품을 쉽게 찾을 수 있도록 **디지털 매장 안내 시스템**을 도입하여, 고객 편의성을 높였다.

⑥ 롯데그룹: AI 기반 마케팅 자동화

롯데그룹은 **AI 마케팅 자동화** 도구를 도입해, 고객의 행동 데이터를 분석하고 이에 맞춘 마케팅 전략을 자동으로 실행한다. AI는 고객의 쇼핑 기록, 웹사이트 방문 시간, 구매 빈도 등을 분석하여 가장 적합한 마케팅 메시지와 채널을 선택해, 고객에게 맞춤형 광고나 쿠폰을 전달한다.

예시: 롯데의 AI 마케팅 플랫폼은 고객이 특정 제품에 관심을 보이거나 장바구니에 담은 경우, 고객에게 적절한 할인 혜택이나 추가 상품 추천을 통해 구매를 유도한다. 또한, AI는 고객이 방문하는 시간대와 계절에 맞춰 맞춤형 마케팅 캠페인을 자동으로 실행하여, 구매 전환율을 높였다. 이러한 자동화된 마케팅 전략은 비용 효율성을 극대화하면서도, 고객에게 더욱 개인화된 쇼핑 경험을 제공하는 데 기여했다.

⑦ 롯데그룹: 디지털 결제 시스템과 비대면 쇼핑 환경 강화

롯데그룹은 **디지털 결제 시스템**을 도입하여 고객이 더 편리하고 빠르게 쇼핑을 마칠 수 있도록 지원하고 있다. 특히, 비대면 쇼핑 수요가 증가함에 따라 롯데는 다양한 비대면 결제 옵션을 제공하여 소비자 경험을 개선하고, 매장 내 결제 속도를 크게 향상시켰다. 이 시스템은 AI와 빅데이터를 통해 고객의 결제 패턴을 분석하고, 맞춤형 결제 제안을 제공함으로써 고객 편의성을 높인다.

예시: 롯데백화점과 롯데마트는 **QR코드 기반 모바일 결제 시스템**을 도입하여, 고객이 물품을 고른 후 QR코드를 스캔해 간편하게 결제할 수 있는 서비스를 제공하고 있다. 또한, 롯데카드는 AI 분석을 통해 고객의 결제 기록을 분석하고, 결제 할인 혜택이나 맞춤형 포인트 적립 정보를 제공하여 고객의 재구매를 유도하고 있다. 이러한 디지털 결제 시스템은 고객에게 더 나은 결제 경험을 제공하는 동시에, 매장 내에서의 결제 시간을 크게 줄여주는 효과를 발휘했다.

⑧ 롯데그룹: AI를 통한 고객 서비스 자동화

롯데그룹은 **AI 기반 고객 서비스 시스템**을 도입하여, 고객 문의 처리와 응대 과정에서 효율성을 극대화했다. AI 챗봇은 고객의 질문을 실시간으로 분석해 답변을 제공하며, 복잡한 문의 사항에 대해서도 빠르고 정확한 해결책을 제시한다. 이를 통해 고객 지원 인력의 부담을 줄이고, 고객 응대 속도를 향상시켰다.

예시: **롯데온**의 AI 챗봇은 고객이 배송 상태를 조회하거나 반품 절차에 대한 정보를 요청할 때 자동으로 답변을 제공한다. 또한, 상품 관련 문의나 구매 절차에 대한 안내를 실시간으로 처리하여, 고객이 빠르게 필요한 정보를 얻을 수 있도록

돕는다. AI 챗봇의 도입은 고객 서비스의 질을 높이고, 고객 만족도를 크게 향상시키는 역할을 했다. 특히, 24시간 운영되는 AI 고객센터는 고객이 언제든지 문제를 해결할 수 있는 환경을 제공하고 있다.

⑨ 롯데그룹: 디지털 마케팅과 맞춤형 프로모션 전략

롯데그룹은 AI와 빅데이터를 활용해 **디지털 마케팅**을 강화하고, 고객에게 맞춤형 프로모션을 제공하고 있다. AI는 고객의 쇼핑 데이터를 분석하여, 고객이 가장 선호하는 상품과 관련된 프로모션을 타겟팅하며, 이를 통해 구매 전환율을 높이고 있다. 또한, 특정 시간대나 이벤트에 맞춘 디지털 광고 캠페인을 통해, 고객의 주목도를 높이는 전략을 구사하고 있다.

예시: 롯데온에서는 고객이 특정 카테고리에서 자주 구매하는 상품을 기반으로 맞춤형 할인 쿠폰을 제공한다. 예를 들어, 고객이 자주 구매하는 생활용품에 대한 할인 혜택을 제공하거나, 그와 유사한 제품군에서의 추가 프로모션을 제안하는 방식으로 맞춤형 마케팅을 진행하고 있다. 또한, AI는 고객이 쇼핑을 마친 후에도 추가 상품 추천을 통해 고객의 구매를 유도하는 리마케팅 전략을 자동으로 실행해, 롯데의 매출 증대에 기여하고 있다.

⑩ 롯데그룹: 빅데이터 기반 의사결정 및 예측 분석

롯데그룹은 **빅데이터**를 활용해 의사결정을 더욱 정교하게 하고, 시장의 변화를 예측하여 빠르게 대응할 수 있는 시스템을 구축했다. 빅데이터 분석을 통해 소비자의 행동 패턴, 시장 트렌드, 경쟁사 동향을 실시간으로 파악하고, 이를 바탕으로 전략적인 결정을 내리고 있다. 특히, 롯데는 상품 수요 예측, 가격 최적화, 재고 관리 등 다양한 분야에서 빅데이터를 적극 활용하고 있다.

예시: 롯데백화점은 빅데이터 분석을 통해 특정 시즌 동안 판매가 급증하는 상품을 예측하고, 이를 바탕으로 사전 프로모션을 기획했다. 예를 들어, 빅데이터 분석을 통해 특정 의류 상품이 여름 시즌 동안 급증할 것으로 예측되면, 해당 상품에 대한 할인 이벤트와 재고 확보를 사전에 준비해 고객 수요에 대응했다. 이를 통해 재고 관리의 효율성을 높이고, 매출 극대화를 실현할 수 있었다.

⑪ 롯데그룹: 스마트 물류 및 AI 기반 배송 최적화

롯데그룹은 **스마트 물류** 시스템을 구축하여 물류 및 배송 과정을 최적화하고 있다. AI와 빅데이터를 활용해 물류센터에서부터 고객의 문앞까지의 모든 과정을 자동화하고 있으며, 이를 통해 물류 비용을 절감하고, 배송 시간을 단축하는 데 성공했다. 또한, AI는 실시간 교통 상황과 날씨 데이터를 분석하여 최적의 배송 경로를 설정하고, 물류 자원의 효율적인 배분을 가능하게 한다.

예시: 롯데마트는 AI 기반 물류 관리 시스템을 도입해 물류센터에서 출발하는 물품의 이동 경로를 실시간으로 최적화하고 있다. AI는 날씨, 교통 상황, 차량의 상태 등을 실시간으로 분석해 가장 빠르고 효율적인 배송 경로를 설정하고, 이를 통해 배송 시간을 단축하고 연료 비용을 절감할 수 있었다. 특히, 쇼핑몰에서 주문한 상품이 당일에 배송되는 **빠른 배송 서비스**를 제공하여 고객 만족도를 높였다.

⑫ 롯데그룹: 생성형 AI와 가상현실(VR) 쇼핑의 결합

롯데그룹은 **생성형 AI**와 **가상현실(VR)** 기술을 결합해, 고객이 집에서도 마치 매장을 직접 방문한 것처럼 상품을 체험할 수 있는 **VR 쇼핑** 서비스를 도입하고 있다. 고객은 VR 장비를 통해 가상 매장을 탐험하며, AI의 안내에 따라 상품을 확인하고 구매할 수 있다. 이는 특히 비대면 쇼핑 수요가 증가하는 상황에서 고객들에게 몰입감 있는 쇼핑 경험을 제공한다.

예시: 롯데온은 VR 기반 가상 매장을 통해 고객이 가정에서도 매장을 방문한 것처럼 쇼핑할 수 있는 환경을 제공한다. 고객은 가상현실에서 매장을 자유롭게 돌아다니며 상품을 둘러보고, AI가 추천하는 상품을 실시간으로 확인할 수 있다. 또한, 상품에 대한 상세 정보를 확인하거나, 다른 고객의 리뷰를 읽는 것도 가능하여, 물리적 매장 방문의 한계를 넘어서 더욱 다양한 상품을 탐색할 수 있다.

정리하면, 롯데그룹은 **옴니채널**과 **스마트 리테일** 혁신을 통해 유통 및 소매 산업에

서 새로운 쇼핑 경험을 제공하고, 디지털 전환을 성공적으로 이루고 있다. **롯데온**을 통한 통합 쇼핑 플랫폼, **AI**와 **빅데이터**를 기반으로 한 맞춤형 서비스, 재고 및 물류 관리, 스마트 매장 운영, 디지털 결제 시스템 도입, 공급망 최적화 등을 통해 고객 편의성을 높이고, 운영 효율성을 극대화했다. 롯데그룹의 이러한 디지털 전환은 유통업계에서의 경쟁력을 강화하고 있으며, 향후에도 다양한 기술을 기반으로 한 혁신적인 서비스를 통해 고객 만족도를 지속적으로 높일 것으로 기대된다.

*출처: 롯데그룹

아모레퍼시픽의 '디지털 마케팅과 맞춤형 화장품' 혁신 사례

아모레퍼시픽의 디지털 마케팅과 맞춤형 화장품 혁신 사례는 생성형 AI와 빅데이터 기술을 활용해 고객에게 맞춤형 서비스를 제공하고, 디지털 전환을 통해 화장품 산업에서 혁신적인 변화를 이끌어낸 대표적인 사례이다. 아모레퍼시픽은 디지털 마케팅 전략을 강화하고, AI 기반 맞춤형 화장품 솔루션을 제공해 고객의 니즈에 맞춘 개인화된 경험을 제공한다. 이를 통해 고객 만족도를 크게 향상시키고, 제품 판매와 브랜드 충성도를 높이고 있다.

① **AI 기반 맞춤형 화장품 개발**

아모레퍼시픽은 AI를 활용해 고객의 피부 상태, 색상, 피부 고민 등을 분석하여 **맞춤형 화장품**을 제공하는 시스템을 구축했다. AI는 고객의 피부 데이터를 분석하고, 이를 바탕으로 최적의 화장품 성분과 제품을 추천해준다. 이러한 맞춤형 제품은 고객이 자신의 피부에 맞는 제품을 선택하는 데 도움을 주며, 더욱 개인화된 경험을 제공한다.

예시: 아모레퍼시픽은 '마이 레시피(My Recipe)'라는 맞춤형 화장품 서비스를 제공하고 있다. 고객이 온라인이나 오프라인 매장에서 자신의 피부 상태를 측정하면, AI가 고객의 피부 유형에 맞는 최적의 화장품 레시피를 제공하고, 그에 따라 제품을 제조한다. 예를 들어, 고객의 피부가 건조하고 민감한 상태라면, AI는 이를 분석해 보습과 진정 효과가 있는 성분을 포함한 화장품을 추천해준다.

이 맞춤형 솔루션은 고객의 피부 문제를 해결하는 데 효과적이며, 고객이 자신에게 가장 적합한 제품을 사용할 수 있도록 돕는다.

② **AI 피부 분석 도구와 맞춤형 솔루션**

아모레퍼시픽은 **AI 기반 피부 분석 도구**를 도입하여, 고객이 자신의 피부 상태를 손쉽게 측정하고 관리할 수 있도록 지원하고 있다. 고객은 스마트폰 앱이나 매장 내 설치된 AI 기기를 통해 피부 상태를 분석하고, 그에 맞는 맞춤형 제품 추천을 받을 수 있다. AI는 피부의 수분 상태, 유분, 주름, 모공 크기 등을 분석해 개별 고객에게 가장 적합한 화장품을 제안한다.

예시: 아모레퍼시픽의 '**아이오페(Iope)**' 랩은 AI 피부 분석 도구를 통해 고객의 피부를 정밀하게 측정하고, 그 데이터를 바탕으로 맞춤형 스킨케어 솔루션을 제공한다. 고객이 매장에서 자신의 피부 상태를 측정한 후, AI는 각 고객의 피부 고민에 맞춘 스킨케어 루틴과 제품을 제안해준다. 예를 들어, 피부 톤이 불균형한 고객에게는 톤을 고르게 해주는 세럼을 추천하며, 이 모든 과정은 AI 알고리즘을 통해 자동으로 이루어진다.

③ **디지털 마케팅 자동화와 개인화된 고객 경험을 위한 디지털 마케팅 자동화 시스템 구축**

아모레퍼시픽은 **디지털 마케팅 자동화** 시스템을 구축하여, 고객의 행동 데이터를 실시간으로 분석하고 맞춤형 마케팅 메시지를 전달한다. AI는 고객의 이전 구매 이력, 웹사이트 방문 기록, 관심 상품 등을 분석해 적합한 마케팅 캠페인을 자동으로 실행하며, 이를 통해 구매 전환율을 높이고 있다.

예시: 아모레퍼시픽은 '**라네즈(Laneige)**' 브랜드의 디지털 마케팅 캠페인에서 AI 기반 개인화 추천 엔진을 도입해 고객에게 맞춤형 프로모션을 제공했다. 고객이 온라인에서 특정 카테고리의 제품을 자주 검색하거나 구매하는 경우, AI는 이를 분석해 고객이 관심을 가질 만한 신제품 또는 관련된 제품을 추천하며, 맞춤형 할인 혜택도 제공했다. 이러한 개인화된 마케팅 전략은 고객의 참여도를 높이고, 재구매율을 증가시키는 데 기여했다.

④ 빅데이터를 활용한 트렌드 분석 및 제품 개발

아모레퍼시픽은 **빅데이터**를 활용해 소비자 트렌드를 분석하고, 시장의 변화에 신속하게 대응하는 전략을 사용하고 있다. 빅데이터는 소셜 미디어, 검색 엔진, 온라인 쇼핑몰 등에서 얻은 데이터를 기반으로, 고객이 선호하는 화장품 유형과 색상, 성분 등을 분석한다. 이를 바탕으로 신제품 개발과 마케팅 전략을 수립하여 시장에서의 경쟁력을 강화하고 있다.

예시: 아모레퍼시픽은 빅데이터를 활용해 최근 인기 있는 성분이나 트렌드를 분석하고, 그에 맞춘 신제품을 기획했다. 예를 들어, 자연 성분에 대한 수요가 증가함에 따라, 아모레퍼시픽은 자연 유래 성분을 사용한 화장품 라인을 출시했다. AI와 빅데이터는 이러한 소비자 수요를 실시간으로 분석해, 신제품 개발의 방향성을 제시하는 데 중요한 역할을 했다.

⑤ AI 기반 제품 추천 시스템

아모레퍼시픽은 고객의 구매 이력과 행동 데이터를 분석하여 **AI 기반 추천 시스템**을 구축하였다. 이 시스템은 고객이 이전에 구매한 제품이나 관심을 보인 상품을 분석해, 고객이 필요로 하는 제품을 자동으로 추천한다. 이를 통해 고객은 자신의 피부 상태와 취향에 맞는 제품을 쉽게 찾을 수 있으며, 개인화된 쇼핑 경험을 제공한다.

예시: 아모레퍼시픽의 '**설화수(Sulwhasoo)**' 브랜드는 AI 기반 추천 시스템을 도입해 고객에게 맞춤형 제품을 추천하고 있다. 고객이 설화수 온라인 몰을 방문해 특정 제품을 검색하거나 장바구니에 담으면, AI는 고객의 행동 데이터를 분석해 유사한 제품이나 함께 사용하면 좋은 보완 제품을 추천한다. 이를 통해 고객은 보다 적합한 제품을 쉽게 찾을 수 있으며, 구매를 결정하는 데 도움이 된다.

⑥ 맞춤형 구독 서비스와 AI 기반 배송 솔루션

아모레퍼시픽은 고객의 구매 패턴과 피부 관리 주기를 분석해 **맞춤형 구독 서비스**를 제공하고 있다. AI는 고객이 정기적으로 필요한 화장품을 분석하여 자동으로 구독 서비스를 추천하며, 구독을 통해 고객은 자신에게 맞는 제품을 정기적으로 받아볼 수 있다. 또한, AI는 고객의 주문 데이터를 분석해 최적의 배송 일정을 제안하고, 배송 프로세스를 자동화하여 빠르고 정확한 서비스를 제공한다.

예시: 아모레퍼시픽의 **구독 서비스**는 고객이 자주 사용하는 제품을 정기적으로 배송해주는 시스템으로, AI는 고객의 주문 패턴을 분석해 고객이 필요로 하는 시점에 맞춰 제품을 자동으로 배송한다. 예를 들어, 고객이 매달 특정 스킨케어 제품을 사용하는 경우, AI는 이를 분석해 고객이 제품이 필요할 때 자동으로 주문이 이루어지도록 설정한다. 이를 통해 고객은 제품을 반복 구매하는 번거로움을 줄이고, 언제나 필요한 시점에 제품을 사용할 수 있게 된다.

⑦ **고객 맞춤형 화장품 제조 시스템의 자동화**

아모레퍼시픽은 **AI와 로봇 자동화** 기술을 접목해 고객 맞춤형 화장품 제조 시스템을 더욱 정교하게 발전시켰다. 이 시스템은 고객이 요청한 맞춤형 화장품을 AI가 자동으로 분석하고, 로봇이 정확하게 조제하여 제조하는 방식이다. 이를 통해 고객은 자신에게 맞는 화장품을 보다 신속하게 받을 수 있으며, 대량 생산이 어려운 맞춤형 제품도 자동화된 공정을 통해 원활히 생산할 수 있게 되었다.

예시: 아모레퍼시픽은 AI가 고객의 피부 데이터를 분석한 후, 고객의 피부 상태와 니즈에 맞는 화장품 성분을 자동으로 선정하여 제조할 수 있는 **맞춤형 화장품 제조 로봇**을 도입했다. 예를 들어, 고객이 피부 보습을 위한 특별한 성분을 추가로 요청하면, AI는 이를 분석해 필요한 성분을 자동으로 배합하고 로봇이 그에 맞춰 화장품을 제조한다. 이 시스템은 맞춤형 화장품 시장에서 생산 효율성을 높이고, 고객의 다양한 요구를 신속하게 충족할 수 있도록 돕는다.

⑧ **AI를 활용한 실시간 고객 지원 시스템**

아모레퍼시픽은 **AI 기반의 고객 지원 시스템**을 통해 고객과의 소통을 더욱 강화했다. 고객이 제품 관련 질문이나 피부 고민 상담을 요청할 경우, AI는 실시간으로 응답하여 고객이 필요로 하는 정보를 즉시 제공하며, 개인 맞춤형 상담을 통해 더 나은 제품 선택을 돕는다. 이러한 시스템은 고객 응대의 신속성과 효율성을 극대화하고, 고객 만족도를 높이는 데 기여하고 있다.

예시: 아모레퍼시픽의 **AI 상담 챗봇**은 고객이 온라인에서 피부 상태와 관련된 질문을 하면, AI가 피부 데이터를 기반으로 적절한 스킨케어 루틴과 제품을 추천한다. 예를 들어, 고객이 여드름과 같은 피부 문제를 상담하면, AI는 여드름을 완화하는 성분을 포함한 제품을 제안하고, 사용 방법까지 상세하게 안내해준다. 이러한 실시간 AI 상담 시스템은 고객이 필요한 정보를 쉽게 얻을 수 있게 하며, 고객 만족도를 크게 향상시킨다.

⑨ 지속 가능한 맞춤형 화장품 솔루션

아모레퍼시픽은 AI와 디지털 기술을 통해 **친환경적**인 맞춤형 화장품 제조와 유통 방식을 도입하고 있다. AI는 고객의 피부 상태와 제품 사용 패턴을 분석해 불필요한 낭비를 줄이고, 필요한 양만큼 정확하게 화장품을 제조하는 시스템을 구축했다. 이는 제품의 과잉 생산을 방지하고, 환경 보호에 기여하는 지속 가능한 솔루션을 가능하게 했다.

예시: 아모레퍼시픽은 **지속 가능한 패키징**과 **친환경 재료**를 활용한 맞춤형 화장품 솔루션을 개발했다. AI가 고객의 사용량을 예측하여 적절한 용량만큼 제품을 제조하고, 불필요한 포장을 최소화한 디자인을 채택했다. 이를 통해 고객은 환경에 미치는 영향을 줄이면서도 맞춤형 화장품을 사용할 수 있게 되었으며, 기업은 지속 가능한 비즈니스 모델을 실현하는 데 성공했다.

⑩ 데이터 기반의 글로벌 시장 확대(현지 소비자 맞춤형 제품 개발)

아모레퍼시픽은 AI와 빅데이터를 활용해 **글로벌 시장**에서의 확장을 더욱 가속화하고 있다. AI는 각국의 소비자 데이터를 분석해 해당 시장에서 선호하는 제품 유형, 트렌드, 성분 등을 파악하여, 현지화된 제품 개발과 마케팅 전략을 지원한다. 이를 통해 아모레퍼시픽은 글로벌 소비자들에게 맞춤형 제품을 제공하며, 전 세계에서 브랜드 인지도를 확장하고 있다.

예시: 아모레퍼시픽은 AI 분석을 통해 중국, 미국, 동남아 등 각 지역에서 인기 있는 성분과 화장품 유형을 파악해 현지 소비자 맞춤형 제품을 개발했다. 예를 들

어, 중국 시장에서는 미백 성분이 포함된 스킨케어 제품이 인기가 높은 반면, 미국 시장에서는 자연 유래 성분이 선호되었다. AI는 이러한 지역별 데이터를 실시간으로 분석해, 각 시장에 맞춘 제품 출시와 마케팅을 지원하며, 이를 통해 글로벌 시장에서의 경쟁력을 높였다.

⑪ **AI와 증강현실(AR)을 통한 가상 화장 경험 솔루션 구축**

아모레퍼시픽은 **AI와 증강현실(AR)** 기술을 결합해 고객이 화장품을 가상으로 시도해볼 수 있는 경험을 제공하고 있다. 고객은 스마트폰을 이용해 자신의 얼굴을 스캔한 후, 가상으로 립스틱, 파운데이션 등 다양한 제품을 사용해보며 자신에게 어울리는 색상과 스타일을 선택할 수 있다. 이러한 가상 체험은 고객이 오프라인 매장을 방문하지 않고도 자신에게 맞는 제품을 쉽게 선택할 수 있게 돕는다.

예시: 아모레퍼시픽의 라네즈(Laneige)는 AI와 AR을 결합한 **가상 메이크업 시뮬레이터**를 제공해, 고객이 다양한 색조 화장품을 가상으로 시도해볼 수 있게 했다. 고객이 자신의 얼굴을 스캔한 후, AI는 얼굴형, 피부 톤, 이목구비 등을 분석해 가장 어울리는 색조를 추천한다. 이를 통해 고객은 온라인 쇼핑 중에도 자신에게 가장 적합한 화장품을 선택할 수 있으며, 실제 매장에서 테스트하는 번거로움 없이 맞춤형 제품을 구매할 수 있다.

정리하면, 아모레퍼시픽은 **생성형 AI**와 **빅데이터**를 활용해 **디지털 마케팅**과 **맞춤형 화장품** 혁신을 이끌고 있으며, 고객의 피부 상태에 맞춘 맞춤형 화장품을 제공하고, 개인화된 쇼핑 경험을 제공하는 데 성공했다. AI 기반 피부 분석, 맞춤형 화장품 제조, 디지털 마케팅 자동화, 가상 화장 경험 등 다양한 혁신적 솔루션을 통해 고객의 니즈를 정확하게 파악하고, 그에 맞춘 솔루션을 제공한다. 이러한 디지털 전환과 맞춤형 화장품 혁신은 아모레퍼시픽이 글로벌 화장품 시장에서 경쟁력을 지속적으로 강화하는 데 중요한 역할을 하고 있으며, 앞으로도 고객 만족도를 높이며 지속 가능한 성장을 이어갈 것으로 기대된다.

AMOREPACIFIC

*출처: 아모레퍼시픽

10

네이버파이낸셜의 '디지털 금융 서비스' 혁신 사례

네이버파이낸셜의 디지털 금융 서비스 혁신 사례는 **생성형 AI**와 **디지털 금융 기술**을 결합하여 금융 산업에서 혁신적인 변화를 이끌어낸 대표적인 사례이다. 네이버파이낸셜은 **AI 기반의 디지털 금융 서비스**를 통해 고객의 편의성을 높이고, 맞춤형 금융 솔루션을 제공하며, 다양한 금융 데이터를 활용한 정교한 금융 서비스를 구현하고 있다. 이를 통해 금융 소비자에게 더 나은 사용자 경험을 제공하고, 기존의 금융 서비스와 차별화된 디지털 금융 혁신을 이루고 있다.

① **AI 기반 맞춤형 대출 및 투자 서비스**

네이버파이낸셜은 **AI를 활용한 맞춤형 금융 솔루션**을 제공하여, 고객의 신용 상태와 재정 상황을 분석해 적합한 대출 상품이나 투자 기회를 추천한다. AI는 고객의 금융 기록과 소비 패턴을 분석하여 개인화된 금융 상품을 제안하고, 이를 통해 고객은 자신의 재정 상태에 맞는 최적의 선택을 할 수 있다.

예시: 네이버파이낸셜은 **네이버페이** 사용자들의 거래 기록과 금융 데이터를 AI로 분석하여, 신용도와 재정 상태에 맞는 **개인 맞춤형 대출 상품**을 추천한다. 예를 들어, 고객이 소규모 사업을 운영하면서 유동 자금이 필요한 경우, AI는 고객의 수익 및 지출 패턴을 분석해 최적의 대출 상품을 제안하고, 신속한 대출 승인을 돕는다. 이를 통해 고객은 기존 금융 기관보다 빠르고 간편하게 대출을 받을 수 있으며, 대출 금리와 조건도 고객 맞춤형으로 제공된다.

② AI를 활용한 신용 평가 시스템

네이버파이낸셜은 **AI 기반 신용 평가 시스템**을 도입하여, 고객의 신용도를 더욱 정교하게 평가하고 있다. 기존 금융 기관에서 활용하는 전통적인 신용 평가 방식 외에도, 고객의 소비 패턴, 온라인 거래 기록, 소셜 미디어 활동 등 다양한 비재무적 데이터를 AI로 분석해 신용도를 평가한다. 이를 통해 금융 이력이 적거나 신용 점수가 낮은 고객도 보다 정확한 신용 평가를 받을 수 있다.

예시: 네이버파이낸셜의 AI 신용 평가 시스템은 **소상공인**이나 **프리랜서**와 같은 금융 이력이 부족한 고객들에게도 공정한 평가를 제공한다. AI는 고객의 온라인 거래 이력, 소비 습관, 사회적 신뢰도를 기반으로 신용 점수를 산출하며, 이를 통해 기존 금융 기관에서 대출을 받기 어려웠던 고객들이 더 나은 조건으로 금융 서비스를 이용할 수 있게 된다. 이러한 신용 평가 방식은 기존 신용 평가 모델의 한계를 극복하고, 포용적 금융을 실현하는 데 기여하고 있다.

③ AI 기반 자산 관리 및 투자 플랫폼

네이버파이낸셜은 **AI 기반 자산 관리 플랫폼**을 통해 고객의 자산을 효율적으로 관리하고 투자할 수 있는 서비스를 제공한다. AI는 고객의 재정 상태와 투자 성향을 분석해 적합한 투자 상품을 추천하고, 리스크 관리 및 포트폴리오 최적화 등의 금융 전략을 제시한다. 이를 통해 고객은 더 나은 투자 결정을 내릴 수 있으며, 실시간으로 자신의 자산을 관리할 수 있다.

예시: 네이버파이낸셜의 AI 자산 관리 서비스는 고객의 투자 성향을 분석해 맞춤형 포트폴리오를 자동으로 구성해준다. 예를 들어, 위험을 선호하지 않는 고객에게는 안정적인 채권형 상품을, 더 높은 수익을 원하는 고객에게는 주식형 펀드와 같은 고위험 고수익 상품을 추천한다. AI는 또한 실시간으로 시장 변동성을 분석해 고객의 포트폴리오를 조정하고, 리스크를 최소화하면서 수익을 극대화하는 전략을 제안한다.

④ AI 기반 간편 결제와 디지털 자산 관리 솔루션

네이버파이낸셜은 **네이버페이**와 같은 **디지털 결제 서비스**를 통해, AI 기반 결제 솔루션을 제공한다. 고객이 온라인 쇼핑이나 오프라인 매장에서 상품을 구매할 때, AI는 결제 기록을 분석해 적합한 결제 옵션과 할인 혜택을 추천한다. 또한, 고객의 자산 상태를 실시간으로 모니터링하고, 이를 기반으로 금융 관리 솔루션을 제안한다.

예시: 네이버페이에서 AI는 고객이 자주 이용하는 쇼핑몰에서 특정 상품을 결제할 때, 가장 유리한 결제 방법을 추천한다. 예를 들어, 고객이 적립된 네이버포인트를 사용하거나 특정 카드 혜택을 받을 수 있는 상황에서는 AI가 이를 자동으로 알려주고, 할인 혜택을 극대화할 수 있도록 돕는다. 또한, 고객의 결제 습관을 분석해 불필요한 소비를 줄일 수 있는 재정 관리 팁을 제공하여, 고객이 더 체계적으로 자산을 관리할 수 있도록 지원한다.

⑤ **AI 기반 리스크 관리와 보안 시스템**

네이버파이낸셜은 **AI를 활용한 리스크 관리와 보안 솔루션**을 통해, 디지털 금융 서비스에서 발생할 수 있는 금융 사기나 해킹 위험을 최소화하고 있다. AI는 고객의 결제 패턴과 거래 기록을 분석해 비정상적인 활동을 탐지하고, 이상 거래를 즉시 차단하는 시스템을 구축했다. 이를 통해 고객은 안전한 금융 서비스를 이용할 수 있으며, 디지털 금융 환경에서의 신뢰도를 높였다.

예시: 네이버파이낸셜의 AI 보안 시스템은 고객이 평소와 다른 지역에서 갑작스럽게 큰 금액을 결제하려는 경우, AI가 이를 감지하고 결제를 차단한 후 고객에게 확인을 요청한다. 또한, AI는 금융 사기 패턴을 학습해 새로운 유형의 사기 시도를 빠르게 인식하고, 이를 차단하는 데 중요한 역할을 한다. 이러한 AI 기반 보안 시스템은 고객의 개인정보와 자산을 보호하는 데 크게 기여하고 있다.

⑥ **디지털 플랫폼을 통한 중소기업 금융 지원**

네이버파이낸셜은 **디지털 금융 플랫폼**을 통해 **중소기업**과 **소상공인**을 위한 맞춤형 금융 지원 프로그램을 제공하고 있다. AI는 중소기업의 매출 데이터, 시장 동향, 재정 상태를 분석해 적합한 금융 상품을 추천하고, 필요 자금을 신속하게 지원하는 솔루션을 제공한다. 이를 통해 중소기업들이 더 쉽게 자금을 조달하고 성장할 수 있도록 돕고 있다.

예시: 네이버파이낸셜은 **네이버 스마트스토어**에 입점한 중소기업을 대상으로 AI 기반 대출 서비스를 제공하고 있다. AI는 판매 기록, 매출 흐름, 고객 리뷰 등을 분석해 중소기업의 신용도를 평가하고, 대출 한도와 이자율을 결정한다. 이를 통해 중소기업은 은행을 통하지 않고도 빠르게 자금을 조달할 수 있으며, 사업을 확장하는 데 필요한 자금을 유연하게 확보할 수 있다.

⑦ AI 기반 맞춤형 보험 상품 추천 서비스

네이버파이낸셜은 **AI 기술을 활용한 맞춤형 보험 상품 추천 서비스**를 제공하여, 고객이 자신의 필요에 맞는 보험 상품을 쉽게 찾을 수 있도록 돕고 있다. AI는 고객의 생활 패턴, 건강 상태, 재정 상황을 분석해 가장 적합한 보험 상품을 제안하며, 보험 가입 절차도 간소화하여 고객 편의성을 높였다.

예시: 네이버파이낸셜은 건강 상태와 연령대에 맞춘 **AI 기반 보험 추천 시스템**을 운영하고 있다. 예를 들어, 젊은 고객에게는 저렴한 건강보험이나 라이프스타일 보험을 추천하고, 가족이 있는 고객에게는 자녀 교육 보험이나 생명 보험을 제안하는 등 맞춤형 보험 상품을 제공하고 있다. 이를 통해 고객은 자신의 상황에 맞는 보험을 보다 쉽게 선택할 수 있으며, 불필요한 보험 상품 가입을 줄일 수 있다.

⑧ AI 기반 자동화 결제 및 금융 관리 서비스

네이버파이낸셜은 **AI 기반 자동화 결제**와 **금융 관리 서비스**를 통해 고객의 일상적인 금융 활동을 더 쉽게 관리할 수 있도록 지원하고 있다. AI는 고객의 정기 결제 내역, 청구서 및 이체 요청을 분석해 자동으로 결제 일정을 설정하고, 고객이 자산을 더 효율적으로 관리할 수 있도록 돕는다. 이를 통해 고객은 결제 기한을 놓치지 않도록 관리할 수 있으며, 자산 흐름을 자동화하여 재정적인 스트레스를 줄일 수 있다.

예시: 네이버파이낸셜의 AI 기반 자동 결제 시스템은 고객이 매월 정기적으로 납부해야 하는 **청구서나 공과금**을 자동으로 관리한다. AI는 고객의 결제 기록을 분석해 매달 필요한 금액을 자동으로 이체하거나 결제하며, 고객은 매번 결제 정보를 입력하지 않아도 자동으로 처리되는 편리함을 경험할 수 있다. 또한, AI

는 고객의 소비 패턴을 분석해 매월의 예상 지출을 미리 계산해주고, 자산 흐름을 최적화할 수 있도록 재정 관리 팁을 제공한다.

⑨ **AI 기반 부동산 금융 서비스**

네이버파이낸셜은 부동산 시장에서도 **AI 기술**을 활용해 맞춤형 부동산 금융 상품을 제공하고 있다. AI는 고객의 재정 상태와 부동산 시장 데이터를 분석해 적합한 부동산 대출 상품이나 투자 기회를 추천하며, 부동산 관련 금융 상품의 맞춤형 서비스를 제공한다. 특히, 부동산 매매 시 필요한 대출 상품이나 이자율 비교를 쉽게 할 수 있도록 지원한다.

예시: 네이버파이낸셜은 AI를 활용한 **부동산 금융 플랫폼**을 통해 고객이 매입을 고려하는 부동산의 시장 가치와 관련 금융 상품을 추천한다. AI는 해당 부동산의 지역, 가격 변동 추이, 대출 이자율 등을 분석해 고객이 최적의 대출 상품을 선택할 수 있도록 도와준다. 또한, AI는 고객이 부동산을 매입할 때 발생할 수 있는 리스크를 분석해 신중한 의사결정을 할 수 있도록 지원한다.

⑩ **AI 기반 소상공인 맞춤형 대출 프로그램**

네이버파이낸셜은 **소상공인**을 위한 맞춤형 대출 프로그램을 운영하고 있으며, 이를 통해 소상공인들이 더 쉽게 자금을 조달할 수 있도록 돕고 있다. AI는 소상공인의 매출 기록, 고객 리뷰, 성장 가능성 등을 분석해 최적의 대출 상품을 추천하고, 대출 심사 과정을 자동화하여 빠른 대출 승인 절차를 제공한다. 이를 통해 소상공인들이 사업 운영에 필요한 자금을 신속하게 확보할 수 있게 된다.

예시: 네이버파이낸셜의 AI 기반 대출 프로그램은 **네이버 스마트스토어**에 입점한 소상공인들의 매출 데이터를 분석해 신용 평가를 실시하고, 이를 바탕으로 적합한 대출 한도와 이자율을 제시한다. 예를 들어, 한 소상공인이 매출이 꾸준히 증가하고 있는 경우, AI는 이 데이터를 분석해 소상공인에게 더 높은 대출 한도와 유리한 이자율을 제공하여 사업 확장에 필요한 자금을 빠르게 조달할 수 있도록 돕는다. 이러한 맞춤형 대출 프로그램은 기존 금융 시스템에서 대출받기 어려웠던 소상공인들에게 실질적인 지원을 제공한다.

⑪ 네이버페이를 통한 글로벌 금융 서비스 확장

네이버파이낸셜은 **네이버페이**를 통해 글로벌 시장에서도 디지털 금융 서비스를 확장하고 있다. 네이버페이는 국내외에서 다양한 결제 서비스를 제공하며, 해외 사용자들도 쉽게 이용할 수 있도록 다국적 결제 시스템을 구축하고 있다. 특히, AI를 통해 글로벌 결제 트렌드를 분석하고, 고객 맞춤형 해외 결제 옵션을 제공함으로써, 해외 소비자들에게도 편리한 결제 경험을 제공한다.

예시: 네이버페이는 해외에서도 **다국적 결제 시스템**을 지원하여, 한국 소비자가 해외에서 상품을 구매할 때도 편리하게 결제할 수 있는 환경을 조성했다. AI는 각국의 결제 수단과 환율 변동을 실시간으로 분석해 고객이 가장 유리한 환율로 결제를 할 수 있도록 돕고, 추가 수수료를 최소화할 수 있는 결제 옵션을 추천한다. 이를 통해 네이버페이는 글로벌 시장에서 경쟁력을 높이고, 해외 고객들까지 아우르는 디지털 금융 서비스를 제공한다.

⑫ AI 기반의 디지털 통합 금융 관리 서비스

네이버파이낸셜은 **AI 기반 디지털 통합 금융 관리** 시스템을 통해 고객이 여러 금융 계좌를 한 번에 관리할 수 있는 플랫폼을 제공하고 있다. AI는 고객의 여러 은행 계좌, 투자 계좌, 신용카드 정보를 통합 분석하여, 자산 관리, 예산 설정, 소비 패턴 분석 등의 종합적인 재정 관리를 도와준다. 이를 통해 고객은 자산을 효율적으로 관리하고, 재정 목표를 설정해 실현할 수 있게 된다.

예시: 네이버파이낸셜의 통합 금융 관리 플랫폼은 고객이 보유한 다양한 금융 계좌를 하나의 화면에서 관리할 수 있도록 지원한다. 고객은 자신의 모든 은행 계좌와 투자 내역을 한 번에 조회할 수 있으며, AI는 이를 분석해 불필요한 지출을 줄이기 위한 팁을 제공하거나, 자산을 더 효율적으로 운용할 수 있는 방법을 제안한다. 예를 들어, AI는 고객의 저축률을 분석해 추가적인 저축 목표를 설정하도록 도와주고, 필요한 경우 자동 저축 계획도 제안한다.

정리하면, 네이버파이낸셜은 생성형 AI와 **디지털 금융 기술**을 접목해, 고객에게 맞춤형 금융 서비스 제공(저축, 대출, 보험 등), 신용 평가 시스템, 자산 관리 및 투자 플랫폼, 간편 결제 시스템, 글로벌 결제, 소상공인 대출 등 통해 금융 소비의 편의성을 높이고 있다. 중소기업과 소상공인에게는 적합한 금융 지원을 하는 등 다양한 금융 서비스 혁신을 이끌고 있다. AI 기반 솔루션은 고객에게 보다 효율적이고 개인화된 금융 경험을 제공하며, 이를 통해 디지털 금융 산업에서 선도적인 역할을 하고 있습니다. 앞으로도 네이버파이낸셜은 이러한 기술을 바탕으로 국내외에서 금융 서비스를 더욱 발전시키며, 혁신적인 금융 플랫폼으로 성장할 가능성이 크다.

NAVER FINANCIAL

*출처: 네이버파이낸셜

Memo

Part 5

생성형 AI를 활용한 디지털 전환(AX) 혁신 사례(해외)

도이치텔레콤(Deutsche Telekom)의 '고객 서비스' 혁신 사례

도이치텔레콤(Deutsche Telekom)은 유럽 최대의 통신사 중 하나로, 광범위한 고객층에게 다양한 통신 서비스와 제품을 제공하고 있다.

도이치텔레콤은 생성형 AI를 활용하여 고객 서비스 분야에서 혁신을 이끌고 있다. 통신 산업에서는 고객 문의와 기술 지원 요청이 빈번하며, 이를 신속하고 정확하게 처리하는 것이 고객 만족과 서비스 품질 향상의 핵심 요소이다. 도이치텔레콤은 AI 기반의 고객 서비스 솔루션을 도입하여 24시간 고객 지원, 문제 해결 자동화, 맞춤형 서비스 제안을 통해 고객 경험을 향상시켰다.

일 평균 고객 응대 서비스를 두배 이상으로 서비스하고 있고, 월 평균 고객 문의에 대한 답변 처리도 기존 120,000문의에 대한 답변 처리도 두배 이상 처리하고 있다. 또한 웹/메신저 기반 서비스의 일관성 및 정확도 역시 높은 수준으로 보장하고 있다.

① **지능화된 AI 기반 챗봇을 통한 24시간 고객 지원**

도이치텔레콤은 생성형 AI 기술을 기반으로 한 챗봇을 도입해 고객 지원을 자동화했다. 이 챗봇은 자연어 처리(NLP) 기술을 사용하여 고객 문의를 이해하고, 즉각적으로 적절한 답변을 제공할 수 있다. 고객들은 단순한 정보 조회부터 복잡한 기술 지원까지 다양한 질문을 챗봇에게 할 수 있으며, 챗봇은 실시간으로 고객에게 정확한 답변을 제공한다.

예시: 고객이 인터넷 연결 문제로 도이치텔레콤의 고객 센터에 연락한다고 가정해보

자. 과거에는 고객이 긴 대기 시간을 거쳐 고객 서비스 담당자와 연결되어 문제를 해결해야 했다. 그러나 이제 고객은 도이치텔레콤의 웹사이트나 모바일 앱에서 챗봇에게 직접 문의할 수 있다. 고객이 "인터넷 연결이 끊겼어요. 어떻게 해결할 수 있나요?"라고 질문하면, 챗봇은 즉시 문제 해결을 위한 가이드라인을 제공한다. 필요한 경우, 챗봇은 고객의 계정을 확인하고 원격으로 네트워크 상태를 진단하여, 가능한 솔루션을 제시하거나 기술 지원 팀에 연결해준다. 이를 통해 고객은 24시간 언제든지 간편하게 문제를 해결할 수 있으며, 전화 대기 시간이나 기술 지원 요청 처리에 걸리는 시간을 크게 줄일 수 있다.

② 24/7 무중단 고객 지원

챗봇은 생성형 AI 기술 덕분에 24시간 내내 작동할 수 있으며, 고객 서비스 센터의 업무 시간을 초월해 언제든지 고객의 문의에 응답할 수 있다. 이는 고객이 시간과 장소에 상관없이 도움을 받을 수 있도록 해준다. 특히 주말이나 야간 시간대에 발생하는 긴급한 문제에 대해 신속한 지원을 받을 수 있어, 고객 만족도가 크게 향상되었다.

예시: 고객이 주말 저녁에 인터넷 연결 문제가 발생했을 때, 이전에는 다음 영업일까지 기다려야 했을 수도 있다. 하지만 이제 고객은 챗봇을 통해 즉시 문의할 수 있으며, 챗봇은 실시간으로 문제를 해결하거나 임시 해결책을 제공한다. 이를 통해 고객은 주말이나 야간에도 중단 없이 서비스를 이용할 수 있게 되었다.

③ 고객 문의 처리 자동화 및 운영 효율성 향상

도이치텔레콤은 AI를 활용하여 고객 문의 처리 과정을 자동화하고, 운영 효율성을 높였다. 챗봇은 생성형 AI 기술을 통해 고객 문의에 대한 빠르고 정확한 응답을 제공함으로써, 고객 서비스 센터의 업무 효율성을 높였다. AI는 고객 문의 유형을 분석하고, 자동화된 프로세스를 통해 문제를 해결한다. 반복적이거나 간단한 문의는 챗봇이 자동으로 처리하고, 보다 복잡한 문의나 특별한 도움이 필요한 경우에만 고객 서비스 담당자에게 연결한다. 이를 통해 고객 서비스 팀은 더 복잡한 문제에 집중할 수 있게 되었으며, 고객 응답 시간과 문제 해결 시간이 크게 단축되었다.

예시: **챗봇은** 하루에 수천 건의 고객 문의를 처리할 수 있다. 예를 들어, "요금 청구서에 대한 질문"이나 "네트워크 설정 방법"과 같은 일반적인 질문은 챗봇이 자동으로 처리해준다. 고객 서비스 담당자들은 이제 기술적으로 복잡한 문제나 개인화된 지원이 필요한 고객들에게 집중할 수 있게 되었고, 이를 통해 전체 고객 서비스의 품질이 향상되었다.

④ 개인화된 서비스 제안 및 고객 경험 개선

챗봇은 도이치텔레콤의 고객 데이터와 연동되어 고객에게 개인화된 서비스를 제공한다.

AI를 활용하여 고객의 사용 패턴과 선호도를 분석하고, 이를 바탕으로 개인화된 서비스 제안을 통해 고객 경험을 개선하고 있다. AI는 고객의 이전 문의 기록, 사용 중인 서비스 등 고객의 서비스 사용 데이터를 분석하여 맞춤형 요금제, 부가 서비스, 프로모션 등을 제안함으로써 고객 만족도를 높인다.

예시: AI는 고객의 통화, 데이터 사용, 인터넷 서비스 이용 패턴을 분석하여 고객에게 가장 적합한 요금제나 서비스를 제안한다. 예를 들어, AI는 고객이 매달 데이터 사용량을 초과하여 추가 요금이 발생하는 경우, 데이터 사용량을 모니터링하고 이를 기반으로 더 높은 데이터 용량을 포함하는 요금제를 추천한다. "현재 요금제에서 매달 데이터 사용량이 초과되고 있습니다. 추가 요금 발생을 방지하기 위해 더 많은 데이터를 제공하는 요금제로 변경하시겠습니까?"와 같은 개인화된 메시지를 제공하여 고객이 비용을 절약하고 더 나은 서비스를 이용할 수 있도록 돕는다. 또한, AI는 고객의 관심사와 활동을 기반으로 TV 서비스, 음악 스트리밍, 클라우드 스토리지 등의 부가 서비스를 제안한다. 이러한 개인화된 서비스 제안은 고객의 요구를 충족시키고, 도이치텔레콤의 부가 서비스 판매를 증대시키는 데 기여한다.

⑤ 고객 피드백 분석을 통한 서비스 품질 개선

도이치텔레콤은 AI를 활용해 고객 피드백을 분석하고, 이를 바탕으로 서비스 품질을 지속적으로 개선하고 있다. AI는 고객의 피드백, 불만 사항, 제안 등을 자동으로 수집하고 분석하여 서비스 개선에 필요한 인사이트를 제공한다.

예시: 도이치텔레콤은 고객들이 남긴 설문 조사, 소셜 미디어, 고객 지원 대화 내용을 AI로 분석하여 서비스의 문제점과 개선 사항을 파악한다. 예를 들어, AI는 고객들이 자주 언급하는 키워드(예: "인터넷 속도", "요금 청구", "고객 지원")를 분석하여 특정 서비스에 대한 불만이 증가하고 있음을 감지한다. 만약 인터넷 속도에 대한 불만이 증가하고 있다면, AI는 해당 문제의 원인을 파악하기 위해 고객들이 제출한 구체적인 의견과 네트워크 상태 데이터를 분석한다. 이를 통해 도이치텔레콤은 네트워크 인프라 개선, 요금제 조정, 고객 지원 프로세스 강화 등 구체적인 조치를 취할 수 있다. 이러한 AI 기반 고객 피드백 분석은 도이치텔레콤이 고객의 요구에 신속하게 대응하고, 서비스 품질을 지속적으로 향상시키는 데 핵심적인 역할을 한다.

⑥ 예측 분석을 통한 사전 문제 해결 및 고객 이탈 방지

도이치텔레콤은 AI의 예측 분석을 활용해 고객의 서비스 이탈 가능성을 예측하고, 사전에 대응하여 고객 유지율을 높이고 있다. AI는 고객의 서비스 이용 패턴, 문의 기록, 만족도 등을 분석하여 이탈 가능성이 높은 고객을 식별하고, 이들을 대상으로 맞춤형 서비스와 혜택을 제공한다.

예시: AI는 고객의 데이터 사용 패턴, 서비스 이용 빈도, 고객 지원 문의 기록 등을 분석하여 고객이 서비스에 불만을 가지고 있거나 다른 경쟁 업체로 이동할 가능성을 예측한다. 예를 들어, 최근에 요금 청구에 대한 불만을 여러 차례 제기한 고객은 이탈 위험이 높은 것으로 판단된다. AI는 이러한 고객을 식별하고, 도이치텔레콤의 고객 유지 전략에 따라 개인화된 혜택(예: 요금 할인, 추가 데이터 제공, 특별 프로모션)을 제안한다. "고객님을 위한 특별 혜택으로 다음 달 요금제를 할인해 드리겠습니다. 이 혜택을 이용하시겠습니까?"와 같은 메시지를 통해 고객의 만족도를 높이고, 이탈을 방지할 수 있다. 이를 통해 도이치텔레콤은 고객 유지 비용을 절감하고, 고객 충성도를 강화할 수 있다.

⑦ 실시간 네트워크 상태 모니터링 및 자동 문제 해결

　도이치텔레콤은 AI를 활용하여 네트워크 상태를 실시간으로 모니터링하고, 잠재적인 문제를 사전에 감지하고 해결하는 자동화 시스템을 구축했다. 이러한 시스템은 네트워크 장애나 성능 저하를 조기에 발견하여 고객이 서비스 문제를 경험하기 전에 조치를 취할 수 있도록 지원한다.

예시: 도이치텔레콤의 AI 시스템은 네트워크 트래픽, 기지국 상태, 서비스 품질 지표 등을 지속적으로 모니터링한다. 만약 특정 지역의 네트워크 트래픽이 비정상적으로 증가하거나, 기지국의 성능이 저하되는 등 이상 징후가 발견되면, AI는 자동으로 문제의 원인을 분석하고 해결 방안을 제안한다. 예를 들어, 특정 지역에서 네트워크 과부하로 인해 인터넷 속도가 저하되고 있다고 판단되면, AI는 해당 지역의 네트워크 용량을 일시적으로 확장하거나 트래픽을 분산시키는 조치를 수행한다. 이러한 실시간 문제 해결을 통해 고객은 네트워크 문제로 인한 불편을 최소화할 수 있으며, 도이치텔레콤은 서비스 품질을 유지하고 고객 만족도를 높일 수 있다.

⑧ AI를 통한 고객 서비스 담당자 지원 및 효율성 향상

　도이치텔레콤은 AI를 활용하여 고객 서비스 담당자에게 실시간으로 지원을 제공하고, 복잡한 문제 해결을 도와 고객 지원의 효율성을 향상시켰다. AI는 고객과의 대화 내용을 분석하여 고객의 문제를 정확하게 파악하고, 담당자에게 최적의 해결 방안을 제시한다.

예시: 고객이 전화나 채팅을 통해 기술 지원을 요청할 때, AI는 고객의 문제를 실시간으로 분석하여 담당자에게 관련 정보를 제공한다. 예를 들어, 고객이 "인터넷이 갑자기 끊겼습니다"라고 문의하면, AI는 고객 계정의 네트워크 상태, 최근 서비스 변경 사항, 과거 문의 기록 등을 분석하여 문제의 원인을 파악한다. 그런 다음 AI는 "고객님의 인터넷 연결이 최근 네트워크 장애로 인해 일시적으로 중단되었습니다. 라우터를 재부팅해보시거나, 네트워크 설정을 확인하는 방법을 안내해드리겠습니다"와 같은 해결 방안을 담당자에게 제시한다. 이를

통해 고객 서비스 담당자는 복잡한 문제를 빠르고 정확하게 해결할 수 있으며, 고객은 더욱 만족스러운 서비스를 받을 수 있다. 이러한 AI 지원 시스템은 고객 지원 업무의 효율성을 높이고, 복잡한 문제에 대한 신속한 해결을 가능하게 한다.

⑨ 다국어 지원을 통한 글로벌 고객 서비스 개선

도이치텔레콤은 다국어 AI 챗봇을 도입하여 다양한 언어를 사용하는 고객에게 맞춤형 지원을 제공하고 있다. 이를 통해 글로벌 고객에게 효율적인 지원을 제공하고, 언어 장벽으로 인한 불편을 최소화한다.

예시: 도이치텔레콤은 다국어 AI 챗봇을 통해 영어, 독일어, 프랑스어, 스페인어 등 다양한 언어로 고객 문의를 처리한다. 예를 들어, 스페인어를 사용하는 고객이 인터넷 요금제에 대해 문의하면, AI 챗봇은 스페인어로 응답하고 관련 정보를 제공한다. 이러한 다국어 지원은 글로벌 고객에게 원활하고 효율적인 서비스를 제공하며, 고객 만족도를 높이는 데 기여한다. 특히 해외 거주 고객이나 여행 중인 고객에게 편리함을 제공하여 도이치텔레콤의 글로벌 경쟁력을 강화한다.

⑩ 고객 유지와 로열티 프로그램을 위한 AI 활용

도이치텔레콤은 AI를 활용하여 고객 유지와 로열티 프로그램을 강화하고 있다. AI는 고객의 서비스 사용 패턴과 만족도를 분석하여 충성도가 높은 고객을 식별하고, 이들에게 맞춤형 혜택과 리워드를 제공함으로써 고객 로열티를 강화한다.

예시: AI는 장기간 도이치텔레콤의 서비스를 이용하고 있는 충성 고객의 데이터를 분석하여 이들의 서비스 사용 패턴과 선호도를 파악한다. 예를 들어, AI는 특정 고객이 매월 꾸준히 고용량 데이터를 사용하고 있으며, 부가 서비스를 적극 활용하고 있음을 발견할 수 있다. 이러한 고객에게는 맞춤형 로열티 프로그램을 제안하여 추가 혜택을 제공한다. "고객님께 감사의 마음을 전하기 위해 특별히 추가 데이터를 제공해드리겠습니다. 다음 달에는 무료로 5GB의 추가 데이터를 이용하실 수 있습니다."와 같은 개인화된 혜택을 통해 고객의 로열티를 강화한다. 또한, AI는 고객의 서비스 이탈 가능성을 예측하고, 이탈 방지를 위한

맞춤형 프로모션을 제안하여 고객 유지율을 높인다. 이를 통해 도이치텔레콤은 고객 만족과 충성도를 향상시키고, 장기적인 고객 관계를 구축할 수 있다.

정리하면, 도이치텔레콤은 생성형 AI를 활용하여 고객 서비스 전반에 걸친 혁신을 이뤄내고 있다. AI 기반 챗봇을 통한 24시간 고객 지원, 고객 문의 처리 자동화, 개인화된 서비스 제안, 고객 피드백 분석, 실시간 네트워크 모니터링, 예측 분석을 통한 고객 이탈 방지 등 다양한 AI 솔루션을 도입하여 고객 경험을 개선하고, 운영 효율성을 향상시켰다.

도이치텔레콤의 사례는 통신 산업에서 디지털 전환과 AI 기술이 어떻게 고객 서비스의 효율성, 품질, 고객 만족도를 향상시키며, 운영 비용을 절감하는 데 기여하는지를 보여준다. AI는 고객 문의 처리의 자동화, 개인화된 맞춤형 서비스 제공, 언어 장벽 극복, 사전 문제 해결 등 다양한 방식으로 고객 서비스의 혁신을 주도하고 있다. 도이치텔레콤은 이러한 AI 기반 혁신을 통해 경쟁력을 강화하고, 고객 중심의 혁신적인 서비스를 지속적으로 제공하고 있다.

*출처: 도이치텔레콤

아마존(Amazon)의 '고객 경험' 혁신 사례

아마존(Amazon)은 생성형 AI를 활용해 고객 경험을 혁신적으로 개선한 대표적인 기업 중 하나다. 아마존은 AI 기술을 다양한 영역에서 활용하여 고객에게 개인화된 경험을 제공하고, 구매 과정을 간편화하며, 전체 쇼핑 경험을 향상시켰다. 이러한 혁신은 아마존이 세계 최대의 전자상거래 기업으로 성장하는 데 큰 역할을 했다.

① **개인화된 제품 추천 시스템**

아마존은 생성형 AI와 머신러닝 알고리즘을 활용해 고객에게 개인화된 제품 추천을 제공한다. 아마존의 추천 시스템은 고객의 검색 기록, 구매 이력, 장바구니 내용, 그리고 다른 고객들의 유사한 행동 패턴을 분석하여, 고객이 관심을 가질 만한 제품을 실시간으로 추천한다. 이를 통해 고객은 자신이 원하는 제품을 쉽게 발견하고, 쇼핑 경험을 향상시킬 수 있다.

예시: 고객이 아마존에서 노트북을 검색했다고 가정해보자. 아마존의 AI 시스템은 고객의 검색 이력과 구매 이력을 분석해 노트북과 관련된 액세서리(예: 마우스, 키보드, 노트북 가방)나 유사한 제품을 추천한다. 또한, 고객이 최근에 전자제품을 많이 구매했다면, 해당 카테고리의 인기 상품이나 할인 제품도 추천 목록에 포함된다. 이러한 개인화된 제품 추천은 고객이 쇼핑 과정에서 더 나은 선택을 할 수 있도록 도와주며, 아마존은 이를 통해 교차 판매와 추가 판매를 촉진한다.

② 알렉사(Alexa)를 통한 음성 기반 쇼핑 경험

아마존의 음성 인식 AI 비서인 알렉사(Alexa)는 고객 경험을 한 단계 더 발전시켰다. 알렉사는 생성형 AI를 활용해 자연어 처리를 수행하며, 고객이 음성 명령을 통해 제품을 검색하고, 주문하고, 재고를 확인할 수 있도록 지원한다. 이를 통해 고객은 손쉽게 음성으로 아마존 쇼핑을 즐길 수 있게 되었다.

예시: 고객이 "알렉사, 세제 주문해줘"라고 요청하면, 알렉사는 고객의 구매 이력과 선호도를 분석해 가장 자주 구매한 세제를 추천하고, 고객이 간단한 음성 확인을 통해 주문을 완료할 수 있도록 안내한다. 만약 고객이 "다른 브랜드 세제를 추천해줘"라고 하면, 알렉사는 현재 재고 상황과 고객 선호도를 고려해 대안 제품을 제안한다. 이처럼 알렉사는 쇼핑의 편의성과 유연성을 높여주며, 고객이 원하는 제품을 빠르고 간편하게 주문할 수 있도록 도와준다.

③ 고객 지원을 위한 AI 챗봇

아마존은 고객 지원 서비스에도 생성형 AI를 활용하고 있다. AI 기반의 챗봇은 고객의 문의에 실시간으로 응답하며, 주문 상태 확인, 반품 및 교환 절차 안내, 계정 문제 해결 등 다양한 고객 지원 업무를 처리한다. 이를 통해 고객은 24시간 내내 신속하고 효율적인 지원을 받을 수 있으며, 고객 서비스 담당자의 업무 부담도 줄일 수 있다.

예시: 고객이 주문한 상품의 배송 지연에 대해 문의하면, 아마존의 AI 챗봇은 주문 번호와 배송 상황을 빠르게 확인하고, 현재 배송 상태를 알려준다. 만약 고객이 반품을 요청하면, 챗봇은 반품 절차를 안내하고 필요한 라벨과 배송 정보를 제공한다. 또한, 챗봇이 처리하기 어려운 복잡한 문제가 있을 경우, 적절한 고객 서비스 담당자에게 신속하게 연결해준다. 이를 통해 고객은 문제를 빠르게 해결할 수 있고, 아마존은 고객 만족도를 높일 수 있다.

④ 아마존 프라임 에어(Amazon Prime Air)와 AI를 통한 배송 서비스

아마존은 AI와 로보틱스를 활용해 배송 과정을 혁신하고 있다. 특히 아마존 프라임 에어(Amazon Prime Air)는 드론을 활용해 주문한 상품을 신속하게 배송하는 서비스로, AI 기술이 드론의 경로를 최적화하고 안전한 배송을 가능하게 한다. 이를 통

해 아마존은 고객에게 더욱 빠르고 효율적인 배송 경험을 제공하고 있다.

예시: 고객이 급하게 필요한 상품을 주문했을 때, 아마존 프라임 에어는 주문을 받은 후 AI를 활용해 최적의 드론 경로를 계산한다. 드론은 주변 환경을 실시간으로 인식하고, 장애물을 피하며, 고객의 집까지 안전하게 상품을 배송한다. 고객은 주문 후 단 몇 시간 안에 상품을 받을 수 있으며, 아마존은 이를 통해 배송 속도에 대한 고객의 기대를 뛰어넘는 혁신적인 경험을 제공한다.

아마존은 생성형 AI를 통해 개인화된 제품 추천, 음성 기반 쇼핑, AI 챗봇을 통한 고객 지원, 그리고 AI 기반 배송 혁신 등 다양한 방식으로 고객 경험을 혁신했다. 이를 통해 고객은 더 편리하고 빠르게 원하는 제품을 찾고, 구매하며, 문제를 해결할 수 있다. 이러한 AI 기술의 활용은 아마존이 세계 전자상거래 시장에서 선도적인 위치를 유지하고, 고객 만족도를 높이는 핵심 요소로 작용하고 있다. 아마존의 사례는 생성형 AI가 기업의 디지털 전환 과정에서 어떻게 고객 경험을 혁신할 수 있는지 잘 보여준다.

⑤ AI를 통한 재고 관리와 수요 예측

아마존은 생성형 AI와 머신러닝을 활용해 재고 관리와 수요 예측을 최적화하고 있다. 이를 통해 고객이 원하는 제품을 항상 재고에 보유할 수 있도록 관리하며, 주문 처리와 배송 시간을 단축한다. AI는 고객의 구매 패턴, 시즌별 수요 변동, 트렌드 등을 분석해 재고를 효율적으로 관리하며, 이를 통해 제품 품절로 인한 고객 불만을 최소화한다.

예시: 블랙프라이데이와 같은 대규모 쇼핑 시즌을 앞두고 아마존은 AI를 활용해 고객들이 어떤 제품을 많이 구매할지 예측한다. 과거의 판매 데이터와 현재의 트렌드를 분석하여 특정 제품에 대한 수요를 미리 파악하고, 이를 바탕으로 재고를 확보한다. 예를 들어, AI는 작년 블랙프라이데이 기간 동안 노트북, 스마트폰, 가전제품의 판매량이 크게 증가했다는 데이터를 바탕으로 올해에도 유사한 제품의 수요가 증가할 것으로 예측한다. 이를 통해 아마존은 미리 해당 제품의 재고를 확보하고, 고객들이 주문할 때 신속하게 배송할 수 있도록 준비한다. 이러한 재고 관리와 수요 예측의 효율성 덕분에 아마존은 고객 만족도를

높이고, 제품 품절로 인한 기회를 놓치는 상황을 방지한다.

⑥ 제품 리뷰 및 콘텐츠 생성 자동화

아마존은 생성형 AI를 통해 제품 리뷰와 콘텐츠를 자동으로 생성하고 관리한다. 고객이 제품에 대한 리뷰를 작성할 때, AI는 리뷰 내용을 분석해 요약하거나 제품에 대한 키워드를 추출해 고객들이 더 쉽게 이해할 수 있도록 돕는다. 또한, AI를 활용해 제품 설명과 가이드라인을 자동으로 생성함으로써 고객이 제품을 선택하는 데 필요한 정보를 빠르게 제공한다.

예시: 아마존은 방대한 제품 리뷰 데이터를 AI로 분석하여 고객들이 가장 중요하게 생각하는 요소를 파악한다. 예를 들어, 스마트폰 제품에 대한 리뷰를 분석하면 AI는 "배터리 수명," "카메라 품질," "화면 크기" 등의 키워드를 추출하고, 이를 바탕으로 제품의 주요 특징을 요약하여 새로운 고객에게 보여준다. 또한, 새로운 제품이 등록될 때 AI는 해당 제품의 사양과 특징을 바탕으로 자동으로 상세 설명과 가이드를 작성한다. 이를 통해 고객은 제품에 대한 주요 정보를 빠르게 파악할 수 있으며, 구매 결정을 쉽게 내릴 수 있다.

⑦ 반품 및 교환 프로세스의 자동화

아마존은 반품 및 교환 과정에서도 생성형 AI를 활용해 고객 경험을 개선했다. AI는 반품 요청을 자동으로 처리하고, 고객이 가장 적합한 반품 옵션을 선택할 수 있도록 안내한다. 또한, AI는 반품 사유를 분석해 제품 품질이나 배송 과정에서 발생하는 문제를 파악하고 개선하는 데 활용한다.

예시: 고객이 구매한 상품에 만족하지 못해 반품을 요청하는 경우, 아마존의 AI 시스템은 고객이 입력한 반품 사유를 분석하고, 가장 빠르고 편리한 반품 방법을 제안한다. 예를 들어, "사이즈가 맞지 않는다"는 반품 사유를 분석한 AI는 고객에게 교환 옵션을 제공하거나, 근처에 위치한 반품 센터를 안내한다. 또한, 반복적으로 특정 제품에 대해 유사한 반품 사유가 발생하면, AI는 이를 분석해 제품 설명, 사이즈 가이드, 또는 배송 포장 방법 등을 개선할 수 있는 인사이트를 제공한다. 이를 통해 아마존은 반품 과정에서의 고객 불편을 최소화하고,

제품 및 서비스 품질을 지속적으로 개선한다.

⑧ 물류 및 배송 프로세스의 최적화

아마존은 물류 및 배송 프로세스에서도 생성형 AI를 활용해 최적화를 이루었다. 이를 통해 고객에게 더 빠르고 정확한 배송 서비스를 제공하고 있다. AI는 주문 데이터를 실시간으로 분석해 가장 효율적인 배송 경로를 계산하고, 자동화된 창고 관리 시스템과 연동하여 상품이 신속하게 처리될 수 있도록 돕는다.

예시: 아마존의 물류 센터에서는 수천 개의 주문이 동시에 처리된다. 이러한 대규모의 작업을 효율적으로 관리하기 위해 AI는 주문을 분석하고, 각 주문을 최적의 경로로 배치하여 가장 빠른 시간 내에 상품이 고객에게 도착할 수 있도록 계획한다. 예를 들어, AI는 동일한 지역에 거주하는 여러 고객의 주문을 분석해 함께 배송할 수 있는 경로를 찾아내고, 이를 통해 배송 비용을 절감하고 탄소 배출을 최소화한다. 또한, 아마존은 창고 내 로봇을 AI와 연동해 상품의 위치를 실시간으로 추적하고, 자동으로 분류 및 포장 작업을 수행한다. 이를 통해 주문 처리 시간이 단축되고, 배송 정확성이 향상되어 고객 만족도가 높아졌다.

⑨ 고객 리뷰 분석을 통한 제품 개선

아마존은 생성형 AI를 활용해 고객 리뷰를 심층 분석하여 제품 및 서비스 개선에 반영한다. 고객들이 남긴 리뷰에는 제품의 장단점, 사용 경험, 개선 요구 사항 등이 담겨 있다. AI는 이러한 리뷰 데이터를 분석해 주요 패턴과 인사이트를 추출하며, 이를 바탕으로 제품을 개선하고 서비스 전략을 수립한다.

예시: 특정 전자제품에 대해 고객들이 "배터리 수명이 짧다"는 의견을 반복적으로 제기한다면, 아마존의 AI는 이를 자동으로 감지해 해당 제품 제조사에 피드백을 제공한다. 제조사는 이 피드백을 바탕으로 제품의 배터리 성능을 개선하거나, 새로운 버전을 출시할 때 고려할 수 있다. 또한, 아마존은 고객 리뷰를 분석해 제품 페이지에 자주 묻는 질문(FAQ)을 자동으로 생성하고, 고객들이 구매 결정을 내릴 때 도움이 될 만한 정보를 제공한다. 이를 통해 고객 경험을 향상시키고, 제품 품질을 지속적으로 개선하는 선순환을 이룰 수 있다.

⑩ **데이터 기반 마케팅 전략 수립**

아마존은 AI를 통해 고객 데이터를 분석하여 맞춤형 마케팅 전략을 수립한다. 고객의 구매 이력, 검색 패턴, 관심사 등을 분석해 각 고객에게 가장 적합한 프로모션과 할인 혜택을 제공한다. 이러한 개인화된 마케팅은 고객 참여도를 높이고, 구매 전환율을 향상시키는 데 중요한 역할을 한다.

예시: 고객이 특정 카테고리의 제품을 반복적으로 구매하거나 해당 카테고리 제품을 자주 검색하는 경우, 아마존의 AI는 이를 분석해 해당 고객에게 그 카테고리와 관련된 특별 할인이나 맞춤형 프로모션을 제공한다. 예를 들어, 고객이 최근에 여러 번 피트니스 용품을 구매했다면, 아마존은 그 고객에게 피트니스 관련 제품의 할인 쿠폰이나 번들 상품을 추천한다. 이러한 개인화된 마케팅은 고객에게 가치를 제공하고, 고객이 아마존에서 지속적으로 쇼핑하도록 유도하는 동력이 된다.

정리하면, 아마존은 생성형 AI를 다방면에 활용해 고객 경험을 혁신하고, 운영 효율성을 극대화했다. 개인화된 제품 추천, 음성 기반 쇼핑, AI 챗봇을 통한 고객 지원, 물류 및 배송의 최적화, 고객 리뷰 분석, 데이터 기반 마케팅 전략까지, 아마존의 모든 프로세스는 AI를 중심으로 혁신되고 있다. 이를 통해 아마존은 고객 만족도와 충성도를 높이고, 세계 전자상거래 시장에서 선두를 유지하고 있다.

이러한 AI 기반의 혁신은 아마존이 전 세계 전자상거래 시장에서 선두를 유지하고, 고객 만족도와 충성도를 높이는 핵심 전략이 되었다. 아마존의 사례는 기업이 생성형 AI를 활용해 디지털 전환을 추진하고, 이를 통해 새로운 가치를 창출할 수 있다는 것을 보여준다.

기업은 AI를 통해 고객과의 상호작용을 개선하고, 운영의 효율성을 극대화하며, 새로운 비즈니스 가치를 창출할 수 있다. 아마존의 전략은 디지털 시대에 기업이 성장하고 발전하는 데 있어 AI가 얼마나 중요한 역할을 하는지 명확하게 보여준다.

*출처: 아마존

보잉(Boeing)의 '콘텐츠 생성 및 관리' 혁신 사례

보잉(Boeing)은 항공기 제조 및 항공우주 산업에서 세계적인 선도 기업으로, 복잡한 기술 정보와 방대한 양의 콘텐츠를 관리해야 하는 도전 과제에 직면해 있다. 보잉은 항공기 매뉴얼, 기술 문서, 교육 자료 등 다양한 종류의 콘텐츠를 생성하고 유지보수하는 데 많은 시간과 자원을 투입해야 한다. 이러한 복잡성을 해결하고 업무 효율성을 높이기 위해 보잉은 생성형 AI를 활용한 콘텐츠 생성 솔루션을 도입해 업무 혁신을 이뤘다.

① **기술 매뉴얼과 문서 자동 생성**

항공기 제조업에서 기술 매뉴얼은 안전한 운항과 유지보수를 위해 필수적인 요소다. 보잉은 항공기의 각 부품, 시스템, 절차에 대한 상세한 매뉴얼을 작성해야 하는데, 이는 시간과 인적 자원이 많이 소모되는 작업이다. 생성형 AI를 활용하여 보잉은 이러한 기술 문서를 자동으로 생성하고 업데이트할 수 있는 시스템을 구축했다.

예시: 새로운 항공기 모델이 개발되면, 해당 모델의 기술 매뉴얼을 작성하는 데 수백 페이지에 이르는 방대한 자료가 필요하다. 기존에는 엔지니어와 기술 작가들이 협력해 매뉴얼을 작성했지만, 이는 시간이 오래 걸리고 수작업으로 인한 오류가 발생할 수 있었다. 그러나 보잉은 생성형 AI를 통해 CAD(컴퓨터 지원 설계) 데이터, 부품 사양, 설계 문서 등 다양한 기술 정보를 분석하고 이를 기반으로 자동으로 기술 매뉴얼을 생성한다. AI는 복잡한 기술 용어와 표준을 준수하면서 매뉴얼을 작성하고, 필요한 경우 특정 부분을 사용자 친화적인 언어로 변환

한다. 이를 통해 매뉴얼 작성 시간을 크게 단축하고, 문서의 일관성과 정확성을 높일 수 있었다.

② **교육 자료와 시뮬레이션 콘텐츠 생성**

보잉은 항공기 운항 및 유지보수를 담당하는 조종사, 정비사, 지상 요원들을 위한 교육이 매우 중요하다. 항공기 기술은 복잡하고 전문적인 지식이 요구되기 때문에, 효과적인 교육 콘텐츠의 제공이 필수적이다. 보잉은 생성형 AI를 활용해 교육 자료와 시뮬레이션 콘텐츠를 자동으로 생성하여 교육 효율을 높였다.

예시: 보잉은 새로운 항공기 모델에 대한 조종사 훈련 프로그램을 개발할 때, AI를 활용해 비행 시뮬레이터 시나리오와 교육 자료를 생성한다. 예를 들어, AI는 항공기의 시스템 동작, 비행 특성, 긴급 상황 대응 절차 등을 시뮬레이션 데이터로 변환해 가상의 비행 환경을 만들어낸다. 이를 통해 조종사들은 실제 비행 전에 다양한 상황에서 항공기를 운항하는 방법을 훈련할 수 있다. 또한, 생성형 AI는 정비사들을 위한 교육 콘텐츠도 생성한다. 정비 매뉴얼, 시스템 작동 절차, 유지보수 동영상을 자동으로 생성하고 업데이트하여, 정비사들이 최신 기술과 절차를 빠르게 학습할 수 있도록 지원한다.

③ **고객 및 파트너를 위한 맞춤형 정보 제공**

보잉은 전 세계 항공사, 군사 조직, 우주 탐사 기관 등 다양한 고객과 파트너에게 맞춤형 정보를 제공해야 한다. 각 고객마다 항공기 모델, 운영 환경, 규제 요건이 다르기 때문에, 표준화된 문서만으로는 모든 고객의 요구를 충족시키기 어렵다. 생성형 AI를 통해 보잉은 고객별로 맞춤형 콘텐츠를 자동으로 생성하고 제공함으로써 고객 경험을 향상시켰다.

예시: 아시아 지역의 항공사가 새로운 보잉 항공기를 도입한다고 가정하자. 이 항공사는 지역 규제에 따라 특정한 운영 절차와 안전 표준을 준수해야 한다. 보잉의 AI 시스템은 해당 항공기의 사양, 지역 규제, 항공사의 운영 프로필을 분석하고, 이를 기반으로 맞춤형 운영 매뉴얼과 안전 지침을 생성한다. 이를 통해 항공사는 지역 요건을 충족하면서도 최적화된 운영을 할 수 있게 된다. 또한,

AI는 항공사의 특정 요구 사항에 따라 정비 일정, 부품 교체 주기 등을 자동으로 계산하여 제안함으로써 고객 맞춤형 서비스를 제공한다.

④ **실시간 콘텐츠 업데이트 자동화 및 유지보수 수행**

항공 기술은 지속적으로 발전하고 있으며, 이에 따라 기술 문서와 매뉴얼도 꾸준히 업데이트되어야 한다. 보잉은 생성형 AI를 활용해 기술 변화나 규정 변경에 따른 문서 업데이트를 자동화하고, 이를 실시간으로 배포함으로써 최신 정보를 유지한다.

예시: 항공 안전 규정이 변경되어 항공기의 특정 부품에 대한 유지보수 절차가 업데이트되어야 할 경우, 보잉의 AI 시스템은 자동으로 관련 문서를 식별하고, 새로운 규정에 따라 내용을 수정한다. AI는 수천 페이지에 달하는 기술 매뉴얼에서 변경이 필요한 부분을 찾아내고, 일관성 있는 방식으로 업데이트를 수행한다. 이렇게 생성된 업데이트된 매뉴얼은 클라우드 플랫폼을 통해 전 세계 고객과 파트너에게 **즉시 배포되어**, 모든 관련자들이 최신 정보를 활용할 수 있도록 지원한다.

⑤ **지식 관리 시스템의 자동화**

보잉은 생성형 AI를 활용해 내부 지식 관리 시스템을 자동화하고 최적화했다. 항공기 제조 및 운영에는 수많은 지식과 정보가 필요하며, 이러한 정보는 엔지니어, 정비사, 운항 관리자, 고객 지원 담당자 등 다양한 부서에서 활용된다. AI는 방대한 양의 데이터를 자동으로 분류, 분석, 연관시켜 필요한 정보를 신속하게 검색하고 활용할 수 있도록 지원한다.

예시: 보잉의 엔지니어가 항공기 설계 변경을 위해 이전에 설계된 유사한 부품의 사양과 관련된 기술 자료를 찾는다고 가정하자. 기존에는 이러한 정보를 찾기 위해 여러 데이터베이스와 문서를 개별적으로 검색해야 했지만, 생성형 AI를 활용한 지식 관리 시스템은 관련된 모든 자료를 자동으로 수집하고 정리한다. AI는 자연어 처리(NLP) 기술을 통해 엔지니어가 검색한 키워드와 관련된 문서, 설계 도면, 과거 사례, 규정 등을 신속하게 제공한다. 이를 통해 엔지니어는 필요한 정보를 빠르게 찾고, 의사결정을 내릴 수 있으며, 새로운 설계나 개선 작

업을 효율적으로 수행할 수 있게 된다.

⑥ 고객 지원 자동화 및 자가 진단 도구 제공

항공기 제조업체로서 보잉은 항공사와 정비팀에 신속하고 정확한 기술 지원을 제공해야 한다. 생성형 AI를 활용해 보잉은 고객이 직면하는 문제에 대한 실시간 지원을 제공하는 동시에, 자가 진단 도구를 개발해 고객이 스스로 문제를 해결할 수 있도록 돕고 있다.

예시: 항공사의 정비사가 항공기 시스템에 문제를 발견하고 보잉에 지원을 요청하는 경우, AI 기반 고객 지원 시스템은 정비사가 제공한 문제 설명을 분석하고, 과거의 유사한 사례와 매뉴얼을 바탕으로 해결책을 제시한다. 예를 들어, "엔진 스타트 시 이상 진동 발생"이라는 문제가 보고되면, AI는 과거 유사한 문제의 해결 사례, 엔진 매뉴얼의 해당 부분, 예비 부품 목록 등을 즉시 제공한다. 또한, AI는 정비사에게 단계별 자가 진단 절차를 안내하여, 문제를 신속하게 해결할 수 있도록 지원한다. 이를 통해 항공사는 기술 지원을 받는 데 소요되는 시간을 줄이고, 항공기 가동률을 향상시킬 수 있다.

⑦ 정책 및 규제 준수를 위한 자동화된 콘텐츠 검토

항공 산업은 안전과 규정 준수가 매우 중요한 분야로, 모든 기술 문서와 매뉴얼은 엄격한 국제 규제와 표준을 준수해야 한다. 보잉은 생성형 AI를 활용해 모든 문서와 콘텐츠를 자동으로 검토하고, 규제 준수 여부를 확인한다. 이를 통해 문서의 정확성과 일관성을 보장하고, 규제 기관의 감사에 신속하게 대응할 수 있다.

예시: 새로운 항공기 모델을 출시할 때, 해당 모델의 기술 매뉴얼과 운영 절차는 국제 항공 안전 규정과 각국의 항공 규제에 부합해야 한다. 보잉의 AI 시스템은 이러한 문서를 자동으로 검토하여, 각 규정의 요구 사항에 맞게 작성되었는지 확인한다. 예를 들어, "긴급 탈출 절차"에 대한 내용이 국제 항공 안전 규정의 지침을 따르고 있는지, "정비 주기"에 대한 설명이 각국의 규제에 부합하는지 등을 검토한다. AI는 규제 준수와 관련된 부분을 하이라이트하고, 필요한 경우 수정 제안을 제공한다. 이를 통해 보잉은 문서의 규제 준수성을 보장하고, 출

시 프로세스를 신속하게 진행할 수 있다.

⑧ 제품 개발 프로세스의 효율화

보잉은 생성형 AI를 활용해 항공기 설계 및 개발 프로세스의 효율성을 향상시켰다. 항공기 개발에는 다양한 부품과 시스템의 통합이 필요하며, 각 단계에서 정확한 문서화와 시뮬레이션이 요구된다. AI는 설계 단계에서부터 제품 테스트, 시뮬레이션, 그리고 생산에 이르는 전 과정을 지원하며, 제품 개발 주기를 단축하고 품질을 향상시킨다.

예시: 보잉이 새로운 항공기 모델을 설계할 때, AI는 CAD 도면과 엔지니어링 데이터로부터 자동으로 제품 사양 및 설계 문서를 생성한다. AI는 설계 변경 사항을 실시간으로 반영하고, 각 부품 간의 상호작용을 분석하여 잠재적인 문제를 사전에 파악한다. 예를 들어, 날개 구조의 설계가 변경되었을 때, AI는 즉시 날개의 무게와 강도를 재계산하고, 변경 사항이 항공기의 전체적인 비행 성능에 미치는 영향을 시뮬레이션한다. 이를 통해 엔지니어는 제품 개발 과정에서 오류를 최소화하고, 설계 프로세스를 가속화할 수 있다. 또한, AI는 프로토타입 제작 전 가상 환경에서 다양한 시나리오를 테스트하여, 실제 테스트 횟수와 비용을 줄이고 제품의 안전성과 성능을 보장한다.

⑨ 협업 플랫폼에서의 AI 지원

보잉은 글로벌 규모의 복잡한 프로젝트를 진행하기 때문에 다양한 부서와 지역 간의 협업이 필수적이다. 생성형 AI를 활용해 보잉은 협업 플랫폼에서 실시간 지원을 제공하고, 프로젝트 진행 상황을 자동으로 추적하며, 팀 간 의사소통을 원활하게 한다. 이를 통해 복잡한 프로젝트를 효과적으로 관리하고, 생산성과 협업 효율을 향상시킨다.

예시: 보잉의 프로젝트 팀은 전 세계의 엔지니어, 디자이너, 품질 관리 전문가로 구성되어 있다. AI는 협업 플랫폼에서 프로젝트의 진행 상황을 모니터링하고, 팀원들의 작업을 조율하는 데 도움을 준다. 예를 들어, AI는 프로젝트 일정과 각 단계별 마일스톤을 자동으로 추적하고, 일정 지연이나 리소스 부족과 같은 문

제를 사전에 감지해 팀 리더에게 알린다. 또한, 각 팀원이 업로드한 설계 문서, 테스트 결과, 회의록 등을 분석해 관련된 팀원들에게 자동으로 업데이트를 공유하고, 필요한 경우 회의를 주선한다. 이를 통해 프로젝트 팀은 실시간으로 협업하며 문제를 신속하게 해결할 수 있다.

⑩ 데이터 보안 및 규정 준수 지원

항공기 제조업체로서 보잉은 제품 설계, 기술 문서, 고객 데이터 등 민감한 정보를 보호해야 한다. 생성형 AI를 통해 보잉은 데이터 보안을 강화하고, 정보 관리에 대한 규정 준수를 자동화한다. AI는 데이터 접근 제어, 정보 유출 방지, 규정 준수 모니터링 등의 기능을 통해 보안 수준을 높이고, 위험을 최소화한다.

예시: 보잉의 기술 문서에는 항공기의 설계 정보, 안전 프로토콜, 유지보수 절차 등 기밀 정보가 포함되어 있다. AI는 이러한 문서에 대한 접근 권한을 자동으로 관리하며, 각 사용자의 역할과 업무에 따라 적절한 접근 수준을 부여한다. 예를 들어, 특정 설계 문서에 대한 접근 권한은 관련 부서의 엔지니어에게만 부여하고, 외부 파트너나 고객에게는 안전 관련 지침에 대한 제한된 접근만 허용한다. 또한, AI는 문서에 대한 변경 기록을 추적하고, 불법적인 접근이나 정보 유출 시도를 실시간으로 감지하여 보안 팀에 경고한다. 이를 통해 보잉은 민감한 정보를 안전하게 보호하고, 산업 및 정부 규정을 준수할 수 있다.

정리하면, 보잉은 생성형 AI를 활용해 콘텐츠 생성과 관리, 지식 관리, 고객 지원, 규제 준수 등의 다양한 분야에서 업무 혁신을 이뤘다. AI를 통해 복잡한 기술 문서의 자동 생성과 업데이트, 교육 자료의 최적화, 고객 맞춤형 정보 제공, 실시간 콘텐츠 업데이트, 실시간 문제 해결, 제품 개발 프로세스의 효율화, 지식 관리 시스템의 최적화, 자동화된 고객 지원 및 자가 진단 도구, 그리고 규제 준수를 위한 콘텐츠 검토 등은 보잉이 AI를 통해 어떻게 복잡한 업무를 효율적으로 처리하고, 비즈니스 운영을 최적화했는지를 보여준다.

이러한 혁신은 보잉이 항공 산업의 복잡한 요구 사항을 충족시키면서도, 고객에게 최상의 서비스를 제공할 수 있도록 지원한다. 생성형 AI를 통해 보잉은 콘텐츠 관리의 정확성과 효율성을 높이고, 새로운 기술과 규제 환경에 빠르게 대응함으로써 시장에서 경쟁력을 유지하고 있다.

  이 사례는 생성형 AI가 어떻게 다양한 산업 분야에서 업무 프로세스를 혁신하고, 기업의 디지털 전환을 가속화할 수 있는지를 명확하게 보여준다. 보잉의 AI 활용 전략은 복잡한 정보 관리, 협업, 보안 등 현대 기업이 직면하는 다양한 과제를 해결하는 데 있어 AI가 얼마나 강력한 도구인지 강조한다. 이를 통해 다른 기업들도 AI를 활용한 업무 혁신을 통해 경쟁력을 강화하고, 지속 가능한 성장으로 나아갈 수 있다는 것을 시사한다.

*출처: 보잉(Boeing)

스타벅스(Starbucks)의 '마케팅' 혁신 사례

스타벅스(Starbucks)는 전 세계에서 가장 성공적인 커피 브랜드 중 하나로, 생성형 AI를 활용해 고객 경험을 개인화하고, 마케팅 전략을 혁신했다. 스타벅스는 매일 전 세계 수백만 명의 고객에게 커피와 음료를 제공하며, 이 과정에서 방대한 양의 데이터를 수집한다. 이러한 데이터를 AI를 통해 분석하고 활용함으로써 고객에게 맞춤형 제안을 제공하고, 브랜드 충성도를 높이는 데 성공했다.

① **스타벅스 리워드 프로그램과 개인화된 추천**

스타벅스는 고객 로열티 프로그램인 "스타벅스 리워드(Starbucks Rewards)"를 통해 고객의 구매 이력, 선호도, 방문 패턴 등의 데이터를 수집한다. 이 데이터를 생성형 AI로 분석하여 각 고객에게 개인화된 음료 추천, 특별 할인, 맞춤형 프로모션을 제공한다. 이를 통해 고객은 자신이 선호하는 제품과 혜택을 더 자주 접하게 되고, 매장 방문 빈도와 구매 전환율이 높아진다.

예시: 스타벅스의 모바일 앱을 사용하는 고객이 있다고 가정해보자. 이 고객은 주로 아침 시간에 라떼를 주문하고, 주말에는 아이스 커피를 즐긴다. 스타벅스의 AI 시스템은 이 고객의 구매 패턴을 분석하여, 고객이 앱에 접속했을 때 "오늘은 특별히 아침 라떼에 10% 할인 혜택을 드립니다"라는 개인화된 프로모션을 제공한다. 또한, 고객이 여름철에 아이스 음료를 선호한다는 것을 파악해, 무더운 날씨에 맞춰 새로운 아이스 음료 출시 소식을 푸시 알림

으로 보내 고객의 관심을 유도한다. 이러한 개인화된 마케팅은 고객이 스타벅스와의 관계를 더 특별하게 느끼게 하며, 브랜드 충성도를 높이는 결과를 가져온다.

② AI 기반 음료 추천 엔진

스타벅스는 생성형 AI를 활용해 음료 추천 엔진을 개발했다. 이 엔진은 고객의 과거 구매 이력, 선호도, 날씨, 시간대 등 다양한 데이터를 분석해 고객에게 적합한 음료를 추천한다. 이를 통해 고객은 자신에게 맞는 새로운 메뉴를 발견하고, 스타벅스는 교차 판매와 추가 판매를 촉진할 수 있다.

예시: 고객이 앱을 통해 스타벅스 매장에서 음료를 주문하려고 할 때, AI 추천 엔진은 현재 날씨와 고객의 이전 주문 기록을 분석한다. 예를 들어, 날씨가 더운 여름날이고, 고객이 이전에 아이스 음료를 여러 번 주문한 기록이 있다면, AI는 "오늘은 시원한 아메리카노 프라푸치노를 드셔보시는 건 어떠세요?"라는 추천을 제안한다. 또한, 고객이 평소에 저칼로리 음료를 선호한다면, 그에 맞춰 "저지방 우유로 만든 아이스 카페 라떼"와 같은 추천을 한다. 이처럼 AI 기반의 맞춤형 음료 추천은 고객에게 새로운 경험을 제공하고, 추가 구매를 유도하는 효과적인 마케팅 전략이다.

③ 마케팅 캠페인 최적화와 타겟팅

스타벅스는 생성형 AI를 활용해 마케팅 캠페인의 효율성을 높이고, 각 고객 세그먼트에 적합한 타겟팅 전략을 수립한다. AI는 고객 데이터를 분석해 특정 제품이나 프로모션이 어떤 고객에게 가장 효과적인지 예측하며, 이를 바탕으로 마케팅 메시지를 개인화한다.

예시: 스타벅스는 신메뉴 출시 시 AI를 통해 고객 세그먼트를 분석한다. 예를 들어, "초콜릿 풍미의 음료"를 좋아하는 고객 그룹을 식별하고, 이들에게 새로운 "초콜릿 모카 프라푸치노" 출시 소식을 집중적으로 알린다. 반면, 건강을 중시하는 고객 그룹에게는 새로운 "저칼로리 그린티 라떼"를 추천한다. 이처럼 AI는 각 고객 그룹의 특성에 따라 메시지 내용과 프로모션을 차별화하여 전달한다.

결과적으로 스타벅스는 마케팅 캠페인의 효율성을 높이고, 고객 참여도를 극대화할 수 있다.

④ 매장 운영과 재고 관리의 최적화

스타벅스는 매장 운영과 재고 관리에서도 생성형 AI를 활용해 효율성을 높였다. AI는 고객의 방문 패턴, 날씨, 지역 이벤트 등을 분석해 각 매장에서 어떤 제품이 어느 시간대에 가장 많이 판매될지 예측한다. 이를 통해 매장 운영자는 적절한 수량의 재료를 준비하고, 인기 상품의 재고를 최적화할 수 있다.

예시: 주말에 도심 매장에서 커피와 간단한 아침 식사를 즐기는 고객이 많다고 분석되면, AI는 해당 매장에 주말 오전 시간대에 샌드위치와 베이글을 더 많이 준비하도록 제안한다. 또한, 날씨가 더운 날에는 아이스 음료의 수요가 증가할 것으로 예측하고, 얼음과 아이스 음료 재료를 충분히 준비하도록 안내한다. 이를 통해 매장은 재고 부족이나 낭비를 최소화하고, 고객에게 원하는 제품을 적시에 제공할 수 있다. 이 같은 운영 최적화는 고객 만족도를 높이고, 매출 증대에도 기여한다.

⑤ 대화형 주문 시스템과 AI 챗봇

스타벅스는 고객 주문 경험을 개선하기 위해 AI 기반 대화형 주문 시스템과 챗봇을 도입했다. 이를 통해 고객은 모바일 앱이나 음성 인식 스피커를 통해 간편하게 음료를 주문할 수 있다. AI는 고객의 선호도와 과거 주문 이력을 기반으로 주문 과정을 간소화하고, 개인화된 서비스를 제공한다.

예시: 고객이 음성 인식 스피커를 통해 "알렉사, 스타벅스에서 내 즐겨 찾는 음료를 주문해줘"라고 요청하면, 스타벅스의 AI 시스템은 고객의 이전 주문 내역을 분석해 주문을 최적화하며, 가장 자주 주문한 음료를 찾아 자동으로 주문한다. 또한, "오늘은 어떤 커피를 마실까?"라고 물어보면 AI는 현재 날씨, 시간, 고객의 취향을 고려해 맞춤형 추천을 제공한다. 예를 들어, "지금 날씨가 쌀쌀하니 따뜻한 카라멜 마키아토를 드시는 건 어떠세요?"라고 제안한다.

주문이 완료되면 고객에게 "가까운 매장에서 5분 후에 음료를 준비해 드립니다"라는 안내 메시지를 제공한다. 또한, 음성 주문을 통해 고객은 새로운 음료나 커스터마이징 옵션을 쉽게 발견할 수 있다. 예를 들어, "지금 인기 있는 음료 추천해줘"라고 요청하면 AI는 최근 트렌드와 고객의 선호도를 고려해 새로운 메뉴를 추천해 준다.

이를 통해 스타벅스는 고객 참여를 더욱 강화할 수 있고, 주문 과정을 개인화해 고객 만족도를 높인다.

⑥ **실시간 피드백과 제품 개발**

스타벅스는 생성형 AI를 통해 고객의 실시간 피드백을 분석하고, 이를 제품 개발과 서비스 개선에 반영한다. AI는 고객의 리뷰, 소셜 미디어 게시물, 설문 조사 결과 등을 분석해 제품과 서비스에 대한 고객의 의견과 감정을 파악한다. 이를 통해 스타벅스는 고객의 니즈를 신속하게 파악하고, 새로운 메뉴 개발이나 서비스 개선에 활용한다.

예시: 스타벅스는 신메뉴를 출시한 후, AI를 활용해 소셜 미디어와 고객 리뷰를 실시간으로 모니터링한다. 예를 들어, "바닐라 크림 콜드 브루"를 출시한 이후 AI는 트위터, 인스타그램, 페이스북 등 다양한 플랫폼에서 고객의 반응을 분석한다. AI는 고객들이 "맛이 너무 달다"거나 "신선한 바닐라 향이 좋다"와 같은 피드백을 추출하고, 이를 기반으로 제품의 맛, 재료, 제공 방식을 개선할 수 있는 인사이트를 제공한다. 만약 부정적인 피드백이 많이 발견되면, 해당 문제를 신속하게 파악하고 해결책을 모색한다. 이러한 실시간 피드백 분석을 통해 스타벅스는 고객의 선호도에 맞춘 제품을 개발하고, 고객 만족도를 높일 수 있다.

⑦ **매장 위치 선정 및 지역별 마케팅 전략**

스타벅스는 새로운 매장의 위치를 선정할 때도 생성형 AI를 활용해 전략적인 결정을 내린다. AI는 인구 통계, 교통 패턴, 경쟁사 위치, 지역 소비자 선호도 등의 데이터를 분석해 최적의 매장 위치를 추천한다. 이를 통해 스타벅스는 매출이 극대화

될 수 있는 장소에 매장을 개설하고, 지역별 마케팅 전략을 수립한다.

예시: 스타벅스는 새로운 도시로 진출할 때, AI를 활용해 해당 지역의 소비자 행동을 분석한다. **예를 들어**, AI는 해당 지역의 직장인 비율, 대학생 인구, 주거 패턴, 교통량 등을 고려해 매장 위치를 최적화한다. 만약 AI가 분석한 결과, 특정 지역의 직장인들이 아침 출근 시간에 커피를 선호하고, 대학생들은 오후에 카페 공간을 선호한다는 패턴을 발견하면, 스타벅스는 해당 지역의 주요 출근 경로와 대학가 근처에 매장을 개설하고, 각 시간대에 맞는 프로모션을 전개한다. 예를 들어, 출근 시간에는 "아침 라떼 할인 이벤트"를, 오후에는 "학생 할인 시간대"를 도입해 고객 유입을 극대화한다. 이를 통해 스타벅스는 지역별 소비자의 니즈에 맞춘 맞춤형 마케팅 전략을 실행할 수 있다.

⑧ 고객 만족도 및 충성도 예측 모델

스타벅스는 생성형 AI를 활용해 고객 만족도와 충성도를 예측하는 모델을 개발했다. 이 모델은 고객의 구매 이력, 선호도, 피드백, 앱 사용 패턴 등을 분석해 고객이 스타벅스에 얼마나 만족하고 있는지, 그리고 향후 재방문 가능성이 높은지 예측한다. 이를 통해 스타벅스는 고객 만족도를 높이기 위한 전략을 수립하고, 고객 이탈을 예방할 수 있다.

예시: 스타벅스의 AI 모델은 고객이 최근 3개월 동안 매장을 방문한 횟수, 주문한 제품의 다양성, 피드백 내용 등을 종합적으로 분석한다. **예를 들어**, 고객이 최근에 방문 빈도가 감소하고, 제공된 프로모션에도 반응하지 않는다면, AI는 해당 고객이 이탈할 가능성이 높다고 예측한다. 이 경우, AI는 해당 고객에게 특별한 혜택을 제공하거나, 개인화된 메시지를 보내 고객을 다시 매장으로 유도한다. **예를 들어**, "고객님, 오랫동안 방문해주셔서 감사드립니다! 특별히 오늘만 무료 음료를 제공해드립니다."와 같은 메시지를 통해 고객에게 특별한 대우를 제공한다. 이를 통해 스타벅스는 고객 충성도를 유지하고, 장기적인 고객 관계를 구축할 수 있다.

⑨ **신제품 출시 및 메뉴 개발 가속화**

　　스타벅스는 생성형 AI를 활용해 신제품과 메뉴를 개발하는 데에도 속도를 높이고 있다. AI는 고객의 선호도, 계절별 트렌드, 시장 분석 데이터를 바탕으로 인기 있을 것으로 예상되는 새로운 메뉴 아이디어를 제안한다. 이를 통해 스타벅스는 트렌드에 민감하게 대응하고, 고객의 기대에 부합하는 제품을 빠르게 출시할 수 있다.

예시: AI는 전 세계의 음료 트렌드, 고객 피드백, 영양 정보 등을 분석해 새로운 메뉴를 개발한다. **예를 들어**, 건강한 라이프스타일을 추구하는 소비자들이 증가하고 있다는 분석을 바탕으로, AI는 "오트밀크 라떼"와 같은 비건 음료를 제안한다. AI는 또한 고객의 맛 선호도를 고려해 레시피를 조정하고, 적절한 재료를 추천한다. 이를 통해 스타벅스는 소비자 트렌드에 맞춘 메뉴를 신속하게 출시하고, 고객의 호응을 얻을 수 있다. AI의 이러한 분석은 제품 개발 시간을 단축하고, 시장에 적시에 제품을 출시함으로써 경쟁 우위를 확보하는 데 도움이 된다.

⑩ **AI를 활용한 환경 친화적 운영 전략**

　　스타벅스는 생성형 AI를 활용해 환경 친화적 운영 전략을 실행하고, 지속 가능한 비즈니스를 추구하고 있다. AI는 매장 운영 데이터, 에너지 사용량, 재고 관리 등의 정보를 분석해 낭비를 줄이고 자원을 효율적으로 사용하도록 돕는다. 이를 통해 스타벅스는 친환경 경영을 실천하며, 지속 가능성에 대한 고객의 기대를 충족시킬 수 있다.

예시: AI는 각 매장의 에너지 사용 패턴과 재고 사용량을 분석해 최적화된 운영 전략을 수립한다. 예를 들어, AI는 매장별로 피크 타임과 비피크 타임의 에너지 사용량을 분석하고, 비피크 타임에는 조명과 냉난방 시스템을 효율적으로 제어해 에너지 소비를 줄인다. 또한, AI는 재고 관리에서도 중요한 역할을 한다. AI는 매장별 판매 데이터를 분석해 음료 재료의 소모량을 예측하고, 적정한 재료 수량을 주문하도록 지원한다. 이를 통해 음식물 쓰레기를 줄이고, 재료의 신선도를 유지할 수 있다. 스타벅스는 이러한 AI 기반 운영 전략을 통해 환경에 미치는 영향을 최소화하고, 지속 가능한 브랜드로서의 이미지를 강화하고 있다.

정리하면, 스타벅스는 생성형 AI를 활용해 마케팅, 제품 개발, 고객 경험, 매장 운영 등 전반적인 비즈니스 프로세스를 혁신했다. 그리고 대화형 주문 시스템을 통해 고객에게 더 나은 경험을 제공하고, 개인화된 음료 추천, 맞춤형 프로모션, 매장 위치 선정, 실시간 피드백 분석, 고객 만족도 예측, 신제품 개발 등 다양한 영역에서 AI를 적극적으로 활용함으로써 고객 만족도와 충성도를 높이고, 매출을 증대시켰다. 이러한 AI 기반의 전략은 스타벅스가 변화하는 시장과 소비자 트렌드에 민첩하게 대응하고, 커피 산업에서 선두를 유지하는 데 핵심적인 역할을 했다.

이 사례는 생성형 AI가 어떻게 마케팅과 운영 전략을 혁신하고, 기업의 디지털 전환을 가속화할 수 있는지를 잘 보여준다. 스타벅스는 이러한 AI의 잠재력을 적극적으로 활용하여 브랜드를 더욱 강력하게 만들었으며, 이로써 고객과의 유대감을 강화하고, 새로운 비즈니스 가치를 창출하는 데 성공했다. AI는 고객의 행동과 선호도를 깊이 이해하고, 이를 바탕으로 고객에게 개인화된 경험을 제공하며, 기업의 운영 효율성을 향상시키는 강력한 도구임을 스타벅스의 사례를 통해 확인할 수 있다.

*출처: 스타벅스(Starbucks)

05
마이크로소프트(Microsoft)의 '일하는 방식' 혁신 사례

 마이크로소프트(Microsoft)는 생성형 AI를 적극 활용해 직원들의 일하는 방식을 혁신하고, 업무 생산성을 향상시켰다. 마이크로소프트는 다양한 AI 기반 도구와 솔루션을 통해 직원들이 더 효율적으로 일할 수 있는 환경을 조성하고, 협업과 커뮤니케이션을 강화했다. 이를 통해 일의 효율성을 높이고, 직원들의 창의성과 만족도를 증진시켰다.

① 마이크로소프트 팀즈(Microsoft Teams)와 AI 기반 협업

 마이크로소프트 팀즈는 AI를 활용해 직원 간의 협업을 강화하는 대표적인 플랫폼이다. 팀즈는 채팅, 화상 회의, 파일 공유, 프로젝트 관리 등 다양한 기능을 제공하며, AI를 통해 회의 녹음, 실시간 번역, 스마트 미팅 인사이트 등을 지원한다. 이를 통해 직원들은 효율적으로 소통하고 협업할 수 있으며, 업무 생산성을 높일 수 있다.

예시: 마이크로소프트 팀즈에서 진행된 회의에서 AI는 자동으로 회의를 녹음하고, 실시간으로 자막을 생성해준다. 회의 참석자 중 일부가 영어를 구사하고, 다른 일부가 스페인어를 구사한다면, 팀즈의 AI는 실시간 번역 기능을 활용해 영어로 말한 내용을 스페인어 자막으로 번역해준다. 또한, 회의가 끝난 후에는 AI가 녹음 내용을 텍스트로 변환해 회의 요약본을 자동으로 생성하고, 중요한 의사 결정 사항과 할 일 목록을 정리해 참석자들에게 공유한다. 이를 통해 직원들은 회의 후에 따로 메모를 정리하거나 회의 내용을 전달하는 데 소요되는 시

간을 절약하고, 더 빠르게 다음 업무를 진행할 수 있다.

② **마이크로소프트 365 코파일럿(Copilot)을 통한 업무 자동화**

마이크로소프트 365의 코파일럿(Copilot)은 생성형 AI를 활용해 다양한 업무를 자동화하고, 직원들의 생산성을 높인다. 코파일럿은 문서 작성, 데이터 분석, 이메일 관리 등 일상적인 업무를 자동으로 처리하거나 지원하며, 직원들이 더 중요한 작업에 집중할 수 있도록 돕는다.

예시: 마이크로소프트 워드에서 보고서를 작성하는 직원이 코파일럿을 활용해 내용을 작성한다고 가정해보자. 코파일럿은 직원이 보고서의 주제를 입력하면, 관련된 정보를 검색하고 그에 대한 개요를 작성해준다. 예를 들어, "AI의 비즈니스 활용 사례에 대한 보고서"라는 주제로 보고서를 작성할 때, 코파일럿은 관련 기사, 연구 보고서, 기업 사례 등을 검색해 해당 주제에 대한 핵심 내용을 추출하고, 자동으로 보고서의 구조를 제안한다. 또한, 직원이 데이터 분석이 필요한 경우, 엑셀에서 코파일럿을 사용해 복잡한 데이터를 분석하고, 시각화된 차트를 생성한다. 이를 통해 데이터 분석에 소요되는 시간을 절약하고, 중요한 인사이트를 신속하게 도출할 수 있다.

③ **아웃룩(Outlook)의 AI 기반 이메일 관리**

마이크로소프트 아웃룩은 AI를 활용해 직원들의 이메일 관리를 자동화하고 효율화한다. AI는 이메일을 자동으로 분류하고, 중요도에 따라 우선순위를 지정하며, 직원들이 받은 편지함을 효율적으로 관리할 수 있도록 돕는다. 또한, AI는 반복적인 이메일에 대한 자동 응답을 생성하고, 일정 예약을 최적화해 직원들의 시간을 절약한다.

예시: 직원이 하루에 수십 개의 이메일을 받는 경우, 아웃룩의 AI는 받은 이메일을 자동으로 분석하고, 업무와 관련된 중요한 이메일, 마케팅 이메일, 알림 이메일 등을 카테고리별로 분류한다. 중요한 이메일은 "우선순위 받은 편지함"으로 분류되고, 자동으로 중요도에 따라 정렬된다. 또한, AI는 특정 키워드를 분석해 반복적으로 발생하는 이메일에 대해 자동 응답을 생성한다. 예를 들어,

"다음 주 회의 일정에 대해 알려주세요"와 같은 요청이 자주 온다면, AI는 직원의 일정과 사전 정의된 응답을 기반으로 자동으로 회신한다. 이를 통해 직원들은 불필요한 이메일 관리에 소요되는 시간을 줄이고, 더 중요한 업무에 집중할 수 있다.

④ **마이크로소프트 파워 플랫폼(Power Platform)과 AI를 통한 업무 프로세스 최적화**

마이크로소프트 파워 플랫폼은 AI를 활용해 비즈니스 프로세스를 자동화하고 최적화할 수 있는 툴킷을 제공한다. 파워 오토메이트(Power Automate)를 사용하면 반복적인 작업을 자동화할 수 있으며, 파워 BI(Power BI)를 활용해 데이터를 시각화하고 분석함으로써 더 나은 의사 결정을 지원한다.

예시: 마이크로소프트의 파워 오토메이트를 활용해 직원들이 매일 수행하는 반복적인 업무를 자동화할 수 있다. 예를 들어, 매일 아침 특정 보고서를 다운로드하고, 해당 데이터를 분석해 요약본을 작성하는 작업이 있다고 가정해보자. AI는 이 과정을 자동화해, 지정된 시간에 보고서를 자동으로 다운로드하고, 데이터를 분석해 요약본을 생성한다. 생성된 요약본은 자동으로 이메일로 발송되거나 팀즈에 공유된다. 이를 통해 직원들은 반복적인 작업에 소요되는 시간을 절약하고, 더 전략적인 업무에 집중할 수 있게 된다.

⑤ **비주얼 스튜디오 코드(VS Code)와 AI 기반 코딩 지원**

마이크로소프트는 개발자를 위한 비주얼 스튜디오 코드(Visual Studio: VS Code)에 AI 기반 코딩 지원 기능을 도입했다. AI는 코딩 작업을 지원하며, 코딩 오류를 실시간으로 감지하고 수정 제안을 제공한다. 또한, 코딩 자동 완성 기능을 통해 개발 생산성을 향상시킨다.

예시: 개발자가 VS Code에서 코드를 작성할 때, AI는 개발자가 입력하는 코드를 분석하고 다음에 입력할 내용에 대한 자동 완성 제안을 제공한다. 예를 들어, 개발자가 특정 API 호출을 위한 코드를 작성하고 있다면, AI는 해당 API의 사용 패턴을 학습하고, 필요한 매개변수와 코드 구조를 자동으로 제안한다. 또한,

코드에서 오류가 발생하면 AI는 오류의 원인을 분석하고 수정 방안을 제시한다. 예를 들어, "이 변수는 정의되지 않았습니다"와 같은 오류 메시지가 나타날 경우, AI는 해당 변수를 정의하는 코드를 제안하거나, 유사한 변수의 사용 예시를 보여준다. 이를 통해 개발자는 코딩에 소요되는 시간을 줄이고, 코드 품질을 향상시킬 수 있다.

⑥ AI 기반 생산성 및 웰빙 관리 도구 - 마이크로소프트 비바(Microsoft Viva)

마이크로소프트 비바(Microsoft Viva)는 AI를 활용해 직원들의 생산성과 웰빙을 관리하는 통합 플랫폼이다. 비바는 직원들의 업무 패턴, 커뮤니케이션, 협업 데이터를 분석하여 업무 생산성을 높일 수 있는 제안을 제공하고, 동시에 직원들의 정신적·신체적 건강을 관리할 수 있도록 지원한다. 이를 통해 기업은 직원들의 업무 경험을 향상시키고, 장기적으로 더 건강하고 효율적인 근무 환경을 조성할 수 있다.

예시: 마이크로소프트 비바는 직원들의 일과와 관련된 데이터를 분석해 업무 패턴을 파악한다. 예를 들어, 직원이 연속적으로 긴 회의에 참여하거나 이메일에 과도하게 시간을 소비하고 있다면, 비바는 "짧은 휴식이 생산성을 높일 수 있습니다. 오늘 오후 3시쯤 잠시 휴식을 취해보세요."와 같은 알림을 제공한다. 또한, 비바는 주간 단위로 직원의 업무 활동을 분석해, '집중 시간(Deep Work)'을 설정하도록 제안한다. 이를 통해 직원들은 이메일 알림이나 회의 초대에서 잠시 벗어나 중요한 업무에 집중할 수 있는 시간을 확보할 수 있다. 비바는 또한 원격 근무 환경에서 직원들이 팀과 어떻게 연결되어 있는지 파악하고, 협업 수준을 높일 수 있는 방법을 제시함으로써 고립감을 방지하고 팀워크를 강화한다.

⑦ 다이나믹스 365(Dynamics 365)를 통한 고객 경험 관리 및 영업 전략 개선

마이크로소프트 다이나믹스 365는 AI를 활용해 기업의 고객 관계 관리(CRM) 및 기업 자원 관리(ERP) 시스템을 강화하는 솔루션이다. AI는 고객 데이터를 실시간으로 분석해 영업 기회를 예측하고, 개인화된 고객 경험을 제공하며, 마케팅 전략을 최적화한다. 이를 통해 기업은 고객 만족도를 높이고, 영업 및 마케팅의 효율성을 향상시킬 수 있다.

예시: 다이나믹스 365는 AI 기반의 영업 지원 기능을 통해 영업 팀이 더 효과적으로 고객과 상호작용할 수 있도록 지원한다. 예를 들어, AI는 잠재 고객의 행동 데이터를 분석해 해당 고객이 구매를 결정할 가능성이 높은 시기를 예측한다. 이를 바탕으로 영업 담당자는 최적의 타이밍에 고객에게 접근해 맞춤형 제안을 할 수 있다. 또한, 다이나믹스 365는 고객이 웹사이트나 소셜 미디어에서 남긴 피드백을 분석해 고객의 니즈와 선호도를 파악한다. 예를 들어, AI는 "이 제품에 대한 고객의 관심이 최근 증가하고 있습니다"라는 인사이트를 제공하며, 이 정보를 활용해 개인화된 마케팅 캠페인을 전개한다. 이를 통해 기업은 고객에게 더욱 개인화된 경험을 제공하고, 판매 전환율을 높일 수 있다.

⑧ 애저 코그니티브 서비스(Azure Cognitive Services)를 통한 AI 솔루션 개발

마이크로소프트 애저 코그니티브 서비스(Azure Cognitive Services)는 개발자들이 AI 기능을 손쉽게 애플리케이션에 통합할 수 있도록 지원하는 클라우드 기반 AI 서비스다. 이 서비스는 자연어 처리, 음성 인식, 컴퓨터 비전, 번역 등 다양한 AI 기능을 제공하며, 이를 통해 기업은 고객 서비스, 제품 개발, 데이터 분석 등 여러 영역에서 AI를 활용한 솔루션을 구축할 수 있다.

예시: 예를 들어, 고객 지원 센터를 운영하는 기업이 애저 코그니티브 서비스를 활용해 AI 기반의 챗봇을 개발할 수 있다. 이 챗봇은 자연어 처리 기능을 통해 고객의 문의를 이해하고, 실시간으로 적절한 답변을 제공한다. 고객이 "내 주문이 어디에 있는지 알려주세요"라고 질문하면, 챗봇은 고객의 주문 상태를 확인해 "주문하신 상품은 현재 배송 중이며, 예상 도착 시간은 내일 오후 2시입니다"라는 답변을 제공한다. 또한, 이 챗봇은 음성 인식 기능을 통합해 고객이 음성으로 문의할 수 있도록 지원한다. 이를 통해 기업은 고객 서비스의 효율성을 높이고, 고객 경험을 향상시킬 수 있다.

⑨ AI를 통한 보안 및 위협 관리 강화

마이크로소프트는 AI를 활용해 사이버 보안을 강화하고, 기업의 데이터와 시스템을 보호하는 데 앞장서고 있다. 마이크로소프트의 보안 솔루션은 AI를 통해 실시

간으로 위험을 감지하고 대응하며, 잠재적인 보안 위협을 사전에 차단한다. 이를 통해 기업은 데이터 유출, 사이버 공격 등의 위험을 최소화하고 안전한 업무 환경을 유지할 수 있다.

예시: 마이크로소프트 디펜더(Microsoft Defender)는 AI를 활용해 기업 네트워크에 대한 위협을 실시간으로 모니터링한다. 예를 들어, AI는 네트워크 트래픽을 분석해 비정상적인 활동이나 잠재적인 위협을 감지한다. 만약 특정 IP 주소에서 평소와 다르게 대량의 데이터 요청이 발생하거나, 사용자가 의심스러운 웹사이트에 접속하려는 시도를 감지하면, 디펜더는 이를 자동으로 차단하고 보안팀에 경고를 보낸다. 또한, AI는 수천 개의 보안 로그를 분석해 사이버 공격의 패턴을 파악하고, 이를 기반으로 향후 발생할 수 있는 위협을 예측한다. 이를 통해 기업은 보안 위험을 사전에 식별하고, 신속하게 대응할 수 있다.

⑩ 마이크로소프트 워크 트렌드 인덱스(Work Trend Index)를 통한 데이터 기반 조직 문화 개선

마이크로소프트는 생성형 AI와 데이터 분석을 통해 전 세계 기업의 업무 동향을 파악하고, 조직 문화 개선을 위한 인사이트를 제공하는 "워크 트렌드 인덱스(Work Trend Index)"를 발표하고 있다. 워크 트렌드 인덱스는 원격 근무, 하이브리드 근무 등 현대 업무 환경의 변화와 이에 따른 직원들의 행동 패턴, 생산성, 웰빙 상태를 분석해 기업들이 더 나은 일하는 방식을 도입할 수 있도록 돕는다.

예시: 워크 트렌드 인덱스는 직원들의 업무 생산성과 참여도를 향상시킬 수 있는 데이터 기반 인사이트를 제공한다. 예를 들어, 보고서에 따르면 원격 근무 환경에서 직원들의 "디지털 피로감"이 증가하고 있음을 발견했다. AI는 회의 빈도, 근무 시간 패턴, 메시지 교환량 등을 분석해 과도한 회의와 디지털 커뮤니케이션이 직원들에게 부정적인 영향을 미치고 있음을 보여준다. 이를 기반으로 마이크로소프트는 기업들에게 "비동기적 커뮤니케이션"의 중요성을 강조하고, 업무 효율을 높이기 위한 전략을 제시한다. 이를 통해 기업은 불필요한 회의와 이메일을 줄이고, 직원들이 더 집중적으로 일할 수 있는 환경을 조성할 수 있

다. 또한, AI는 직원들의 웰빙을 개선하기 위해 "집중 시간(Deep Work Time)"과 "업무와 개인 생활의 균형"을 유지할 수 있는 실천 방안을 제시한다.

정리하면, 마이크로소프트는 생성형 AI를 다양한 도구와 플랫폼에 통합하여 직원들의 일하는 방식을 혁신하고, 업무 생산성을 높였다.

팀즈를 통한 협업 강화, 365 코파일럿을 통한 업무 자동화, 아웃룩의 이메일 관리 최적화, 비바를 통한 직원 웰빙 관리, 파워 플랫폼을 통한 업무 프로세스 개선, 다이나믹스 365를 통한 고객 경험 개선, 애저 코그니티브 서비스를 통한 AI 솔루션 개발, 그리고 AI 기반 보안 강화까지, 마이크로소프트가 AI를 활용해 어떻게 업무 효율을 극대화하고, 직원들의 창의성을 발휘할 수 있는 환경을 조성했는지를 보여준다.

이러한 사례는 생성형 AI가 기업의 디지털 전환을 가속화하고, 업무 방식의 혁신을 주도할 수 있다는 것을 잘 보여준다. AI는 반복적인 작업을 자동화하고, 협업과 커뮤니케이션을 강화하며, 복잡한 문제를 해결하는 데 필요한 인사이트를 제공하는 강력한 도구다. 마이크로소프트는 이러한 AI의 잠재력을 적극 활용해 일하는 방식을 혁신(재정의)하고, 직원들이 더 효과적으로 일할 수 있는 미래 지향적인 업무 환경을 만들어냈다.

*출처: 마이크로소프트(Microsoft)

아이비엠(IBM)의 '인사관리(HR)' 혁신 사례

아이비엠(IBM)은 생성형 AI를 활용하여 인적 자원(HR) 관리에 혁신을 가져왔다. IBM은 인력 채용, 직원 경험, 역량 개발, 그리고 직원 유지 및 만족도 향상 등 다양한 HR 영역에서 AI를 적용해 효율성을 높이고, 직원들에게 더 나은 업무 환경을 제공하고 있다. 이러한 AI 활용은 조직 내 인재 관리를 최적화하고, 기업 경쟁력을 강화하는 데 중요한 역할을 한다.

① AI 기반 채용 프로세스 자동화

IBM은 AI를 활용하여 채용 프로세스를 자동화하고, 더 효과적으로 인재를 발굴하고 선발하고 있다. IBM의 AI 시스템은 수많은 이력서를 분석하고, 지원자의 경험과 역량을 기업의 요구 사항과 매칭하여 최적의 후보자를 선별한다. 이를 통해 채용 과정의 시간과 비용을 절감하고, 더 우수한 인재를 확보할 수 있다.

예시: IBM은 채용 과정에서 AI를 활용해 수천 개의 지원서와 이력서를 빠르게 분석한다. 예를 들어, 특정 소프트웨어 개발 포지션에 대한 채용 공고에 수백 명의 지원자가 몰려들었다고 가정해보자. IBM의 AI 시스템은 지원자들의 기술 스택, 경험, 학력, 이전 직무 내용 등을 분석하여 해당 직무에 가장 적합한 후보자를 자동으로 선별한다. AI는 특정 기술 언어에 대한 숙련도, 프로젝트 관리 경험, 팀 협업 능력 등의 요소를 기준으로 지원자를 평가한다. 그뿐만 아니라, AI는 지원자의 언어와 행동 패턴을 분석해 회사의 가치와 문화에 적합한지 여

부도 고려한다. 이러한 AI 기반 채용 프로세스는 인사 담당자들이 수많은 지원자 중에서 우수한 인재를 신속하게 식별할 수 있도록 돕고, 채용의 정확성과 효율성을 높인다.

② 직원 경험 및 만족도 개선

IBM은 생성형 AI를 통해 직원 경험을 개선하고, 만족도를 높이는 데 주력하고 있다. AI는 직원들의 업무 패턴, 피드백, 복지 요구 등을 분석하여 조직 내 문제를 파악하고, 직원들의 웰빙을 향상시킬 수 있는 방안을 제시한다. 이를 통해 기업은 직원 유지율을 높이고, 업무 환경을 개선할 수 있다.

예시: IBM의 AI 시스템은 직원들의 업무 일지, 익명 피드백, 생산성 데이터 등을 분석해 조직 내에서 발생하는 문제를 식별한다. 예를 들어, AI는 특정 부서의 직원들이 반복적으로 "과도한 업무량"과 "워라밸(Work-Life Balance) 부족"을 언급하는 것을 감지하면, 이를 경영진에게 보고하고 개선 방안을 제시한다. AI는 또한 개인화된 복지 프로그램을 제안하여 직원들의 웰빙을 향상시킨다. 예를 들어, 일부 직원들이 스트레스와 번아웃을 호소하는 경우, AI는 해당 직원에게 맞춤형 휴식 프로그램, 업무 일정 조정, 멘탈 헬스 케어 지원 등을 추천한다. 이를 통해 IBM은 직원들의 만족도를 높이고, 조직 내 건강한 근무 문화를 조성할 수 있다.

③ 직원 역량 개발 및 경력 관리

IBM은 직원들의 역량 개발과 경력 관리를 지원하기 위해 생성형 AI를 활용하고 있다. AI는 직원들의 현재 스킬 세트, 업무 성과, 학습 이력 등을 분석해 향후 경력 경로를 예측하고, 개인화된 학습 및 개발 계획을 제안한다. 이를 통해 직원들은 자신의 역량을 지속적으로 향상시키고, 조직 내에서 성장할 수 있다.

예시: IBM의 AI 플랫폼은 직원들이 직무에서 발휘하는 역량과 잠재력을 분석해 커리어 발전 방향을 제시한다. 예를 들어, 한 직원이 데이터 분석 분야에서 뛰어난 성과를 보이고 있다고 가정해보자. AI는 이 직원의 스킬셋과 관심사를 기반으로, "데이터 과학자(Data Scientist)"로의 경력 전환을 추천할 수 있다. 또한,

AI는 이를 지원하기 위해 추천하는 학습 과정과 필요한 기술을 제시한다. 예를 들어, AI는 "고급 데이터 분석"이나 "머신러닝 기초"와 같은 온라인 학습 과정 및 인증 프로그램을 추천하며, 이를 통해 직원은 새로운 기술을 습득하고 경력 발전에 필요한 역량을 강화할 수 있다. 이러한 AI 기반 경력 관리 시스템은 직원들의 성장을 촉진하고, 조직 내 인재 육성에 기여한다.

④ 예측 분석을 통한 직원 이탈 방지

IBM은 생성형 AI를 활용해 직원들의 이탈을 예측하고 이를 방지하기 위한 조치를 취한다. AI는 직원의 업무 만족도, 복지 참여도, 업무 성과, 근무 패턴 등을 분석해 이탈 가능성을 예측한다. 이를 통해 인사 담당자는 이탈 위험이 있는 직원들을 사전에 식별하고, 맞춤형 지원을 제공해 이탈을 방지할 수 있다.

예시: AI는 직원의 업무 활동, 피드백, 복지 프로그램 참여도 등의 데이터를 분석해 이탈 위험 지수를 산출한다. 예를 들어, 최근 몇 달간 특정 직원이 초과 근무를 자주 하고, 복지 프로그램에 대한 관심이 저조하며, 업무 만족도 설문에서 낮은 점수를 기록한 경우, AI는 이 직원의 이탈 위험이 높다고 예측한다. 이러한 정보를 기반으로 HR 팀은 해당 직원에게 일대일 면담을 제안하고, 업무 부담을 줄이기 위한 대책을 마련할 수 있다. 예를 들어, 업무 분담 조정, 전문 상담 지원, 유연 근무제 도입 등을 통해 직원의 스트레스를 경감하고, 만족도를 높이는 방향으로 조치를 취할 수 있다. 이를 통해 IBM은 직원 이탈을 사전에 방지하고, 핵심 인재를 유지할 수 있다.

⑤ AI 기반 피드백 및 성과 관리

IBM은 AI를 활용하여 직원들의 성과 관리와 피드백 프로세스를 자동화하고 개선했다. AI는 직원의 업무 성과, 피드백, 목표 달성도를 분석해 실시간 피드백을 제공하고, 성과 개선을 위한 구체적인 조언을 제시한다. 이를 통해 직원들은 명확한 목표를 설정하고, 지속적인 피드백을 통해 성장을 도모할 수 있다.

예시: IBM의 AI는 직원들의 업무 일지, 프로젝트 성과, 동료 피드백 등을 실시간으로 분석해 성과 평가를 지원한다. 예를 들어, 한 직원이 프로젝트 리더로서 팀

을 성공적으로 이끌었다면, AI는 해당 프로젝트의 주요 성과 지표를 분석해 긍정적인 피드백을 제공한다. 또한, AI는 성과 평가를 바탕으로 직원이 향후 개선할 수 있는 부분을 제시한다. 예를 들어, "팀 커뮤니케이션 개선"이나 "프로젝트 타임라인 관리 강화"와 같은 구체적인 개선 방안을 제안한다. 이를 통해 직원들은 자신의 강점과 약점을 명확하게 파악하고, 지속적으로 발전할 수 있는 방향을 찾을 수 있다.

⑥ AI 기반의 온보딩(Onboarding) 프로세스 개선

IBM은 AI를 활용해 새로운 직원들의 온보딩 프로세스를 개선하고 있다. AI는 새로운 직원들의 프로필과 역할에 맞춰 개인화된 온보딩 프로그램을 생성하며, 필요한 교육 자료, 회사 규정, 팀 소개 등을 제공한다. 이를 통해 신규 직원들이 회사에 빠르게 적응하고, 업무에 필요한 지식과 역량을 효과적으로 습득할 수 있다.

예시: 새로운 직원이 입사하면 IBM의 AI 시스템은 해당 직원의 역할, 배경, 경험에 기반해 맞춤형 온보딩 계획을 생성한다. 예를 들어, 한 소프트웨어 엔지니어가 입사하면 AI는 그를 위한 온보딩 계획에 "개발 환경 설정 가이드," "회사 코드 표준 및 베스트 프랙티스," "프로젝트 팀 소개" 등의 콘텐츠를 포함한다. 이 직원은 AI가 제공하는 대화형 온보딩 챗봇을 통해 필요한 정보를 언제든지 얻을 수 있다. 또한, AI는 입사 후 초기 몇 주 동안 직원의 참여도와 학습 진행 상황을 모니터링하여, 추가적인 지원이 필요한 경우 적시에 도움을 제공한다. 예를 들어, 직원이 특정 학습 모듈에서 어려움을 겪는 것으로 감지되면, AI는 해당 직원에게 추가 교육 자료나 멘토와의 미팅을 제안한다. 이러한 AI 기반 온보딩 시스템은 직원들의 초기 적응을 돕고, 생산성을 높이는 데 중요한 역할을 한다.

⑦ 인재 매칭 및 내부 인력 이동 최적화

IBM은 생성형 AI를 활용해 내부 인력 이동과 인재 매칭을 최적화하고 있다. AI는 직원들의 역량, 경력, 선호도, 성과 데이터를 분석해 조직 내 적합한 직무나 프로젝트를 추천하며, 인재의 잠재력을 최대한 발휘할 수 있는 기회를 제공한다. 이를 통해 조직 내 인적 자원의 효율적인 배치를 지원하고, 직원들의 경력 성장을 촉진한다.

예시: 한 직원이 현재 직무에서 새로운 도전을 찾고 있다고 가정해보자. IBM의 AI 시스템은 해당 직원의 스킬, 과거 프로젝트 경험, 학습 이력 등을 분석해 회사 내 적합한 새로운 직무나 프로젝트를 제안한다. 예를 들어, AI는 "이 직원은 데이터 분석에 뛰어난 역량을 보유하고 있으므로, 현재 진행 중인 AI 기반 데이터 분석 프로젝트에 참여하는 것이 적합하다"라는 추천을 할 수 있다. 또한, AI는 조직 내에서 필요한 역량과 현재 직원들의 역량 간의 격차를 분석해, 특정 부서나 프로젝트에 적합한 인재를 자동으로 매칭한다. 이를 통해 회사는 조직 내 인재를 효율적으로 활용하고, 필요한 곳에 적시에 배치하여 생산성과 혁신을 높일 수 있다.

⑧ 글로벌 인력 관리와 다양성 및 포용성(Diversity and Inclusion) 강화

IBM은 글로벌 기업으로서 다양한 지역과 문화적 배경을 가진 직원들을 관리한다. 생성형 AI를 활용해 IBM은 글로벌 인력 관리와 다양성 및 포용성(Diversity and Inclusion)을 강화하고, 조직 내 다양한 인재들이 공정하고 동등한 기회를 가질 수 있도록 지원한다. AI는 채용 과정, 성과 평가, 승진 등에서 편견을 줄이고, 다양성을 촉진하는 데 도움을 준다.

예시: IBM의 AI 시스템은 채용 과정에서 지원자의 이름, 성별, 연령 등 개인적인 요소에 영향을 받지 않고, 지원자의 역량과 경험에 기반해 공정한 평가를 수행한다. 예를 들어, 채용 AI는 이력서에서 특정 단어 사용 빈도, 프로젝트 성과, 기술 능력 등을 분석해 지원자의 능력을 객관적으로 평가한다. 또한, AI는 내부 인력 데이터 분석을 통해 조직 내 다양성 지표를 모니터링한다. 예를 들어, 특정 부서의 여성 리더십 비율이나, 다양한 인종 및 배경을 가진 직원들의 승진 기회 등을 분석하여, 조직 내에서 다양성과 포용성이 잘 실현되고 있는지 평가한다. 이를 기반으로 AI는 "이 부서의 여성 리더십 비율이 낮으므로, 향후 승진 과정에서 이를 고려한 조치를 취하는 것이 좋습니다"와 같은 제안을 한다. 이러한 AI 활용은 IBM이 다양하고 포용적인 조직 문화를 구축하는 데 도움을 주며, 글로벌 인재를 효과적으로 관리하는 데 기여한다. 또한 과거 평균적으로 10주가 소요됐던 직원 승진 절차를 5주로 줄였고, 이에 필요한 업무시간을 해

당 사업부서 기준 분기당 1만 2,000시간 감축하는 데 성공했다.

⑨ 학습 및 개발 플랫폼 'Your Learning'을 통한 개인화된 학습 경험 제공

IBM은 직원들의 지속적인 학습과 성장을 지원하기 위해 AI 기반 학습 및 개발 플랫폼인 'Your Learning'을 도입했다. 이 플랫폼은 생성형 AI를 활용해 각 직원의 학습 이력, 직무 요구사항, 개인적 관심사 등을 분석해 개인화된 학습 경로를 제안한다. 이를 통해 직원들은 자신의 경력 목표에 부합하는 학습 콘텐츠를 효율적으로 찾고, 역량을 향상시킬 수 있다.

예시: 'Your Learning' 플랫폼에 접속한 직원은 AI가 제안하는 맞춤형 학습 콘텐츠를 볼 수 있다. 예를 들어, 이 직원이 데이터 과학 분야로 경력을 발전시키고자 한다면, AI는 "파이썬 프로그래밍," "머신러닝 기초," "고급 데이터 분석" 등 관련된 학습 모듈을 추천한다. 또한, AI는 직원의 학습 진행 상황을 추적하고, 학습에 필요한 추가 자료나 연습 문제를 제공한다. 만약 직원이 특정 주제에 어려움을 겪고 있음을 감지하면, AI는 해당 주제에 대한 심화 교육 세션이나 멘토링 기회를 제안한다. 이를 통해 IBM은 직원들이 스스로 학습하고 성장할 수 있는 환경을 제공하고, 조직 내 전문성을 향상시킬 수 있다.

⑩ 챗봇을 활용한 인사 프로세스 자동화

IBM은 **챗봇 기술**을 활용해 인사 프로세스에서 고가치 업무 혁신을 이뤄냈다. IBM의 HR 챗봇인 'AskHR'은 직원들이 인사 관련 문의나 업무를 1년 365일, 24시간 언제든지 처리할 수 있도록 지원하며, 이를 통해 직원 경험을 크게 강화했다. 이는 단순한 질의응답을 넘어 다양한 인사 업무를 자동화하고, 직원들이 스스로 인사 서비스를 쉽게 활용할 수 있도록 하는 고도화된 AI 솔루션이다.

'AskHR'은 직원들의 인사 관련 문의에 대한 자동화된 지원을 제공하는 IBM의 AI 기반 챗봇이다. 이 챗봇은 직원들이 가장 많이 찾는 인사 업무, 예를 들어 급여, 휴가 신청, 복지 혜택, 직무 이동, 경력 개발 등 다양한 주제에 대해 빠르고 정확한 답변을 제공한다. 이를 통해 직원들은 HR 담당자와 직접 연락할 필요 없이 간단한 문의부터 복잡한 인사 업무까지 손쉽게 처리할 수 있다.

예시: 직원이 휴가 신청 절차에 대한 안내가 필요할 때, 'AskHR'에 "휴가를 어떻게 신청하나요?"라고 질문하면 챗봇은 즉시 회사의 휴가 정책과 신청 방법에 대한 상세한 안내를 제공한다. 또한, 'AskHR'은 이를 넘어서 실제로 휴가 신청을 대행할 수도 있다. 직원이 "다음 주에 3일간 휴가를 신청하고 싶습니다"라고 입력하면, 챗봇은 사전 설정된 규칙과 시스템을 통해 자동으로 휴가 신청을 처리하고, 승인 상태를 실시간으로 업데이트한다. 이를 통해 직원은 불필요한 절차 없이 간편하게 휴가를 관리할 수 있다.

⑪ **직원 자율성 강화 및 HR 업무 효율성 향상**

'AskHR' 챗봇의 가장 큰 혁신은 직원들이 스스로 인사 업무를 직접 처리할 수 있도록 자율성을 강화하고, HR 부서의 업무 효율성을 높였다는 점이다. 직원들은 인사 문의에 대한 즉각적인 답변과 업무 처리를 통해 업무 생산성을 높일 수 있으며, HR 담당자들은 반복적이고 단순한 업무에 소모되는 시간을 줄이고, 보다 고가치의 전략적 업무에 집중할 수 있게 되었다.

예시: 급여 관련 문의는 많은 기업에서 빈번하게 발생하는 인사 업무 중 하나다. 직원들이 "이번 달 급여 내역을 확인하고 싶습니다" 또는 "급여에서 세금이 어떻게 공제되었는지 알고 싶습니다"와 같은 질문을 할 때, 'AskHR' 챗봇은 자동으로 시스템에서 해당 직원의 급여 내역을 확인하고 필요한 정보를 제공한다. 이러한 프로세스는 수동으로 처리될 경우 HR 담당자의 시간과 노력이 많이 필요하지만, 챗봇을 활용함으로써 이러한 단순한 업무를 자동화할 수 있다. 그 결과, HR 담당자들은 전략적 인력 계획, 직원 개발 프로그램 설계, 조직 문화 개선과 같은 고가치 업무에 집중할 수 있게 되었다.

⑫ **지속적인 학습과 데이터 활용을 통한 서비스 향상**

'AskHR'은 단순한 답변 제공을 넘어 지속적으로 직원들의 문의 데이터를 분석하고 학습함으로써 서비스의 품질을 향상시킨다. 챗봇은 직원들이 가장 자주 묻는 질문이나 겪는 문제를 파악하여 인사 정책의 개선점이나 추가적인 지원이 필요한 영역을 식별한다. 이를 통해 HR 부서는 더 나은 인사 정책과 서비스를 개발하고, 직원 경험을 지속적으로 향상시킬 수 있다.

예시: 'AskHR'은 직원들의 문의 내용을 분석해 "직원들이 최근에 복지 혜택에 대한 문의가 증가하고 있습니다"와 같은 인사이트를 제공한다. 이를 통해 HR 부서는 복지 혜택에 대한 추가 교육이나 정보 제공이 필요하다는 사실을 인지하고, 이에 따라 복지 프로그램에 대한 설명을 강화하거나 새로운 안내서를 제공하는 등의 조치를 취할 수 있다. 이러한 데이터 기반 접근은 직원 만족도를 높이고, 조직 전체의 HR 서비스 품질을 개선하는 데 기여한다.

IBM의 'AskHR' 챗봇은 직원들이 인사 업무를 스스로 효율적으로 관리할 수 있도록 지원함으로써 직원 경험을 강화하고, HR 부서의 업무 효율성을 높인 대표적인 고가치 업무 혁신 사례다. AI 기반의 챗봇을 통해 IBM은 인사 프로세스의 자동화, 직원 자율성 강화, HR 담당자들의 전략적 업무 집중을 실현할 수 있었다.

정리하면, IBM은 생성형 AI를 통해 HR 분야의 모든 측면을 혁신하고, 조직 내 인적 자원을 최적화하는 데 성공했다. 채용 프로세스 자동화, 직원 경험 및 만족도 개선, 역량 개발 및 경력 관리, 직원 이탈 예측, 온보딩 프로세스 개선, 인재 매칭 및 내부 이동 최적화, 다양성 및 포용성 강화, 개인화된 학습 경험 제공, 조직 문화 분석 등 다양한 영역에서 AI를 적극적으로 활용하여 직원들이 최상의 역량을 발휘할 수 있는 환경을 조성했다.

이러한 사례는 생성형 AI가 HR 분야에서 어떻게 인재 관리를 혁신하고, 조직의 경쟁력을 강화할 수 있는지 잘 보여준다. AI는 인적 자원의 효율적 관리, 개인화된 경험 제공, 공정한 채용 및 평가, 조직 문화 개선에 기여하는 강력한 도구다. IBM의 HR 혁신 사례는 기업들이 AI를 통해 인적 자원 관리에서 새로운 차원의 혁신을 이룰 수 있다는 것을 보여주며, 미래의 HR 관리의 방향성을 제시하고 있다.

*출처: IBM

지멘스(Siemens)의 '제조 공정 디지털화' 혁신 사례

지멘스(Siemens)는 제조 공정의 디지털화를 통해 스마트 팩토리(Smart Factory) 개념을 구현하고, 생산 효율성과 유연성을 크게 향상시켰다. 제조 산업에서의 디지털 전환은 생산 라인, 제품 개발, 유지보수 등 여러 분야에 AI와 IoT(사물인터넷) 기술을 접목해 운영의 최적화를 가능하게 한다. 지멘스는 제조공정 디지털화를 통해 데이터 중심의 의사결정을 강화하고, 고객 요구에 신속하게 대응할 수 있는 유연한 생산 시스템을 구축했다.

① **디지털 트윈(Digital Twin)을 통한 생산 공정 최적화**

지멘스는 디지털 트윈 기술을 활용해 실제 생산 공정의 가상 모델을 생성하고, 이를 통해 생산 공정을 시뮬레이션하고 최적화했다. 디지털 트윈은 실제 생산 환경의 모든 요소를 디지털화하여 가상 세계에서 시뮬레이션하고 분석할 수 있도록 하는 기술이다. 이를 통해 지멘스는 생산 공정의 효율성을 높이고, 제품 품질을 개선할 수 있었다.

예시: 지멘스는 항공기 부품을 제조하는 생산 라인에 디지털 트윈을 적용했다. 각 생산 단계의 장비, 부품, 작업자 등의 데이터를 수집하여 디지털 트윈을 구축하고, 이를 통해 실제 생산 과정에서 발생할 수 있는 문제를 사전에 예측했다. 예를 들어, 지멘스는 디지털 트윈을 활용해 생산 라인의 속도, 장비의 가동 상태, 작업자의 이동 경로 등을 시뮬레이션하여 생산 라인의 병목 현상을 사전에 발

견하고 개선 방안을 제시했다. 이를 통해 생산 라인의 효율성을 높이고, 제품의 품질을 유지하면서도 생산 비용을 절감할 수 있었다.

② 생산 라인에 IoT 및 AI 기술 도입

지멘스는 제조공정의 디지털화를 위해 IoT 센서와 AI 알고리즘을 생산 라인에 도입했다. IoT 센서는 생산 장비와 공정의 실시간 데이터를 수집하며, AI 알고리즘은 이 데이터를 분석하여 생산 공정의 최적화를 지원한다. 이를 통해 생산 장비의 상태를 모니터링하고, 유지보수 시점을 예측하며, 생산 과정의 자동화와 효율화를 이룰 수 있다.

예시: 지멘스는 생산 장비에 IoT 센서를 설치해 온도, 압력, 진동 등의 데이터를 실시간으로 모니터링한다. AI는 이 데이터를 분석하여 장비의 상태를 파악하고, 이상 징후를 감지하면 예측 유지보수를 실행한다. 예를 들어, 특정 장비에서 이상 진동이 감지되면 AI는 해당 장비가 고장나기 전에 유지보수 작업을 수행하도록 알림을 보낸다. 이를 통해 지멘스는 생산 라인의 비가동 시간을 최소화하고, 장비 수명을 연장하여 생산 효율성을 높일 수 있었다. 또한, 생산 공정에서 발생하는 데이터 분석을 통해 생산 라인의 자동화 수준을 높여 품질 일관성을 유지하고 생산 속도를 향상시켰다.

③ 유연한 생산 시스템 구축

지멘스는 디지털화를 통해 유연한 생산 시스템을 구축하여 다양한 제품을 신속하게 생산할 수 있는 환경을 조성했다. 고객의 요구사항이 다양해지고 제품의 수명 주기가 짧아짐에 따라 제조업체는 유연한 생산 시스템을 갖추는 것이 중요하다. 지멘스는 디지털 기술을 활용해 생산 공정을 유연하게 조정하고, 맞춤형 제품을 생산하는 능력을 향상시켰다.

예시: 지멘스는 제조 라인을 디지털화하여 한 가지 제품을 대량 생산하는 기존 방식에서 다양한 제품을 소량 생산할 수 있는 시스템으로 전환했다. 예를 들어, 지멘스는 전기 자동차의 배터리 모듈을 생산하는 공정에서 고객이 요청하는 배터리 사양에 따라 생산 라인을 자동으로 조정할 수 있도록 했다. AI는 고객 주

문 정보를 분석하여 생산 스케줄을 최적화하고, 생산 장비를 유연하게 설정한다. 이를 통해 지멘스는 주문에 따라 제품 사양을 변경하고, 맞춤형 제품을 효율적으로 생산할 수 있게 되었다. 또한, 생산 프로세스의 자동화와 최적화를 통해 생산 시간을 단축하고, 비용을 절감하여 경쟁력을 확보했다.

④ **실시간 데이터 분석을 통한 품질 관리 강화 시스템**

지멘스는 제조 공정에서 발생하는 실시간 데이터를 분석하여 제품 품질을 관리하고 개선했다. AI와 머신러닝 알고리즘을 통해 생산 공정의 데이터를 실시간으로 분석하고, 품질 이상을 조기에 감지하여 문제를 해결할 수 있다. 이를 통해 지멘스는 생산 과정에서 발생할 수 있는 품질 이슈를 최소화하고, 제품의 신뢰성을 높였다.

예시: 지멘스는 생산 라인에서 제품의 결함을 실시간으로 감지하기 위해 AI 기반의 컴퓨터 비전 기술을 도입했다. 생산 공정 중에 카메라와 센서를 통해 제품을 검사하고, AI는 이미지 데이터를 분석하여 제품의 표면 결함, 조립 오류 등을 실시간으로 감지한다. 예를 들어, 특정 전자 부품의 조립 과정에서 미세한 결함이 발생하면 AI는 이를 즉시 감지하고 생산 라인을 멈춰 문제를 수정한다. 이를 통해 지멘스는 불량품이 고객에게 전달되는 것을 방지하고, 생산 과정에서 품질 문제를 조기에 해결함으로써 제품 신뢰성을 향상시켰다.

⑤ **예측 분석을 통한 공급망 관리 최적화**

지멘스는 제조 공정뿐만 아니라 공급망 관리에도 디지털 기술을 적용하여 전체 생산 프로세스의 효율성을 높였다. AI와 머신러닝을 활용해 공급망의 모든 단계에서 발생하는 데이터를 분석하고, 수요 예측, 재고 관리, 물류 최적화 등을 실시간으로 수행한다. 이를 통해 지멘스는 공급망의 가시성을 높이고, 공급망에 발생할 수 있는 위험을 사전에 관리할 수 있게 되었다.

예시: 지멘스는 글로벌 공급망에서 발생하는 수많은 데이터를 수집하고, AI를 통해 이를 분석하여 생산 계획과 재고 관리 전략을 최적화했다. 예를 들어, 시장 수요 변동, 원자재 가격 변동, 물류 지연 등의 요인을 AI가 분석하여 미래의 수요를 예측한다. 만약 AI가 특정 부품의 수요 증가를 예측하면, 지멘스는 즉시 공

급업체에 주문을 조정하고, 생산 라인의 가동을 최적화하여 필요한 부품을 적시에 확보할 수 있다. 반대로 수요 감소가 예상되는 경우, 재고 과잉을 방지하기 위해 생산을 조정하거나 재고를 효율적으로 배치한다. 이러한 예측 분석을 통해 지멘스는 재고 비용을 절감하고, 제품 생산과 고객 주문 간의 균형을 유지하며, 공급망의 효율성과 유연성을 향상시켰다.

⑥ 가상 시운전(Virtual Commissioning)으로 생산 장비 및 라인 검증

지멘스는 디지털 트윈을 활용하여 새로운 생산 장비나 생산 라인을 가상 환경에서 시운전하는 '가상 시운전(Virtual Commissioning)'을 도입했다. 실제 생산에 앞서 가상 환경에서 장비와 생산 라인의 성능을 테스트하고 검증함으로써, 생산 시작 시 발생할 수 있는 문제를 사전에 식별하고 해결한다. 이를 통해 생산 라인의 가동 준비 시간을 단축하고, 초기 생산 문제를 최소화할 수 있다.

예시: 지멘스는 새로운 전자 부품을 생산하기 위해 생산 라인을 업그레이드할 때, 디지털 트윈을 활용하여 가상 시운전을 수행했다. 새로운 장비와 생산 라인의 디지털 모델을 가상 환경에서 구성하고, 실제 생산 조건을 시뮬레이션하여 각 단계에서 발생할 수 있는 문제를 사전에 테스트했다. 예를 들어, 생산 라인에서 제품이 이동하는 속도, 로봇의 작업 정확도, 장비 간의 상호 작용 등을 가상 시운전을 통해 분석했다. 가상 환경에서 잠재적인 문제를 발견하면, 지멘스는 이를 수정하고 최적의 생산 설정을 찾았다. 이를 통해 실제 생산을 시작할 때 초기 문제를 최소화하고, 생산 라인의 가동 시간을 단축하여 신제품 출시 시간을 앞당길 수 있었다.

⑦ 예방 유지보수와 생산 라인 안정성 강화 시스템

지멘스는 제조 공정에서 발생하는 데이터를 활용하여 예방 유지보수를 강화하고, 생산 라인의 안정성을 높였다. AI와 머신러닝 기술을 사용하여 장비의 성능 데이터를 분석하고, 고장이나 비정상적인 작동 패턴을 조기에 감지한다. 이를 통해 지멘스는 장비의 고장을 사전에 방지하고, 생산 라인의 가동 중단 시간을 최소화하여 효율적인 생산 운영을 유지할 수 있었다.

예시: 지멘스는 생산 라인에 설치된 각종 장비와 기계의 작동 데이터를 수집하고, 이를 AI 모델을 통해 분석한다. 예를 들어, AI는 모터의 진동, 온도, 소음 등의 데이터를 실시간으로 모니터링하고, 정상적인 작동 패턴과의 차이를 분석하여 잠재적인 고장 징후를 감지한다. 만약 특정 모터에서 비정상적인 진동 패턴이 감지되면, AI는 해당 모터가 고장날 가능성이 있다고 판단하고, 이를 유지보수 팀에 알린다. 그 결과, 유지보수 팀은 모터가 실제로 고장나기 전에 예방적으로 조치를 취할 수 있으며, 이로 인해 생산 라인의 비가동 시간을 방지할 수 있다. 이러한 예방 유지보수 시스템은 장비의 수명을 연장하고, 생산 라인의 안정성과 효율성을 높이는 데 중요한 역할을 한다.

⑧ **생산 데이터의 클라우드 통합과 분석 플랫폼 구축**

지멘스는 제조 공정에서 발생하는 대규모 데이터를 클라우드 환경에서 통합 관리하고 분석하기 위한 플랫폼을 구축했다. 클라우드 기반의 데이터 플랫폼은 생산 공정, 장비, 공급망, 품질 관리 등 다양한 영역에서 수집된 데이터를 중앙 집중화하고, AI와 머신러닝을 활용해 실시간 분석 및 인사이트를 제공한다. 이를 통해 지멘스는 의사 결정 속도를 높이고, 생산 공정의 전반적인 효율성을 향상시킬 수 있었다.

예시: 지멘스는 클라우드 플랫폼을 통해 각 생산 시설에서 수집된 모든 데이터를 중앙 서버에 통합하여 관리한다. 생산 라인의 실시간 상태, 장비 가동률, 제품 품질 데이터, 에너지 사용량 등 다양한 데이터를 클라우드에 저장하고, AI 알고리즘을 통해 실시간으로 분석한다. 예를 들어, 생산 라인에서 특정 부품의 불량률이 증가하는 패턴이 발견되면, AI는 이를 즉시 감지하고 원인 분석을 수행한다. AI는 해당 부품의 제조 과정, 공급업체, 환경 조건 등을 분석하여 불량의 원인을 파악하고, 개선 조치를 제안한다. 이를 통해 지멘스는 품질 문제를 신속하게 해결하고, 생산 공정의 효율성을 향상시킬 수 있다. 또한, 클라우드 기반 데이터 플랫폼을 통해 지멘스는 글로벌 생산 시설 간의 데이터를 공유하고 협업을 강화하여 전반적인 생산 운영의 최적화를 실현하고 있다.

⑨ 생산 프로세스의 지속적인 개선을 위한 데이터 기반 의사 결정

지멘스는 제조공정 디지털화를 통해 생산 프로세스의 지속적인 개선을 위한 데이터 기반 의사 결정 문화를 구축했다. 실시간 데이터 분석, 시뮬레이션, AI 기반 예측 등을 활용하여 생산 라인의 효율성, 품질, 유연성을 지속적으로 향상시키기 위한 전략을 수립하고 실행한다. 이를 통해 지멘스는 시장 변화에 민첩하게 대응하고, 지속적인 혁신을 추구할 수 있다.

예시: 지멘스는 정기적으로 생산 라인의 효율성과 품질을 평가하고 개선 전략을 수립하기 위해 AI를 활용한 데이터 분석을 수행한다. 예를 들어, 생산 라인의 가동률, 생산 속도, 품질 검사 결과 등을 분석하여 생산 공정에서 발생하는 비효율적인 요소를 식별한다. AI는 생산 라인에서 발생하는 병목 현상을 발견하고, 최적의 작업 흐름을 제안한다. 또한, 시뮬레이션을 통해 새로운 생산 전략이나 장비 업그레이드의 효과를 가상 환경에서 테스트하고, 최적의 솔루션을 찾는다. 이를 통해 지멘스는 생산 프로세스를 지속적으로 개선하고, 시장 요구에 따라 생산 라인을 신속하게 조정할 수 있다. 이러한 데이터 기반 의사 결정은 제조 공정의 혁신과 경쟁력 강화에 핵심적인 역할을 한다.

⑩ 맞춤형 교육 및 작업 지침을 통한 인력 활용 최적화

지멘스는 제조 공정 디지털화를 통해 현장 작업자에게 맞춤형 교육과 작업 지침을 제공하여 인력 활용을 최적화했다. AR(증강현실)과 AI 기술을 활용해 작업자가 복잡한 장비를 안전하고 효과적으로 운영할 수 있도록 지원한다. 이를 통해 작업자의 역량을 강화하고, 생산 과정에서 발생할 수 있는 오류를 최소화하여 품질과 안전을 향상시켰다.

예시: 지멘스는 생산 현장에서 AR 기술을 활용해 작업자에게 실시간으로 작업 지침을 제공한다. 예를 들어, 신규 작업자가 복잡한 기계를 조립하거나 유지보수해야 할 때, AR 헤드셋을 착용하면 가상 화면에 작업 절차와 단계별 지침이 표시된다. AI는 작업자의 작업 속도와 정확성을 모니터링하며, 필요한 경우 실시간으로 피드백을 제공한다. 만약 작업자가 조립 과정에서 부품을 잘못 설치하는

것을 감지하면, AI는 "해당 부품의 위치를 조정하세요"와 같은 안내를 제공한다. 이를 통해 작업자는 안전하고 정확하게 작업을 수행할 수 있으며, 기계 조립과 유지보수 과정에서 발생할 수 있는 오류를 줄일 수 있다. 또한, 이러한 디지털 도구를 통해 작업자는 스스로 학습하고 역량을 향상시킬 수 있어 인력 활용의 효율성을 높인다.

정리하면, 지멘스는 제조공정 디지털화를 통해 예방 유지보수, 인력 활용 최적화, 클라우드 데이터 통합, 지속적인 개선, 공급망 관리, 에너지 효율, 맞춤형 생산 등 다양한 영역에서 혁신을 실현했다. 디지털 트윈, IoT, AI, 예측 분석, 가상 시운전, 클라우드, AR 등의 기술을 활용해 제조 공정의 모든 측면을 실시간으로 모니터링, 분석, 최적화함으로써 생산 효율성, 품질, 지속 가능성, 유연성을 높였다. 또한, 데이터 기반 의사 결정 문화를 구축하여 지속적인 혁신을 추구하고, 변화하는 시장 환경에 민첩하게 대응할 수 있는 능력을 확보했다.

지멘스의 사례는 제조업 분야에서 디지털 전환이 어떻게 생산 공정의 혁신을 이끌고, 기업의 경쟁력을 강화할 수 있는지에 대한 모범적인 예시를 제공한다. 제조 공정 디지털화는 단순한 자동화나 효율성 개선을 넘어, 데이터 기반의 의사 결정, 고객 맞춤형 생산, 지속 가능한 운영 등을 가능하게 한다. 이를 통해 지멘스는 스마트 팩토리의 선도 기업으로서 산업의 미래를 개척하고, 제조업의 디지털 혁신을 주도하고 있다.

SIEMENS

*출처: 지멘스

08
필립스(Philips)의 '헬스케어 디지털 전환' 혁신 사례

필립스(Philips)는 헬스케어 분야에서 생성형 AI와 디지털 전환을 통해 의료 서비스의 혁신을 이끌고 있다. 의료 영상 분석, 환자 데이터 관리, 예측 진단 등 다양한 영역에서 AI 기술을 활용하여 의료진의 업무 효율을 높이고, 환자 중심의 헬스케어를 실현하고 있다. 이를 통해 의료 서비스의 정확도와 효율성을 향상시키고, 환자 치료 결과를 개선하고 있다.

① **AI 기반 의료 영상 분석 및 진단 지원**

필립스는 AI를 활용해 의료 영상 분석을 자동화하고, 의사들의 진단 과정을 지원함으로써 정확성과 효율성을 크게 향상시켰다. 특히, 방사선 영상, CT, MRI 등의 의료 영상을 분석하는 데 AI를 도입해 의료진이 환자의 상태를 빠르고 정확하게 파악할 수 있도록 돕는다.

예시: 필립스는 폐암, 유방암, 심장 질환 등 다양한 질환을 조기에 발견하고 진단하는 데 도움이 되는 AI 기반 의료 영상 분석 솔루션을 개발했다. 예를 들어, 폐암의 조기 진단을 위해 필립스의 AI 솔루션은 환자의 CT 스캔 이미지를 분석해 폐 결절을 자동으로 식별하고, 크기, 모양, 밀도 등의 특성을 파악한다. AI는 수천 개의 의료 영상을 학습하여 미세한 병변을 빠르게 감지할 수 있으며, 의사에게 이상 부위를 강조하여 보여준다. 만약 AI가 폐의 특정 부위에서 비정상적인 결절을 발견하면, 이를 시각적으로 표시하고 의사에게 조기 치료를 위

한 권고 사항을 제공한다. 이를 통해 의사는 진단 정확도를 높이고, 환자에게 신속한 치료를 제공할 수 있다.

② **환자 모니터링 및 예측 분석**

필립스는 생성형 AI를 활용해 환자의 상태를 지속적으로 모니터링하고, 예측 분석을 통해 의료진에게 중요한 임상 인사이트를 제공한다. 이를 통해 중환자실, 병동, 가정 등 다양한 환경에서 환자 상태를 실시간으로 파악하고, 중증 상태의 조기 발견 및 응급 대응을 가능하게 한다.

예시: 필립스의 AI 기반 환자 모니터링 시스템은 중환자실(ICU)에서 환자의 생체 신호(심박수, 호흡수, 혈압, 산소포화도 등)를 실시간으로 모니터링한다. AI는 이러한 데이터를 분석해 환자의 상태 변화를 예측하고, 중증 악화 가능성을 조기에 감지한다. 예를 들어, AI는 환자의 생체 신호에서 미세한 변화를 감지하여 "다음 24시간 내에 패혈증 발생 위험이 높다"와 같은 예측을 제공한다. 의료진은 이러한 예측 분석을 통해 환자의 상태를 신속하게 파악하고, 조기 치료를 위한 결정을 내릴 수 있다. 이를 통해 환자의 합병증을 예방하고, 중환자실에서의 치료 성과를 향상시킬 수 있다.

③ **AI 기반 환자 데이터 관리 및 개인화된 치료**

필립스는 환자의 의료 기록, 검사 결과, 치료 이력 등을 종합적으로 관리하기 위해 AI와 클라우드 기반의 통합 데이터 플랫폼을 구축했다. 이를 통해 의료진은 환자의 전반적인 건강 상태를 한눈에 파악하고, 데이터에 기반한 개인화된 치료 계획을 수립할 수 있다.

예시: 필립스는 AI를 활용해 각 환자의 의료 데이터를 분석하고, 개인별로 최적화된 치료 옵션을 제공한다. 예를 들어, 만성 질환을 가진 환자의 경우, AI는 환자의 과거 의료 기록, 현재 상태, 생활 습관 등을 종합적으로 분석하여 맞춤형 치료 계획을 제안한다. 만약 고혈압 환자가 약물 치료를 받고 있다면, AI는 해당 환자의 혈압 변화 추이, 약물 반응, 부작용 등의 데이터를 분석해 최적의 약물 조합과 용량을 추천한다. 또한, AI는 환자가 가정에서 스스로 관리할 수 있는 건

강 관리 방안(예: 식단, 운동 계획 등)을 제시하여 환자와 의료진 간의 지속적인 관리가 가능하도록 지원한다. 이를 통해 필립스는 환자 중심의 개인화된 의료 서비스를 제공하고, 치료 효과를 향상시킬 수 있다.

④ **AI 기반 예측 유지보수 및 의료 장비 가동 시간 최적화**

필립스는 의료 장비의 가동 상태를 실시간으로 모니터링하고, AI를 활용해 장비의 고장을 예측하고 유지보수를 사전에 수행한다. 이를 통해 의료 장비의 가동 시간을 최적화하고, 진단 및 치료 지연을 최소화하여 의료 서비스의 효율성을 높인다.

예시: 필립스는 MRI, CT 스캐너 등의 의료 장비에 IoT 센서와 AI를 적용하여 장비의 상태를 실시간으로 모니터링한다. AI는 장비의 사용 패턴, 온도, 진동 등의 데이터를 분석하여 고장 가능성을 예측하고, 예방 유지보수를 수행할 시점을 결정한다. 예를 들어, AI는 MRI 장비에서 특정 부품의 온도 상승 패턴을 감지하고, 부품 교체 시기를 예측하여 의료진에게 알림을 제공한다. 이를 통해 장비가 실제로 고장나기 전에 유지보수를 수행하여 가동 중단 시간을 최소화할 수 있다. 또한, 장비의 가동률을 높임으로써 의료진은 더 많은 환자에게 진단과 치료 서비스를 제공할 수 있게 된다.

⑤ **의료진 교육 및 협업을 위한 AI 지원 플랫폼**

필립스는 의료진 교육과 협업을 지원하기 위해 AI 기반의 디지털 플랫폼을 구축했다. 이를 통해 의료진은 최신 의료 지식과 사례를 학습하고, 다양한 의료 전문가와 협력하여 복잡한 진단 및 치료 결정을 내릴 수 있다.

예시: 필립스의 AI 지원 플랫폼은 의료진에게 최신 의료 연구 결과, 진단 가이드라인, 치료 프로토콜 등을 제공한다. 예를 들어, 심장 전문의가 복잡한 심장 질환을 진단하고 치료 방안을 결정할 때, 플랫폼은 최신 연구를 기반으로 한 심장 MRI 분석 결과와 치료 옵션을 제시한다. 또한, 이 플랫폼을 통해 의료진은 원격 협진을 수행할 수 있다. 예를 들어, 한 병원의 영상의학과 의사가 환자의 뇌 MRI 영상을 분석할 때, AI는 먼저 주요 이상 부위를 식별하고, 플랫폼을 통해 신경과 전문의와 협업하여 최적의 진단을 내릴 수 있도록 지원한다. 이를 통해

의료진은 더 정확하고 신속한 진단 및 치료 결정을 내릴 수 있으며, 환자 치료의 질을 향상시킬 수 있다.

⑥ **원격 의료 및 환자 관리 솔루션**

필립스는 AI와 원격 의료 기술을 결합하여 의료 기관과 환자 간의 원격 진료 및 환자 관리를 지원하는 솔루션을 개발했다. 이러한 원격 의료 솔루션은 특히 만성 질환을 가진 환자, 고령자, 거동이 불편한 환자 등 지속적인 모니터링이 필요한 환자들에게 큰 도움을 주고 있다. 의료진은 원격으로 환자의 상태를 모니터링하고, 적시에 필요한 조치를 취할 수 있다.

예시: 필립스의 원격 의료 솔루션은 만성 질환 환자를 위한 개인화된 관리 프로그램을 제공한다. 예를 들어, 심부전 환자가 집에서 생활하는 동안 웨어러블 기기를 통해 심박수, 혈압, 체중, 산소포화도 등의 데이터를 수집한다. 이 데이터는 실시간으로 클라우드에 전송되고, 필립스의 AI 시스템이 이를 분석하여 환자의 건강 상태를 모니터링한다. 만약 심부전 환자의 상태가 악화될 조짐을 보이면, AI는 즉시 경고를 발송하고 의료진에게 알린다. 의료진은 이를 통해 신속하게 환자에게 연락하여 상태를 확인하고, 필요할 경우 약물 조정이나 병원 방문을 권고한다. 이를 통해 의료진은 환자의 상태를 지속적으로 관리하고, 위급 상황을 예방할 수 있으며, 환자는 더 나은 삶의 질을 유지할 수 있다.

⑦ **스마트 병원 구축을 위한 통합 플랫폼 제공**

필립스는 스마트 병원 구축을 위한 통합 플랫폼을 제공하여 병원의 운영 효율성과 환자 경험을 개선하고 있다. 이 플랫폼은 병원 내 모든 의료 기기와 시스템을 통합하여 실시간 데이터를 제공하고, 환자 관리, 자원 최적화, 의사결정 지원 등의 기능을 수행한다.

예시: 필립스의 스마트 병원 플랫폼은 병원의 모든 부서와 의료 기기를 통합하여 하나의 대시보드에서 실시간으로 모니터링한다. 예를 들어, 수술실, 중환자실, 응급실 등 병원의 주요 부서에서 발생하는 모든 의료 데이터를 중앙 통제실에서 실시간으로 확인할 수 있다. 의료진은 각 환자의 상태, 수술 진행 상황, 의

료 장비의 가동 상태 등을 한눈에 파악하고, 신속한 의사결정을 내릴 수 있다. 또한, 이 플랫폼은 병원의 자원 관리에도 도움을 준다. 예를 들어, 병실 배정, 수술 일정 조정, 의료진 배치 등을 최적화하여 병원의 운영 효율을 높인다. 이를 통해 병원은 환자에게 더 빠르고 정확한 의료 서비스를 제공하고, 의료진의 업무 부담을 경감시켜 병원의 전반적인 운영을 개선할 수 있다.

⑧ 의료 연구 및 혁신 지원을 위한 AI 활용

필립스는 의료 연구 분야에서 AI를 활용하여 새로운 치료법과 의료 기술 개발을 지원하고 있다. AI는 방대한 의료 데이터를 분석하여 새로운 인사이트를 도출하고, 임상 시험 및 연구 과정을 가속화한다. 이를 통해 필립스는 의료 혁신을 촉진하고, 더 효과적인 치료법과 진단 도구를 개발하는 데 기여하고 있다.

예시: 필립스는 암 연구를 위한 AI 기반 분석 도구를 개발하여 의료 연구자들에게 제공한다. 예를 들어, AI는 수천 개의 암 환자 데이터셋을 분석하여 암의 발생 패턴, 유전자 변이, 치료 반응 등을 파악한다. 연구자들은 이러한 분석 결과를 토대로 특정 암 유형에 대한 새로운 치료 전략을 개발하고, 맞춤형 치료법을 설계할 수 있다. 또한, 필립스의 AI는 임상 시험 과정을 최적화하여 새로운 약물이나 치료법의 효과를 신속하게 평가한다. 이를 통해 암 치료를 위한 새로운 방법을 개발하고, 환자들에게 더 나은 치료 옵션을 제공할 수 있다. 필립스는 이러한 AI 기반 의료 연구 지원을 통해 헬스케어 산업의 지속적인 혁신을 주도하고 있다.

⑨ 환자 경험 개선을 위한 AI 기반 솔루션

필립스는 환자의 의료 경험을 개선하기 위해 AI 기반 솔루션을 개발하여 환자들이 더 편리하고 효율적으로 의료 서비스를 이용할 수 있도록 지원한다. 이러한 솔루션은 진료 예약, 의료 상담, 치료 계획 관리 등 환자 중심의 서비스를 제공하며, 환자들의 참여와 만족도를 높인다.

예시: 필립스는 환자들이 스마트폰 앱을 통해 진료 예약과 의료 상담을 쉽게 할 수 있는 AI 기반 서비스를 제공한다. 예를 들어, 환자가 앱을 통해 진료 예약을 요

청하면, AI는 환자의 증상과 의료 기록을 분석하여 적절한 전문의를 추천하고, 가능한 진료 시간을 제시한다. 또한, 환자가 치료 계획을 따라가는 데 어려움을 겪을 경우, AI는 개인화된 알림과 조언을 제공한다. 예를 들어, 만성 질환을 앓고 있는 환자에게는 약 복용 시간, 운동 계획, 영양 섭취 등의 개인화된 지침을 제공하여 환자가 치료 계획을 효과적으로 이행할 수 있도록 돕는다. 이를 통해 필립스는 환자들이 의료 서비스에 더 적극적으로 참여하고, 치료 결과를 개선할 수 있도록 지원하고 있다.

⑩ 데이터 기반 헬스케어 솔루션

필립스는 의료 데이터를 활용하여 새로운 헬스케어 서비스 모델을 개발하고, 환자에게 더 나은 치료 경험을 제공하고 있다. 빅데이터 분석과 AI를 활용해 환자의 건강 상태, 치료 효과, 의료 비용 등을 분석하여 새로운 헬스케어 솔루션을 제공한다.

예시: 필립스는 의료 데이터를 분석하여 예측 의료 서비스를 제공한다. 예를 들어, 만성 질환 환자의 장기적인 건강 데이터를 분석하여, 특정 시점에서 질병 악화 위험을 예측하고, 이에 대한 예방 조치를 제안한다. 만약 AI가 한 당뇨병 환자의 혈당 수치, 식습관, 운동량 등을 분석하여 앞으로 몇 주 내에 혈당 조절이 어려울 것으로 예측하면, 환자와 의료진에게 알림을 보내어 예방 조치를 취할 수 있도록 돕는다. 이와 함께 필립스는 데이터 기반의 치료 효과 분석을 통해 환자에게 최적의 치료 방법을 추천하고, 의료 비용을 효율적으로 관리할 수 있는 전략을 제시한다. 이러한 데이터 기반 헬스케어 서비스는 환자의 건강 관리와 치료 결과를 개선하고, 의료 시스템의 효율성을 높인다.

정리하면, 필립스는 생성형 AI와 디지털 전환을 통해 헬스케어 분야의 다양한 도전 과제를 해결하고, 의료 서비스의 혁신을 주도해왔다. 의료 영상 분석, 환자 모니터링, 원격 의료, 데이터 보안, 임상 워크플로우 최적화, 데이터 기반 헬스케어, 디지털 생태계 구축 등 다양한 영역에서 필립스는 AI와 디지털 기술을 활용하여 의료진의 업무를 지원하고, 환자에게 개인화된 치료와 예방적 관리를 제공하며, 병원 운영의 효율성을 향상시켰다. 또한, 지속 가능한 헬스케어를 위한 디지털 생태계를 구축하여 글로벌 헬스케어 혁신에 기여하고 있다.

　이러한 필립스의 사례는 헬스케어 산업에서 생성형 AI와 디지털 전환이 어떻게 의료 서비스의 질을 향상시키고, 환자 중심의 의료 환경을 구축하며, 지속 가능한 의료 시스템을 지원할 수 있는지를 잘 보여준다. AI와 디지털 기술은 의료진의 의사결정을 지원하고, 환자에게 더 나은 치료 경험을 제공하며, 의료 자원의 효율적 활용을 가능하게 하는 핵심 도구로 자리매김하고 있다. 필립스의 헬스케어 혁신 사례는 AI를 활용한 디지털 전환이 더 건강하고 안전한 사회를 만드는데 앞장서고, 의료 산업의 미래를 어떻게 변화시킬 수 있는지를 보여주는 대표적인 예시이다.

*출처: 필립스(Philips)

존 디어(John Deere)의 '스마트 농업' 혁신 사례

존 디어(John Deere)는 농업 분야에서 생성형 AI와 디지털 전환을 통해 스마트 농업(Smart Agriculture)을 구현하고 있다. 농업 기계, IoT, AI, 빅데이터 분석 등 다양한 디지털 기술을 활용하여 농작물 생산, 토양 관리, 작물 수확 등 농업의 전 과정을 혁신하고 있다. 이를 통해 농업 생산성을 향상시키고, 자원 사용을 최적화하며, 지속 가능한 농업을 실현하고 있다.

① **정밀 농업을 위한 IoT와 AI 활용**

존 디어는 농업 기계에 IoT 센서와 AI 기술을 도입해 토양 상태, 작물 성장, 날씨 조건 등을 실시간으로 모니터링하고, 데이터를 기반으로 최적의 농작업을 수행한다. 이러한 정밀 농업은 각 필드의 특성에 맞게 파종, 관수, 비료 투입 등을 조절하여 생산성을 높이고, 농자재 사용을 최적화한다.

예시: 존 디어의 트랙터와 콤바인은 IoT 센서를 통해 토양 습도, 영양 상태, 작물의 생장 상태 등을 실시간으로 측정한다. AI는 이러한 데이터를 분석하여 농부들에게 적합한 파종, 관수, 비료 투입 전략을 제안한다. 예를 들어, 특정 필드에서 토양 습도가 낮고 작물의 성장이 느린 경우, AI는 해당 지역에 더 많은 물을 공급하고, 특정 영양소를 추가하는 것을 추천한다. 또한, 드론과 위성 이미지를 활용해 작물의 상태를 모니터링하고, 병해충 발생을 조기에 감지한다. 이를 통해 농부들은 작물의 생산량을 극대화하고, 농업 자원의 효율적인 사용을 통

해 환경에 미치는 영향을 최소화할 수 있다.

② 자동화된 농업 기계와 자율주행 트랙터

존 디어는 자율주행 기술을 농업 기계에 도입하여 파종, 수확, 경작 등의 농작업을 자동화했다. 이러한 자동화된 농업 기계는 농부의 노동력을 줄이고, 작업의 정확도와 효율성을 높여 생산성을 향상시킨다.

예시: 존 디어의 자율주행 트랙터는 GPS와 AI를 활용하여 농장을 정확하게 주행하고, 파종, 관수, 비료 살포 등의 작업을 수행한다. 예를 들어, 트랙터는 사전에 설정된 경로를 따라 정밀하게 파종 작업을 수행하며, 각 종자 간의 거리를 최적화하여 작물의 성장에 필요한 공간을 확보한다. AI는 토양 상태와 날씨 데이터를 분석하여 파종 시기를 최적화하고, 트랙터가 효율적으로 작동할 수 있도록 지원한다. 또한, 자율주행 트랙터는 수확 시기에도 활용되어 작물을 손상시키지 않고 효율적으로 수확한다. 이를 통해 농부들은 수작업에 의한 시간과 노력을 줄이고, 생산성 향상과 농업 운영 비용 절감을 실현할 수 있다.

③ 데이터 기반 농업 의사결정 지원

존 디어는 농업 데이터 플랫폼을 구축하여 농부들이 데이터에 기반한 의사결정을 내릴 수 있도록 지원하고 있다. 농작물 재배 과정에서 수집된 다양한 데이터를 분석하여 농작물의 생산 계획, 병해충 관리, 수확 시기 결정 등을 지원한다.

예시: 존 디어는 농업 기계, 드론, 위성 이미지 등을 통해 수집된 토양 정보, 작물 상태, 기후 데이터 등을 농부들에게 제공한다. 예를 들어, 농부는 플랫폼을 통해 자신의 농지에 대한 상세한 분석 결과를 확인할 수 있다. AI는 토양의 영양 상태, 수분 함량, 작물의 생장 상태 등을 분석하여 비료 투입 계획을 제안한다. 만약 특정 필드에서 병해충 발생 징후가 발견되면, AI는 조기 경고를 보내고 농부에게 적절한 방제 조치를 제안한다. 또한, 플랫폼은 날씨 예측 데이터를 활용하여 최적의 수확 시기를 제안함으로써 작물의 품질과 수확량을 최대화할 수 있도록 돕는다. 이러한 데이터 기반 의사결정은 농부들이 작물 생산을 최적화하고, 농업 리스크를 최소화하는 데 큰 도움을 준다.

④ 스마트 농업 기계 관리 및 유지보수

존 디어는 농업 기계의 유지보수를 위해 IoT와 AI 기술을 활용하여 기계의 상태를 실시간으로 모니터링하고, 예방 유지보수를 실시한다. 이를 통해 농업 기계의 가동 중단을 최소화하고, 농작업의 연속성을 유지할 수 있다.

예시: 존 디어의 트랙터와 콤바인에는 IoT 센서가 장착되어 엔진 상태, 유압 시스템, 연료 소비량 등의 데이터를 실시간으로 모니터링한다. AI는 이러한 데이터를 분석하여 기계의 상태를 평가하고, 고장 가능성을 예측한다. 예를 들어, 트랙터의 엔진에서 비정상적인 진동이나 온도 상승이 감지되면, AI는 이를 고장의 징후로 인식하고 예방 유지보수를 위한 알림을 보낸다. 농부는 이 알림을 통해 장비를 사전에 점검하고 필요한 부품을 교체함으로써 기계의 가동 중단을 방지할 수 있다. 또한, 존 디어는 원격 진단 기능을 통해 기계의 상태를 원격으로 점검하고, 필요한 경우 원격 지원을 제공하여 기계의 유지보수 작업을 효율적으로 수행한다. 이를 통해 농부는 농작업 중에 발생할 수 있는 예기치 않은 장비 고장을 예방하고, 농업 운영의 연속성을 유지할 수 있다.

⑤ 지속 가능한 농업을 위한 자원 최적화

존 디어는 스마트 농업을 통해 농업 자원의 사용을 최적화하여 지속 가능한 농업을 실현하고 있다. 물, 비료, 연료 등의 자원을 효율적으로 사용함으로써 환경에 미치는 영향을 최소화하고, 농업의 경제적 지속 가능성을 높인다.

예시: 존 디어의 스마트 농업 기계는 정밀한 관수 시스템을 통해 작물의 수분 요구량에 따라 물을 공급한다. IoT 센서와 AI를 활용하여 토양 습도와 작물의 수분 흡수 패턴을 분석하고, 필요한 시기에 필요한 양만큼 물을 공급함으로써 물 사용을 최적화한다. 예를 들어, 특정 필드에서 토양 습도가 일정 수준 이하로 떨어지면, AI는 자동으로 관수 시스템을 작동시켜 물을 공급한다. 이를 통해 물 낭비를 방지하고, 작물의 건강한 성장을 지원한다. 또한, 비료 사용량을 최적화하여 과도한 비료 사용으로 인한 환경 오염을 방지하고, 농업 생산 비용을 절감할 수 있다. 존 디어의 이러한 자원 최적화 전략은 농업의 생산성과 지속

가능성을 동시에 향상시키는 데 기여한다.

⑥ 맞춤형 농작업을 위한 자동화 솔루션

존 디어는 농작물의 종류와 필드의 특성에 따라 맞춤형 농작업을 수행할 수 있는 자동화 솔루션을 개발했다. AI와 머신러닝을 활용해 각 필드의 특수한 요구 사항을 파악하고, 파종, 관수, 비료 살포, 제초 등 각 작업을 자동으로 조정한다. 이를 통해 농부들은 각 필드에 최적화된 농작업을 수행하여 작물의 생산성을 극대화할 수 있다.

예시: 예를 들어, 존 디어의 자동화 시스템은 밀, 옥수수, 콩 등 다양한 작물에 맞는 파종 패턴을 자동으로 조정한다. AI는 각 필드의 토양 상태, 작물 종류, 작물 간 거리, 날씨 조건 등을 고려하여 파종 밀도를 최적화한다. 밀과 같은 작물은 토양이 비교적 습한 지역에서는 밀도가 높게 파종되고, 건조한 지역에서는 적절한 거리를 유지하도록 조정된다. 또한, 잡초가 많이 발생하는 지역에서는 AI가 자동으로 제초기를 작동시켜 잡초를 제거한다. 이를 통해 각 필드와 작물의 특성에 맞는 농작업을 수행함으로써 생산량을 높이고, 농작물의 품질을 향상시킬 수 있다.

⑦ 실시간 수확 관리 및 품질 향상 솔루션

존 디어는 수확 시기에도 AI와 IoT를 활용해 실시간 수확 관리를 제공하며, 작물의 품질을 향상시키고 수확 과정의 효율성을 높였다. 수확 작업에서 수집된 데이터를 분석하여 최적의 수확 타이밍을 결정하고, 수확 후의 작물 관리까지 통합적으로 관리한다.

예시: 존 디어의 수확용 콤바인은 IoT 센서를 통해 작물의 수분 함량, 성숙도, 상태 등을 실시간으로 모니터링한다. AI는 이 데이터를 분석하여 각 필드의 최적 수확 시기를 결정한다. 예를 들어, 곡물의 수분 함량이 너무 높으면 수확 후 건조 과정이 필요하고, 너무 낮으면 작물 손상이 발생할 수 있다. AI는 이러한 요소를 고려하여 수확 시기를 조정하여 작물의 품질을 유지한다. 또한, 수확 과정에서 AI는 콤바인의 작동을 최적화하여 곡물의 손실을 최소화하고, 수확 효율을 향상시킨다. 수확된 작물은 실시간으로 분류 및 저장되며, 품질 평가를 통

해 농부는 즉시 작물의 상태를 파악할 수 있다. 이러한 실시간 수확 관리는 농작물의 품질을 높이고, 시장 경쟁력을 강화하는 데 큰 역할을 한다.

⑧ 예측 분석을 통한 농업 리스크 관리

농업은 기후 변화, 해충 발생, 질병 등 다양한 리스크에 노출되어 있다. 존 디어는 예측 분석을 통해 농업 리스크를 조기에 파악하고, 농부들이 신속하게 대응할 수 있도록 지원한다. 이를 통해 작물 손실을 예방하고, 안정적인 농업 운영을 가능하게 한다.

예시: 존 디어는 위성 이미지, 기상 데이터, 토양 데이터 등을 분석하여 농업 리스크를 예측한다. 예를 들어, AI는 날씨 패턴을 분석하여 가뭄, 홍수, 폭염 등의 기후 위험을 예측하고, 농부들에게 경고를 제공한다. 만약 AI가 특정 지역에 가뭄이 발생할 가능성이 높다고 예측하면, 농부는 이에 대비해 관수 전략을 조정하고 수분 보존을 위한 조치를 취할 수 있다. 또한, 해충 발생이나 작물 질병의 징후를 조기에 발견하면, AI는 농부에게 적절한 방제 방법을 제안한다. 이를 통해 농부들은 작물 손실을 최소화하고, 안정적인 수확을 보장할 수 있다. 예측 분석은 농업 운영의 불확실성을 줄이고, 농부들이 장기적인 계획을 세우는 데 큰 도움을 준다.

⑨ 농업 생태계와의 협업을 위한 디지털 플랫폼

존 디어는 농업 생태계 전반에 걸쳐 농부, 유통업자, 농업 전문가, 연구기관 등 다양한 이해관계자들과 협업할 수 있는 디지털 플랫폼을 구축했다. 이를 통해 농부들은 최신 농업 기술, 시장 동향, 농작물 관리 정보 등을 공유하고, 상호 협력하여 농업의 혁신을 촉진한다.

예시: 존 디어의 디지털 플랫폼은 농부들이 자신의 농작물 생산 데이터를 공유하고, 농업 전문가와 실시간으로 소통할 수 있는 환경을 제공한다. 예를 들어, 농부가 플랫폼을 통해 작물의 생장 상태, 토양 분석 결과 등을 공유하면, 농업 전문가는 이를 분석하여 맞춤형 농작업 전략을 제안한다. 또한, 농부들은 플랫폼을 통해 농작물의 시장 가격, 수요 예측 등의 정보를 얻어 수확 시기를 조정하고

판매 전략을 수립할 수 있다. 존 디어의 플랫폼은 농부들과 협력하여 농업 연구를 수행하고, 새로운 기술과 솔루션을 개발하는 데도 활용된다. 이러한 협업은 농업 생산성 향상, 시장 경쟁력 강화, 지속 가능한 농업 생태계 구축에 기여한다.

⑩ 교육 및 역량 강화 프로그램

존 디어는 농부들에게 스마트 농업 기술을 활용하는 방법과 농업 생산성을 향상시키기 위한 교육 프로그램을 제공하고 있다. 이를 통해 농부들은 최신 농업 기술과 데이터 분석에 대한 이해를 높이고, 농업 운영에 디지털 기술을 효과적으로 적용할 수 있다.

예시: 존 디어는 온라인 교육 플랫폼을 통해 농부들에게 다양한 교육 콘텐츠를 제공한다. 예를 들어, AI 기반 농업 데이터 분석, 자율주행 농기계 운용, 정밀 농업 기술 등에 대한 실습 교육을 진행한다. 농부들은 이 플랫폼을 통해 자신의 농지에 적용할 수 있는 기술과 전략을 학습하고, 전문가들과 교류하며 경험을 공유할 수 있다. 또한, 현장 워크숍과 세미나를 통해 농부들이 스마트 농업 기계와 디지털 도구를 실전에 활용하는 방법을 배울 수 있도록 지원한다. 이러한 교육 프로그램은 농부들의 역량을 강화하고, 스마트 농업의 도입을 촉진하여 전체 농업 산업의 혁신을 가속화한다.

정리하면, 존 디어는 생성형 AI와 디지털 전환을 통해 농업의 전 과정을 스마트화하고, 농업 생산성, 효율성, 지속 가능성을 혁신적으로 향상시켰다. 정밀 농업, 자동화 농기계, 데이터 기반 의사결정, 기계 관리 및 유지보수, 지속 가능한 자원 관리, 실시간 수확 관리, 예측 분석, 디지털 플랫폼 구축, 교육 프로그램 등 다양한 측면에서 AI와 디지털 기술을 활용하여 농부들이 생산성을 극대화하고, 농업 운영 비용을 절감하며, 환경에 미치는 영향을 최소화하도록 지원하고 있다.

이러한 존 디어의 스마트 농업 사례는 디지털 전환이 농업 산업에서 어떻게 혁신을 이끌고, 지속 가능한 미래를 위한 농업을 가능하게 하는지를 보여준다. AI, IoT, 빅데이터 등의 기술은 농업의 생산성 향상, 자원 최적화, 리스크 관리, 협업 강화에 핵심적인 역할을 하며, 농업을 미래 지향적으로 변화시키고 있다. 존 디어는 이러한 스마트 농업을 통해 전통적인 농업 방식을 혁신하고, 미래의 식량 생산과 지속 가능한 농업의 핵심 전략으로 자리매김하고 있다.

*출처: 존 디어(John Deere)

JP모건 체이스(JPMorgan Chase)의 '디지털 뱅킹' 혁신 사례

JP모건 체이스(JPMorgan Chase)는 금융 산업에서 디지털 전환을 선도하며 AI, 머신러닝, 빅데이터 분석 등의 첨단 기술을 활용해 디지털 뱅킹 혁신을 이끌고 있다. 이 혁신은 고객 서비스, 리스크 관리, 내부 프로세스 자동화 등 다양한 측면에서 금융 서비스의 효율성과 고객 경험을 크게 향상시키고 있다.

① **AI를 활용한 고객 서비스와 맞춤형 금융 상품 제공**

JP모건 체이스는 AI 기반 챗봇과 자연어 처리(NLP) 기술을 활용해 고객에게 24시간 은행 서비스를 제공하고 있다. AI는 고객의 요청을 이해하고 즉각적으로 응답하며, 각 고객에게 맞춤형 금융 상품을 추천하는 데 활용되고 있다. 이를 통해 고객은 언제 어디서나 편리하게 금융 서비스를 이용할 수 있고, 개개인에게 최적화된 금융 상품을 제공받을 수 있다.

예시: JP모건 체이스의 AI 기반 챗봇은 고객이 온라인 뱅킹을 이용할 때 다양한 질문에 대한 답변을 제공하고, 간단한 은행 업무를 처리한다. 예를 들어, 고객이 "내 계좌 잔액을 알려줘"라고 요청하면, 챗봇은 즉시 고객의 계좌를 조회하고 잔액 정보를 제공한다. 또한, 고객이 대출 상품에 대해 문의하면 AI는 고객의 재정 상태, 신용 점수, 과거 거래 기록 등을 분석하여 적합한 대출 상품을 추천한다. 만약 고객이 "내게 적합한 대출 옵션을 추천해줘"라고 요청하면, AI는 개인화된 분석을 기반으로 최적의 대출 상품과 이자율을 제시한다. 이러한 AI 기

반 고객 서비스는 신속하고 정확하며, 고객에게 개인화된 금융 경험을 제공하여 만족도를 높인다.

② AI를 통한 사기 탐지 및 리스크 관리

금융 산업에서 사기 행위는 큰 위협이 되며, JP모건 체이스는 AI와 머신러닝을 활용해 사기 거래를 실시간으로 감지하고 차단하는 시스템을 구축했다. 이러한 사기 탐지 시스템은 고객의 거래 패턴과 금융 시장의 변화를 지속적으로 모니터링하고, 비정상적인 활동을 조기에 발견한다.

예시: JP모건 체이스의 AI 사기 탐지 시스템은 고객의 계좌 활동을 실시간으로 모니터링하고, 과거의 거래 패턴을 학습하여 이상 거래를 감지한다. 예를 들어, 고객이 평소에 미국 내에서만 거래를 해왔는데 갑자기 해외에서 고액의 출금 요청이 들어오면, AI는 이를 의심스러운 거래로 인식한다. 이 경우, AI는 즉시 해당 거래를 일시적으로 차단하고, 고객에게 알림을 보내 확인을 요청한다. 고객은 이러한 경고를 통해 사기 거래를 신속하게 파악하고, 계좌 보안을 유지할 수 있다. 또한, AI는 금융 시장의 변동을 분석하여 고객의 투자 포트폴리오에 대한 리스크를 예측하고, 잠재적 위험을 사전에 경고한다. 이를 통해 JP모건 체이스는 고객 자산을 보호하고, 금융 리스크를 효과적으로 관리하고 있다.

③ 자동화된 내부 프로세스 및 운영 효율성 향상 시스템

JP모건 체이스는 생성형 AI를 활용해 내부 프로세스를 자동화하고 운영 효율성을 높였다. AI와 로보틱 프로세스 자동화(RPA)는 문서 처리, 규제 준수, 데이터 분석 등 다양한 내부 업무를 자동화하여 인력의 효율적 활용과 운영 비용 절감을 가능하게 한다.

예시: JP모건 체이스는 계약서, 대출 신청서, 금융 보고서 등 방대한 양의 문서를 처리하는 데 AI와 RPA를 도입했다. 예를 들어, AI 기반 문서 분석 시스템은 수백 페이지에 달하는 대출 계약서를 몇 초 만에 분석하여 핵심 정보를 추출한다. 이전에는 인력이 수 시간에 걸쳐 검토해야 했던 작업을 AI가 자동으로 수행함으로써 처리 시간을 크게 단축했다. 또한, AI는 규제 준수를 위해 금융 거래 내

역을 실시간으로 모니터링하고, 이상 거래나 규제 위반 가능성을 자동으로 감지한다. 이를 통해 JP모건 체이스는 내부 프로세스를 효율화하고, 인력은 고부가가치 업무에 집중할 수 있게 되었다.

④ **AI 기반 투자 전략 및 자산 관리**

JP모건 체이스는 AI와 빅데이터 분석을 활용해 투자 전략을 최적화하고, 고객에게 개인화된 자산 관리 서비스를 제공하고 있다. 이를 통해 투자 수익률을 향상시키고, 고객의 재무 목표 달성을 지원한다.

예시: JP모건 체이스는 금융 시장의 방대한 데이터를 수집하고, AI를 통해 시장 동향, 주식 가격 변동, 경제 지표 등을 분석하여 투자 전략을 수립한다. AI는 과거 데이터와 현재 시장 상황을 분석하여 시장 움직임을 예측하고, 최적의 투자 포트폴리오를 구성한다. 예를 들어, AI는 특정 주식의 과거 거래 패턴, 기업 실적, 경제 지표 등을 분석하여 주가 상승 가능성을 예측하고, 이를 바탕으로 투자 결정을 내린다. 또한, 고객의 투자 목표, 위험 성향, 재무 상태를 고려하여 개인화된 자산 관리 서비스를 제공한다. 예를 들어, AI는 고객의 투자 포트폴리오를 주기적으로 평가하고, 시장 변동에 따라 포트폴리오 구성을 조정하여 수익을 극대화하고 리스크를 최소화한다. 이를 통해 고객은 AI의 분석과 권고를 바탕으로 재무 목표에 맞는 효과적인 투자 전략을 수립할 수 있다.

⑤ **고객 경험 개선을 위한 디지털 뱅킹 플랫폼**

JP모건 체이스는 디지털 뱅킹 플랫폼을 구축하여 고객이 은행 업무를 더욱 편리하고 효율적으로 이용할 수 있도록 지원하고 있다. 모바일 뱅킹 앱과 온라인 플랫폼을 통해 고객은 계좌 관리, 송금, 대출 신청, 투자 등 다양한 금융 서비스를 손쉽게 이용할 수 있다.

예시: JP모건 체이스의 모바일 뱅킹 앱은 직관적인 인터페이스와 AI 기반의 고객 지원 기능을 제공한다. 예를 들어, 고객이 앱을 통해 송금할 때 AI는 과거 거래 내역을 분석하여 자주 송금하는 계좌를 추천하고, 빠른 송금 프로세스를 제공한다. 또한, 고객이 대출 신청을 원할 경우, AI는 고객의 재정 상태와 신용 점

수를 분석하여 대출 한도와 이자율을 즉시 제시한다. 만약 고객이 재무 상담을 원한다면, AI 기반의 재무 관리 도구를 통해 예산 관리, 지출 추적, 저축 계획 등을 제안한다. 이를 통해 고객은 언제 어디서나 간편하게 은행 서비스를 이용하고, 재무 상태를 효율적으로 관리할 수 있다.

⑥ AI를 통한 고객의 재무 상태 예측 및 관리 시스템

JP모건 체이스는 AI를 활용해 고객의 재무 상태를 예측하고, 효과적인 재무 관리를 위한 솔루션을 제공하고 있다. 이를 통해 고객은 자신의 재무 상황을 더욱 명확하게 이해하고, 재무 목표를 달성하기 위한 계획을 세울 수 있다.

예시: JP모건 체이스의 AI는 고객의 수입, 지출, 저축, 투자 패턴을 분석하여 미래의 재무 상태를 예측한다. 예를 들어, 고객이 매달 일정 금액을 저축하고 주식 투자에 일부를 할당하는 경우, AI는 현재 시장 동향과 고객의 소비 패턴을 고려하여 향후 몇 년 동안의 자산 증가를 예측한다. 또한, AI는 고객의 재무 목표에 맞춰 저축 및 투자 계획을 제안한다. 만약 고객이 5년 후 주택을 구매하기 위한 목돈 마련을 목표로 한다면, AI는 매월 얼마를 저축하고 어떤 투자 전략을 취해야 하는지 상세한 계획을 제공한다. 고객은 이러한 AI 기반 재무 관리 솔루션을 통해 자신의 재무 상태를 지속적으로 모니터링하고, 필요한 조정을 수행하여 재무 목표를 효율적으로 달성할 수 있다.

⑦ 대출 프로세스의 자동화와 신속한 승인 시스템

JP모건 체이스는 AI와 머신러닝을 활용해 대출 신청 및 승인 프로세스를 자동화하고, 신속하고 정확한 대출 결정을 내리고 있다. 이를 통해 고객은 대출 신청부터 승인까지의 시간을 단축하고, 보다 편리하게 금융 서비스를 이용할 수 있다.

예시: 과거에는 대출 신청서 검토와 승인에 수일에서 수주가 걸릴 수 있었다. 그러나 JP모건 체이스는 AI를 활용하여 대출 신청서 검토, 신용 평가, 리스크 분석 등의 과정을 자동화했다. 예를 들어, 고객이 대출 신청서를 제출하면, AI는 즉시 고객의 신용 기록, 소득 정보, 부채 비율 등을 분석하여 대출 승인 여부를 결정한다. AI는 수천 개의 과거 대출 사례를 학습하여 대출 신청자의 상환 능력을

예측하고, 적절한 이자율과 대출 한도를 결정한다. 이 과정은 몇 분 내에 완료되며, 고객은 빠른 대출 승인을 통해 필요한 자금을 신속하게 확보할 수 있다. 이러한 자동화된 대출 프로세스는 고객 경험을 개선하고, 은행의 운영 효율성을 향상시킨다.

⑧ 투자 포트폴리오 최적화를 위한 AI 로보어드바이저 서비스

JP모건 체이스는 AI 기반 로보어드바이저 서비스를 통해 고객에게 개인화된 투자 포트폴리오를 제공하고 있다. 로보어드바이저는 고객의 투자 목표, 위험 성향, 재무 상태 등을 분석하여 최적의 투자 전략을 수립하고, 지속적으로 포트폴리오를 조정한다.

예시: JP모건 체이스의 로보어드바이저는 고객의 초기 투자 상담을 통해 투자 목표(예: 은퇴 자금 마련, 자녀 교육 자금 등), 투자 기간, 위험 감수도 등을 파악한다. 예를 들어, 고객이 중간 정도의 위험을 감수할 수 있는 10년간의 장기 투자 전략을 원한다고 가정해보자. 로보어드바이저는 주식, 채권, 펀드 등 다양한 자산에 대한 시장 데이터를 분석하여 이 투자 목표에 맞는 포트폴리오를 구성한다. 이후 AI는 시장의 변동 상황에 따라 투자 포트폴리오를 자동으로 조정한다. 만약 시장 변동성이 높아져 주식의 위험이 증가하면, AI는 포트폴리오에서 주식 비중을 줄이고 안전 자산으로 이동하는 전략을 취한다. 이러한 자동화된 투자 관리 서비스는 고객이 전문적인 투자 전략을 쉽게 이용할 수 있도록 지원하며, 투자 수익률을 극대화하고 리스크를 관리하는 데 큰 도움을 준다.

⑨ 규제 준수 및 보고 프로세스의 효율화 시스템

금융 산업은 엄격한 규제와 컴플라이언스 요구 사항을 준수해야 한다. JP모건 체이스는 AI와 머신러닝을 활용하여 규제 준수 및 보고 프로세스를 효율화하고, 규제 위반 가능성을 사전에 감지하고 대응하고 있다.

예시: JP모건 체이스는 AI 기반 컴플라이언스 시스템을 통해 대규모 금융 거래와 고객 활동을 실시간으로 모니터링한다. 예를 들어, AI는 모든 금융 거래를 분석하여 자금세탁 방지(AML) 규정 위반이나 의심스러운 활동을 감지한다. 특정 계

좌에서 갑작스러운 고액 송금이 발생하거나, 의심스러운 국가로 자금이 이동되는 경우, AI는 이를 잠재적 위반 사례로 식별하고 즉시 경고를 발송한다. 또한, AI는 자동화된 보고 기능을 통해 규제 기관에 필요한 정보를 정확하고 신속하게 제출한다. 이를 통해 JP모건 체이스는 규제 준수에 대한 부담을 줄이고, 규제 리스크를 최소화할 수 있다. 이러한 AI 기반 규제 준수 시스템은 금융 기관의 투명성과 신뢰성을 높이는 데 기여한다.

⑩ 고객 행동 분석을 통한 마케팅 및 개인화된 서비스

JP모건 체이스는 AI를 활용하여 고객의 행동 패턴을 분석하고, 이를 바탕으로 맞춤형 마케팅 및 고객 참여 전략을 수립하고 있다. 이를 통해 고객의 니즈를 정확히 파악하고, 개인화된 서비스를 제공하여 고객 만족도와 충성도를 높이고 있다.

예시: AI는 고객의 거래 내역, 온라인 뱅킹 활동, 소비 패턴 등을 분석하여 고객의 관심사와 선호도를 파악한다. 예를 들어, AI는 고객이 최근 여행 관련 지출이 증가한 것을 감지하면, 이에 맞춰 여행 관련 신용카드 혜택이나 해외 결제 서비스 등을 추천한다. 또한, AI는 고객이 주로 이용하는 금융 서비스와 관심 있는 투자 상품을 분석하여 개인화된 마케팅 캠페인을 전개한다. 만약 고객이 정기적으로 특정 금액을 저축하고 있다면, AI는 고객에게 고수익 저축 상품이나 적립식 펀드에 대한 정보를 제공하여 더 나은 재무 관리를 도울 수 있다. 이러한 AI 기반 마케팅 전략은 고객의 참여를 유도하고, 은행과 고객 간의 관계를 강화하며, 고객에게 가치를 제공하는 데 중점을 두고 있다.

정리하면, JP모건 체이스는 생성형 AI와 디지털 전환을 통해 금융 서비스의 혁신을 주도하고 있다. AI를 활용하여 고객 서비스, 사기 탐지, 리스크 관리, 내부 프로세스 자동화, 투자 전략 최적화, 규제 준수, 마케팅 등 다양한 측면에서 효율성과 정확성을 높였다. 이를 통해 고객은 개인화된 금융 서비스를 편리하게 이용할 수 있고, 은행은 리스크 관리와 운영 효율성을 강화하며, 시장에서 경쟁 우위를 확보하고 있다.

JP모건 체이스의 사례는 금융 산업에서 디지털 전환이 어떻게 혁신을 이끌고, 고객 중심의 금융 서비스를 구현하며, 리스크를 관리할 수 있는지를 보여준다.

AI와 빅데이터 분석은 은행이 복잡한 금융 업무를 자동화하고, 고객의 요구에 빠르게 대응하며, 새로운 금융 서비스 모델을 개발하는 데 핵심적인 역할을 하고 있다.

JP모건 체이스는 이러한 디지털 혁신을 통해 미래의 금융 산업을 주도하고, 고객과의 신뢰를 바탕으로 지속적인 성장을 이루어 나가고 있다.

*출처: JP모건 체이스(JPMorgan Chase)

Part 6

기업의 효과적인 디지털 전환(DX)을 위한 10가지 전략

디지털 전환(DX)에 대한 명확한 비전과 목표 수립

 디지털 전환(DX)은 기업이 새로운 기술을 도입하여 비즈니스 프로세스, 문화, 고객 경험을 혁신하는 과정이다. 이를 성공적으로 수행하기 위해서는 기술적인 변화뿐만 아니라 조직의 구조, 문화, 전략에 대한 종합적인 접근이 필요하다. 기업의 성공적인 디지털 전환을 위한 10가지 핵심 전략과 각 전략에 대한 예시를 상세하게 설명하면 다음과 같다.

디지털 전환(DX)를 위한 10가지 핵심 전략
-디지털 전환(DX)에 대한 명확한 비전과 목표 수립
-경영진의 리더십과 변화 관리
-디지털 전환(DX)의 목표에 부합하는 전략 수립
-비즈니스 모델 개발의 핵심 요소
-문화적 변화에 대한 대응 및 실행 방안
-디지털 전환(DX)을 위한 단계별 프로젝트 추진 방안
-기술 구축 계획 수립 및 통합 전략
-기술 파트너 선정 및 협력 방안
-피드백 수집 및 실행 계획 수립
-디지털 전환(DX)의 지속적 개선 및 확장

 디지털 전환(DX)을 성공적으로 수행하기 위해서는 첫 단계로 명확한 비전과 목표를

수립하는 것이 매우 중요하다. 기업은 디지털 전환을 통해 무엇을 달성하고자 하는지, 예를 들어, 효율성 향상, 새로운 시장 진출, 고객 경험 개선 등의 구체적인 목표를 설정해야 한다. 이 비전은 기업 전체에 공유되어야 하며, 모든 구성원이 같은 방향으로 나아갈 수 있도록 해야 한다. 비전은 단순히 기술의 도입이나 프로세스의 자동화에 그치는 것이 아니라, 기업의 전체적인 전략 방향과 연계되어야 한다. 이를 통해 디지털 전환이 기업의 성과와 경쟁력에 어떤 긍정적인 영향을 미칠지에 대한 명확한 그림을 제시하는 것이 핵심이다.

가. 비전 수립의 중요성

1) **방향성 제시**: 디지털 전환은 기업 내 여러 부서와 팀이 협력해야 하는 복잡한 과정이다. 명확한 비전이 없다면 각 부서가 개별적으로 움직여 전체적인 방향성과 일관성을 잃을 수 있다. 명확한 비전은 모든 부서와 팀에게 디지털 전환의 목적과 그에 따른 이점에 대한 공통된 이해를 제공한다. 이는 조직 전체가 같은 목표를 향해 협력할 수 있도록 방향성을 제시한다.

2) **구성원의 동기 부여**: 디지털 전환은 기존의 업무 방식과 문화를 변화시켜야 하는 과정을 포함한다. 이러한 변화는 조직 내 구성원들에게 부담을 줄 수 있기 때문에 저항이 발생할 수 있다. 그러나 명확한 비전이 제시되면 구성원들은 디지털 전환이 기업의 미래와 개인의 성장에 어떤 긍정적인 영향을 줄지 이해할 수 있다. 이는 직원들에게 변화에 대한 동기를 부여하고, 디지털 전환의 성공을 위한 주체적인 역할을 수행하도록 독려한다.

3) **자원 및 투자 결정**: 디지털 전환에는 기술 도입, 인력 교육, 인프라 구축 등 다양한 영역에서 상당한 투자가 필요하다. 명확한 비전은 이러한 투자 결정에 있어 가이드라인을 제공한다. 어떤 영역에 우선적으로 자원을 투입해야 하는지, 기술 도입의 우선순위는 무엇인지 등에 대한 판단 기준을 마련할 수 있다. 이는 디지털 전환 과정에서 자원 낭비를 줄이고, 효율적인 투자를 가능하게 한다.

나. 비전 수립의 핵심 요소

비전을 수립할 때는 다음과 같은 핵심 요소를 고려해야 한다.

1) **기업의 전략적 목표와 연계**: 디지털 전환 비전은 기업의 장기적인 전략적 목표와 연계되어야 한다. 이는 단순히 기술을 도입하는 것이 아니라, 기업의 핵심 가치를 강화하고 새로운 비즈니스 모델을 창출하는 방향으로 이어져야 한다. 예를 들어, 만약 기업의 전략적 목표가 '고객 경험의 혁신'이라면, 디지털 전환 비전은 고객 데이터 분석을 통해 개인화된 서비스 제공이나 옴니채널 전략을 구축하는 방향으로 설정되어야 한다.

2) **명확하고 구체적인 목표 설정**: 디지털 전환에 대한 비전은 구체적인 목표로 표현되어야 한다. 예를 들어, "3년 내에 제조 공정의 디지털화를 통해 생산 효율성을 30% 향상시킨다"와 같은 명확한 목표를 설정하는 것이 중요하다. 이러한 목표는 기업이 디지털 전환의 성과를 측정하고 평가할 수 있는 기준을 제공한다.

3) **조직 문화 및 가치와의 조화**: 비전은 조직의 기존 문화와 가치와 조화를 이뤄야 한다. 디지털 전환은 단순히 기술을 도입하는 것뿐만 아니라 조직 문화의 변화도 수반하기 때문이다. 기존의 조직 문화가 보수적이고 변화에 저항이 강하다면, 비전 수립 단계에서 이러한 문화를 점진적으로 변화시킬 수 있는 전략을 포함해야 한다. 예를 들어, 조직 내에서 혁신과 실험을 장려하는 문화를 조성하기 위한 교육 프로그램이나 인센티브 제도를 비전에 포함할 수 있다.

다. 비전 수립의 구체적 과정

1) **현재 상태 분석**: 비전 수립을 위해 먼저 기업의 현재 상태를 분석해야 한다. 이는 기업이 디지털 전환을 통해 무엇을 개선하고자 하는지, 어떤 부분에서 도전 과제가 있는지 파악하는 과정이다. 예를 들어, 제조 기업이라면 현재의 생산 공정, 공급망 관리, 고객 서비스 상태 등을 분석하여 디지털 전환이 필요한 영역을 식별한다.

2) 이해관계자 참여: 비전 수립 과정에는 경영진뿐만 아니라 다양한 이해관계자(직원, 고객, 파트너 등)의 참여가 필요하다. 이를 통해 다양한 관점에서 디지털 전환의 필요성과 목표를 도출할 수 있다. 예를 들어, 고객 설문조사나 직원 워크숍을 통해 디지털 전환에 대한 기대와 우려를 수집하고 이를 비전에 반영할 수 있다.

3) 비전 정의 및 공유: 분석을 통해 도출된 인사이트를 바탕으로 디지털 전환 비전을 정의한다. 비전은 간결하고 이해하기 쉬운 언어로 표현되어야 하며, 모든 구성원에게 명확하게 전달되어야 한다. 예를 들어, "고객 경험의 혁신을 통해 디지털 시대의 선도 기업이 된다"와 같은 명확한 문구를 사용한다. 또한, 이 비전을 조직 내에 공유하고, 모든 직원이 이해하고 공감할 수 있도록 교육과 커뮤니케이션을 강화한다.

라. 비전의 지속적 관리와 조정

디지털 전환은 장기적인 과정이므로, 비전 역시 고정된 것이 아니라 지속적으로 관리하고 조정해야 한다. 시장 환경, 기술 변화, 고객 니즈의 변화에 따라 비전을 재평가하고 필요한 경우 조정하는 것이 중요하다.

> **예시**: 예를 들어, 디지털 전환을 통해 e커머스 플랫폼을 구축한 한 소매 기업은 초기 비전으로 "온라인 매출 50% 증대"를 설정했다. 그러나 시장의 빠른 변화와 고객의 온라인 쇼핑 경험에 대한 요구가 높아지면서, 기업은 비전을 "고객에게 최고의 온라인 쇼핑 경험을 제공하는 플랫폼 구축"으로 조정했다. 이는 단순한 매출 증대에서 벗어나 고객 경험에 중점을 두는 전략적 방향을 반영한 것이며, 이를 통해 기업은 디지털 전환을 지속적으로 발전시킬 수 있었다.

디지털 전환에 대한 명확한 비전 수립은 기업이 디지털 혁신을 성공적으로 이끌어 나가기 위한 핵심 토대다. 비전은 조직 전체에 방향성을 제시하고, 구성원들에게 디지털 전환의 필요성과 중요성을 인식시켜 준다. 또한, 비전은 기업의 전략적 목표와 연계되어야 하며, 조직 문화와 조화를 이룰 수 있어야 한다. 이를 통해 기업은 디지털 전환의 과정에서 일관된 전략을 유지하고, 변화에 유연하게 대응하며, 지속적인 혁신을 이루어 나갈 수 있다.

경영진의 리더십과 변화관리

　디지털 전환(DX)은 기업 전반에 걸친 혁신을 요구하며, 이는 경영진의 강력한 리더십과 변화관리가 필수적이다. 경영진이 디지털 전환을 주도하고 변화의 중요성을 조직 내에 효과적으로 전달해야만, 전사적인 참여와 성공적인 실행이 가능해진다. 경영진의 변화관리는 다음과 같은 핵심 요소로 이루어진.

가. 경영진의 리더십 역할

1) **디지털 전환의 비전 제시**: 경영진은 디지털 전환에 대한 명확한 비전을 제시하고, 이를 통해 조직이 나아가야 할 방향을 제시해야 한다. 이는 단순히 기술 도입에 그치는 것이 아니라, 디지털 전환이 어떻게 기업의 미래를 바꾸고, 새로운 가치를 창출할 것인지에 대한 명확한 그림을 그려야 한다. 이러한 비전은 조직 내 모든 구성원이 공감하고 이해할 수 있도록 전달되어야 한다.

　예시: 사티아 나델라(Satya Nadella)가 마이크로소프트의 CEO로 취임하면서 "클라우드 퍼스트, 모바일 퍼스트" 전략을 내세운 것이 좋은 예이다. 나델라는 클라우드 컴퓨팅과 모바일 기술을 중심으로 디지털 전환을 추진하며, 이를 통해 마이크로소프트를 기존의 소프트웨어 기업에서 디지털 혁신 기업으로 변화시켰다. 이러한 명확한 비전 제시는 조직 전체가 새로운 방향으로 나아가는 데 필요한 동기를 제공했다.

2) **변화 주도 및 실행**: 경영진은 디지털 전환의 비전을 단순히 제시하는 데 그치지 않고, 이를 실행에 옮기는 과정에서 주도적인 역할을 수행해야 한다. 이는 변화 과정에서 발생하는 문제를 신속하게 해결하고, 조직의 리소스를 적절하게 배분하여 디지털 전환 프로젝트가 순조롭게 진행될 수 있도록 지원하는 것을 의미한다.

예시: 아마존의 제프 베조스(Jeff Bezos)는 고객 중심의 디지털 혁신을 추진하며, 클라우드 서비스(Amazon Web Services)와 전자상거래 플랫폼의 확장을 주도했다. 그는 디지털 전환 과정에서 발생하는 리스크를 감수하고, 조직이 새로운 비즈니스 모델을 실험하고 혁신할 수 있는 환경을 조성했다. 이러한 리더십은 아마존이 디지털 전환을 통해 전 세계 시장에서 선도적인 위치를 차지하는 데 결정적인 역할을 했다.

나. 변화 관리 전략

1) **변화에 대한 조직 내 저항 극복**: 디지털 전환은 조직 내 업무 방식, 프로세스, 문화의 변화를 요구하며, 이는 종종 저항을 초래한다. 경영진은 이러한 저항을 극복하기 위한 전략을 마련해야 한다. 이는 구성원들에게 디지털 전환의 필요성과 이점에 대해 명확히 설명하고, 변화에 대한 두려움을 해소하기 위한 소통을 강화하는 것을 포함한다.

예시: 유니레버(Unilever)는 디지털 전환 과정에서 조직 내 저항을 극복하기 위해 구성원과의 소통을 강화했다. 경영진은 디지털 전환이 조직과 개인의 성장을 촉진한다는 점을 강조하며, 직원들에게 디지털 기술의 중요성과 이를 통한 업무 효율성 향상 사례를 공유했다. 또한, 디지털 전환을 통해 직원들이 새로운 역량을 개발하고 경력 성장을 이룰 수 있는 기회를 제공함으로써 변화에 대한 긍정적인 인식을 형성했다.

2) **변화 관리 프로그램 실행**: 경영진은 변화 관리 프로그램을 실행하여 조직 내에서 디지털 전환이 순조롭게 진행될 수 있도록 지원해야 한다. 이는 변화에 필요한 역량 개발, 인센티브 제도, 조직 구조의 재설계 등을 포함한다.

예시: GE는 디지털 전환을 추진하면서 "FastWorks"라는 변화 관리 프로그램을 도입했다. 이 프로그램은 애자일(Agile) 방법론을 기반으로 하며, 직원들이 디지털 프로젝트를 빠르게 테스트하고 개선할 수 있도록 지원했다. 이를 통해 GE는 디지털 전환 과정에서 발생하는 문제를 신속하게 해결하고, 직원들이 변화에 적극적으로 참여하도록 유도했다. 또한, GE는 성과에 기반한 인센티브 제도를 도입하여 디지털 전환에 기여한 직원들에게 보상함으로써 변화에 대한 동기를 부여했다.

다. 경영진과 구성원 간의 신뢰 구축

1) 투명한 의사소통: 디지털 전환 과정에서 투명한 의사소통은 경영진과 구성원 간의 신뢰를 구축하는 데 중요하다. 경영진은 디지털 전환의 진행 상황, 목표, 예상되는 변화에 대해 구성원들과 솔직하게 공유해야 한다. 이를 통해 구성원들은 변화의 방향과 그 이점을 명확하게 이해할 수 있으며, 불확실성에 대한 두려움을 줄일 수 있다.

예시: HSBC 은행은 디지털 전환을 추진하면서 경영진과 직원 간의 개방적인 소통을 강화했다. 경영진은 디지털 전환의 목표와 계획을 정기적으로 공유하고, 직원들의 의견을 수렴할 수 있는 피드백 채널을 마련했다. 예를 들어, 전사적인 타운홀 미팅과 온라인 포럼을 통해 디지털 전환에 대한 구성원들의 우려와 질문을 직접 듣고 답변했다. 이러한 투명한 의사소통은 조직 내 신뢰를 구축하고, 구성원들이 변화에 동참하도록 이끌었다.

2) 구성원의 참여 유도: 경영진은 디지털 전환의 주도권을 구성원들에게 부여하여 그들이 변화의 주체가 될 수 있도록 해야 한다. 이는 구성원들의 참여와 창의적인 아이디어를 유도하고, 디지털 전환의 성공 가능성을 높인다.

예시: 다임러(Daimler)는 디지털 전환 과정에서 직원 참여를 촉진하기 위해 '디지털 랩(Digital Lab)' 프로그램을 도입했다. 이 프로그램은 직원들이 디지털 혁신 프로젝트에 직접 참여하고, 아이디어를 제시하며, 신속하게 시제품을 개발해볼

수 있는 환경을 제공했다. 이를 통해 직원들은 디지털 전환의 일원으로서 역할을 수행하며, 변화에 대한 주인의식을 가지게 되었다. 이 프로그램은 조직 내에서 혁신적인 아이디어를 발굴하고, 디지털 전환을 가속화하는 데 기여했다.

라. 지속적인 변화 지원 및 적응력 강화

1) **지속적인 학습과 역량 개발**: 디지털 전환은 빠르게 변화하는 기술 환경에 대응해야 하므로 경영진은 조직이 지속적으로 학습하고 적응할 수 있는 환경을 조성해야 한다. 이를 위해 경영진은 디지털 역량 개발을 위한 교육과 훈련 프로그램을 제공해야 한다.

예시: AT&T는 디지털 전환의 일환으로 직원들의 디지털 역량을 강화하기 위해 "Future Ready" 프로그램을 도입했다. 이 프로그램은 데이터 분석, 클라우드 컴퓨팅, AI 등 디지털 기술에 대한 교육을 제공하며, 직원들이 디지털 시대에 필요한 기술을 습득할 수 있도록 지원했다. 또한, 경영진은 이러한 교육 프로그램에 대한 투자를 통해 직원들이 변화에 신속하게 적응할 수 있도록 격려했다. 이를 통해 AT&T는 조직 전체의 디지털 역량을 강화하고, 변화에 유연하게 대응할 수 있는 기반을 마련했다.

2) **변화의 성과 측정 및 피드백**: 경영진은 디지털 전환의 성과를 지속적으로 측정하고 피드백을 수집하여 변화 관리 전략을 조정해야 한다. 이는 디지털 전환 과정에서 발생하는 문제를 신속하게 해결하고, 최적의 방향으로 변화를 이끌어 나가는 데 도움이 된다.

예시: 존슨앤드존슨(Johnson & Johnson)은 디지털 전환의 진행 상황을 정기적으로 평가하고 피드백을 수집하여 전략을 조정했다. 예를 들어, 새로운 디지털 헬스케어 솔루션을 도입하는 과정에서 고객과 직원의 피드백을 수집하여 제품을 개선하고, 운영 프로세스를 최적화했다. 이러한 지속적인 성과 측정과 피드백 수집은 디지털 전환의 성공적인 진행을 지원하고, 조직이 변화에 적응할 수 있도록 도왔다.

결론

경영진의 변화관리는 디지털 전환의 성공을 결정하는 핵심 요소다. 경영진은 디지털 전환에 대한 명확한 비전을 제시하고, 조직 내에서 변화의 중요성을 강조하며, 저항을 극복하기 위한 전략을 실행해야 한다. 또한, 투명한 의사소통과 구성원 참여를 통해 신뢰를 구축하고, 지속적인 학습과 피드백 수집을 통해 변화에 대한 적응력을 강화해야 한다. 이러한 경영진의 리더십과 변화관리는 조직이 디지털 전환의 도전과 기회를 효과적으로 관리하고, 새로운 시대의 경쟁 우위를 확보하는 데 중요한 역할을 한다.

디지털 전환(DX)의 목표에 부합하는 전략 수립

디지털 전환(DX)은 기업이 경쟁력을 강화하고, 새로운 가치를 창출하며, 고객 경험을 혁신하는 데 필수적인 과정이다. 그러나 디지털 전환을 성공적으로 이루기 위해서는 단순히 기술을 도입하는 것을 넘어, 기업이 구체적인 목표를 설정하고 이에 부합하는 전략을 수립해야 한다. 이러한 전략 수립은 디지털 전환의 방향성과 우선순위를 결정하고, 모든 조직 구성원이 동일한 목표를 향해 일관되게 노력할 수 있도록 가이드라인을 제공한다.

가. 목표에 부합하는 전략 수립의 중요성

1) **명확한 방향성 제시**: 디지털 전환은 다양한 영역에서 혁신을 가져오지만, 모든 것을 동시에 추구할 수는 없다. 명확한 목표를 설정하고 이에 부합하는 전략을 수립하면, 기업은 디지털 전환 과정에서 집중해야 할 영역과 우선순위를 명확히 할 수 있다. 이는 제한된 자원을 효과적으로 활용하고, 전략적 의사결정을 내리는 데 중요한 역할을 한다.

   예시: 한 금융 기업은 "고객 경험 개선과 운영 효율성 증대"를 디지털 전환의 목표로 설정했다. 이를 바탕으로 온라인 및 모바일 뱅킹 서비스 개선, AI를 활용한 고객 지원 자동화, 내부 프로세스의 디지털화와 같은 구체적인 전략을 수립했다. 이러한 명확한 전략을 통해 기업은 고객 만족도를 높이고, 운영 비용을 절감하

는 성과를 달성할 수 있었다.

2) **전사적 협업 촉진**: 디지털 전환은 기업의 모든 부서와 기능에 영향을 미치는 복합적인 과정이다. 목표에 부합하는 전략을 수립하면 각 부서가 디지털 전환의 목적과 방향성을 이해하고, 전사적으로 협업할 수 있는 기반을 마련할 수 있다. 이를 통해 부서 간 시너지 효과를 극대화하고, 디지털 전환의 효과를 극대화할 수 있다.

나. 목표 수립을 위한 핵심 요소

1) **기업 비전과 연계**: 디지털 전환 전략은 기업의 장기적인 비전과 일치해야 한다. 이는 디지털 전환이 기업의 전략적 목표를 어떻게 지원하고 강화할 것인지에 대한 명확한 연관성을 제공한다. 예를 들어, 기업의 비전이 "글로벌 시장에서 고객 중심의 선도 기업이 되는 것"이라면, 디지털 전환 전략은 고객 데이터 분석을 통한 개인화 서비스 제공, 글로벌 옴니채널 플랫폼 구축 등을 포함할 수 있다.

    예시: 나이키(Nike)는 "디지털 우선(Digital-First)" 전략을 통해 고객 경험 혁신을 비전과 연계했다. 나이키는 고객의 피드백과 데이터를 활용해 제품 개발, 마케팅, 판매를 디지털화하는 데 초점을 맞췄다. 이를 통해 고객이 온라인과 오프라인에서 일관된 브랜드 경험을 할 수 있도록 전략을 수립했다.

2) **구체적인 목표 설정**: 디지털 전환의 목표는 구체적이고 측정 가능해야 한다. 이는 전략의 성공 여부를 평가할 수 있는 기준을 제공하며, 모든 조직 구성원이 목표 달성을 위해 어떤 방향으로 나아가야 하는지 명확하게 이해할 수 있도록 돕는다.

    예시: 스타벅스는 디지털 전환의 구체적인 목표로 "모바일 주문 및 결제 서비스를 통해 고객 대기 시간 50% 단축"을 설정했다. 이를 위해 스타벅스는 모바일 앱을 개발하고, 매장 내 모바일 주문 전용 픽업 구역을 도입했다. 이러한 구체적인 목표 설정은 고객 편의성을 높이고, 매장 운영 효율성을 향상시키는 데 큰 역할을 했다.

다. 전략 수립의 핵심 단계

1) 현재 상태 분석 및 기회 파악: 전략 수립의 첫 단계는 기업의 현재 상태를 분석하고 디지털 전환을 통해 개선할 수 있는 기회를 파악하는 것이다. 이를 통해 디지털 전환이 기업의 운영, 고객 서비스, 비즈니스 모델에 어떤 영향을 미칠지 평가할 수 있다.

> 예시: DHL은 물류 및 공급망 관리의 디지털 전환을 추진하기 위해 먼저 현재 물류 운영 프로세스를 분석했다. 이를 통해 물류 추적의 비효율성, 재고 관리의 문제점, 고객 커뮤니케이션의 개선 필요성을 식별했다. 이러한 분석을 기반으로 DHL은 IoT를 활용한 실시간 물류 추적, 자동화된 창고 관리, AI 기반 고객 서비스 전략을 수립했다.

2) 고객 중심 전략 수립: 디지털 전환의 성공은 고객 경험을 개선하는 데 달려 있다. 전략 수립 과정에서 고객의 니즈와 행동 패턴을 분석하고, 이를 토대로 고객 중심의 디지털 서비스를 개발해야 한다.

> 예시: 디즈니(Disney)는 디지털 전환을 통해 테마파크 방문객의 경험을 혁신했다. 디즈니는 고객 중심 전략으로 "MyMagic+" 시스템을 도입해 방문객의 편의성을 높였다. 이 시스템은 웨어러블 디바이스인 'MagicBand'를 통해 입장권, 호텔 키, 결제 수단을 통합하여 제공한다. 이를 통해 방문객은 긴 줄을 서지 않고도 편리하게 어트랙션을 예약하고, 식사를 주문할 수 있다. 이러한 고객 중심 전략은 방문객의 만족도를 높이고, 디즈니의 브랜드 가치를 강화했다.

3) 내부 프로세스 개선: 디지털 전환은 내부 프로세스의 효율성을 향상시키는 것을 포함해야 한다. 이를 위해 자동화, 데이터 분석, 인공지능 등 디지털 기술을 활용해 프로세스를 개선하고 운영 비용을 절감할 수 있는 전략을 수립해야 한다.

> 예시: 도요타(Toyota)는 제조 공정의 효율성을 높이기 위해 스마트 팩토리 전략을 수립했다. 이 전략에는 생산 라인에 IoT 센서를 설치하여 실시간 데이터를 수집하고, AI를 통해 생산 과정을 최적화하는 내용이 포함되었다. 이를 통해 도요

타는 생산 시간 단축, 제품 품질 향상, 운영 비용 절감 등의 성과를 달성했다.

라. 전략 실행을 위한 구체적인 계획 수립

1) 로드맵 작성: 전략을 실행하기 위해서는 구체적인 로드맵을 작성해야 한다. 로드맵은 디지털 전환의 각 단계별 목표, 일정, 필요한 자원 및 예산, 담당 부서 등을 포함해야 한다.

예시: HSBC는 디지털 뱅킹 전략을 실행하기 위해 단계별 로드맵을 작성했다. 첫 번째 단계에서는 모바일 뱅킹 앱의 기본 기능을 개선하고, 두 번째 단계에서는 AI 기반의 고객 지원 기능을 도입했으며, 마지막 단계에서는 고객 데이터를 분석하여 개인화된 금융 상품을 추천하는 시스템을 구축했다. 이러한 단계별 로드맵은 전략의 실행을 체계적으로 관리하고 목표를 달성하는 데 도움이 되었다.

2) 성과 측정 및 피드백 수집: 전략의 효과를 측정하고 지속적으로 개선하기 위해 성과 지표(KPI)를 설정해야 한다. 이를 통해 디지털 전환의 진행 상황을 모니터링하고, 필요한 경우 전략을 조정할 수 있다.

예시: 유니레버(Unilever)는 디지털 마케팅 전략의 효과를 측정하기 위해 KPI를 설정했다. 예를 들어, 온라인 광고의 클릭률, 고객 참여도, 판매 증대 등의 지표를 통해 디지털 마케팅 캠페인의 성과를 평가했다. 또한, 고객 피드백을 수집하여 마케팅 전략을 지속적으로 개선하고, 고객의 니즈에 부합하는 서비스를 제공했다.

마. 지속적인 전략 조정 및 혁신

디지털 환경은 빠르게 변화하므로, 디지털 전환 전략도 지속적으로 조정되고 혁신되어야 한다. 기업은 시장 변화, 기술 발전, 고객 요구의 변화를 주시하고, 이에 따라 전략을 유연하게 조정해야 한다.

예시: 넷플릭스는 초기에는 DVD 대여 서비스를 제공했지만, 디지털 환경의 변화와 스트리밍 기술의 발전을 인식하고 전략을 조정했다. 이를 통해 넷플릭스는 스트리밍 서비스에 집중하고, 오리지널 콘텐츠 제작에 투자하여 엔터테인먼트 산업에서 혁신을 주도했다. 이러한 지속적인 전략 조정과 혁신은 넷플릭스가 글로벌 미디어 기업으로 성장하는 데 중요한 역할을 했다.

결론

디지털 전환은 명확한 목표에 부합하는 전략 수립이 핵심이다. 기업의 비전과 전략적 목표에 기반하여 구체적이고 실행 가능한 전략을 수립해야 한다. 이는 고객 중심의 서비스 개발, 내부 프로세스 개선, 기술 도입, 조직 문화 변화 등 다양한 측면에서 이루어져야 한다. 또한, 로드맵 작성, 성과 측정, 지속적인 전략 조정을 통해 디지털 전환의 진행 상황을 관리하고, 빠르게 변화하는 디지털 환경에 적응해야 한다. 이러한 체계적인 전략 수립은 기업이 디지털 전환을 통해 경쟁력을 확보하고, 새로운 가치를 창출하는 데 결정적인 역할을 한다.

비즈니스 모델 개발의 핵심 요소

　디지털 전환(DX)은 단순히 기술을 도입하는 것이 아니라, 기업이 근본적으로 비즈니스 모델을 혁신하고 재구성하는 과정이다. 이는 기업이 디지털 기술을 활용해 기존의 운영 방식과 비즈니스 구조를 혁신하고, 새로운 가치를 창출하며, 지속적인 성장과 수익 창출을 가능하게 한다. 비즈니스 모델 개발은 디지털 전환의 핵심 단계 중 하나로, 기업이 디지털 환경에서 경쟁 우위를 확보하기 위해 반드시 고려해야 할 부분이다.

가. 비즈니스 모델 혁신의 중요성

1) **새로운 수익 창출 기회 발굴**: 디지털 기술을 활용하면 기존에 불가능하거나 비효율적이었던 방식으로 새로운 제품과 서비스를 제공할 수 있게 된다. 이를 통해 기업은 새로운 고객층을 확보하고, 다양한 수익 창출 기회를 발굴할 수 있다.

　예시: 에어비앤비(Airbnb)는 디지털 플랫폼을 통해 숙박 업계의 비즈니스 모델을 완전히 혁신했다. 에어비앤비는 자체적인 호텔이나 숙박 시설을 소유하지 않고, 개인이 자신의 주거 공간을 숙박 시설로 제공할 수 있는 플랫폼을 구축했다. 이를 통해 전통적인 호텔 산업과는 다른 형태의 비즈니스 모델을 개발하고, 숙박 업계에서 새로운 수익 창출 기회를 만들었다.

2) **기존 운영 방식의 효율화**: 디지털 전환을 통해 기업은 기존 비즈니스 모델의 비효율적

인 요소를 개선하고, 운영 프로세스를 최적화할 수 있다. 이를 통해 비용을 절감하고, 고객에게 더 나은 가치를 제공할 수 있다.

> 예시: 지멘스(Siemens)는 제조 산업에서 디지털 트윈 기술을 도입하여 생산 공정을 혁신했다. 디지털 트윈은 물리적 제품의 디지털 복제본을 만들어, 생산 공정의 시뮬레이션과 최적화를 가능하게 한다. 이를 통해 지멘스는 제품 개발 기간을 단축하고 생산 비용을 절감했으며, 고품질의 제품을 빠르게 시장에 출시할 수 있었다. 이러한 비즈니스 모델의 혁신은 지멘스가 제조업에서 경쟁 우위를 확보하는 데 기여했다.

나. 새로운 비즈니스 모델 개발의 핵심 요소

1) 고객 가치 제안의 재정의: 디지털 전환은 기업이 고객에게 제공하는 가치 제안을 재정의하도록 한다. 고객이 디지털 기술을 통해 어떤 가치를 얻을 수 있는지에 대한 깊은 이해를 바탕으로 비즈니스 모델을 개발해야 한다.

> 예시: 넷플릭스(Netflix)는 고객 가치 제안을 혁신하여 디지털 시대의 엔터테인먼트 소비 방식을 바꿨다. 넷플릭스는 전통적인 DVD 대여 서비스에서 스트리밍 서비스로 전환하면서, 고객이 언제 어디서나 다양한 콘텐츠를 시청할 수 있는 편리한 환경을 제공했다. 또한, 고객 데이터를 분석하여 개인화된 콘텐츠 추천 서비스를 제공함으로써 고객 만족도를 높였다. 이러한 고객 가치 제안의 재정의를 통해 넷플릭스는 기존의 방송 및 영화 산업을 혁신하고, 새로운 비즈니스 모델을 구축할 수 있었다.

2) 디지털 기술을 통한 차별화: 비즈니스 모델을 개발할 때 디지털 기술을 활용하여 차별화된 경쟁 우위를 확보해야 한다. 이는 인공지능(AI), 빅데이터, 클라우드 컴퓨팅, 사물인터넷(IoT) 등 첨단 기술을 활용하여 고객에게 독특한 경험과 가치를 제공하는 것을 의미한다.

> 예시: 테슬라(Tesla)는 자동차 산업에서 전기차와 자율주행 기술을 결합하여 차별화

된 비즈니스 모델을 개발했다. 테슬라는 차량에 IoT와 AI를 도입해 자율주행, 실시간 차량 상태 모니터링, 원격 소프트웨어 업데이트 등의 기능을 제공한다. 이를 통해 고객은 기존의 내연기관 자동차에서 경험할 수 없는 혁신적인 서비스를 누릴 수 있게 되었고, 테슬라는 자동차 산업에서 기술 리더로 자리매김했다. 이러한 차별화 전략은 테슬라가 디지털 전환을 통해 새로운 시장을 개척하고, 높은 수익을 창출하는 데 핵심적인 역할을 했다.

다. 비즈니스 모델 개발을 위한 전략적 접근

1) **플랫폼 비즈니스 모델의 도입**: 디지털 시대에서는 플랫폼 비즈니스 모델이 강력한 경쟁력을 가진다. 플랫폼은 기업이 고객, 파트너, 공급업체 등 다양한 이해관계자를 하나의 생태계로 연결하여 가치를 창출하고 공유할 수 있도록 한다.

예시: 아마존(Amazon)은 전자상거래 플랫폼을 구축하여 고객과 판매자를 연결하는 생태계를 조성했다. 아마존은 상품 판매뿐만 아니라, 클라우드 서비스(AWS), 디지털 콘텐츠, 물류 서비스 등 다양한 분야로 플랫폼을 확장했다. 이를 통해 아마존은 전 세계의 고객과 판매자에게 다양한 가치를 제공하며, 새로운 수익 모델을 창출했다. 플랫폼 비즈니스 모델을 도입한 아마존은 전자상거래 시장에서 독보적인 위치를 차지하고 있다.

2) **구독 모델의 활용**: 구독 모델은 디지털 전환을 통해 다양한 산업에서 효과적으로 활용될 수 있는 비즈니스 모델이다. 구독 모델은 고객이 정기적인 요금을 지불하고 지속적으로 제품이나 서비스를 이용할 수 있게 하는 방식으로, 고객 충성도를 높이고 안정적인 수익을 확보할 수 있다.

예시: 어도비(Adobe)는 디지털 전환을 통해 소프트웨어 판매 방식을 구독 모델로 전환했다. 이전에는 소프트웨어를 일회성 구매 방식으로 판매했지만, 이제는 Adobe Creative Cloud를 통해 월정액 구독 모델을 도입했다. 고객은 필요한 기간 동안 소프트웨어를 사용하고, 최신 버전을 지속적으로 업데이트 받을 수

있다. 이를 통해 어도비는 지속적인 수익 창출과 고객 유지율을 높일 수 있었다. 또한, 구독 모델은 고객 데이터 분석을 통해 개인화된 서비스와 기능을 제공하는 데도 활용되었다.

라. 지속 가능한 비즈니스 모델 구축

1) 데이터 기반 의사 결정: 디지털 전환을 통해 기업은 고객 행동, 시장 동향, 운영 효율성 등 다양한 데이터를 수집하고 분석할 수 있다. 이러한 데이터를 활용해 의사 결정을 내리고, 비즈니스 모델을 지속적으로 개선할 수 있다.

예시: 우버(Uber)는 택시 산업의 비즈니스 모델을 혁신하며, 데이터 기반 의사 결정을 통해 지속적인 성장을 이뤄냈다. 우버는 플랫폼을 통해 실시간 수요와 공급 데이터를 수집하고, 이를 바탕으로 운임 가격을 동적으로 조정하는 '서지 가격(Surge Pricing)' 모델을 도입했다. 이를 통해 우버는 수요와 공급의 균형을 유지하고, 운전자와 승객 모두에게 최적의 서비스를 제공할 수 있었다. 이러한 데이터 기반 비즈니스 모델은 우버의 글로벌 확장과 경쟁력 강화에 기여했다.

2) 에코시스템 및 파트너십 구축: 지속 가능한 비즈니스 모델을 개발하기 위해서는 다양한 이해관계자와의 협업과 파트너십을 통해 에코시스템을 구축해야 한다. 이를 통해 기업은 자사의 역량을 강화하고, 새로운 시장 기회를 발굴할 수 있다.

예시: 삼성전자는 스마트홈 생태계를 구축하기 위해 다양한 기업과 파트너십을 맺고 있다. 삼성은 IoT 플랫폼인 스마트싱스(SmartThings)를 중심으로 가전제품, 조명, 보안 장치 등 다양한 기기를 연결하는 에코시스템을 개발했다. 이를 위해 다양한 스마트홈 기기 제조사, 소프트웨어 개발사와 협력하여 호환성을 높이고 고객에게 통합된 스마트홈 경험을 제공하고 있다. 이러한 에코시스템 구축을 통해 삼성전자는 스마트홈 시장에서 경쟁 우위를 확보하고, 지속적인 성장 동력을 마련하고 있다.

마. 비즈니스 모델의 지속적인 개선과 혁신

디지털 전환은 한 번의 변화로 끝나는 것이 아니라, 지속적인 개선과 혁신이 필요한 과정이다. 시장 환경, 기술 발전, 고객 요구의 변화를 지속적으로 관찰하고 비즈니스 모델을 개선해 나가야 한다.

> 예시: 마이크로소프트는 클라우드 컴퓨팅 분야에서 지속적인 혁신을 통해 비즈니스 모델을 발전시켜 왔다. 마이크로소프트는 초기에는 소프트웨어 라이선스 판매에 주력했지만, 디지털 전환을 통해 클라우드 서비스인 Azure를 도입하면서 구독 기반의 클라우드 플랫폼으로 비즈니스 모델을 전환했다. 또한, 고객의 요구에 맞춰 인공지능, 데이터 분석, 사물인터넷 등의 기능을 Azure에 지속적으로 추가하여 플랫폼의 가치를 높였다. 이러한 지속적인 혁신은 마이크로소프트가 클라우드 컴퓨팅 시장에서 선두 기업으로 성장하는 데 핵심적인 역할을 했다.

결론

비즈니스 모델 개발은 디지털 전환의 성공을 좌우하는 핵심 요소다. 디지털 기술을 활용하여 기존 비즈니스 모델을 혁신하고, 새로운 비즈니스 모델을 개발함으로써 기업은 새로운 수익 창출 기회를 발굴하고, 시장에서 경쟁 우위를 확보할 수 있다. 이를 위해 고객 가치 제안을 재정의하고, 디지털 기술을 통한 차별화를 추구하며, 플랫폼 및 구독 모델과 같은 혁신적인 비즈니스 모델을 도입해야 한다. 또한, 데이터 기반 의사 결정, 에코시스템 구축, 지속적인 개선과 혁신을 통해 디지털 시대에 지속 가능한 비즈니스 모델을 구축하는 것이 중요하다. 이러한 전략을 통해 기업은 디지털 전환을 성공적으로 수행하고, 장기적인 성장과 번영을 이룰 수 있다.

05
문화적 변화에 대한 대응 및 실행 방안

　디지털 전환(DX)은 단순한 기술 도입을 넘어 기업 전반의 문화적 변화를 요구한다. 새로운 기술과 비즈니스 모델을 효과적으로 구현하기 위해서는 조직 내에서 디지털 마인드셋을 형성하고, 혁신과 실험을 장려하는 문화를 조성해야 한다. 이는 직원들이 변화를 수용하고, 적극적으로 새로운 아이디어를 제안하며, 실패를 두려워하지 않고 도전할 수 있는 환경을 만드는 것을 의미한다. 디지털 전환을 성공적으로 이루기 위해서는 이러한 문화적 변화가 뒷받침되어야 한다.

가. 문화적 변화의 필요성

1) 변화에 대한 저항 극복: 디지털 전환은 새로운 기술과 프로세스의 도입을 의미하며, 이는 기존의 업무 방식에 익숙한 직원들에게 저항감을 불러일으킬 수 있다. 직원들은 새로운 기술에 대한 두려움, 기존 지식과 기술의 무용함에 대한 불안감 등을 느낄 수 있다. 이러한 저항을 극복하지 못하면 디지털 전환의 효과는 반감될 수 있다. 따라서, 조직 문화가 변화를 수용하고 혁신을 장려하는 방향으로 변화해야만 이러한 저항을 최소화하고 디지털 전환을 원활하게 추진할 수 있다.

예시: IBM은 디지털 전환 과정에서 직원들의 저항을 극복하기 위해 조직 문화를 변화시켰다. IBM은 "Think"라는 핵심 가치를 "Think Big"으로 확장하여 직원들에게 혁신적인 사고를 장려했다. 또한, 디지털 기술과 관련된 교육 프로그램

을 제공하여 직원들이 새로운 기술을 학습하고 활용할 수 있도록 지원했다. 이를 통해 IBM은 조직 내에서 디지털 전환에 대한 긍정적인 인식을 확산시키고, 변화에 대한 저항을 줄일 수 있었다.

2) **혁신과 실험을 장려**: 디지털 전환은 끊임없는 혁신과 실험을 요구한다. 빠르게 변화하는 디지털 환경에서 기업이 경쟁력을 유지하기 위해서는 새로운 아이디어와 기술을 지속적으로 탐색하고, 이를 비즈니스에 적용하는 과정을 반복해야 한다. 이러한 혁신과 실험은 실패를 수반할 수 있기 때문에, 실패를 두려워하지 않고 도전할 수 있는 조직 문화를 조성하는 것이 중요하다.

예시: 구글은 "혁신을 위한 20% 시간"이라는 정책을 통해 직원들이 자신의 업무 시간 중 20%를 새로운 아이디어를 탐색하고 실험하는 데 사용할 수 있도록 장려했다. 이를 통해 직원들은 자신이 흥미를 느끼는 프로젝트에 참여하고, 실패에 대한 두려움 없이 혁신적인 아이디어를 시도할 수 있었다. 이 문화는 구글의 디지털 혁신을 이끄는 원동력이 되었으며, 구글 맵스(Google Maps), 지메일(Gmail) 등 다양한 혁신적인 제품을 탄생시켰다.

나. 문화적 변화를 위한 핵심 전략

1) **디지털 리더십의 강화**: 디지털 전환을 주도하기 위해서는 조직의 리더들이 디지털 리더십을 발휘해야 한다. 디지털 리더십은 디지털 기술에 대한 이해뿐만 아니라, 변화에 대한 열린 자세, 위험을 감수하고 혁신을 추진하는 용기, 그리고 직원들을 변화에 동참시킬 수 있는 능력을 포함한다.

예시: 사티아 나델라(Satya Nadella)가 마이크로소프트의 CEO로 취임한 후, 그는 디지털 리더십을 발휘하여 기업 문화를 변화시켰다. 나델라는 "성장 마인드셋(Growth Mindset)"을 강조하며, 모든 직원들이 배우고 성장하는 문화를 조성했다. 이를 통해 마이크로소프트는 클라우드 컴퓨팅, 인공지능, 오픈소스 기술 등 디지털 기술 분야에서 혁신을 이끌며, 전통적인 소프트웨어 회사에서 디지

털 서비스 기업으로 성공적으로 변신했다.

2) 디지털 역량 강화: 조직 문화 변화를 위해서는 직원들의 디지털 역량을 강화해야 한다. 직원들이 새로운 기술을 이해하고 활용할 수 있도록 교육과 훈련 프로그램을 제공하여 디지털 마인드셋을 함양해야 한다.

> 예시: AT&T는 디지털 전환을 위해 직원들의 디지털 역량을 강화하는 "Future Ready" 프로그램을 도입했다. 이 프로그램은 데이터 분석, 인공지능, 클라우드 컴퓨팅 등 디지털 기술에 대한 교육을 제공하며, 직원들이 스스로 기술을 학습하고 업무에 적용할 수 있도록 지원했다. 이를 통해 직원들은 디지털 전환에 적극적으로 참여할 수 있게 되었고, AT&T는 조직 내 디지털 역량을 향상시켜 경쟁력을 강화할 수 있었다.

3) 실패를 허용하는 문화 조성: 디지털 전환은 새로운 시도와 혁신을 통해 이루어지며, 이는 실패를 수반할 수 있다. 조직은 실패를 성장의 과정으로 인식하고, 실패를 통해 배우는 문화를 조성해야 한다. 이를 통해 직원들은 실패에 대한 두려움 없이 새로운 아이디어를 시도할 수 있게 된다.

> 예시: 아마존은 "실패는 혁신의 일부"라는 문화적 가치를 가지고 있다. 아마존의 CEO 제프 베조스는 실패를 혁신의 과정으로 인식하며, 아마존의 여러 프로젝트에서 실패 사례를 공개적으로 공유하고 이를 통해 배운 교훈을 강조했다. 예를 들어, 아마존 파이어폰(Fire Phone)의 실패는 그 자체로는 손실이었지만, 이를 통해 얻은 교훈은 이후 성공적인 제품과 서비스 개발에 기여했다. 이러한 문화는 아마존이 지속적으로 혁신하고 시장을 선도하는 원동력이 되었다.

다. 문화적 변화의 실행 방안

1) 조직 구조의 유연성 강화: 디지털 전환을 지원하기 위해 조직 구조를 유연하게 재설계해야 한다. 전통적인 위계적 조직 구조에서 벗어나, 빠른 의사결정과 협업이 가능한

애자일(Agile) 조직으로 전환하는 것이 필요하다.

예시: ING 은행은 디지털 전환을 가속화하기 위해 조직 구조를 애자일 조직으로 전환했다. 이를 통해 은행 내부의 다양한 부서가 자율적으로 협업하며, 고객 중심의 서비스 개발과 프로세스 개선을 빠르게 추진할 수 있게 되었다. 애자일 조직은 작은 팀 단위로 구성되어 신속한 의사결정과 실행이 가능하며, 이를 통해 ING는 디지털 금융 서비스 분야에서 혁신을 선도할 수 있었다.

2) 내부 커뮤니케이션 강화: 조직 내에서 디지털 전환의 중요성과 목표를 명확하게 전달하고, 직원들과의 소통을 강화해야 한다. 내부 커뮤니케이션을 통해 직원들이 디지털 전환에 대한 이해와 공감대를 형성하고, 변화에 대한 적극적인 참여를 유도할 수 있다.

예시: SAP는 디지털 전환 과정에서 직원들과의 내부 커뮤니케이션을 강화했다. 경영진은 정기적으로 타운홀 미팅, 내부 블로그, 포럼 등을 통해 디지털 전환의 진행 상황과 성과를 공유했다. 또한, 직원들이 디지털 전환에 대해 자유롭게 의견을 나누고 질문할 수 있는 온라인 플랫폼을 제공했다. 이러한 소통은 직원들이 디지털 전환에 대한 비전을 이해하고, 조직의 변화에 적극적으로 참여하도록 독려하는 데 도움이 되었다.

라. 문화적 변화의 지속적인 유지

1) 인센티브 및 인정 시스템 도입: 조직 내에서 디지털 전환을 촉진하기 위해 혁신적인 아이디어와 성과를 이룬 직원들에게 인센티브와 인정을 제공해야 한다. 이는 직원들의 동기를 부여하고, 디지털 전환을 위한 문화적 변화를 지속적으로 유지하는 데 도움이 된다.

예시: 마스터카드(Mastercard)는 디지털 혁신을 촉진하기 위해 직원들에게 인센티브 프로그램을 도입했다. 혁신적인 아이디어를 제안하고 이를 통해 고객 가치를 창출한 직원에게는 보상과 인정을 제공했다. 이를 통해 직원들은 디지털 전환

에 적극적으로 참여하고, 새로운 아이디어를 개발하는 데 주력할 수 있었다. 이러한 인센티브 시스템은 마스터카드가 디지털 금융 서비스 분야에서 선도적인 위치를 유지하는 데 기여했다.

2) 지속적인 교육 및 역량 개발: 디지털 전환의 문화적 변화를 지속적으로 유지하기 위해서는 끊임없는 교육과 역량 개발이 필요하다. 새로운 기술과 비즈니스 트렌드에 대한 교육을 통해 직원들이 지속적으로 학습하고 성장할 수 있도록 지원해야 한다.

예시: 액센츄어(Accenture)는 직원들의 디지털 역량 강화를 위해 지속적인 교육 프로그램을 운영하고 있다. 액센츄어는 온라인 학습 플랫폼을 통해 AI, 데이터 분석, 클라우드 컴퓨팅 등 최신 디지털 기술에 대한 교육을 제공하며, 직원들이 스스로 학습하고 전문 역량을 향상시킬 수 있도록 지원하고 있다. 이를 통해 액센츄어는 디지털 시대에 필요한 인재를 양성하고, 조직의 디지털 전환을 지속적으로 추진하고 있다.

결론

디지털 전환은 조직 문화의 변화를 필수적으로 요구한다. 디지털 마인드셋을 형성하고, 혁신과 실험을 장려하며, 실패를 두려워하지 않는 문화를 조성하는 것이 디지털 전환의 성공을 결정하는 핵심 요소다. 이를 위해 디지털 리더십의 강화, 디지털 역량 강화, 실패를 허용하는 문화 조성, 조직 구조의 유연성 강화, 내부 커뮤니케이션 강화, 인센티브 및 인정 시스템 도입, 지속적인 교육 등이 필요하다. 이러한 문화적 변화가 뒷받침될 때, 조직은 디지털 전환을 성공적으로 수행하고, 지속적인 혁신을 통해 디지털 시대에서 경쟁력을 확보할 수 있을 것이다.

예시: 마이크로소프트는 사티아 나델라(Satya Nadella) CEO의 주도 아래 기업 문화를 변화시켰다. 나델라는 "성장 마인드셋(growth mindset)"을 강조하며, 실패를 배움의 기회로 보고 혁신을 위한 실험을 장려했다. 이를 통해 마이크로소프트는 클라우드 컴퓨팅, AI, 사물인터넷 등 디지털 기술 분야에서 선도적인 입지를 다질 수 있었다. 직원들은 변화에 대해 유연하게 대처하고, 새로운 아이디어를 시도하는 문화가 형성되었다.

디지털 전환(DX)을 위한 단계별 프로젝트 추진 방안

　디지털 전환(DX)은 조직의 전반적인 운영 방식과 비즈니스 모델에 대한 근본적인 변화를 수반하는 복잡하고 광범위한 과정이다. 그러나 이러한 변화를 단번에 전면적으로 도입하는 것은 상당한 리스크와 부담을 가져올 수 있다. 그래서 디지털 전환은 전면적인 변화보다는 작고 전략적인 프로젝트로 시작하는 것이 효과적이다. 초기 성공 사례를 통해 조직 내 신뢰를 구축하고, 이를 기반으로 점진적으로 확장해 나가는 전략이 필요하다. 특히 기업 내부에서 변화에 대한 저항이 발생하거나, 조직의 역량이 충분히 준비되지 않았을 경우 디지털 전환은 실패로 이어질 수 있다. "작지만 전략적으로 시작하기"는 이러한 리스크를 최소화하고 디지털 전환의 성공 가능성을 높이는 접근 방식으로, 작은 규모의 전략적 프로젝트를 통해 초기 성공을 달성하고 이를 기반으로 점진적으로 디지털 전환을 확장해 나가는 전략이다.

가. 작은 프로젝트로 시작하는 이유

1) **변화에 대한 저항 최소화**: 디지털 전환은 기존의 업무 방식과 프로세스를 바꾸는 것을 의미하기 때문에 조직 내부에서 변화에 대한 저항이 발생할 수 있다. 작은 규모의 프로젝트로 시작하면 이러한 저항을 최소화할 수 있다. 작고 명확한 프로젝트는 변화의 범위를 제한하고, 직원들이 점진적으로 새로운 방식에 적응할 수 있도록 돕는다.

　예시: 도이치텔레콤(Deutsche Telekom)은 디지털 전환의 초기 단계에서 작은 프로젝

트를 통해 직원들의 변화를 수용하도록 유도했다. 이들은 내부적으로 자동화된 고객 서비스 챗봇을 도입하는 프로젝트를 시작했으며, 이를 통해 직원들이 AI 기술이 업무에 미치는 긍정적인 영향을 직접 경험하도록 했다. 이러한 작은 규모의 변화는 직원들의 불안감을 줄이고, 디지털 기술의 도입에 대한 긍정적인 인식을 형성하는 데 도움이 되었다.

2) **위험 관리**: 디지털 전환은 실패할 가능성이 있는 위험한 여정이다. 작고 전략적인 프로젝트로 시작하면 실패의 위험을 관리할 수 있다. 실패하더라도 그 영향은 제한적이며, 조직은 이러한 실패로부터 배워 향후 프로젝트의 성공 가능성을 높일 수 있다.

예시: 스타벅스는 디지털 전환을 시작할 때 모바일 주문 및 결제 서비스를 도입하는 작은 프로젝트부터 시작했다. 이 프로젝트는 고객 경험을 개선하고 매장 운영 효율을 향상시키기 위한 것이었다. 초기에는 일부 매장에서만 이 서비스를 도입하여 운영상의 문제와 고객 반응을 평가했다. 이를 통해 얻은 데이터를 바탕으로 서비스의 문제점을 개선하고 확장 전략을 조정했다. 결국 스타벅스는 모바일 주문 및 결제 서비스를 전 세계 매장으로 확대할 수 있었으며, 고객의 대기 시간을 줄이고 매출을 증대하는 데 큰 성과를 거두었다.

나. 전략적으로 작은 프로젝트를 선택하는 방법

1) **비즈니스 영향력과 실행 가능성 평가**: 작은 프로젝트를 선택할 때는 해당 프로젝트가 비즈니스에 미치는 영향력과 실행 가능성을 평가해야 한다. 즉, 상대적으로 짧은 시간 내에 실행할 수 있으면서도 조직의 목표 달성에 의미 있는 가치를 제공할 수 있는 프로젝트를 선택해야 한다.

예시: DHL은 물류 산업의 디지털 전환을 추진하기 위해 처음에는 "스마트 창고" 프로젝트를 선택했다. 이 프로젝트는 자동화된 창고 관리 시스템을 도입하여 물류 효율성을 높이는 것이 목표였다. 스마트 창고 프로젝트는 비교적 작은 규모였지만, 물류 프로세스의 효율성을 크게 향상시키고, 고객에게 신속한 배송 서

비스를 제공함으로써 비즈니스에 즉각적인 긍정적 영향을 미쳤다. 이 프로젝트의 성공은 DHL의 디지털 전환에 대한 내부 신뢰를 구축하고, 이후 더 큰 규모의 디지털 혁신 프로젝트를 추진하는 기반이 되었다.

2) 빠른 성과 달성을 위한 파일럿 프로젝트: 디지털 전환의 초기 단계에서 빠른 성과를 달성할 수 있는 파일럿 프로젝트를 실행하는 것이 효과적이다. 파일럿 프로젝트는 디지털 전환의 잠재적 이점을 입증하고, 조직 내에서 성공 사례를 만들어 디지털 전환에 대한 신뢰를 구축한다.

예시: 존슨앤드존슨(Johnson & Johnson)은 디지털 헬스케어 분야에서 "원격 환자 모니터링 시스템"이라는 파일럿 프로젝트를 시작했다. 이 프로젝트는 환자의 건강 상태를 원격으로 모니터링하여 의료진에게 실시간 데이터를 제공하는 시스템이었다. 파일럿 단계에서 성공적인 결과를 도출하여 환자의 건강 관리 효율성을 높일 수 있었으며, 이를 바탕으로 원격 의료 서비스 영역을 확대하고 새로운 헬스케어 솔루션을 개발하는 데 활용했다.

다. 초기 성공 사례의 중요성

1) 조직 내 신뢰 구축: 초기 프로젝트의 성공은 조직 내에서 디지털 전환에 대한 신뢰를 구축하는 데 핵심적이다. 작은 규모의 프로젝트에서 성과를 도출하면 조직 구성원들은 디지털 전환의 효과를 직접 체감할 수 있으며, 이는 더 큰 규모의 디지털 전환 프로젝트를 추진할 수 있는 동력으로 작용한다.

예시: BMW는 디지털 전환의 첫 단계로 제조 공정에서 "증강 현실(AR) 기반 품질 검사 시스템"을 도입하는 프로젝트를 수행했다. 이 프로젝트는 AR 기술을 활용해 생산 라인의 품질 검사를 자동화하고, 검사 정확도를 높이는 것을 목표로 했다. 초기 파일럿 프로젝트에서 성공을 거두자, 조직 내에서 디지털 기술에 대한 신뢰가 높아졌으며, BMW는 이를 기반으로 생산 공정 전반에 디지털 트윈, AI 기반 예측 유지보수 등 더 큰 디지털 전환 프로젝트를 추진할 수 있었다.

2) **디지털 전환의 효과 검증**: 초기의 작은 프로젝트는 디지털 전환이 실제로 비즈니스에 어떤 긍정적인 영향을 미치는지 검증하는 기회가 된다. 이를 통해 얻은 인사이트는 이후 디지털 전환 전략을 최적화하고 확장해 나가는 데 활용된다.

> 예시: 월마트는 디지털 전환을 추진하기 위해 "스마트 선반" 파일럿 프로젝트를 시작했다. 스마트 선반은 IoT 기술을 활용하여 매장 내 재고 상태를 실시간으로 모니터링하고 자동으로 재고 보충을 요청하는 시스템이다. 이 파일럿 프로젝트를 통해 월마트는 재고 관리의 효율성을 개선하고, 재고 부족으로 인한 매출 손실을 줄일 수 있었다. 이러한 초기 성공 사례는 디지털 전환의 효과를 입증하며, 월마트가 더 큰 규모의 디지털 전략을 수립하는 데 기여했다.

라. 초기 성공을 기반으로 확장하기

1) **단계적 확장 전략**: 초기 프로젝트의 성공을 기반으로 디지털 전환을 단계적으로 확장하는 전략을 수립해야 한다. 이는 조직이 변화에 점진적으로 적응할 수 있도록 하며, 디지털 전환의 리스크를 관리하면서 조직의 역량을 강화한다.

> 예시: 도요타(Toyota)는 스마트 팩토리 구축을 위한 디지털 전환에서 작은 프로젝트로 시작해 단계적으로 확장했다. 첫 단계에서는 생산 라인에 IoT 센서를 도입하여 장비 상태를 모니터링하고 유지보수를 최적화하는 파일럿 프로젝트를 진행했다. 이 프로젝트에서 성공을 거두자, 도요타는 이를 공장 전체로 확대하고, 나아가 AI를 활용한 생산 공정 최적화, 디지털 트윈 기술을 도입하여 스마트 팩토리의 전체적인 운영 효율을 향상시켰다. 이러한 단계적 확장은 도요타가 점진적으로 디지털 전환을 성공적으로 수행하는 데 중요한 전략이었다.

2) **지속적인 피드백과 개선**: 초기 프로젝트를 확장하는 과정에서 지속적으로 피드백을 수집하고 개선해 나가는 것이 중요하다. 이를 통해 디지털 전환의 효과를 극대화하고, 새로운 도전 과제에 유연하게 대응할 수 있다.

예시: 마이크로소프트는 클라우드 서비스인 Azure의 도입 초기, 소규모의 클라우드 서비스 제공으로 시작했다. 초기 사용자의 피드백을 적극적으로 수집하여 서비스를 개선하고, 점진적으로 새로운 기능을 추가했다. 또한, 고객들의 다양한 요구에 대응하기 위해 지속적으로 서비스 범위를 확장하고 혁신적인 기능을 제공했다. 이러한 지속적인 피드백과 개선 과정은 Azure가 클라우드 시장에서 선도적인 위치를 확보하는 데 중요한 역할을 했다.

결론

디지털 전환은 광범위한 변화와 혁신을 요구하지만, 작고 전략적인 프로젝트로 시작하여 점진적으로 확장해 나가는 것이 효과적이다. 이러한 접근 방식은 디지털 전환에 대한 조직 내 저항을 최소화하고, 초기 성공 사례를 통해 신뢰를 구축하며, 리스크를 관리할 수 있게 한다. 초기의 작은 프로젝트를 통해 디지털 전환의 효과를 검증하고, 이를 바탕으로 단계적으로 전략을 확장해 나가는 과정에서 조직은 디지털 전환의 성공 가능성을 높일 수 있다. 이를 통해 기업은 디지털 시대에서 지속 가능한 경쟁 우위를 확보하고, 장기적인 성장을 이룰 수 있다.

07
기술 구축 계획 수립 및 통합 전략

디지털 전환(DX)은 기술 혁신을 중심으로 이루어지며, 이를 성공적으로 추진하기 위해서는 디지털 전환을 지원하는 기술 인프라를 구축하는 계획이 필수적이다. 이러한 계획은 단순히 최신 기술을 도입하는 것을 넘어서, 조직의 목표와 전략에 부합하는 기술을 선정하고 이를 효과적으로 통합하는 과정을 포함한다. 클라우드 컴퓨팅, 인공지능(AI), 빅데이터, 사물인터넷(IoT) 등 다양한 기술을 활용하여 비즈니스 프로세스를 혁신하고, 새로운 가치를 창출할 수 있도록 하는 구체적인 로드맵을 마련해야 한다.

가. 기술 구축 계획의 중요성

1) **디지털 전환의 방향성 제공**: 기술 구축 계획은 디지털 전환의 방향성을 제공하고, 조직이 디지털 혁신을 위해 어떤 기술에 집중해야 하는지를 명확히 한다. 이는 디지털 전환 과정에서 발생할 수 있는 혼란과 비효율을 줄이고, 조직의 자원과 노력을 효과적으로 배분할 수 있게 한다.

   예시: 존슨앤드존슨(Johnson & Johnson)은 헬스케어 분야에서 디지털 전환을 추진하면서, "데이터 중심의 의사 결정"이라는 목표를 세우고 이를 지원하는 기술 구축 계획을 수립했다. 이를 위해 AI와 빅데이터 분석 기술을 도입하여 환자 데이터를 수집하고 분석하는 시스템을 구축했다. 이러한 기술 인프라를 통해 진료 과정에서 더 정확한 진단과 치료 계획을 수립할 수 있었으며, 의사 결정의

효율성과 정확성을 크게 향상시켰다.

2) **리스크 관리 및 비용 효율화**: 디지털 전환을 위한 기술 도입에는 상당한 비용과 리스크가 수반된다. 체계적인 기술 구축 계획을 통해 리스크를 최소화하고, 필요한 기술을 적절한 시기에 도입함으로써 비용을 효율적으로 관리할 수 있다.

> 예시: HSBC 은행은 디지털 전환을 위한 기술 구축 계획을 세우면서 단계별로 클라우드 인프라를 도입했다. 초기에는 클라우드 기반의 데이터 분석 플랫폼을 도입하여 비용 절감과 운영 효율을 높였다. 이후, 점진적으로 클라우드 서비스를 확장하여 AI 기반의 고객 서비스, 디지털 뱅킹 솔루션 등 다양한 영역에서 활용했다. 이러한 단계적인 접근을 통해 HSBC는 클라우드 도입에 따른 리스크를 최소화하고, 비용 효율성을 높일 수 있었다.

나. 기술 구축 계획 수립의 핵심 요소

1) **조직의 목표 및 전략과의 연계**: 기술 구축 계획은 조직의 디지털 전환 목표 및 전략과 긴밀히 연계되어야 한다. 기술 선택과 구축은 단순히 기술 그 자체를 도입하는 것이 아니라, 조직의 비전과 전략적 목표를 달성하는 데 기여해야 한다.

> 예시: 지멘스(Siemens)는 제조 공정의 디지털화를 추진하기 위해 "스마트 팩토리" 구축을 목표로 기술 구축 계획을 수립했다. 이를 위해 IoT 센서, AI 기반 예측 유지보수, 디지털 트윈 등의 기술을 도입하여 생산 라인의 효율성과 유연성을 향상시켰다. 지멘스의 기술 구축 계획은 제조 공정에서 실시간 데이터를 활용해 운영 효율을 최적화하고, 제품 품질을 개선하는 데 중점을 두었다.

2) **기술 요구 사항 및 환경 분석**: 기술 구축 계획을 수립하기 전에 조직의 현재 IT 인프라와 기술 환경을 분석하고, 디지털 전환을 위해 필요한 기술 요구 사항을 파악해야 한다. 이를 통해 현재 인프라의 제약 사항과 개선 필요성을 식별하고, 디지털 전환에 적합한 기술을 선택할 수 있다.

예시: 액센츄어(Accenture)는 클라이언트의 디지털 전환 프로젝트를 지원할 때 먼저 현재 IT 인프라를 분석하고, 클라이언트가 디지털 전환을 위해 어떤 기술이 필요한지 파악했다. 예를 들어, 클라이언트가 데이터 분석과 AI를 활용해 고객 경험을 개선하려는 경우, 기존 데이터 인프라를 업그레이드하고 클라우드 기반 데이터 플랫폼을 구축하는 계획을 제시했다. 이를 통해 액센츄어는 클라이언트가 효과적으로 디지털 전환을 추진할 수 있는 기술 기반을 마련했다.

3) 기술 선택과 우선순위 설정: 디지털 전환에 필요한 다양한 기술을 선정하고, 이를 도입할 우선순위를 설정해야 한다. 모든 기술을 한꺼번에 도입하는 것은 비효율적일 수 있으므로, 조직의 목표와 전략에 가장 부합하는 기술을 우선적으로 도입하고, 점진적으로 확장하는 전략이 필요하다.

예시: 아디다스(Adidas)는 디지털 전환의 일환으로 고객 경험을 혁신하기 위해 우선순위 기술로 AI와 클라우드 기술을 선정했다. 먼저 AI 기반의 제품 추천 시스템을 개발하여 온라인 쇼핑 경험을 개선하고, 클라우드 플랫폼을 도입해 고객 데이터를 효율적으로 관리했다. 이러한 우선순위 설정을 통해 아디다스는 디지털 전환의 초기 단계에서 빠르게 고객 가치를 창출할 수 있었다.

다. 기술 도입 및 통합 전략

1) 클라우드 인프라 구축: 클라우드 컴퓨팅은 디지털 전환을 지원하는 핵심 기술 중 하나로, 유연한 인프라를 제공하여 기업이 빠르게 변화하는 비즈니스 요구에 대응할 수 있도록 한다. 클라우드 인프라를 구축하면 데이터 저장, 애플리케이션 개발 및 배포, IT 자원 관리 등을 효율적으로 수행할 수 있다.

예시: 넷플릭스(Netflix)는 클라우드 인프라를 구축하여 전 세계 사용자에게 안정적이고 빠른 스트리밍 서비스를 제공했다. 기존의 온프레미스 데이터 센터에서 클라우드로 전환함으로써, 트래픽 급증에 따른 서버 확장, 콘텐츠 전송 속도 개선, 글로벌 서비스 운영을 효율적으로 관리할 수 있었다. 이를 통해 넷플릭스는

사용자 경험을 향상시키고, 스트리밍 시장에서 선두 자리를 유지할 수 있었다.

2) **AI 및 데이터 분석 기술 도입**: AI와 데이터 분석은 디지털 전환을 통해 새로운 인사이트를 얻고, 비즈니스 프로세스를 자동화하는 핵심 기술이다. 조직은 AI와 데이터 분석 기술을 도입하여 고객 행동 분석, 운영 효율성 향상, 개인화 서비스 제공 등 다양한 영역에서 가치를 창출할 수 있다.

예시: 아마존(Amazon)은 AI와 데이터 분석을 활용하여 고객 경험을 혁신했다. 아마존은 고객의 구매 패턴과 행동 데이터를 분석해 개인화된 제품 추천을 제공하는 AI 기반 추천 시스템을 개발했다. 이를 통해 고객은 자신에게 적합한 제품을 쉽게 찾을 수 있게 되었고, 아마존은 매출 증대와 고객 만족도 향상이라는 결과를 얻을 수 있었다. 이러한 기술 도입은 아마존이 전자상거래 분야에서 독보적인 경쟁력을 유지하는 데 중요한 역할을 했다.

3) **IoT 및 엣지 컴퓨팅**: IoT는 다양한 기기와 센서를 통해 실시간 데이터를 수집하고, 이를 활용하여 비즈니스 프로세스를 최적화하는 데 사용된다. 엣지 컴퓨팅은 데이터를 생성하는 기기 가까운 곳에서 데이터를 처리하여 실시간으로 의사결정을 지원한다.

예시: 존 디어(John Deere)는 농업 기계에 IoT와 엣지 컴퓨팅 기술을 도입하여 스마트 농업을 구현했다. 트랙터와 콤바인에 설치된 IoT 센서는 토양 상태, 기후, 작물 생육 상태 등의 데이터를 실시간으로 수집했다. 이러한 데이터는 엣지 컴퓨팅을 통해 현장에서 즉시 분석되어 농부들에게 최적의 작물 재배 전략을 제안했다. 이를 통해 존 디어는 농업 생산성을 높이고, 농업 현장의 효율성을 향상시키는 스마트 농업 솔루션을 제공했다.

라. 기술 구축을 위한 로드맵 작성

1) **단계별 로드맵 수립**: 기술 구축은 단계별로 이루어져야 하며, 각 단계마다 명확한 목표와 일정, 필요한 자원 및 예산을 포함한 로드맵을 수립해야 한다. 단계별 접근을 통해 조직은 기술 도입 과정에서 발생할 수 있는 문제를 신속하게 해결하고, 디지털 전환의 효과를 최대화할 수 있다.

예시: 마이크로소프트(Microsoft)는 클라우드 플랫폼인 Azure를 도입하는 데 있어 단계별 로드맵을 작성했다. 첫 번째 단계에서는 인프라를 클라우드로 이전하여 유연성을 확보했고, 두 번째 단계에서는 데이터 분석 및 AI 서비스를 클라우드에 통합하여 고객에게 혁신적인 서비스를 제공했다. 마지막 단계에서는 전사적으로 클라우드 기반 업무 환경을 구축하여 생산성을 극대화했다. 이러한 단계적 로드맵은 마이크로소프트가 클라우드 컴퓨팅 시장에서 선도적인 위치를 확보하는 데 기여했다.

2) **지속적인 모니터링과 개선**: 기술 구축 과정에서는 지속적으로 진행 상황을 모니터링하고 피드백을 수집하여 로드맵을 조정하고 개선해 나가야 한다. 이를 통해 기술 도입의 효과를 극대화하고, 예상치 못한 문제에 유연하게 대응할 수 있다.

예시: AT&T는 디지털 전환을 추진하면서 기술 도입의 효과를 지속적으로 모니터링하고 개선하는 체계를 구축했다. 예를 들어, 클라우드 도입 초기에는 일부 부서에서만 시범 운영을 통해 성과를 측정하고, 이를 토대로 전사적인 클라우드 전략을 조정했다. 또한, 데이터 분석을 통해 클라우드 인프라 활용을 최적화하고, 비용 효율성을 높이는 방안을 지속적으로 도입했다.

결론

디지털 전환을 성공적으로 수행하기 위해서는 체계적인 기술 구축 계획이 필수적이다. 기술 구축 계획은 조직의 목표와 전략에 부합하는 기술을 선정하고, 이를 단계적으로 도입하고 통합하는 로드맵을 수립하는 과정을 포함한다. 클라우드 컴퓨팅, AI, 빅데이터, IoT 등 핵심 기술을 효과적으로 활용하여 비즈니스 프로세스를 혁신하고, 새로운 가치를 창출할 수 있다. 또한, 기술 구축 과정에서 지속적인 모니터링과 개선을 통해 디지털 전환의 효과를 극대화할 수 있다. 이를 통해 기업은 디지털 시대에서 경쟁력을 강화하고, 지속 가능한 성장의 기반을 마련할 수 있다.

기술 파트너 선정 및 협력 방안

　디지털 전환(DX)은 복잡하고 다차원적인 과제로, 내부 역량만으로 모든 과정을 수행하기에는 어려움이 많다. 기술의 빠른 발전과 다양한 전문 분야의 필요성으로 인해 기업은 외부 파트너와 전문가의 도움을 받아 디지털 전환을 더욱 효과적으로 진행할 수 있다. 이러한 외부 협력을 통해 기업은 최신 기술과 노하우를 빠르게 도입하고, 디지털 전환 과정에서 발생하는 다양한 도전 과제를 효과적으로 해결할 수 있다.

가. 파트너 및 전문가의 중요성

1) **최신 기술과 전문 지식 확보**: 디지털 전환에 필요한 기술은 매우 다양하고 빠르게 변화한다. 클라우드 컴퓨팅, 인공지능(AI), 빅데이터, 사물인터넷(IoT) 등 각 분야의 기술은 전문적인 지식과 경험을 요구한다. 외부 파트너와 전문가를 통해 최신 기술과 전문 지식을 확보하면, 기업은 디지털 전환을 위한 인프라 구축과 운영을 효율적으로 수행할 수 있다.

　예시: 존슨앤드존슨(Johnson & Johnson)은 의료 분야에서 디지털 전환을 추진하기 위해 외부 기술 파트너와 협력했다. 예를 들어, 클라우드 인프라 구축과 데이터 분석을 위해 아마존 웹 서비스(AWS)와 파트너십을 맺었다. 이를 통해 존슨앤드존슨은 방대한 의료 데이터를 효과적으로 관리하고, AI 및 머신러닝 기술을 활용하여 환자 치료 및 의료 연구를 개선할 수 있었다.

2) **빠른 도입과 실행**: 외부 파트너와 전문가의 도움을 받으면 기술 도입과 디지털 전환의 실행 속도를 높일 수 있다. 내부에서 기술을 개발하고 적용하는 데 시간이 오래 걸리는 반면, 외부 파트너와의 협력을 통해 이미 검증된 솔루션과 서비스를 빠르게 도입할 수 있다.

> 예시: 유니레버(Unilever)는 디지털 마케팅 전략을 강화하기 위해 구글과 파트너십을 체결했다. 구글의 AI 및 데이터 분석 기술을 활용하여 광고 캠페인의 효과를 실시간으로 모니터링하고, 개인화된 마케팅을 제공했다. 유니레버는 구글의 기술과 노하우를 활용하여 디지털 마케팅 전략을 신속하게 실행하고, 소비자 참여와 판매를 증대하는 데 성공했다.

나. 파트너 및 전문가 선정 시 고려사항

1) **전문성 및 역량 평가**: 디지털 전환을 지원할 파트너와 전문가를 선정할 때는 그들의 전문성과 역량을 면밀히 평가해야 한다. 해당 파트너가 디지털 전환의 특정 분야에 대한 깊은 지식과 경험을 보유하고 있는지, 그리고 조직의 목표와 전략에 부합하는 솔루션을 제공할 수 있는지 확인해야 한다.

> 예시: BMW는 제조 공정의 디지털 전환을 추진하기 위해 엔비디아(NVIDIA)와 협력했다. 엔비디아는 AI와 디지털 트윈 기술 분야에서 전문성을 갖추고 있었으며, 이를 통해 BMW의 생산 라인에 디지털 트윈을 구축하고 생산 공정을 최적화했다. 엔비디아의 전문성은 BMW가 스마트 팩토리로의 전환을 효과적으로 수행하는 데 큰 도움이 되었다.

2) **파트너십의 유연성과 확장성**: 디지털 전환은 지속적인 변화와 발전을 요구하므로, 파트너십은 유연하고 확장성이 있어야 한다. 파트너가 조직의 성장과 변화에 따라 기술과 서비스를 확장할 수 있는 역량을 보유하고 있는지 확인하는 것이 중요하다.

> 예시: 스타벅스는 디지털 전환을 위한 데이터 분석과 개인화된 고객 경험을 제공하기 위해 마이크로소프트와 장기적인 파트너십을 구축했다. 마이크로소프트의

클라우드 플랫폼인 Azure를 활용하여 스타벅스는 고객 데이터 분석, 주문 및 결제 시스템 개선, AI 기반의 맞춤형 추천 서비스를 제공했다. 마이크로소프트와의 유연하고 확장 가능한 파트너십을 통해 스타벅스는 지속적으로 디지털 서비스를 혁신하고 확장할 수 있었다.

다. 외부 협력의 주요 유형

1) **기술 제공업체**: 기술 제공업체는 디지털 전환을 위한 인프라와 솔루션을 제공하는 파트너다. 클라우드 서비스 제공업체, AI 및 데이터 분석 솔루션 제공업체, IoT 플랫폼 제공업체 등이 이에 해당한다. 기술 제공업체와의 협력을 통해 기업은 필요한 기술을 신속하게 도입하고 운영할 수 있다.

   예시: GE는 산업용 IoT 플랫폼 구축을 위해 PTC와 파트너십을 맺었다. PTC는 IoT 및 AR 분야에서 전문성을 보유한 기술 제공업체로, GE의 제조 공정에 IoT와 디지털 트윈 기술을 통합하여 생산성 향상과 유지보수 효율성을 높였다. 이를 통해 GE는 스마트 팩토리 구현을 가속화하고, 산업용 IoT 분야에서 경쟁력을 강화할 수 있었다.

2) **컨설팅 기업**: 디지털 전환 전략을 수립하고 실행하는 과정에서 컨설팅 기업의 지원을 받는 것이 효과적이다. 컨설팅 기업은 디지털 전략 수립, 프로세스 개선, 조직 변화 관리 등 다양한 측면에서 전문적인 조언과 가이드를 제공한다.

   예시: HSBC 은행은 디지털 뱅킹 전략을 수립하고 실행하기 위해 액센츄어(Accenture)와 협력했다. 액센츄어는 HSBC의 디지털 전환 로드맵을 수립하고, 모바일 뱅킹 앱 개발, AI 기반 고객 지원 시스템 도입, 내부 프로세스의 디지털화 등에 대한 컨설팅을 제공했다. 이를 통해 HSBC는 디지털 뱅킹 서비스를 성공적으로 구축하고, 고객 경험과 운영 효율성을 개선할 수 있었다.

3) **스타트업 및 혁신 기업**: 디지털 전환은 혁신적인 아이디어와 기술을 도입하는 것이 핵

심이며, 이를 위해 스타트업과의 협력이 중요하다. 스타트업은 혁신적인 솔루션과 새로운 비즈니스 모델을 제공할 수 있으며, 기업은 이를 통해 디지털 전환을 가속화할 수 있다.

예시: 도이치 텔레콤(Deutsche Telekom)은 고객 서비스 혁신을 위해 챗봇 기술 스타트업과 협력했다. 스타트업의 AI 기반 챗봇 기술을 활용하여 고객 문의에 대한 실시간 응답과 문제 해결을 제공하는 디지털 고객 지원 시스템을 구축했다. 이를 통해 도이치 텔레콤은 고객 만족도를 향상시키고, 고객 서비스 운영 비용을 절감할 수 있었다.

라. 파트너십의 성공을 위한 필수 요소

1) **상호 신뢰와 장기적인 협력 관계 구축**: 디지털 전환은 단기적인 프로젝트로 끝나지 않으며, 지속적인 협력이 필요한 장기적인 과정이다. 따라서 파트너와의 협력 관계는 단기적인 성과에만 의존하지 않고, 상호 신뢰를 바탕으로 한 장기적인 파트너십을 구축하는 것이 중요하다. 이를 통해 기업과 파트너는 디지털 전환의 지속적인 성과를 달성할 수 있다.

예시: IBM은 여러 산업 분야의 기업들과 장기적인 협력 관계를 구축해왔다. IBM은 고객의 디지털 전환 목표에 맞춘 맞춤형 솔루션을 제공하며, 기술 도입 이후에도 지속적인 지원을 통해 고객의 성공적인 디지털 전환을 지원하고 있다. 이러한 장기적인 파트너십은 고객과 IBM 간의 신뢰를 바탕으로 디지털 전환의 성과를 극대화하는 데 기여하고 있다.

2) **파트너와의 지속적인 커뮤니케이션**: 성공적인 파트너십을 유지하기 위해서는 지속적인 커뮤니케이션이 필수적이다. 디지털 전환 과정에서 발생하는 문제와 과제를 신속하게 해결하기 위해 정기적인 미팅과 피드백 수집을 통해 파트너와의 소통을 강화해야 한다.

예시: 존슨앤드존슨(Johnson & Johnson)은 디지털 전환 과정에서 클라우드 및 데이

터 분석 파트너와의 긴밀한 협업을 유지하기 위해 정기적인 협의체를 구성했다. 이를 통해 양측은 실시간으로 진행 상황을 공유하고, 문제 발생 시 신속하게 대응할 수 있었다. 이러한 지속적인 커뮤니케이션은 디지털 전환의 성공을 위한 핵심 요소였다.

결론

디지털 전환은 내부 역량만으로 해결하기 어려운 복잡한 과정이기 때문에 외부 파트너와 전문가의 지원을 받는 것이 필수적이다. 기술 제공업체, 컨설팅 기업, 스타트업 등과의 협력을 통해 최신 기술과 지식을 신속하게 도입하고, 리소스와 비용을 최적화할 수 있다. 또한, 파트너와의 명확한 역할 분담과 장기적인 협력 관계를 구축함으로써 디지털 전환의 지속적인 성과를 보장할 수 있다. 이러한 파트너십은 기업이 디지털 시대에서 혁신을 주도하고 경쟁 우위를 확보하는 데 중요한 역할을 한다.

09
피드백 수집 및 실행 계획 수립

　디지털 전환(DX)은 기업의 운영, 비즈니스 모델, 고객 경험 등을 혁신하는 과정으로, 이를 성공적으로 수행하기 위해서는 지속적인 피드백 수집과 개선 과정이 필수적이다. 디지털 전환은 단일 프로젝트로 끝나는 것이 아니라, 끊임없이 변화하고 발전하는 과정을 포함한다. 따라서 변화의 효과를 모니터링하고, 예상치 못한 문제에 신속하게 대응하기 위해서는 지속적으로 피드백을 수집하고 이를 기반으로 전략과 실행 계획을 세분화하여 개선해야 한다. 이는 디지털 전환의 효과를 극대화하고, 지속 가능한 성장을 이끌어내는 데 중요한 역할을 한다.

가. 피드백 수집의 중요성
1) **변화의 효과 모니터링**: 디지털 전환 과정에서 피드백을 수집하면 변화가 실제로 조직에 어떤 영향을 미치고 있는지 모니터링할 수 있다. 이를 통해 디지털 전환의 진행 상황을 평가하고, 목표에 부합하는지 확인할 수 있다.

　예시: 스타벅스는 디지털 전환의 일환으로 모바일 주문 및 결제 서비스를 도입한 후, 고객 피드백을 지속적으로 수집했다. 고객들의 의견을 바탕으로 주문 과정의 편의성, 결제 시스템의 안정성, 대기 시간 등을 모니터링하여 개선할 수 있었다. 이러한 피드백을 통해 스타벅스는 모바일 주문 서비스의 품질을 높이고, 고객 경험을 지속적으로 향상시킬 수 있었다.

2) **예상치 못한 문제 조기 해결**: 디지털 전환은 복잡하고 새로운 기술과 프로세스를 수반하기 때문에 예상치 못한 문제나 장애가 발생할 수 있다. 피드백을 수집하면 이러한 문제를 조기에 발견하고 신속하게 대응할 수 있다. 이는 디지털 전환 과정에서 발생하는 리스크를 최소화하고, 성공적인 전환을 지원한다.

예시: DHL은 물류 운영의 디지털화를 추진하면서 IoT 센서와 데이터 분석 기술을 도입했다. 초기 도입 과정에서 센서의 데이터 수집 정확도와 실시간 모니터링에 일부 문제가 발생했다. DHL은 이 문제를 해결하기 위해 물류 현장에서 일하는 직원들로부터 피드백을 수집했다. 이를 통해 센서 설치 위치, 데이터 전송 속도, 모니터링 시스템의 개선 사항을 파악하고, 신속하게 시스템을 업그레이드하여 문제를 해결했다.

나. 피드백 수집 방법

1) **내부 피드백 수집**: 내부 피드백은 디지털 전환의 실제 실행 과정에서 발생하는 문제와 개선 사항을 파악하는 데 유용하다. 직원들은 디지털 전환 과정에서 새로운 기술과 프로세스를 직접 경험하기 때문에, 그들의 피드백은 현실적이고 구체적이다.

예시: GE는 제조 공정의 디지털 전환을 추진하면서 직원들의 피드백을 적극적으로 수집했다. GE는 생산 라인에서 디지털 트윈 기술을 도입할 때, 생산 현장 직원들이 기술 사용과 관련하여 어떤 어려움을 겪고 있는지 파악하기 위해 정기적인 피드백 세션을 개최했다. 이를 통해 현장에서 발생하는 문제와 개선점을 빠르게 식별하고, 디지털 트윈 기술을 현장에 최적화할 수 있었다.

2) **외부 피드백 수집**: 외부 피드백은 고객, 파트너, 공급업체 등 외부 이해관계자의 관점에서 디지털 전환의 효과를 평가하는 데 도움이 된다. 특히 고객 피드백은 제품과 서비스의 품질, 고객 경험의 개선에 중요한 역할을 한다.

예시: 우버(Uber)는 고객 피드백을 수집하여 서비스 개선에 적극 활용했다. 우버는 앱을 통해 고객으로부터 운전 기사, 차량 상태, 서비스 품질 등에 대한 피드백

을 받았다. 이를 바탕으로 운전 기사 교육 프로그램을 개선하고, 앱 사용성을 향상시키며, 서비스 품질을 지속적으로 관리했다. 이러한 고객 피드백을 통해 우버는 디지털 전환의 결과로 고객 경험을 개선하고 서비스 품질을 유지할 수 있었다.

다. 피드백을 기반으로 한 전략 및 실행 계획 세분화

1) **데이터 분석을 통한 인사이트 도출**: 수집된 피드백은 데이터 분석을 통해 인사이트를 도출하는 데 활용된다. 피드백 데이터는 정량적 분석과 정성적 분석을 통해 조직이 현재 상태를 정확하게 파악하고, 개선이 필요한 영역을 식별하는 데 도움을 준다.

예시: 마이크로소프트는 클라우드 서비스인 Azure의 사용자 피드백을 수집하고 분석하여 제품 개발에 반영했다. 사용자의 피드백을 분석한 결과, 클라우드 환경에서의 보안과 사용 편의성에 대한 요구가 높다는 것을 파악했다. 이를 기반으로 마이크로소프트는 Azure에 새로운 보안 기능과 관리 도구를 추가하여 사용자 경험을 개선했다. 이처럼 데이터 분석을 통한 인사이트 도출은 제품 및 서비스 개선에 효과적으로 활용되었다.

2) **실행 계획의 세분화 및 조정**: 피드백을 통해 개선이 필요한 영역이 식별되면, 이를 반영하여 전략과 실행 계획을 세분화하고 조정해야 한다. 기존의 큰 계획을 작은 단위로 나누어 단계별로 실행하고 개선하는 접근 방식은 변화의 유연성을 높이고, 디지털 전환의 효과를 극대화한다.

예시: HSBC 은행은 디지털 뱅킹 서비스를 개선하기 위해 고객 피드백을 수집한 결과, 모바일 앱의 사용성에 문제가 있음을 파악했다. 이를 해결하기 위해 실행 계획을 세분화하여 단계적으로 개선 사항을 적용했다. 첫 번째 단계에서는 사용자 인터페이스(UI) 디자인을 개선하고, 두 번째 단계에서는 보안 기능을 강화했으며, 마지막 단계에서는 사용자 경험(UX) 최적화를 위한 새로운 기능을 추가했다. 이러한 단계적 접근을 통해 HSBC는 고객 만족도를 높이고 디지털

뱅킹 서비스의 품질을 향상시켰다.

라. 지속적인 피드백 루프 구축

1) **지속적인 피드백 루프**: 디지털 전환은 일회성 프로젝트가 아니라 지속적인 변화와 개선을 요구하는 과정이다. 따라서 지속적인 피드백 루프를 구축하여 변화의 효과를 지속적으로 모니터링하고 개선할 수 있는 체계를 마련해야 한다. 이는 디지털 전환이 장기적인 성공을 거두는 데 필수적이다.

예시: 넷플릭스(Netflix)는 고객 경험을 개선하기 위해 지속적인 피드백 루프를 구축했다. 넷플릭스는 고객의 시청 패턴과 선호도 데이터를 실시간으로 수집하고 분석하여 콘텐츠 추천 알고리즘을 개선했다. 또한, 고객 피드백을 기반으로 서비스의 다양한 기능을 지속적으로 업데이트하고 최적화했다. 이러한 지속적인 피드백 루프는 넷플릭스가 고객 만족도를 높이고 경쟁력 있는 스트리밍 서비스를 유지하는 데 핵심적인 역할을 했다.

2) **피드백 수집 도구 및 채널 활용**: 효과적인 피드백 수집을 위해 다양한 도구와 채널을 활용해야 한다. 설문조사, 인터뷰, 데이터 분석 툴, 고객 포털 등을 통해 다양한 관점에서 피드백을 수집할 수 있다. 이를 통해 디지털 전환의 모든 측면에서 개선점을 식별할 수 있다.

예시: 아마존(Amazon)은 고객 피드백 수집을 위해 다양한 도구와 채널을 활용했다. 아마존은 고객 리뷰 시스템을 통해 제품과 서비스에 대한 고객의 의견을 수집하고, 고객 지원 센터와 챗봇을 통해 직접적인 피드백을 받았다. 또한, 고객 행동 데이터 분석을 통해 사용자의 쇼핑 패턴을 파악하여 개인화된 추천 시스템을 개선했다. 이러한 다각적인 피드백 수집은 아마존이 고객 중심의 서비스를 지속적으로 개선하는 데 큰 도움이 되었다.

결론

디지털 전환 과정에서 지속적인 피드백 수집과 세분화는 성공적인 전환을 위한 핵심 요소다. 피드백을 통해 변화의 효과를 모니터링하고, 예상치 못한 문제를 조기에 해결하며, 개선이 필요한 영역을 식별할 수 있다. 이를 기반으로 전략과 실행 계획을 세분화하고 조정하여 디지털 전환의 효과를 극대화할 수 있다. 또한, 지속적인 피드백 루프를 구축하여 장기적인 성공을 추구하고, 변화하는 환경에 유연하게 대응할 수 있다. 이러한 피드백 기반의 접근 방식은 기업이 디지털 시대에서 경쟁 우위를 확보하고, 지속 가능한 성장을 이룰 수 있도록 돕는다.

디지털 전환(DX)의 지속적 개선 및 확장

디지털 전환(DX)은 초기 성공만으로 끝나는 것이 아니라, 지속적인 개선과 혁신을 통해 장기적인 가치를 창출하는 과정이다. 디지털 전환은 일회성 프로젝트가 아닌 지속적으로 확장하고 발전시켜야 하는 여정이다. 이를 위해서는 초기 단계에서 성취한 성과를 기반으로 디지털 전략을 확장하고, 조직 전반에 걸쳐 혁신을 추진해야 한다. 이러한 지속적인 확장과 혁신은 기업이 빠르게 변화하는 디지털 환경에서 경쟁력을 유지하고, 새로운 비즈니스 기회를 창출하는 데 필수적이다.

가. 초기 디지털 전환 성과의 확장

1) **초기 성공 사례의 활용**: 초기 디지털 전환 프로젝트에서 성과를 거둔 경험은 조직 내에서 디지털 전환의 중요성과 효과를 입증하는 데 도움이 된다. 이를 활용하여 다른 부서나 비즈니스 영역으로 디지털 전환을 확장할 수 있다.

예시: 존슨앤드존슨(Johnson & Johnson)은 디지털 헬스케어 분야에서 원격 환자 모니터링 시스템의 도입을 통해 초기 성과를 달성했다. 이 성공 사례를 바탕으로 조직 내 다른 부서와 사업 영역에 디지털 전환을 확장했다. 예를 들어, 의약품 제조 공정에 AI와 IoT 기술을 도입하여 생산 효율성과 품질 관리를 강화했다. 초기 성과를 활용하여 디지털 전환을 조직 전체로 확장함으로써 존슨앤드존슨은 의료 산업에서 혁신을 주도할 수 있었다.

2) **새로운 시장 및 고객으로의 확장**: 디지털 전환의 성과를 바탕으로 새로운 시장과 고객층으로 확장할 수 있다. 이는 기존 비즈니스 모델을 혁신하고 새로운 수익 창출 기회를 발굴하는 데 중요한 역할을 한다.

예시: 아마존(Amazon)은 초기 전자상거래 비즈니스에서 성공을 거둔 후, 디지털 전환을 기반으로 AWS(Amazon Web Services)와 같은 클라우드 컴퓨팅 서비스를 개발하여 새로운 시장으로 확장했다. 이를 통해 아마존은 클라우드 서비스 시장에서 선도적인 위치를 차지하고, 전자상거래를 넘어 다양한 산업에서 수익을 창출하는 글로벌 기업으로 성장했다.

나. 지속적인 혁신을 위한 전략

1) **새로운 기술 도입과 활용**: 디지털 전환은 빠르게 변화하는 기술 환경에 적응하고 이를 활용하는 것을 의미한다. 초기 성공에 안주하지 않고, AI, 블록체인, AR/VR, 엣지 컴퓨팅 등 새로운 기술을 지속적으로 도입하여 혁신을 추구해야 한다.

예시: BMW는 디지털 전환의 일환으로 제조 공정에 디지털 트윈을 도입해 성공을 거둔 이후, 지속적인 혁신을 위해 자율주행차 개발과 AR/VR 기술을 활용한 고객 경험 향상을 추진했다. BMW는 자율주행차에 AI와 머신러닝 기술을 적용하여 차량 안전성과 편의성을 향상시켰고, AR/VR을 통해 고객이 차량을 가상으로 체험할 수 있는 디지털 쇼룸을 구축했다. 이러한 지속적인 혁신은 BMW가 미래 모빌리티 시장에서 경쟁 우위를 확보하는 데 중요한 역할을 했다.

2) **데이터 기반 의사 결정 강화**: 디지털 전환은 방대한 양의 데이터를 생성하며, 이를 효과적으로 활용하는 것이 중요하다. 데이터 분석과 AI를 통해 고객 행동, 시장 동향, 운영 효율성 등을 지속적으로 모니터링하고 의사 결정을 최적화해야 한다.

예시: 넷플릭스(Netflix)는 디지털 전환을 통해 방대한 고객 시청 데이터를 수집하고, 이를 기반으로 개인화된 콘텐츠 추천과 오리지널 콘텐츠 제작 전략을 수립했

다. 넷플릭스는 지속적으로 데이터를 분석하여 시청자들의 선호도를 파악하고, 이를 바탕으로 새로운 콘텐츠를 개발하고 기존 서비스를 개선했다. 데이터 기반 의사 결정은 넷플릭스가 스트리밍 시장에서 선도적인 위치를 유지하고, 고객 만족도를 높이는 핵심 요소였다.

다. 조직 문화와 프로세스의 지속적 개선

1) 혁신을 장려하는 조직 문화 조성: 디지털 전환이 지속적으로 성공하려면 조직 내에서 혁신을 장려하는 문화를 조성해야 한다. 직원들이 새로운 아이디어를 자유롭게 제시하고, 실험을 통해 혁신을 추구할 수 있는 환경을 만들어야 한다.

> 예시: 구글은 "혁신을 위한 20% 시간" 정책을 통해 직원들이 정규 업무 시간의 일부를 혁신적인 프로젝트에 투자할 수 있도록 장려했다. 이를 통해 직원들은 새로운 아이디어를 실험하고 개발할 수 있었으며, 구글 맵스(Google Maps), 지메일(Gmail) 등 다양한 혁신적인 제품이 탄생했다. 이러한 조직 문화는 구글이 디지털 전환을 지속적으로 이끌고 혁신을 주도하는 기업으로 성장하는 데 기여했다.

2) 애자일(Agile) 프로세스 도입: 디지털 전환은 변화에 신속하게 대응하고 유연하게 움직일 수 있는 프로세스가 필요하다. 이를 위해 애자일 방법론을 도입하여 반복적인 개선과 빠른 의사 결정을 가능하게 해야 한다.

> 예시: ING 은행은 디지털 전환을 추진하면서 애자일 방법론을 도입해 조직 구조와 업무 방식을 혁신했다. 애자일 팀으로 구성된 조직은 작은 단위의 프로젝트를 신속하게 실행하고, 고객 피드백을 바탕으로 서비스를 지속적으로 개선했다. 이를 통해 ING는 디지털 뱅킹 서비스의 개발 속도를 높이고, 고객에게 더 나은 서비스를 제공할 수 있었다.

라. 새로운 비즈니스 모델 개발과 확장

1) **플랫폼 비즈니스 모델의 확장**: 디지털 전환은 플랫폼 비즈니스 모델을 개발하고 확장하는 데 중요한 역할을 한다. 플랫폼은 기업이 다양한 이해관계자를 연결하고, 생태계를 조성하여 새로운 가치를 창출하는 데 기여한다.

> 예시: 에어비앤비(Airbnb)는 숙박 업계의 디지털 전환을 통해 플랫폼 비즈니스 모델을 성공적으로 구축했다. 초기에는 숙박 공유 플랫폼으로 시작했지만, 이후 "Experiences"와 같은 새로운 서비스를 추가하여 여행객들이 현지에서 특별한 경험을 할 수 있도록 확장했다. 또한, 숙박 제공자와 여행자 간의 생태계를 조성함으로써 지속적인 성장을 이뤄냈다.

2) **구독 경제 모델의 도입**: 디지털 전환을 통해 구독 경제 모델을 도입하여 안정적인 수익 창출과 고객 유지를 강화할 수 있다. 구독 모델은 지속적인 고객 관계를 구축하고, 고객에게 맞춤형 서비스를 제공하는 데 효과적이다.

> 예시: 어도비(Adobe)는 전통적인 소프트웨어 판매에서 디지털 전환을 통해 구독 모델로 전환했다. Adobe Creative Cloud를 통해 월정액 구독 서비스를 제공하여 고객이 지속적으로 소프트웨어를 사용하고 최신 버전을 이용할 수 있도록 했다. 이를 통해 어도비는 지속적인 수익을 확보하고, 고객 유지율을 높일 수 있었다. 이러한 구독 모델은 디지털 시대에서 제품과 서비스를 지속적으로 혁신하는 기반이 되었다.

마. 디지털 전환의 확장과 혁신을 위한 지속적인 학습과 개선

1) **학습 문화와 교육 프로그램**: 디지털 전환의 확장과 혁신을 위해서는 조직 내에서 지속적인 학습 문화를 조성하고, 직원들에게 최신 기술과 비즈니스 트렌드에 대한 교육 프로그램을 제공해야 한다.

> 예시: AT&T는 디지털 전환을 가속화하기 위해 "Future Ready" 교육 프로그램을 도입했다. 이 프로그램은 직원들에게 AI, 데이터 분석, 클라우드 컴퓨팅 등의

최신 기술에 대한 교육을 제공하여 디지털 역량을 강화했다. 이를 통해 직원들은 디지털 기술을 활용해 새로운 비즈니스 기회를 발굴하고, 조직 전체의 혁신을 주도할 수 있었다.

2) **지속적인 피드백과 개선**: 디지털 전환의 확장과 혁신 과정에서 지속적으로 피드백을 수집하고, 이를 기반으로 전략과 실행을 개선해 나가야 한다. 이를 통해 변화하는 환경에 유연하게 대응하고, 디지털 전환의 효과를 극대화할 수 있다.

예시: 테슬라(Tesla)는 전기차와 자율주행 기술의 개발 과정에서 지속적으로 고객과 시장의 피드백을 수집하고, 소프트웨어 업데이트를 통해 차량의 성능을 개선했다. 테슬라는 차량에 OTA(Over-the-Air) 업데이트를 적용하여 고객이 차량을 사용할 때마다 최신 기능과 개선 사항을 제공받을 수 있도록 했다. 이러한 지속적인 피드백과 개선은 테슬라가 전기차 시장에서 혁신을 주도하고 고객 만족도를 높이는 핵심 전략이었다.

결론

디지털 전환은 일회성 프로젝트가 아닌 지속적인 확장과 혁신을 요구하는 과정이다. 초기 성과를 기반으로 조직 내 다른 영역으로 디지털 전환을 확장하고, 새로운 기술과 비즈니스 모델을 지속적으로 도입하여 혁신을 추구해야 한다. 이를 위해 조직 문화와 프로세스를 개선하고, 데이터 기반 의사 결정을 강화하며, 새로운 시장과 고객으로 확장하는 전략을 수립해야 한다. 또한, 지속적인 학습과 피드백 수집을 통해 변화하는 환경에 유연하게 대응하고, 디지털 전환의 효과를 극대화할 수 있다. 이러한 지속적인 확장과 혁신을 통해 기업은 디지털 시대에서 경쟁력을 유지하고, 장기적인 성장을 이끌어낼 수 있다.

Part 7

디지털 전환(DX)을 성공적으로 실행하기 위한 방법론

01
성공적인 디지털 전환(DX)을 위한 디지털전략계획(DSP) 수립 방법

디지털 전략 계획(Digital Strategic Planning: DSP)은 기업이 성공적인 디지털 전환(Digital Transformation: DX)을 수행하기 위해 필요로 하는 전략적 계획 수립 과정이다. 이는 디지털 기술을 활용해 기업의 비즈니스 모델을 변화시키고, 경쟁력을 강화하며, 고객 경험을 향상시키기 위한 구체적인 로드맵을 제공한다.

다음은 **성공적인 디지털 전환을 위한 디지털 전략 계획(DSP) 방법론**의 주요 단계들이다.

1) 비전 및 목표 설정 (Vision and Objective Setting)

디지털 전환의 첫 번째 단계는 **명확한 비전과 목표**를 수립하는 것이다. 기업은 디지털 전환을 통해 무엇을 달성하고자 하는지에 대한 비전과 구체적인 목표를 설정해야 한다. 이 목표는 매출 증대, 비용 절감, 고객 경험 개선, 내부 효율성 강화 등 다양한 요소를 포함할 수 있다.

예를 들어, 한 글로벌 소매 기업은 **고객 맞춤형 서비스 제공**을 목표로 디지털 전환을 추진한다. 이를 통해 개인화된 상품 추천, 빠른 배송 서비스, 모바일 앱을 통한 손쉬운 쇼핑 경험 등을 개선하려는 목표를 설정할 수 있다.

2) 환경 분석 (Environmental Analysis)

디지털 전략을 수립하기 전, 기업의 내외부 환경을 분석하는 과정이다. 외부적으로는 산업 동향, 경쟁사 전략, 고객 요구사항, 기술 트렌드 등을 분석하고, 내부적으로는 기업의 현재 비즈니스 모델, 기술 역량, 데이터 인프라, 조직 구조 등을 평가한다.

예를 들어, 금융회사는 **핀테크(Fintech)** 기업들의 경쟁력을 분석해 자체 디지털 금융 서비스를 강화할 필요가 있다. 이를 위해 경쟁사가 사용하는 **AI**나 **빅데이터 분석** 기술을 조사하고, 기업 내부의 기술적 역량을 평가하여 이에 맞는 전략을 수립한다.

3) 비즈니스 모델 혁신 (Business Model Innovation)

디지털 전환의 핵심은 기존의 비즈니스 모델을 혁신하는 것이다. 이는 디지털 기술을 활용하여 기존의 제품, 서비스, 고객 접근 방식을 변화시키고, 새로운 수익 창출 기회를 발견하는 과정이다.

예를 들어, 넷플릭스(Netflix)는 기존의 DVD 대여 서비스에서 디지털 스트리밍 플랫폼으로 전환하여 성공적인 디지털 전환을 이루었다. 이처럼 디지털 기술을 활용해 기존의 비즈니스 모델을 혁신함으로써 글로벌 미디어 시장을 장악했다.

4) 디지털 기술 도입 계획 (Technology Adoption Planning)

디지털 전략 계획에서 가장 중요한 단계 중 하나는 **어떤 기술을 도입할 것인지 결정하는 것**이다. 클라우드 컴퓨팅, 인공지능(AI), 빅데이터, 사물인터넷(IoT), 블록체인 등 다양한 디지털 기술 중에서 기업의 목표와 전략에 부합하는 기술을 선택하고, 이를 어떻게 도입할 것인지 계획해야 한다.

예를 들어, 제조 기업은 IoT와 AI를 도입해 스마트 팩토리를 구축하고, 실시간 데이터 분석을 통해 생산 효율성을 높이는 기술 도입 계획을 세울 수 있다.

5) 조직 구조 변화 및 인재 개발 (Organizational Change and Talent Development)

디지털 전환을 성공적으로 추진하기 위해서는 조직 구조의 변화가 필요하다. 새로운 디지털 기술에 적합한 조직 구조를 설계하고, 이에 맞는 인재를 확보하거나 기존 인력을 재교육하는 것이 중요하다.

예를 들어, 한 대형 금융사는 **AI 기반 고객 서비스 시스템**을 도입하기 위해, 데이터 과학자와 AI 엔지니어 팀을 새롭게 구성하고, 기존의 고객 서비스 담당자들에게 AI 시스템 활용 교육을 제공한다. 이를 통해 조직 내 디지털 기술에 대한 이해도를 높이고 디지털 전환을 성공적으로 추진한다.

6) 고객 경험 개선 (Enhancing Customer Experience)

디지털 전환의 중요한 목표 중 하나는 **고객 경험을 개선**하는 것이다. 디지털 기술을 활용하여 고객에게 더 나은 서비스와 제품을 제공하고, 고객과의 상호작용을 향상시킬 수 있는 전략을 수립해야 한다.

예를 들어, 스타벅스(Starbucks)는 디지털 전환의 일환으로 **모바일 주문 및 결제 시스템**을 도입했다. 이를 통해 고객이 앱을 통해 대기 시간 없이 음료를 미리 주문하고 결제할 수 있게 하여 고객 편의성을 극대화했다.

7) 데이터 전략 수립 (Data Strategy Planning)

데이터는 디지털 전환의 핵심 자산이다. 기업은 수집한 데이터를 어떻게 분석하고 활용할 것인지에 대한 **데이터 전략**을 수립해야 한다. 이를 통해 데이터 기반 의사결정을 강화하고, AI나 빅데이터 분석을 통해 새로운 인사이트를 발견할 수 있다.

예를 들어, 아마존(Amazon)은 방대한 고객 데이터를 분석하여 고객 맞춤형 추천 시스템을 운영하고 있다. 이를 통해 고객의 구매 패턴을 분석하고, 적절한 상품을 추천하여 매출을 극대화한다.

8) 변화 관리 (Change Management)

디지털 전환 과정에서는 변화에 대한 조직의 저항을 관리하고, 변화를 수용하는 문화를 조성하는 것이 중요하다. 이는 조직의 모든 구성원이 디지털 전환의 필요성과 가치를 이해하고, 이를 적극적으로 수용하도록 돕는 과정이다.

예를 들어, 한 보험회사는 AI를 도입해 보험 청구 프로세스를 자동화하고자 했으나, 직원들의 저항이 발생했다. 이에 따라 교육 프로그램을 통해 AI 기술의 이점을 설명하고, AI 도입 후 직원들이 더 중요한 업무에 집중할 수 있다는 점을 강조함으로써 변화에 대한 저항을 줄였다.

9) KPI 설정 및 성과 모니터링 (Setting KPIs and Monitoring Performance)

디지털 전환의 성과를 평가하기 위해 **핵심 성과 지표(KPI)**를 설정하고, 이를 지속적으로 모니터링해야 한다. KPI는 디지털 전환이 기업의 성과에 어떤 영향을 미쳤는지, 설정한 목표가 얼마나 달성되었는지를 측정하는 중요한 지표이다.

예를 들어, 한 유통 회사는 디지털 전환을 통해 고객 재구매율을 20% 증가시키는 것을 목표로 하여, 이를 KPI로 설정하고, 매달 고객 재구매율을 모니터링하면서 전략을 지속적으로 조정한다.

10) 확장 및 지속적인 혁신 (Scaling and Continuous Innovation)

디지털 전환의 초기 성과가 긍정적일 경우, 이를 전체 조직으로 확장하고 **지속적인 혁신**을 추구해야 한다. 디지털 전환은 단발성 프로젝트가 아니라, 지속적으로 개선되고 확장되어야 하는 과정이다.

예를 들어, 한 제조 기업이 AI 기반의 스마트 팩토리 시스템을 도입한 후, 초기 성과가 긍정적이라면 이를 글로벌 생산 라인으로 확장하고, 새로운 디지털 기술을 계속해서 도입하는 방식으로 혁신을 지속한다.

11) 파트너십 및 생태계 구축 (Partnership and Ecosystem Building)

디지털 전환 과정에서 기업이 모든 기술과 역량을 스스로 해결하기는 어렵다. 따라서 외부 파트너와의 협력, 그리고 산업 내 생태계 구축이 중요해진다. **기술 제공 업체, 스타트업, 컨설팅 회사** 등과의 협력을 통해 필요한 기술적 지원을 받고, 빠르게 변화하는 디지털 환경에 적응할 수 있는 민첩성을 키워야 한다.

예를 들어, BMW는 자율주행차 기술을 개발하기 위해 **인텔**과 모빌아이(Mobileye)와 파트너십을 맺고 협력하고 있다. 이처럼 글로벌 자동차 기업들은 AI 및 자율주행 기술에서 경쟁력을 높이기 위해 기술 혁신 기업들과의 협력을 통해 기술적 한계를 극복하고 있다.

12) 보안 및 개인정보 보호 전략 수립 (Security and Privacy Strategy Planning)

디지털 전환이 이루어짐에 따라 **데이터 보안과 개인정보 보호**는 매우 중요한 이슈가

된다. 기업은 디지털화된 데이터와 시스템에 대한 **해킹 위험, 정보 유출, 개인정보 침해** 등의 보안 위협을 방지하기 위한 철저한 보안 전략을 수립해야 한다. 이는 디지털 기술의 신뢰성을 확보하는 핵심 요인이며, 고객의 신뢰를 유지하는 데 필수적이다.

예를 들어, 페이스북은 개인정보 보호 문제로 전 세계적인 논란을 겪은 이후, 개인정보 보호 정책을 강화하고, 외부 파트너와 협력하여 보안 솔루션을 도입하는 등 보안 전략을 대폭 개선했다. 이를 통해 고객 데이터의 안전성을 보장하고 신뢰를 회복하려는 노력을 기울이고 있다.

13) 민첩한 프로세스 구현 (Implementing Agile Processes)

디지털 전환의 성공을 위해서는 **애자일(Agile)** 방식을 도입해 빠르게 변화하는 환경에 적응할 수 있어야 한다. 애자일 방식은 짧은 주기로 빠르게 피드백을 반영하고, 실험과 개선을 반복하는 개발 및 운영 방식을 말한다. 이를 통해 기업은 디지털 전환 과정에서 발생하는 문제를 즉각적으로 해결하고, 변화에 유연하게 대응할 수 있다.

예를 들어, 아마존(Amazon)은 애자일 프로세스를 통해 빠르게 고객의 요구를 반영하여 새로운 기능을 추가하거나 문제를 해결한다. 예를 들어, 고객의 쇼핑 패턴 변화를 실시간으로 반영하여 추천 알고리즘을 개선하고, 이를 통해 고객 경험을 향상시키는 방식으로 운영된다.

14) 디지털 전환 문화 구축 (Building a Digital Transformation Culture)

기업 내에서 디지털 전환이 성공하기 위해서는 **디지털 마인드셋**과 **문화**가 필요하다. 조직의 모든 구성원들이 디지털 기술을 이해하고 이를 업무에 활용할 수 있도록 교육을 제공해야 하며, **혁신**과 **실험**을 장려하는 문화를 조성해야 한다. 이를 통해 조직 내에서 자연스럽게 디지털 전환이 이루어질 수 있다.

예를 들어, 구글(Google)은 사내에서 혁신과 실험을 장려하는 문화를 바탕으로, 구성원들이 실패를 두려워하지 않고 창의적인 아이디어를 제시할 수 있도록 지원한다. 이러한 문화 덕분에 구글은 새로운 기술을 빠르게 도입하고, 성공적인 디지털 전환을 이루어내고 있다.

15) ROI 분석 및 지속적인 투자 (ROI Analysis and Continuous Investment)

디지털 전환이 가져다주는 ROI(투자 대비 수익률)를 정기적으로 분석하고, 이에 따라 적절한 투자를 지속해야 한다. 초기 단계에서는 단기 성과보다는 장기적인 관점에서 디지털 전환이 가져올 가치와 수익을 평가하고, 필요하다면 지속적으로 디지털 기술에 투자해야 한다.

예를 들어, 애플(Apple)은 초기에는 막대한 비용을 투자해 AI 기반 음성 비서 서비스인 Siri를 개발했으나, 이를 통해 장기적으로 고객 경험을 혁신하고, 제품과 서비스에 AI 기술을 확장하여 다양한 수익 모델을 만들어 냈다. ROI 분석을 통해 추가적인 기술 개발에 지속적으로 투자하는 전략을 취했다.

정리하면, 디지털 전략 계획(DSP)은 성공적인 디지털 전환을 위해 필수적인 과정이다. 비전 설정에서부터 기술 도입, 조직 변화, 데이터 전략, 변화 관리에 이르기까지 다양한 요소를 고려해 기업의 디지털 전환을 체계적으로 추진할 수 있다. 이러한 계획을 통해 기업은 디지털 기술을 효과적으로 활용하고, 지속 가능한 혁신을 통해 경쟁력을 강화할 수 있다.

성공적인 디지털 전환을 위한 디지털 전략 계획(DSP)은 매우 복잡하고 다단계적인 과정이지만, 이를 통해 기업은 지속 가능한 경쟁력을 확보할 수 있다. 각 단계에서 명확한 비전과 목표를 설정하고, 변화에 민첩하게 대응하며, 외부 파트너와의 협력, 조직 문화의 변화, 그리고 ROI 분석을 통해 지속적인 투자를 이어간다면 디지털 전환은 기업에 큰 성과를 가져다줄 것이다.

디지털 전략 계획은 단순히 기술을 도입하는 것을 넘어, 조직 전체의 혁신을 위한 종합적인 계획이므로, 각 단계에서의 전략적 접근이 매우 중요하다.

디지털 전환(DX)을 위한 기업의 정보화 전략 계획(ISP) 수립 방법

정보화 전략 계획(Information Strategy Plan: ISP)은 기업이 디지털 전환(DX)을 성공적으로 수행하기 위해 체계적으로 수립하는 전략적인 계획이다. 이는 조직의 비즈니스 목표를 지원하고, 디지털 기술을 효과적으로 활용하여 운영 효율성, 경쟁력, 혁신을 증진하는 데 필요한 정보 시스템 구축 및 관리 전략을 수립하는 과정을 포함한다. 정보화 전략 계획(ISP)는 [그림1]과 같이 환경 분석, 현황 분석, 목표 모델 설계, 이행 과제 수립의 4단계로 이루어져 있으며, 이를 통해 조직은 현재의 문제점을 파악하고, 미래에 도달하고자 하는 상태를 구체화하며, 이를 실현하는 실행 계획을 수립할 수 있다. 아래에서 각 단계별로 ISP를 어떻게 실행해야 하는지 상세하게 설명하겠다.

[그림1] 정보화 전략 계획(ISP) 주요 4단계(환경분석->현황분석->목표모델 설계->이행과제 수립)

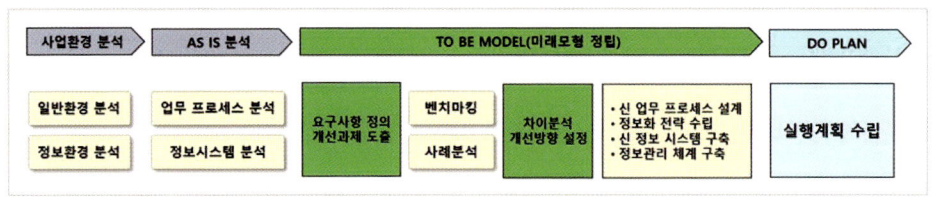

정보화 전략 계획(ISP)의 전체적인 수행 프로세스와 각 단계에서 수행해야 할 주요 활동을 설명하면 다음과 같다.

가. 환경분석

환경분석 단계에서는 기업이 처한 환경을 다각도로 분석하여 정보화 전략의 방향을 설정한다. 이는 기업의 내외부 환경을 분석하는 것으로, 디지털 전환의 전반적인 전략 수립에 기초가 된다.

1) 사업환경분석
- 목적: 기업이 직면한 비즈니스 환경과 전략적 과제를 이해하는 것이다.
- 내용: 시장 동향, 경쟁사 전략, 산업 트렌드, 고객 요구사항 등을 분석하고, 이러한 요소들이 조직의 정보화 전략에 어떤 영향을 미치는지 파악한다.

예시: 예를 들어, 한 전자상거래 기업은 사업환경분석을 통해 시장에서 경쟁사들이 AI 기반 추천 시스템을 도입하여 고객 경험을 혁신하고 있다는 것을 파악한다. 이를 통해 자사도 AI 기술을 활용하여 고객 맞춤형 서비스를 제공해야 한다는 전략적 필요성을 인식한다.

한 금융 기업이 사업환경분석을 통해 현재 금융 산업의 디지털 트렌드를 파악하고, 핀테크 기업들의 영향력을 분석한다. 이를 통해 기업은 디지털 뱅킹 서비스를 강화해야 할 필요성을 인식하고, 경쟁사보다 빠르게 혁신적인 금융 서비스를 제공하는 전략을 수립한다.

2) 일반환경분석
- 목적: 기업을 둘러싼 외부 환경 요소들을 파악하여 정보화 전략에 영향을 미치는 요인을 식별하는 것이다.
- 내용: 경제, 사회, 기술, 법적 규제 등 다양한 외부 요인들이 조직의 정보화 전략에 미치는 영향을 분석한다.

예시: 유통 기업은 일반환경분석을 통해 최근 정부에서 추진 중인 데이터 보호 규제와 친환경 정책이 기업의 정보화 전략에 어떤 영향을 미칠지 분석한다. 이를 통해 데이터 관리 및 지속 가능성에 초점을 맞춘 정보화 전략을 수립한다.

제조 기업은 일반환경분석을 통해 새로운 기술 규제와 환경 보호 규정에 대한 정보를 수집한다. 이를 통해 환경 규제에 적합한 생산 공정을 개발하고, 친환경 제품을 선호하는 소비자 트렌드에 대응하는 전략을 수립한다.

3) 정보환경분석
- 목적: 조직 내부와 외부의 정보 환경을 분석하여 현재 정보 시스템의 상태와 문제점을 파악한다.
- 내용: 조직 내의 정보 시스템 구조, 데이터 관리 체계, 정보의 흐름 등을 분석하고, 현재 정보 관리 체계의 강점과 약점을 파악한다.

예시: 금융 기업은 정보환경분석을 통해 현재 고객 데이터 관리 시스템의 보안 취약점을 발견한다. 이를 통해 정보 보호 및 보안 강화가 시급한 과제임을 인식하고, 이에 따른 보안 강화 전략을 수립한다.

유통 기업은 정보환경분석을 통해 현재 재고 관리 시스템의 데이터 정확도와 정보 흐름을 분석한다. 이를 통해 실시간 재고 파악이 어려워 품절 사태가 빈번하게 발생한다는 문제점을 파악하고 개선이 필요하다는 결론을 내린다.

나. 현황분석

현황분석 단계에서는 현재 조직의 프로세스와 정보 시스템 상태를 분석하여 개선이 필요한 부분을 파악한다. 이는 정보화 전략 수립을 위한 기초 작업으로, 현재의 문제점과 개선 기회를 도출하는 데 핵심적인 역할을 한다.

1) AS-IS 분석
- 목적: 현재 운영 중인 프로세스 및 정보 시스템의 상태를 분석하여 개선이 필요한 부분을 파악한다.
- 내용: 조직의 업무 프로세스, 정보 시스템, IT 인프라 등을 분석하고, 이를 통해 현재 상태의 문제점과 개선 기회를 도출한다.

예시: 한 물류 기업은 AS-IS 분석을 통해 수작업으로 이루어지는 배송 추적 프로세

스의 비효율성을 발견한다. 이를 자동화된 추적 시스템으로 개선할 필요성을 파악하여 향후 계획 수립에 반영한다.

　　제조 기업은 AS-IS 분석을 통해 수작업으로 진행되는 재고 관리 프로세스의 비효율성을 파악한다. 이를 통해 실시간 재고 관리 시스템 도입이 필요하다는 결론을 도출한다.

2) 업무 프로세스 분석

- 목적: 조직 내에서 수행되고 있는 업무 프로세스를 상세하게 분석하여 효율성과 효과를 평가한다.
- 내용: 현재 업무 프로세스의 흐름, 각 단계의 효율성, 병목 현상 등을 분석하고, 비즈니스 운영에 영향을 미치는 요소를 식별한다.

예시: 병원은 업무 프로세스 분석을 통해 진료 예약 및 환자 관리 프로세스에서 대기 시간이 길다는 문제점을 발견한다. 이를 개선하기 위해 온라인 예약 시스템과 전자 의료 기록 관리 시스템을 도입할 필요성을 인식한다.

3) 정보시스템 분석

- 목적: 현재 사용 중인 정보 시스템의 기능, 성능, 사용 현황 등을 분석하여 개선 사항을 파악한다.
- 내용: 기존 정보 시스템의 활용도, 데이터 관리, 사용자 만족도 등을 분석하여 현재 시스템의 한계를 파악하고, 향후 개선을 위한 방향을 설정한다.

예시: 한 교육 기관은 정보시스템 분석을 통해 기존의 학사 관리 시스템이 사용자의 요구사항을 충족시키지 못하고 있음을 파악한다. 이를 개선하기 위해 클라우드 기반의 새로운 학사 관리 시스템 도입을 검토한다.

다. 목표모델 설계 (TO-BE 모델)

목표모델 설계는 현황분석 결과를 토대로 **조직이 달성하고자 하는 미래의 정보 시스**

템 상태를 설계하는 단계이다. 이 단계에서는 최적의 프로세스와 시스템을 구체화하고, 이를 달성하기 위한 개선 과제를 도출한다.

1) 요구정의 및 개선과제 도출
- 목적: 환경 및 현황 분석을 바탕으로 목표로 하는 정보 시스템의 요구사항과 개선 과제를 도출한다.
- 내용: 비즈니스 목표와 연계된 정보 시스템의 요구사항을 정의하고, 조직이 원하는 미래 상태를 구체화한다.

예시: 물류 기업은 실시간 추적 및 자동화된 배송 관리 시스템 도입을 위한 요구 사항을 정의하고, 데이터 분석을 통한 배송 경로 최적화와 고객 경험 향상을 위한 개선 과제를 도출한다.

유통 기업은 재고 관리 자동화를 위한 요구 사항을 정의하고, 실시간 재고 파악, 자동 주문 시스템, 고객 수요 예측 등의 개선 과제를 도출한다.

2) 벤치마킹
- 목적: 다른 기업이나 산업의 우수 사례를 분석하여 정보화 전략에 반영할 개선 방안을 탐색한다.
- 내용: 성공적인 정보 시스템 구축 사례를 분석하여 최적의 프로세스 및 시스템을 설계하는 데 참고한다.

예시: 통신사는 벤치마킹을 통해 다른 통신사들이 AI 기반 고객 지원 시스템을 통해 고객 문의 처리 속도를 향상시킨 사례를 연구한다. 이를 통해 AI 챗봇을 도입하여 고객 서비스 수준을 향상시키는 전략을 수립한다.

은행은 벤치마킹을 통해 다른 금융기관들이 모바일 뱅킹 앱에서 생체 인증 및 AI 챗봇을 도입하여 고객 만족도를 높인 사례를 연구한다. 이를 바탕으로 자사의 모바일 뱅킹 시스템에 생체 인증과 AI 기반 고객 지원 기능을 도입하기로 결정한다.

3) 차이분석 및 개선방향

- **내용목적**: 현재 상태와 목표 상태 간의 차이를 분석하여 구체적인 개선 방안을 도출한다.
- **내용**: AS-IS와 TO-BE 모델 간의 차이를 분석하고, 그에 따른 변화 관리, 프로세스 개선, 시스템 구축 등의 구체적인 실행 방안을 수립한다.

예시: 유통 기업은 현재의 수동 프로세스와 자동화된 TO-BE 프로세스 간의 차이를 분석하여, 필요한 기술 도입과 조직 변화 방향을 설정한다. 예를 들어, 자동화 시스템 도입을 위한 로봇 프로세스 자동화(RPA) 및 인공지능 기술을 활용하는 방안을 수립한다.

제조 기업은 현재 수동 재고 관리 프로세스와 자동화된 TO-BE 프로세스 간의 차이를 분석하여, 필요한 기술 도입과 조직 변화 방향을 설정한다. 예를 들어, 자동화된 시스템 도입을 위해 IoT 기술과 머신러닝 알고리즘을 활용하여 재고를 실시간으로 관리하는 계획을 수립한다.

라. 이행과제 수립 (DO PLAN)

이행과제 수립 단계에서는 목표 모델을 현실화하기 위한 구체적인 실행 계획을 수립한다. 이는 정보화 전략을 실제로 실행하고 관리하는 데 필요한 전반적인 계획을 체계화하는 단계이다.

1) 실행계획 수립

- **목적**: 목표 모델을 현실화하기 위한 구체적인 실행 계획을 수립한다.
- **내용**: 프로젝트의 우선순위 설정, 일정 계획, 예산 계획, 자원 배분, 위험 관리 계획 등을 포함하여 정보화 전략을 실행하는 방법을 체계화한다.

예시: 제조 기업은 자동화된 재고 관리 시스템을 도입하기 위해 프로젝트 팀을 구성하고, 단계별 일정 계획 및 예산을 수립한다. 첫 번째 단계로 파일럿 프로젝트를 진행하여 소규모 생산 라인에 새로운 시스템을 적용하고, 결과를 분석한 후

전체 생산 라인으로 확장하는 계획을 수립한다.

은행은 디지털 뱅킹 시스템 도입을 위한 실행계획을 수립한다. 이 계획에는 단계별 프로젝트 일정, 예산 배정, 위험 요소 식별 및 대응 방안, 팀 구성 및 역할 분담 등이 포함된다. 첫 번째 단계에서는 모바일 뱅킹 앱 개발, 두 번째 단계에서는 AI 기반 고객 지원 시스템 도입 등의 계획이 수립된다.

정리하면, 정보화 전략 계획(ISP)은 기업이 정보화 전략을 수립하고 실행하기 위한 체계적인 4단계 절차로 구성되어 있다. 환경분석에서 시작하여 현황분석, 목표모델 설계, 이행과제 수립의 과정을 통해 조직은 현재 상태를 정확히 파악하고, 미래 지향적인 정보화 전략을 수립하며 이를 효과적으로 실행할 수 있다. 이러한 ISP 절차를 적용함으로써 기업은 디지털 전환을 성공적으로 추진하고, 경쟁력 있는 정보 시스템을 구축하여 비즈니스 목표를 달성할 수 있다.

03
디지털 전환(DX)을 위한 프로세스 혁신(PI) 추진 절차 및 방법

가. 프로세스 혁신(Process Innovation: PI)이란 무엇인가?

프로세스 혁신(PI)은 기업의 업무 프로세스 전반을 근본적으로 재설계하고 개선하여 업무 효율성과 생산성을 극대화하는 전략적인 접근 방법이다. PI는 기존의 업무 방식을 분석하고, 비효율적인 요소를 제거하며, 최신 디지털 기술과 혁신적인 아이디어를 활용하여 조직의 경쟁력을 강화하는 데 초점을 맞춘다. 단순한 부분적인 개선이 아닌, 업무 프로세스 전체를 재고하고 재구성하여 기업의 운영 방식을 혁신하는 것이다.

1) 프로세스 혁신의 주요 특징

① **근본적인 프로세스 재설계:**

PI는 단순한 프로세스 개선이 아니라 근본적인 재설계를 추구한다. 기존 프로세스에서 비효율적이거나 가치 창출에 기여하지 않는 단계를 제거하거나 변경함으로써 전체 프로세스의 효율성을 높인다.

② **디지털 기술 활용:**

PI는 디지털 전환의 핵심 요소로서, AI, IoT, 빅데이터, 클라우드 컴퓨팅, RPA 등과 같은 최신 디지털 기술을 활용하여 업무 프로세스를 자동화하고 최적화한다. 이를 통해 빠르고 정확한 의사결정과 업무 수행이 가능해진다.

③ **고객 중심의 혁신:**

프로세스 혁신은 고객 가치를 최우선으로 고려한다. 고객 경험을 개선하고 고객 만족도를 높이기 위해 프로세스를 설계하고 운영하는 것이 핵심이다.

④ **지속적인 개선:**

PI는 일회성 프로젝트가 아니라 지속적인 개선 활동을 포함한다. 성과를 지속적으로 모니터링하고, 변화하는 시장 환경과 고객 요구에 대응하여 프로세스를 지속적으로 개선해 나가는 것이 중요하다.

2) 프로세스 혁신(PI) 예시

① **제조업에서의 PI**

한 제조 기업은 제품 생산 공정을 디지털화하고 자동화함으로써 프로세스 혁신을 추진했다. 기존에는 각 공정 단계마다 수작업으로 데이터를 입력하고 모니터링하는 방식이었지만, PI를 통해 IoT 센서와 AI 분석 기술을 도입하여 실시간으로 생산 라인의 데이터를 수집하고 분석할 수 있게 되었다. 이를 통해 생산 과정의 병목 현상을 사전에 식별하고, 생산 효율성을 높여 제품 불량률을 크게 줄였다.

② **금융업에서의 PI**

한 은행은 고객의 대출 신청 프로세스를 혁신하기 위해 RPA(Robotic Process Automation)를 도입했다. 기존에는 고객이 대출을 신청하면 심사 과정에서 수작업으로 서류를 검토하고 입력하는 데 시간이 오래 걸렸다. 그러나 PI를 통해 RPA를 활용하여 자동으로 서류를 처리하고 심사 과정을 가속화함으로써 대출 승인 시간을 대폭 단축했다. 이로써 고객 만족도가 향상되고, 내부 업무 효율성도 크게 개선되었다.

3) 프로세스 혁신(PI)의 효과

① **업무 효율성 향상**

PI를 통해 프로세스를 자동화하고 최적화함으로써 불필요한 작업과 중복된 절차를 제거하여 업무 효율성을 높인다.

② **비용 절감**

프로세스 혁신을 통해 생산성과 운영 효율성을 높이면 인건비, 운영비 등 다양한 비용을 절감할 수 있다.

③ **고객 만족도 향상**

고객 중심의 프로세스 설계를 통해 고객 경험을 개선하고, 서비스 제공 속도와 품질을 높여 고객 만족도를 향상시킨다.

④ 의사결정 속도 개선

디지털 기술을 활용하여 실시간 데이터를 수집하고 분석함으로써 빠르고 정확한 의사결정이 가능해진다.

정리하면, 프로세스 혁신(PI)은 기업이 디지털 시대의 경쟁 환경에서 생존하고 성장하기 위해 필수적으로 수행해야 하는 전략적 활동이다. 기존 업무 프로세스를 근본적으로 재설계하고, 디지털 기술을 활용하여 업무의 효율성과 효과를 극대화하는 것이 PI의 핵심 목표이다. 이를 통해 기업은 비용을 절감하고, 고객 만족도를 높이며, 변화하는 시장 환경에 유연하게 대응할 수 있는 경쟁력을 확보할 수 있다.

나. 프로세스 혁신(Process Innovation: PI) 단계별 접근방법

기업의 프로세스 혁신(PI)을 추진하기 위해서는 [그림1]과 같이 디지털 전환을 통해 기업의 프로세스를 혁신하는 단계별 접근법이 필요하다. 프로세스 혁신 프레임워크는 고객 여정에 대한 이해를 바탕으로 프로세스를 설계하고, 적합한 디지털 솔루션을 매핑하며, 성과를 관리하고 개선하는 과정을 통해 조직은 지속적인 혁신을 이룰 수 있다. 이러한 프레임워크는 기업이 변화하는 환경에 빠르게 대응하고, 디지털 역량을 강화하여 경쟁 우위를 확보하는 데 핵심적인 역할을 한다.

[그림1] 프로세스 혁신(PI: Process Innovation) 프레임워크

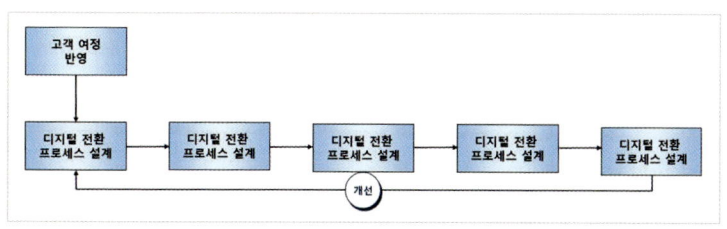

아래에서 프로세스 혁신 프레임워크 각 단계별로 수행해야 할 주요 활동을 예시와 함께 상세하게 설명하겠다.

1) 고객 여정 반영

- **목적**: 디지털 전환을 위한 프로세스 혁신의 첫 단계로, 고객의 경험과 요구사항을 반영하는 것이다.
- **내용**: 고객이 서비스를 이용하는 전체 과정을 파악하고, 고객 여정의 각 단계에서 발생하는 문제점과 개선 기회를 식별한다. 이를 통해 고객 중심의 프로세스를 설계할 수 있다.

예시: 온라인 쇼핑몰은 고객이 웹사이트에 방문하여 상품을 검색, 선택, 구매, 결제, 배송받는 과정을 고객 여정으로 설정한다. 이 과정에서 고객이 불편함을 느낄 수 있는 지점을 파악하고, 예를 들어 결제 단계에서 결제 오류나 배송 추적의 불편함을 개선할 수 있는 방안을 도출한다.

2) 디지털 전환 프로세스 설계

- **목적**: 고객 여정에 따른 개선점을 반영하여 디지털 전환을 위한 프로세스를 설계하는 단계이다.
- **내용**: 기존 프로세스를 분석하고, 디지털 기술을 활용하여 업무 프로세스를 재설계한다. 이를 통해 업무의 효율성을 높이고, 고객 경험을 향상시킬 수 있다.

예시: 제조 기업은 디지털 전환 프로세스 설계를 통해 생산 라인에 IoT 센서를 도입하여 기계의 상태를 실시간으로 모니터링한다. 이를 통해 생산 과정의 효율성을 높이고, 예기치 않은 기계 고장을 사전에 예방하여 제품 품질을 향상시킨다.

3) 단위 프로세스별 디지털 전환 솔루션 매핑

- **목적**: 각 업무 프로세스에 적합한 디지털 솔루션을 매핑하는 단계이다.
- **내용**: 디지털 전환을 위해 선정한 각 솔루션을 업무 프로세스에 적용하는 방법을 정의한다. AI, RPA, IoT, 클라우드 등 다양한 디지털 기술을 활용하여 업무 효율을 높일 수 있다.

예시: 은행은 고객 응대 프로세스에 AI 기반 챗봇 솔루션을 매핑한다. 이를 통해 고

객의 간단한 문의 사항을 자동으로 처리하고, 고객 서비스 부서의 업무 부담을 줄여 업무 효율을 높인다.

4) 프로세스 성과관리 체계 정의 (KPIs)
- **목적**: 디지털 전환 프로세스의 효과를 측정하고 관리하기 위한 KPI(핵심 성과 지표)를 정의하는 단계이다.
- **내용**: 각 디지털 전환 프로세스에 대한 성과를 측정할 수 있는 지표를 설정하고, 이를 통해 개선 활동의 효과를 모니터링한다. KPI는 업무 효율성, 고객 만족도, 비용 절감, 매출 증대 등의 다양한 측면에서 설정될 수 있다.
- 예시: 유통 기업은 자동화된 재고 관리 프로세스에 대해 '재고 회전율 증가', '재고 부족률 감소', '재고 관리 비용 절감'과 같은 KPI를 정의한다. 이를 통해 자동화된 재고 관리 시스템의 성과를 정량적으로 측정한다.

5) KPI별 성과 모니터링
- **목적**: 정의된 KPI를 바탕으로 디지털 전환 프로세스의 성과를 지속적으로 모니터링하는 단계이다.
- **내용**: KPI에 대한 데이터를 수집하고 분석하여 디지털 전환 프로세스의 성과를 평가한다. 이를 통해 개선이 필요한 영역을 식별하고, 지속적인 프로세스 개선 활동을 지원한다.
- 예시: 물류 기업은 배송 프로세스에 대한 KPI로 '배송 시간 단축', '배송 정확도 향상'을 설정하고, 실시간 모니터링을 통해 배송 성과를 추적한다. 이를 통해 문제가 발생하는 지점을 빠르게 식별하고 개선 조치를 취할 수 있다.

6) 전사 확대 적용
- **목적**: 디지털 전환 프로세스에서 검증된 성공 사례와 개선된 프로세스를 전사적으로 확산하는 단계이다.
- **내용**: 단위 프로세스에서 성공적으로 검증된 디지털 전환 사례를 전사적으로 확

대하여 적용한다. 이를 통해 기업 전체의 디지털 역량을 강화하고, 전사적인 업무 혁신을 이끌어낸다.

예시: 앞서 은행이 도입한 AI 챗봇이 고객 응대 프로세스에서 높은 효율성과 고객 만족도를 달성한 사례를 바탕으로, 이를 기업 전반의 다른 고객 접점에도 확대 적용한다. 예를 들어, 대출 상담이나 카드 발급 프로세스에서도 AI 챗봇을 활용하여 고객 경험을 개선한다.

7) 개선을 위한 지속적인 사이클

PI 프레임워크의 핵심은 지속적인 개선이다. 프로세스의 성과를 지속적으로 모니터링하고, 이를 통해 얻은 인사이트를 바탕으로 프로세스를 계속 개선해 나가는 선순환 구조를 만든다.

예시: 유통 기업은 KPI 모니터링 결과를 분석하여 특정 상품의 재고 부족 현상이 발생하는 것을 발견하고, 자동화된 재고 보충 프로세스를 추가적으로 개선하여 이러한 문제를 해결한다.

디지털 전환(DX)을 위한 정보시스템 마스터플랜(ISMP) 수립 방법

가. 정보시스템 마스터플랜(Information System Master Plan: ISMP)란 무엇인가?

정보시스템 마스터플랜(ISMP)는 기업이나 조직이 정보시스템을 구축하거나 개선하기 위해 수립하는 종합적이고 장기적인 전략 계획이다. 또한 ISMP는 특정 SW 개발 사업에 대한 상세분석과 제안요청서(RFP)를 마련하기 위해 비즈니스(업무) 및 정보기술에 대한 현황과 요구사항을 분석하고 기능점수 도출이 가능한 수준까지 기능적·기술적·비기능적 요건을 상세히 기술하며, 구축 전략 및 이행 계획을 수립하는 활동이다.

조직에 적합한 정보화사업을 도출한다는 측면에서 ISMP는 정보전략계획(Information Strategy Planning: ISP)과 유사한면을 보인다. 일반적으로 ISP는 조직의 경영 목표 전략을 효과적으로 지원하기 위한 정보화전략 및 비전을 정의하고 IT 사업(과제) 도출 및 로드맵(Road-map)을 수립하는 활동이다. 따라서 ISP는 수행범위에 있어 전사 정보시스템을 포괄하므로 특정 SW사업에 대한 요구사항 분석 및 제안요청서(RFP) 작성과 직접적으로 연관되지 않는다. 이에 반해 ISMP는 특정 SW사업(정보시스템)에 대한 요구사항을 상세히 기술함으로써 제안요청서(RFP) 작성 및 구축사업 계획을 수립한다는 점에서 차이를 보인다. ISMP는 대부분의 공공부문 SW사업에 적용해 야 하나, 후속 구축사업의 비용 및 업무 측면에서 효율성을 평가하여 적용여부를 결정한다.

정리하면, ISMP는 기업의 비즈니스 목표와 정보화 전략을 연계하여 조직의 정보시스템의 방향성, 구축 계획, 관리 방안을 체계적으로 수립하는 것을 목적으로 한다. 이를 통해 조직은 정보시스템을 효율적으로 운영하고, 디지털 전환을 성공적으로 수행하여 경쟁력을 확보할 수 있다.

1) 정보시스템 마스터플랜(ISMP)의 주요 목적

① 전략적 정보시스템 구축

기업의 비즈니스 전략과 목표를 지원하기 위한 정보시스템을 전략적으로 구축하는 데 초점을 맞춘다. 이를 통해 정보시스템이 단순한 기술적 도구가 아닌, 비즈니스 가치 창출의 핵심 요소로 작동하도록 한다.

② 정보시스템의 일관성 확보

조직 전체에 걸쳐 정보시스템의 일관성과 통합성을 확보한다. 이를 위해 시스템의 구조, 프로세스, 데이터 관리 등을 표준화하고 체계화한다.

③ 효율적인 자원 관리

정보시스템 구축 및 운영에 필요한 인력, 시간, 예산 등의 자원을 효율적으로 관리한다. 이를 통해 프로젝트의 성공 가능성을 높이고 비용 효율적인 시스템 구축을 도모한다.

④ 리스크 최소화

정보시스템 구축 및 운영 과정에서 발생할 수 있는 위험 요소를 사전에 파악하고 대응 방안을 마련하여 리스크를 최소화한다.

2) 정보시스템 마스터플랜(ISMP) 수립 과정

정보시스템 마스터플랜(ISMP)는 일반적으로 다음과 같은 주요 단계로 구성되어 수립된다.

① 프로젝트 착수 및 참여자 결정

프로젝트를 시작하기 위해 경영진의 지원을 확보하고, 프로젝트를 수행할 조직을 구성한다. 프로젝트 계획을 수립하여 전체 일정, 예산, 자원 배치 등을 관리한다.

② 정보시스템 방향성 수립

기업의 정보화 전략을 검토하고, 정보시스템의 전반적인 방향과 범위를 설정한다. 필요에 따라 벤치마킹을 통해 우수 사례를 분석하고 이를 방향성 수립에 반영한다.

③ 업무 및 정보기술 요구 분석

현재 업무 프로세스와 정보 기술의 요구 사항을 분석하여 시스템이 지원해야 할 기능과 기술적 요구 사항을 식별한다. 이를 통해 시스템의 목표와 세부 기능을 명확하게 정의한다.

④ **정보시스템 구조 및 요건 정의**

분석된 요구 사항을 기반으로 정보시스템의 아키텍처를 설계하고, 이를 구현하기 위한 상세 요건을 정의한다. 시스템의 구성 요소, 데이터 흐름, 통합 방안 등을 체계적으로 설계한다.

⑤ **정보시스템 구축 사업 이행 방안 수립**

정보시스템 구축을 위한 실행 계획을 수립하고, 프로젝트를 이행하는 방안을 마련한다. 이 단계에서는 시스템 구축에 필요한 예산을 수립하고, 제안요청서(RFP)를 작성하여 솔루션 제공 업체를 선정한다.

3) 정보시스템 마스터플랜(ISMP)의 효과

① **비즈니스 목표와 IT 전략의 연계**

정보시스템 마스터플랜(ISMP)는 기업의 비즈니스 목표와 IT 전략을 연계하여 정보시스템이 전략적으로 운영되도록 한다. 이를 통해 조직은 정보기술을 활용하여 비즈니스 가치를 창출하고, 경쟁력을 강화할 수 있다.

② **정보시스템 통합과 표준화**

조직 전체에 걸쳐 정보시스템을 통합하고 표준화함으로써 중복된 시스템을 제거하고, 데이터 일관성을 확보한다. 이는 업무 효율성을 높이고, 시스템 운영 및 유지보수 비용을 절감하는 데 기여한다.

③ **자원 활용 최적화**

정보시스템 마스터플랜(ISMP)는 정보시스템 구축에 필요한 인력, 시간, 예산 등의 자원을 효율적으로 관리하여 프로젝트의 성공 가능성을 높인다. 이를 통해 기업은 최적의 자원 활용으로 정보시스템을 구축하고 운영할 수 있다.

④ **리스크 관리 및 안정성 확보**

정보시스템 마스터플랜(ISMP)를 통해 정보시스템 구축 과정에서 발생할 수 있는 리스크를 사전에 파악하고 대응 방안을 마련함으로써 시스템의 안정성을 확보한다.

예를 들어, 한 제조 기업이 생산 공정의 디지털 전환을 위해 정보시스템 마스터플랜(ISMP)를 수립한다고 가정하자. 이 기업은 정보시스템 마스터플랜(ISMP)를 통해 생산관리 시스템의 방향성을 설정하고, 기존 생산 공정의 문제점을 분석하여 개선이 필요한 요구 사항을 도출한다. 이후 아키텍처 설계와 요구 사항 정의를 통해 실시간 생산 모니터링, 자동화된 재고 관리, 품질 관리 시스템 등을 설계하고, 이를 구축하기 위한 예산과 실행 계획을 수립한다. 이를 통해 기업은 생산 공정의 효율성을 높이고, 경쟁력을 강화하는 전략적 목표를 달성할 수 있다.

정리하면, 정보시스템 마스터플랜(ISMP)는 기업이 정보시스템을 전략적으로 구축하고 운영하기 위한 종합적인 계획 수립 과정이다. ISMP를 통해 조직은 정보시스템을 비즈니스 전략과 연계하여 체계적으로 구축하고, 효율적으로 운영할 수 있다. 이를 통해 디지털 전환 시대에서 정보시스템을 경쟁력 있는 자산으로 활용하고, 비즈니스 목표를 효과적으로 달성할 수 있다.

나. 정보시스템 마스터플랜(ISMP) 수립 절차와 단계

정보시스템 마스터플랜(ISMP)는 [그림1]과 같이 기업이 정보 시스템을 구축하거나 개편하기 위한 장기적인 전략 계획을 수립하는 과정으로, 프로젝트의 시작부터 정보 시스템의 구축과 실행에 이르는 전체 과정을 단계별로 체계화하고 있다. 이 플랜은 경영진의 의사결정, 프로젝트 계획, 시스템 분석, 요구 사항 정의, 실행 방안 수립 등 다양한 활동을 포괄하며, 정보 시스템을 성공적으로 구현하기 위한 종합적인 로드맵을 제시한다.

정보시스템 마스터플랜(ISMP) 방법론은 총 다섯 단계로 구성되며, 구성 단계가 반복적으로 여러 번 수행되는 것이 아니라 하나의 사업으로 마무리될 수 있도록 한 사이클만 수행되는 것으로 설계하였다. 각 단계는 세부 수행활동(액티비티)으로 구성되며 필수 활동과 선택 활동(Optional)으로 구분된다.

[그림1] 정보시스템 마스터플랜(ISMP) 방법론 체계(수립 절차와 단계)

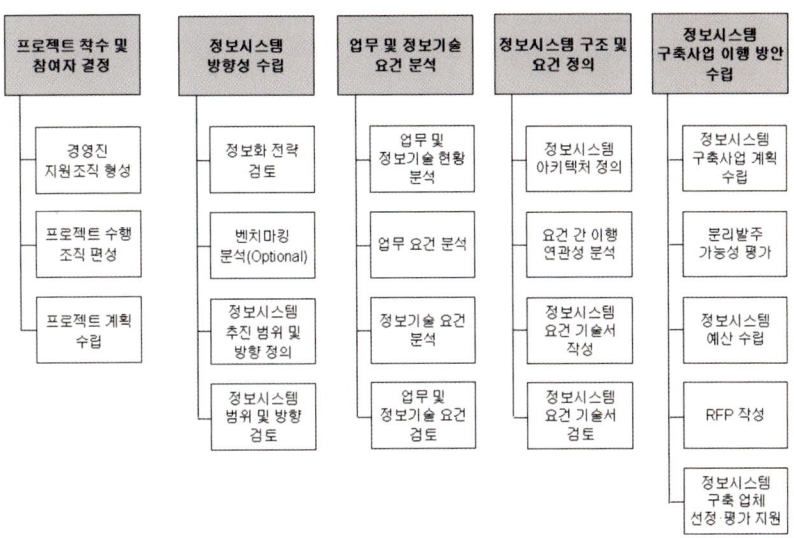

*출처: 정보시스템 마스터플랜(ISMP) 방법론, NIPA 정보통신산업진흥원, 2009.12

정보시스템 마스터플랜(ISMP) 방법론의 5단계는 다음과 같다.
- **단계 1** : 프로젝트 착수 및 참여자 결정
- **단계 2** : 정보시스템 방향성 수립
- **단계 3** : 비즈니스 및 정보기술 요건 분석
- **단계 4** : 정보시스템 구조 및 요건 정의
- **단계 5** : 정보시스템 구축사업 이행방안 수립

1) 정보시스템 마스터플랜(ISMP)주요 단계별 분석
  ① 프로젝트 착수 및 참여자 결정
  - 정보시스템 마스터플랜(ISMP) 프로젝트를 시작하기 위해 필요한 조직 구성과 경영진의 지원을 확보하는 단계이다. 프로젝트의 성공을 위해서는 조직 내 다양한 이해관계자의 참여와 경영진의 적극적인 지원이 필수적이다.
  - 주요 활동
    - **경영진 지원조직 형성**: 프로젝트의 성공적인 진행을 위해 경영진의 지원과 승

인을 받아 프로젝트 착수 조직을 구성한다.
- **프로젝트 수행** 조직 편성: 프로젝트의 목표와 범위를 정의하고, 이를 수행할 조직과 팀을 구성한다.
- 프로젝트 계획 수립: 전체 프로젝트의 계획을 수립하여 일정, 자원, 예산 등을 체계적으로 관리할 수 있는 기반을 마련한다.

예를 들어, 한 금융 기업이 새로운 고객 관리 시스템을 구축하기 위해 정보시스템 마스터플랜(ISMP)를 수행한다고 가정한다. 이 단계에서는 최고경영진(CXO)와 IT 부서, 운영 부서의 대표로 구성된 프로젝트 팀을 조직하여 프로젝트의 방향성과 계획을 수립한다.

② **정보시스템 방향성 수립**

정보시스템을 구축하기 위한 전반적인 방향성을 수립하는 단계로, 기업의 비즈니스 전략과 연계하여 정보화 전략을 검토한다.
- 주요 활동
    - **정보화 전략 검토**: 기업의 전체 비즈니스 전략과 정보화 전략을 검토하여 정보시스템의 방향을 설정한다.
    - **벤치마킹 분석(Optional)**: 필요에 따라 다른 기업이나 산업의 성공적인 정보시스템 구축 사례를 분석하여 최적의 방향을 탐색한다.
    - **정보시스템 추진 범위 및 방향 정의**: 조직이 정보시스템을 통해 달성하고자 하는 목표를 구체적으로 정의하고, 정보시스템의 범위와 방향을 설정한다.

예를 들어, 제조 기업은 경쟁사와의 벤치마킹을 통해 자동화된 생산 관리 시스템이 제조 효율을 크게 향상시킨 사례를 분석하고, 이를 자사의 정보시스템 방향성 수립에 반영한다.

③ **업무 및 정보기술 요구 분석**

정보시스템 구축을 위한 현재 업무와 기술의 요구 사항을 분석하는 단계이다. 이를 통해 시스템이 지원해야 할 기능과 기술적 요구 사항을 식별한다.
- 주요 활동
    - **업무 및 정보기술 현황 분석**: 현재 업무 프로세스와 정보기술 인프라의 상태를 분석하여 개선이 필요한 부분을 파악한다.

- **업무 요구 분석**: 업무 프로세스를 개선하거나 지원하기 위해 필요한 기능과 서비스에 대한 요구 사항을 도출한다.
- **정보기술 요구 분석**: 새로운 시스템이 도입되기 위해 필요한 기술적 요구 사항과 인프라의 요구 사항을 분석한다.

예를 들어, 유통 기업은 재고 관리 프로세스의 현황을 분석하여 실시간 재고 파악과 자동화된 주문 시스템의 필요성을 도출한다.

④ **정보시스템 구조 및 요건 정의**

분석된 요구 사항을 기반으로 정보시스템의 구조를 설계하고, 이를 구현하기 위한 상세 요건을 정의하는 단계이다.

- 주요 활동
    - **정보시스템 아키텍처 정의**: 시스템의 전체 구조와 구성 요소를 설계하여 정보시스템의 아키텍처를 정의한다.
    - **요건 간 이행 연관성 분석**: 시스템의 요구 사항들이 서로 어떻게 연관되어 있는지 분석하여 시스템 통합과 협업을 고려한다.
    - **정보시스템 요건 기술서 작성**: 시스템 구축에 필요한 세부 요건을 기술서로 작성하여 개발자와 이해관계자에게 명확하게 전달한다.

예를 들어, 의료 기관은 전자의료기록(EMR) 시스템의 아키텍처를 정의하고, 환자 데이터의 실시간 연동, 데이터 보안, 사용자 접근성 등 각 요건을 상세하게 기술한다.

⑤ **정보시스템 구축 사업 이행 방안 수립**

정보시스템 구축을 위한 실행 계획을 수립하고, 실제 프로젝트를 이행하는 방안을 마련하는 단계이다.

- 주요 활동
    - **정보시스템 구축 사업 계획 수립**: 시스템 구축의 전반적인 계획을 수립하여 실행 일정, 예산, 인력 배치, 리스크 관리 방안을 포함한다.
    - **분리발주 기능성 평가**: 시스템 구축 시 외부 업체와의 협업을 고려하여 필요한 기능과 역할을 분리하고, 분리 발주에 따른 평가를 진행한다.
    - **정보시스템 예산 수립**: 프로젝트를 수행하는 데 필요한 예산을 수립하고, 자원

배분을 계획한다.

- **RFP 작성**: 제안요청서(RFP)를 작성하여 외부 솔루션 제공 업체를 선정하는 데 필요한 기준을 제시한다.
- **정보시스템 구축 업체 선정/평가 지원**: 프로젝트를 성공적으로 수행할 수 있는 솔루션 제공 업체를 선정하고, 평가한다.

예를 들어, 통신사는 고객 서비스 개선을 위한 통합 고객 관리 시스템 구축을 위해 RFP를 작성하고, 여러 솔루션 제공 업체를 평가하여 최적의 파트너를 선정한다.

정리하면, 정보시스템 마스터플랜(ISMP)는 기업이 정보시스템 구축을 체계적으로 계획하고 실행하기 위한 종합적인 전략 수립 과정이다. 이 플랜은 프로젝트의 착수부터 정보시스템의 요구 사항 분석, 시스템 아키텍처 설계, 실행 방안 수립까지의 전체 과정을 체계적으로 구성하여 조직이 정보시스템을 효과적으로 도입하고 운영할 수 있도록 지원한다. 이러한 계획을 통해 기업은 정보시스템 구축에 필요한 모든 측면을 고려하고, 성공적인 디지털 전환과 비즈니스 목표 달성을 위한 탄탄한 기반을 마련할 수 있다.

디지털 전환(DX)의 성공적 수행을 위한 추진 3단계 실행 전략

　디지털 전환(DX)의 전체적인 수행 프로세스와 각 단계에서 수행해야 할 주요 활동을 [그림1]과 같이 체계적으로 설명할 수 있다. 먼저, 추진 단계는 현행 진단 및 혁신 과제 도출, 개선 모델 설계, 실행 계획 수립의 3단계로 구성되며, 각 단계는 여러 세부 활동과 계획을 포함하고 있다. 또한 이 과정에서 프로세스, 변화관리, 기준정보 표준화, IT 인프라(IT Infra), 프로젝트 관리(PMO)와 같은 5가지 영역의 수행 방법론을 적용하여 조직의 디지털 전환(DX)을 효과적으로 추진하는 데 필요한 종합적인 접근법을 제시하고 있다. 이러한 구조는 조직이 디지털 전환(DX)을 체계적으로 계획하고 실행하여 지속적인 혁신을 추구하는 데 도움이 된다.

[그림1] 디지털 전환(DX) 성공적 수행을 위한 추진 3단계

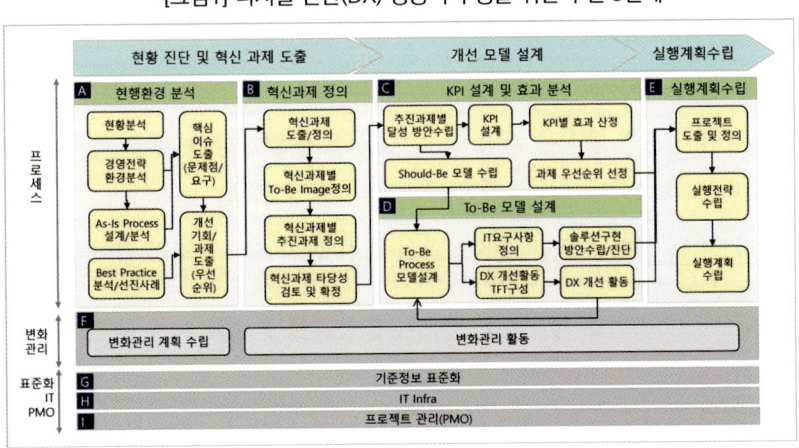

*출처: 오라클 PI방법론 재구성

디지털 전환(DX)의 전체적인 수행 프로세스와 각 단계에서 수행해야 할 주요 활동을 살펴보면 다음과 같다.

디지털 전환(DX)은 조직의 모든 측면에 영향을 미치는 포괄적인 변화 과정이다. 이를 효과적으로 수행하기 위해서는 **현행진단 및 혁신 과제 도출, 개선 모델 설계, 실행 계획 수립**의 3단계로 구성된 프로세스를 체계적으로 따를 필요가 있다. 또한, 이 과정에서는 **프로세스, 변화관리, 표준화, IT 인프라, 프로젝트 관리(PMO)**의 5가지 핵심 영역이 적용되어야 한다. 아래에서 각 단계와 영역에서 수행해야 할 주요 활동을 예시를 통해 상세하게 설명하겠다.

가. 디지털 전환(DX) 수행 3단계

A. 현행진단 및 혁신 과제 도출

1) 현행환경 분석

- **경영 전략과 환경 분석**: 현재 조직이 운영되는 방식과 그에 영향을 미치는 내부 및 외부 환경을 분석한다. 이를 통해 DX를 추진하는 데 필요한 전략적 방향을 설정한다.
- **As-Is Process 설계/분석**: 현재의 프로세스와 운영 방식을 분석하여 개선이 필요한 부분을 도출한다. Best Practice 분석과 선진 사례를 통해 현 상태를 비교하고, 어떤 부분이 혁신의 대상인지 파악한다.

예시: 예를 들어, 한 제조 기업이 DX를 추진한다고 가정해보겠다. 이 기업은 현재의 생산 라인 운영 방식을 분석하여 비효율성을 발견한다. 예를 들어, 수작업으로 이루어지는 품질 검수 단계가 생산 속도를 저하시키는 주요 요인으로 확인되었다. 이를 통해 기업은 디지털화된 품질 관리 시스템의 도입이 필요하다는 결론을 도출한다.

2) 혁신과제 정의

혁신 목표 설정 및 To-Be Image 구체화: 디지털 전환의 최종 목표와 원하는 미래 상태(To-Be Image)를 명확하게 정의한다.

- **혁신 과제별 추진 과제 검토 및 확정**: 혁신 과제를 달성하기 위한 세부 추진 과제를 검토하고 확정한다. 여기에는 개선 기회와 과제를 우선순위에 따라 도출하는 과정이 포함된다.

    예시: 앞서 언급한 제조 기업은 To-Be 상태로 'AI 기반 품질 관리 시스템 도입'을 목표로 설정한다. 이 혁신 과제는 AI와 머신러닝을 활용하여 실시간으로 제품의 품질을 검수하고 불량품을 자동으로 식별하는 것이다. 추진 과제로는 'AI 알고리즘 개발', '기존 생산 시스템과의 통합', '직원 교육 및 훈련' 등이 포함될 수 있다.

B. 개선 모델 설계

1) KPI 설계 및 효과 분석:

- **KPI(핵심 성과 지표) 설계**: DX의 성공 여부를 판단하기 위해 측정 가능한 KPI를 설계한다. 이를 통해 DX의 효과를 분석하고, 각 과제의 우선순위를 선정한다.
- **Should-Be 모델 수립**: KPI에 따라 조직의 비전과 목표에 부합하는 Should-Be(해야 할 일) 모델을 수립하여 혁신 과제의 효과를 예측한다.

    예시: 제조 기업의 경우, 'AI 기반 품질 관리 시스템'의 KPI로는 '제품 불량률 감소', '품질 검수 시간 단축', '생산 비용 절감' 등을 설정할 수 있다. 이를 기반으로 Should-Be 모델을 수립하여, 예를 들어 '불량률 30% 감소', '품질 검수 시간 50% 단축'이라는 구체적인 목표를 설정한다.

2) To-Be 모델 설계:

- **혁신을 위한 To-Be 프로세스 설계**: 조직이 달성하고자 하는 To-Be 상태에 대한 상세한 프로세스를 설계한다.
- **IT 요구사항 및 TFT(Task Force Team) 구성**: IT 요구사항을 정의하고, 혁신 과제의 성공적인 수행을 위해 TFT를 구성한다.
- **솔루션 구현 방안 수립**: 선정된 솔루션을 어떻게 구현할 것인지에 대한 방안을 수

립하고, 전체 DX 개선 활동을 지속적으로 추진한다.

예시: 제조 기업은 'AI 기반 품질 관리 시스템'을 설계할 때, To-Be 프로세스로 생산 라인에서 실시간으로 품질 검사를 수행하는 AI 시스템을 도입한다. 이를 위해 필요한 IT 요구사항(예: 고해상도 카메라, 데이터 분석 소프트웨어)을 정의하고, 이를 실행하기 위한 TFT를 구성한다. 이 팀은 시스템 구축, 데이터 분석, 알고리즘 개발 등의 구체적인 솔루션 구현 방안을 마련하여 프로젝트를 진행한다.

C. 실행 계획 수립

1) 프로젝트 도출 및 정의:
- 프로젝트 구체화 및 실행 전략 수립: 각 혁신 과제를 구체적인 프로젝트로 정의하고, 이를 성공적으로 수행하기 위한 실행 전략을 수립한다.
- 실행 계획 수립: 구체적인 목표와 일정을 포함한 실행 계획을 수립하고, 혁신 과제를 현실화한다.

예시: 제조 기업은 'AI 기반 품질 관리 시스템 도입'을 프로젝트로 정의하고, 단계별 실행 계획을 수립한다. 첫 번째 단계에서는 파일럿 시스템을 도입하여 소규모 생산 라인에서 테스트를 진행하고, 두 번째 단계에서는 이를 전체 생산 라인으로 확장한다. 이 과정에서 예상되는 이슈와 위험을 관리하기 위한 대응 전략을 수립한다.

나. 디지털 전환(DX) 수행을 위한 4가지 영역

디지털 전환(DX) 수행을 위한 4가지 영역 중 프로세스는 앞에서 설명한 현행진단 및 혁신 과제 도출, 개선 모델 설계, 실행 계획 수립의 3단계로 구성된 프로세스를 체계적으로 따를 필요가 있다.

A. 변화관리
- 변화관리 계획 수립: 조직 구성원들이 새로운 시스템과 프로세스에 적응하도록

돕기 위한 변화관리 계획을 수립한다.
- 변화관리 활동: 구성원의 참여와 협조를 유도하며, 새로운 프로세스에 대한 교육 및 훈련을 통해 변화에 대한 저항을 최소화한다.

예시: 제조 기업에서는 AI 기반 시스템 도입에 따른 업무 변화에 직원들이 적응할 수 있도록 교육 프로그램을 시행하고, 새로운 시스템 사용에 대한 가이드라인을 제공한다.

B. 표준화
- 기준 정보 표준화: 프로세스와 데이터의 일관성을 유지하기 위해 표준화 활동을 수행한다. 데이터의 신뢰성과 프로세스의 효율성을 확보하는 것이 목표이다.

예시: 제조 기업은 품질 검수 데이터의 일관성을 위해 모든 생산 라인에서 동일한 품질 평가 기준을 적용하고, 이를 데이터 표준화 작업을 통해 관리한다.

C. IT Infra
- IT 인프라 구축 및 유지: 디지털 전환을 지원하는 하드웨어, 소프트웨어, 네트워크 등 기술 인프라를 확보하고, 시스템의 안정성과 확장성을 보장한다.

예시: 제조 기업은 AI 시스템의 원활한 작동을 위해 고성능 서버, 데이터 저장소, 네트워크 인프라를 구축한다. 또한, 시스템의 확장성과 보안을 고려하여 클라우드 기반 인프라를 도입한다.

D. PMO(프로젝트 관리)
- 프로젝트 관리: 프로젝트의 전체 진행 상황을 관리하고, 자원과 일정을 조정하여 목표를 달성한다.
- PMO 활동: 프로젝트의 모든 단계를 통합적으로 관리하여 성공적인 혁신을 지원한다.

예시: 제조 기업의 PMO는 AI 기반 품질 관리 시스템 프로젝트의 모든 단계에서 일

정, 예산, 자원 등을 조율하며, 프로젝트 진행 상황을 모니터링하고 리스크를 관리한다.

정리하면, 이러한 단계와 영역을 체계적으로 수행함으로써 조직은 디지털 전환을 효과적으로 추진하고, 지속적인 혁신을 이끌어낼 수 있다. 현행진단 및 혁신 과제 도출, 개선 모델 설계, 실행 계획 수립의 3단계를 거쳐 프로세스, 기술, 사람에 대한 전반적인 혁신을 이루며, 변화관리, 표준화, IT 인프라, 프로젝트 관리(PMO) 등 5가지 영역을 통해 조직 내 디지털 전환의 성공을 지원한다. 이러한 체계적인 접근은 조직이 디지털 시대에서 경쟁력을 유지하고 성장하는 데 핵심적인 역할을 한다.

디지털 전환(DX) 성숙도 진단 평가 모형 및 조사 분석 방법

디지털 전환(DX)은 오늘날 기업의 경쟁력 확보를 위한 핵심 전략으로 자리 잡았다. 기술의 발전과 고객 기대의 변화로 인해 기업은 기존의 비즈니스 모델과 운영 방식을 재검토하고, 새로운 디지털 기술을 도입하여 혁신을 추구해야 하는 상황에 직면해 있다. 그러나 디지털 전환은 단순히 기술을 도입하는 것을 넘어 조직의 전반적인 역량을 강화하고 변화하는 환경에 유연하게 대응할 수 있는 체계를 구축하는 것을 의미한다. 이러한 맥락에서 디지털 전환을 위한 주요 역량지표의 조사 및 분석이 필수적이다.

가. 디지털 전환(DX) 성숙도 진단이란 무엇인가?

디지털 전환(DX) 성숙도 평가는 기업이 디지털 전환(DX)을 얼마나 잘 수행하고 있는지를 평가하는 도구이다. 이 평가는 기업이 디지털 기술을 활용하여 비즈니스 프로세스를 혁신하고, 고객 경험을 개선하며, 효율성을 높이는 데 얼마나 성숙한지를 진단하는 과정이다.

디지털 전환 성숙도 평가는 일반적으로 여러 단계로 구성되며, 각 단계는 기업의 디지털 전환 준비 상태와 성숙도 수준을 나타낸다. 주요 평가 요소는 다음과 같다.

① **디지털 전략 및 비전**: 기업이 디지털 전환에 대한 명확한 전략과 비전을 가지고 있는지 평가한다.

② **조직 문화와 리더십**: 디지털 전환을 지원하는 조직 문화가 형성되어 있는지, 리더십이 디지털 혁신을 주도하고 있는지를 분석한다.

③ **기술 인프라**: 클라우드, AI, 빅데이터 등 디지털 기술을 활용할 수 있는 인프라와 시스템이 구축되어 있는지를 평가한다.

④ **고객 경험**: 디지털 기술을 통해 고객에게 차별화된 경험을 제공하고 있는지를 살펴본다.

⑤ **데이터 관리 및 분석**: 데이터를 효과적으로 관리하고 분석하여 의사 결정에 활용하고 있는지 평가한다.

이 평가는 기업이 현재 디지털 전환 과정에서 어느 위치에 있는지 파악하게 해주며, 이후 디지털 혁신을 위한 전략적 방향 설정과 개선 계획 수립에 도움을 준다.

제약업이 주력 사업인 독일 노이란드(Neuland)사는 로이틀링겐(Reutlingen)대학교와 함께 디지털 혁신 역량평가 모형을 개발하였다. [그림1]은 디지털 혁신 역량평가 모형의 8개 영역과 세부 지표, 5개 수준을 도식화한 것이다. 8개 영역은 전략, 리더십, 제품, (생산)운영, 문화, 사람(직원), 거버넌스, 기술 등이다.

[그림1] 독일 노이란드의 디지털 전환(DX) 성숙도 평가 모형

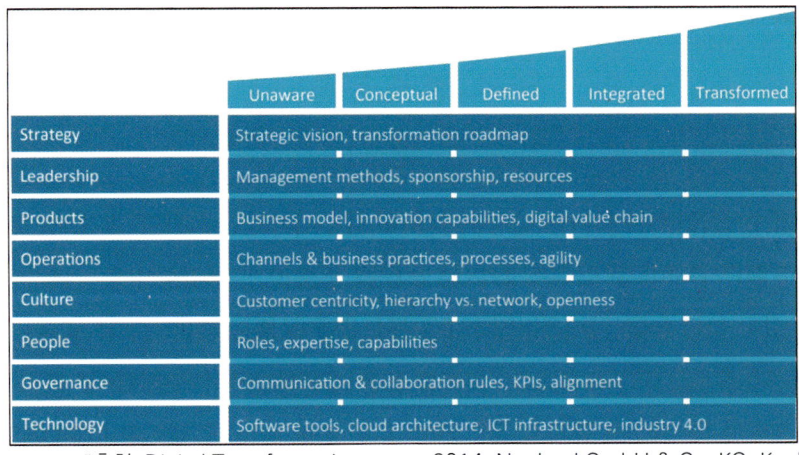

*출처: Digital Transformation report 2014, Neuland GmbH & Co. KG, Koeln, 2014

참고로 IDC의 평가 모형은 리더십, 옴니 채널/경험, 데이터(Information), 운영모델, 작업인력(Work Source) 등 5개 영역을 대상으로 한다. 딜로이트는 [그림2]와 같이 고객

(고객경험, 멀티.옴니채널), 전략, 기술, (생산)운영, 조직/문화 등 5개 영역(28개 세부 영역, 179개 지표)을 설정하고 있다. BCG의 디지털 가속 지수(Digital Acceleration Index: DAI)는 디지털 전략, 디지털 중추(Core), 신사업, 촉진환경 등 4개 영역(42개 세부 영역)을 대상으로 한다.

[그림2] 딜로이트의 디지털 전환(DX) 성숙도 평가 모형

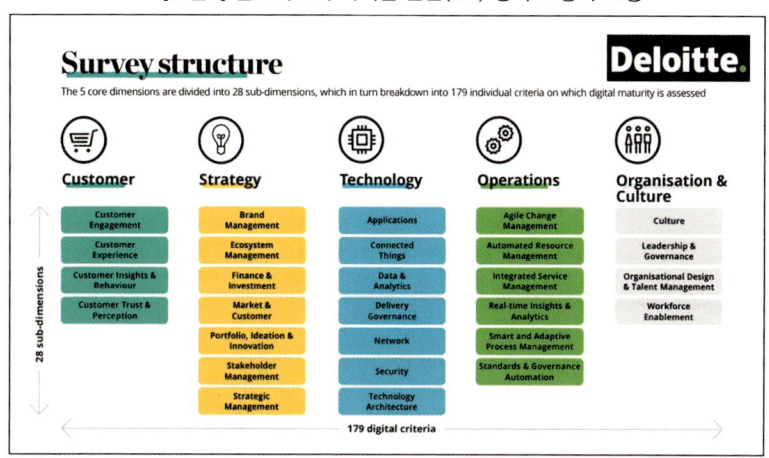

*출처: Deloitte Insights

나. 기업의 디지털 전환을 위한 주요 역량지표 조사 및 분석의 필요성

1) 디지털 전환의 성공을 위한 방향 설정

디지털 전환을 성공적으로 추진하기 위해서는 기업이 어디에 있는지와 어디로 나아가야 하는지를 명확히 파악해야 한다. 이를 위해 기업은 디지털 역량의 현재 수준을 진단하고, 이를 바탕으로 디지털 전략의 목표를 수립할 수 있다.

- **필요성**: 디지털 역량지표를 조사하고 분석함으로써 기업은 현재의 디지털 성숙도를 파악할 수 있으며, 이를 통해 디지털 전환의 전략적 방향을 설정할 수 있다.

예를 들어, 한 유통 기업이 디지털 역량지표를 조사하여 온라인 쇼핑 플랫폼 구축에 필요한 기술 역량이 부족함을 인식했다면, 이에 대한 투자와 교육 계획을 세워 디지털 전환의 목표를 명확히 설정할 수 있다.

2) 디지털 전환 전략의 효과적 실행

디지털 전환은 기술, 프로세스, 조직 문화 등 여러 측면에서의 변화를 포함하며, 이를 위한 종합적인 전략 수립이 필요하다. 주요 역량지표는 이러한 전략을 효과적으로 실행하기 위한 가이드라인을 제공한다.

- **필요성**: 디지털 전환을 추진하는 과정에서 조직의 기술 및 조직 역량을 강화하고, 변화 관리 및 위험 관리 전략을 수립하는 데 핵심 역량지표가 활용된다.

예를 들어, 제조 기업이 디지털 전환 전략을 실행하는 과정에서 자동화, 데이터 분석, AI 기술의 도입에 필요한 역량지표를 사전에 조사하고 분석한다면, 이를 토대로 인력 교육, 프로세스 개선, 기술 도입 등을 체계적으로 추진할 수 있다.

3) 지속적인 개선과 경쟁력 강화

디지털 전환은 일회성 프로젝트가 아닌 지속적인 혁신과 개선이 필요한 여정이다. 역량지표는 기업이 디지털 전환 과정에서 지속적인 성과를 모니터링하고, 개선해야 할 부분을 식별하는 데 필수적이다.

- **필요성**: 디지털 전환의 진행 상황과 성과를 지속적으로 모니터링하고 개선하기 위해서는 주요 역량지표를 정기적으로 조사하고 분석해야 한다. 이를 통해 기업은 변화하는 환경에 유연하게 대응하고, 지속적인 경쟁 우위를 확보할 수 있다.

예를 들어, IT 기업은 주기적으로 디지털 전환 역량지표를 조사하여 신기술 개발, 고객 만족도, 운영 효율성 등의 측면에서 지속적인 개선 활동을 수행함으로써 경쟁력을 유지하고 강화할 수 있다.

4) 의사결정 지원과 리스크 관리

디지털 전환 과정에서 다양한 의사결정이 필요하며, 역량지표는 이러한 의사결정을 지원하는 중요한 근거를 제공한다. 또한, 디지털 전환에는 기술적, 조직적 리스크가 수반되므로 이를 관리하는 데에도 역량지표가 중요하다.

- **필요성**: 주요 역량지표는 디지털 전환의 각 단계에서 필요한 의사결정에 객관적인 데이터를 제공하고, 잠재적인 리스크를 사전에 식별하여 대응할 수 있도록 지원한다.

예를 들어, 은행이 디지털 금융 서비스 도입을 위해 고객 데이터 보안 역량을 조사하고 분석한다면, 이를 기반으로 보안 강화 방안을 수립하고 데이터 유출에 따른 리스크를 최소화할 수 있다.

5) 조직 문화와 리더십 강화

디지털 전환은 기술뿐만 아니라 조직 문화와 리더십의 변화를 요구한다. 역량지표는 기업이 디지털 전환을 추진하는 과정에서 조직 구성원의 인식, 협업, 혁신을 촉진하는 데 도움을 준다.

- **필요성**: 조직 문화와 리더십 역량을 측정하는 지표를 조사하고 분석함으로써 기업은 구성원들이 디지털 전환에 대한 이해와 참여를 높이고, 변화에 대한 저항을 줄일 수 있다.

예를 들어, 한 기업이 디지털 전환에 대한 직원들의 인식과 리더십 역량을 조사한 결과, 변화를 수용하는 문화가 부족함을 발견했다면, 이를 개선하기 위한 교육 프로그램과 리더십 개발 활동을 통해 조직 문화를 강화할 수 있다.

정리하면, **기업의 디지털 전환을 위한 주요 역량지표의 조사 및 분석**은 디지털 전환의 성공을 위한 핵심적인 과정이다. 이를 통해 기업은 현재의 역량을 진단하고, 디지털 전환의 전략을 수립하며, 지속적인 개선을 추진할 수 있다. 또한, 의사결정 지원, 리스크 관리, 조직 문화 강화 등을 통해 디지털 전환의 도전과제를 효과적으로 극복하고 경쟁력을 확보할 수 있다. 따라서 기업은 디지털 전환을 추진하는 과정에서 주요 역량지표를 정기적으로 조사하고 분석하여 전략적 방향성을 유지하고 성과를 극대화해야 한다.

다. 기업의 디지털 전환 역량지표 및 측정 항목

기업의 디지털 전환을 위한 주요 역량지표 및 측정 항목을 [표1]과 같이 정리하였다. 기업의 디지털 전환 역량지표는 기업이 디지털 전환을 성공적으로 추진하기 위해 필요한 역량을 기술 역량과 조직 역량 두 가지 측면으로 구분하였다. 각 측면은 세부적인 요소와 이를 평가하기 위한 조작적 정의 및 측정 항목을 포함하고 있다. 이는 기업이 디지털 전환을 추진할 때 내부적으로 어떤 역량이 중요한지 파악하고, 이를 체계적으로 관리하기 위한 프레임워크를 제공한다.

[표1] 기업의 디지털 전환 역량지표 및 측정 항목

			조작적 정의 및 측정 항목
기술역량	1. R&D 역량	1.1. 조직 운영	연구개발 전담 조직의 편성 및 운영
		1.2. 개발 목표	연구개발목표의 명확성
		1.3. 연구개발인력	연구개발 인력의 신기술 습득 의지
		1.4. 연구개발 기자재	연구개발에 필요한 기자재 확보
	2. 기술 사업화 역량	2.1. 기술 개발 역량	제품의 개발 기획, 제품 설계시 제품 제작 및 테스트 역량
		2.2. 생산화 역량	연구개발 결과물 활용, 자재 및 생산 품질관리 역량
		2.3. 마케팅 역량	고객 세분화, 경쟁사 제품 분석, 마케팅 전략 수립 역량
		2.4. 프로세스 혁신 역량	새로운 프로세스 탐색역량, 프로세스 디자인 역량, 프로세스 개발 역량
	3. 기술 축적 역량	3.1. 지식재산권	지식재산권에 대한 권리확보
		3.2. 도입 기술	자체 기술과 도입 기술의 효과적 구축
		3.3. 핵심기술	핵심기술에 대한 개발 경험 풍부
		3.4. 기술 흡수능력	외부의 지식과 기술 흡수능력 보유
	4. 기술혁신 체제	4.1. 정보분석 역량	시장정보 분석자료 구축
		4.2. 네트워크 역량	외부기관과 네트워크 형성 및 유지
		4.3. 외부 지원 활용 역량	내부 및 외부의 지원 효율적 활용
		4.4. 프로젝트 관리	과학적이며 합리적인 프로젝트 관리
	5. 디지털 비전	5.1. 내부역량 파악	경영진의 디지털 전략 추진을 위한 내부 역량 파악
		5.2. 전략 중요도	경영진의 디지털 전략의 중요성 인지
		5.3. 우선순위 도출	디지털 전환 추진을 위한 우선순위를 도출
	6. 전담 조직 구성	6.1. 조직 구성	디지털 전략 추진을 위한 별도의 조직 구성
		6.2. 조직 연계	디지털 전략추진을 위해 각 조직의 협업 체계
	7. 디지털 거버넌스 구축 역량	7.1. 리더십 체계	디지털 전략 추진 및 거버넌스 의사결정 기구 구성
		7.2. 정책 및 프로세스 체계	디지털 전략 추진을 위한 정책 기준, 평가, 프로세스 체계를 정의
	8. 기술 리더십 역량	8.1. 비즈니스 연계	IT와 사업 부서가 상호 유기적으로 연계하여 운영
		8.2. 기술 투자 확대	인공지능, IOT, 클라우드 등의 신규 디지털 기술 투자
		8.3. 인재 확보	IT 기술 엔지니어링 및 디지털 역량을 가진 인재 양성

*출처: 홍성우, 최윤희, 김광용, 디지털 트랜스포메이션 역량지표 개발에 관한 연구, 한국IT정책경영학회 논문지, Vol.11 No.05, 2019.10

위에서 제시한 [표1] 기업의 디지털 전환을 위한 주요 역량지표 및 측정 항목의 내용을 좀 더 자세히 설명하면 다음과 같다.

1) 기술 역량

기술 역량은 기업이 디지털 전환을 추진하는 데 필요한 핵심 기술 개발, 적용, 활용 능력 등을 포괄한다.

① **R&D 역량의 조작적 정의 및 측정 항목**
- **조직 운영**: 연구개발 전담 조직의 편성과 운영 상태를 파악한다.
- **개발목표**: 연구개발 목표의 명확성과 방향성을 평가한다.
- **연구개발인력**: 연구개발 인력의 전문성 및 지속적인 습득 의지를 측정한다.
- **연구개발 기자재**: 연구개발에 필요한 장비와 시설의 확보 여부를 확인한다.

예를 들어, 한 제조 기업이 디지털 트윈 기술을 개발하기 위해 R&D 조직을 구성하고, 연구개발 목표를 명확히 세우며, 관련 전문 인력을 확보하고 기자재를 지원하는 것이 이에 해당한다.

② **기술 사업화 역량의 조작적 정의 및 측정 항목**
- **기술 개발 역량**: 제품의 개발 기획 및 설계 능력을 파악한다.
- **생산화 역량**: 연구개발 결과를 생산에 적용하고, 품질 관리할 수 있는 능력을 평가한다.
- **마케팅 역량**: 고객 세분화, 경쟁사 분석, 마케팅 전략 수립 역량을 측정한다.
- **프로세스 혁신 역량**: 새로운 프로세스의 도입과 프로세스 디자인 및 개선 역량을 확인한다.

예를 들어, IT 기업이 신제품을 개발하고 이를 시장에 빠르게 출시하는 동시에 마케팅 전략을 세워 성공적으로 사업화하는 사례가 이에 해당한다.

③ **기술 축적역량의 조작적 정의 및 측정 항목**
- **지식재산권**: 지식재산권에 대한 권리 확보를 파악한다.
- **도입 기술**: 자체 기술과 도입 기술의 효율적인 구축 여부를 평가한다.
- **핵심기술**: 핵심 기술에 대한 개발과 경쟁 우위 확보 상황을 확인한다.
- **기술 흡수능력**: 외부 지식과 기술을 효과적으로 흡수하는 능력을 측정한다.

예를 들어, 바이오 기업이 자체적으로 핵심 기술을 개발하고, 이를 지식재산권으로 보호하며 외부 기술을 흡수하여 역량을 강화하는 사례가 이에 해당한다.

④ **기술혁신 체제의 조작적 정의 및 측정 항목**:
- **정보분석 역량**: 시장 정보를 분석하고 전략을 수립하는 능력을 측정한다.
- **네트워크 역량**: 외부 기관과의 네트워크를 구축 및 유지하는 능력을 파악한다.
- **외부 지원 활용 역량**: 내부 및 외부의 지원을 효율적으로 활용하는 정도를 측정한다.
- **프로젝트 관리**: 과학적이고 합리적인 프로젝트 관리 능력을 평가한다.

예를 들어, 자동차 제조 기업이 외부 연구 기관과 협업하여 자율주행 기술을 개발하고, 이를 프로젝트 관리 역량을 통해 효과적으로 구현하는 사례가 이에 해당한다.

2) 조직 역량

조직 역량은 기업 내에서 디지털 전환을 추진하기 위한 조직의 구조, 문화, 리더십 등을 포함한다.

① **디지털 비전의 조작적 정의 및 측정 항목**:
- **내부역량 파악**: 경영진이 디지털 전환 추진을 위한 내부 역량을 파악한다.
- **전략 중요도**: 디지털 전략의 중요성에 대한 인식을 측정한다.
- **우선순위 도출**: 디지털 전환 프로젝트의 우선순위를 설정하는 능력을 평가한다.

예를 들어, 한 유통 기업이 디지털 전환의 중요성을 인식하고, 이를 위해 온라인 유통 시스템 개발을 우선순위로 설정하는 것이 이에 해당한다.

② **전담 조직 구성의 조작적 정의 및 측정 항목**:
- **조직 구성**: 디지털 전략 추진을 위한 전담 조직 구성 여부를 평가한다.
- **조직 연계**: 조직 내 부서 간 협업 체계를 파악한다.

예를 들어, 은행이 디지털 전환을 위해 디지털 혁신팀을 구성하고, 이를 기존 부서와 긴밀하게 연계하는 사례가 이에 해당한다.

③ **디지털 거버넌스 구축 역량의 조작적 정의 및 측정 항목**:
- **리더십 체계**: 디지털 전략을 추진하기 위한 리더십 체계 구축 여부를 평가한다.
- **정책 및 프로세스 체계**: 정책과 프로세스의 체계화를 통해 디지털 전환을 효율적으로 추진하는 능력을 파악한다.

예를 들어, 대기업이 디지털 거버넌스를 구축하여 데이터 관리 정책과 프로세스를 체계적으로 수립하는 사례가 이에 해당한다.

④ **기술 리더십 역량의 조작적 정의 및 측정 항목:**
- **비즈니스 연계**: IT와 사업 부서가 유기적으로 연계되어 운영되는 정도를 평가한다.
- **기술 투자 확대**: 인공지능, IoT, 클라우드 등 신규 디지털 기술에 대한 투자 규모를 측정한다.
- **인재 확보**: IT 기술 엔지니어 및 디지털 역량을 가진 인재의 확보 여부를 파악한다.

예를 들어, 소매 기업이 클라우드 기반 솔루션에 투자하고, 이를 관리할 수 있는 전문 인력을 채용하는 사례가 이에 해당한다.

정리하면, 이 표는 기업이 디지털 전환을 추진하는 과정에서 필요한 기술 및 조직 역량을 세부적으로 제시하고, 이를 평가하기 위한 구체적인 측정 항목을 제공하고 있다. 이러한 역량지표는 기업이 현재의 역량 수준을 진단하고, 디지털 전환을 위한 전략을 수립하며, 지속적인 개선을 통해 디지털 경쟁력을 강화하는 데 중요한 역할을 한다.

기업에서 AI 트랜스포메이션(AX)을 위한 정보화 전략 계획(ISP) 방법

　기업에서 AI 트랜스포메이션(AX)을 위한 정보화 전략 계획(Information Strategy Plan: ISP) 방법론을 설명하면, AI 트랜스포메이션(AX)을 체계적으로 추진하기 위한 로드맵을 수립하는 과정이라고 할 수 있다. 이 계획은 AI 기술 도입과 관련된 비즈니스 목표, 조직 내의 업무 변화, 기술적 인프라 등을 종합적으로 고려해 단계별로 실행하는 방법론을 제시한다.

　다음은 기업에서 AI 트랜스포메이션(AX)을 위한 ISP 방법론의 주요 단계들이다.

가. 기업에서 AI 트랜스포메이션(AX)을 위한 ISP 방법론의 주요 단계

1) 환경 분석 (External/Internal Environment Analysis)

　기업의 외부 및 내부 환경을 분석하는 과정이다. 외부적으로는 산업 동향, 경쟁사 분석, 기술 트렌드, 고객 요구사항 등을 파악하고, 내부적으로는 기업의 현재 기술 수준, 조직 구조, 업무 프로세스, 정보 시스템 등을 평가한다.

　예를 들어, 한 유통 기업이 AI 도입을 검토하고 있다고 가정하면, 이 단계에서 유통 산업의 디지털 전환 동향, 경쟁사들이 AI 기술을 어떻게 활용하는지, 소비자 행동 변화 등을 분석한다. 동시에 현재 기업의 물류 시스템, 재고 관리 시스템의 상태를 평가하여 AI가 필요한 부분을 도출한다.

2) 비전 및 목표 설정 (Vision and Objective Setting)

AI 트랜스포메이션(AX)을 통해 기업이 달성하고자 하는 비전과 구체적인 목표를 설정하는 단계이다. 이 단계에서는 AI 도입을 통해 어떤 비즈니스 문제를 해결하고, 기업이 어떤 성과를 달성할 것인지 명확히 해야 한다.

예를 들어, 유통 기업이 AI를 활용하여 고객 맞춤형 추천 시스템을 도입하고, 이를 통해 매출 증가와 고객 만족도 향상을 목표로 설정할 수 있다. 이러한 비전은 기업의 디지털 전략과 긴밀하게 연계된다.

3) As-Is 분석 (Current State Analysis)

현재 기업의 업무 프로세스, IT 인프라, 정보 시스템 등을 분석하는 단계로, AI 도입 전의 현 상태를 명확히 파악한다. 이를 통해 AI 도입이 필요한 영역을 식별하고, 기존 시스템의 문제점을 도출하여 개선 방안을 모색한다.

예를 들어, 제조 기업에서 현재 재고 관리 시스템이 수작업으로 이루어지고 있어 비효율적이라면, AI 기반 자동화 시스템이 도입되었을 때 개선될 수 있는 영역을 분석한다.

4) To-Be 모델 설계 (Target State Design)

AI 도입 후 기업이 달성하고자 하는 미래 상태를 구체적으로 설계하는 단계이다. 이 단계에서는 AI 기술이 적용된 이후의 업무 프로세스 변화, 조직 구조 재편, IT 시스템 개선 등을 포함한 To-Be 모델을 설정한다.

예를 들어, 유통 기업이 AI 기반 재고 관리 시스템을 도입할 계획이라면, 실시간 재고 추적, 자동 주문 시스템 등을 포함한 목표 시스템을 설계한다. AI가 실시간으로 재고를 분석하여 부족한 물품을 자동으로 주문하는 시스템을 목표로 설정할 수 있다.

5) Gap 분석 및 개선 과제 도출 (Gap Analysis and Task Derivation)

As-Is와 To-Be 모델 간의 차이를 분석하여, 이를 해결하기 위한 개선 과제를 도출하는 단계이다. 이 과정을 통해 AI 도입 시 필요한 기술적, 조직적, 프로세스적 요구사항을 도출하고, 이를 해결하기 위한 구체적인 계획을 수립한다.

예를 들어, 현재 시스템과 목표 시스템 간의 차이를 분석하여, AI 시스템 도입을 위해 추가로 필요한 인프라, 기술 역량, 조직 변화 등을 구체적으로 파악한다. 예를 들어, AI 시스템이 원활히 작동하기 위해 추가적인 데이터 센터가 필요하거나, AI 기술을 다룰 수 있는 인력 교육이 필요할 수 있다.

6) KPI 설정 및 성과 관리 (KPI Setting and Performance Management)

AI 도입의 성과를 평가할 수 있는 핵심 성과 지표(KPI)를 설정하고, 이를 기반으로 프로젝트의 성공 여부를 지속적으로 모니터링한다. KPI는 AI 도입을 통해 달성할 수 있는 비즈니스 성과(예: 비용 절감, 생산성 향상, 매출 증가 등)를 측정하는 지표가 될 수 있다.

예를 들어, 유통 기업의 경우, AI 기반 추천 시스템이 도입된 이후의 매출 증가율, 고객 재구매율, 서비스 속도 향상 등의 지표를 KPI로 설정하여 프로젝트 성과를 관리한다.

7) 실행 계획 수립 (Implementation Planning)

최종적으로 AI 트랜스포메이션(AX)을 위한 실행 계획을 수립하는 단계이다. 이 단계에서는 AI 도입을 위한 구체적인 일정, 예산, 자원 배분, 담당 부서 및 팀을 명확하게 설정하여 실제 AI 도입이 원활히 진행되도록 한다.

예를 들어, 제조 기업에서 AI 기반 품질 관리 시스템을 도입하기 위해 프로젝트 팀을 구성하고, 각 단계별로 예산과 자원을 배분하며, 단계별 실행 계획을 수립한다.

결론적으로 기업에서 AI 트랜스포메이션(AX)을 위한 정보화 전략 계획(ISP)은 AI 기술 도입의 방향성과 목표를 명확히 하고, 이를 체계적으로 추진할 수 있는 방법론을 제시하는 중요한 과정이다. 환경 분석부터 목표 시스템 설계, 실행 계획 수립에 이르는 단계별 전략을 통해 기업은 AI 기술을 도입하고 디지털 전환을 성공적으로 이끌 수 있다.

나. ISP를 통해 AI 트랜스포메이션(AX) 전략 수립 3단계 과정

1) AI 기반의 효율적 업무 수행 프로세스 확립 (BPR 관점)

AI 트랜스포메이션(AX) 전략에서 첫 번째 단계는 AI 기술을 활용해 기존 업무 프로세스를 더 효율적으로 수행할 수 있는 절차를 확립하는 것이다. 이를 BPR(비즈니스 프로세스 재설계, Business Process Redesign)의 관점에서 바라보면, 기존의 복잡하고 비효율적인 업무 흐름을 AI 기반으로 자동화하고 최적화하는 혁신을 의미한다.

AI를 통해 업무의 자동화를 진행할 경우, 수동 작업으로 인해 발생하는 오류를 줄이고, 빠르고 정확한 의사결정을 내릴 수 있게 된다. 이 과정에서는 기존의 업무 방식과 AI가 접목될 수 있는 부분을 찾아내어 해당 프로세스를 개선하거나 완전히 새롭게 설계해야 한다.

예를 들어, 은행의 경우, 기존에 고객 문의에 대한 응답을 콜센터 상담원이 직접 처리했지만, AI 기반의 챗봇을 도입하여 고객의 기본적인 질문을 실시간으로 처리할 수 있다. 이를 통해 상담 대기 시간이 줄어들고, 상담원은 복잡한 고객 문제 해결에 집중할 수 있어 업무 효율성이 크게 향상된다. 또한 AI 챗봇은 24시간 운영되기 때문에 시간 제약 없이 고객 서비스를 제공할 수 있다.

2) AI 거버넌스 설계 (업무 체계, 조직, 규정 등)

AI 기술을 도입할 때, 업무 체계, 조직 구조, 관련 규정을 명확하게 설정하는 것이 매우 중요하다. 이는 AI 기술이 조직 내에서 효율적으로 운영될 수 있도록 관리 체계를 확립하는 것을 의미한다.

AI 도입 후, 기존 조직 구조와 AI 기술이 원활히 통합되도록 각 부서 간의 역할을 재정립해야 하며, AI가 수행할 수 있는 업무와 그렇지 않은 업무를 명확히 구분해야 한다. 또한 AI 기술이 생성하는 데이터나 의사결정 결과에 대해 어떻게 책임을 분배할 것인지에 대한 규정을 마련해야 한다.

예를 들어, 제조업체는 AI 기술을 도입해 생산 라인의 자동화를 추진하고자 한다. 이 과정에서 AI 시스템이 데이터를 수집하고, 그 데이터를 바탕으로 생산량을 조절할 수 있도록 조직 내 관리 체계를 설계한다. 또한 AI가 생산 라인에서 수집한 데이터를 분석해 이상 상황을 사전에 감지하고 이를 해결할 수 있는 관리 규정을 명확히 한다. 이를 통해 AI가 조직 내에서 실질적인 역할을 담당하며 비즈니스 연속성을 확보하게 된다.

3) AI 트랜스포메이션(AX)을 위한 과업, 목표 시스템 기획 및 장/단기 마스터 플랜 수립

AI 트랜스포메이션(AX) 과정에서 수행해야 할 과업과 목표 시스템을 구체화하고, 이를 기반으로 장기적 및 단기적 계획을 수립하는 것이 필수적이다. AI 도입은 복잡한 기술 변화와 조직 변화를 동반하기 때문에 이를 단계적으로 접근할 수 있는 마스터 플랜을 마련해야 한다.

마스터 플랜을 통해 AI 트랜스포메이션 과정이 체계적으로 진행될 수 있도록 방향성을 설정하고, 각 단계에서 달성해야 할 목표를 명확히 해야 한다. 또한 단기적 성과를 먼저 얻고 이를 장기적 성과로 연결할 수 있는 전략을 수립하는 것이 중요하다.

예를 들어, 소매업체는 AI 기반의 고객 맞춤형 추천 시스템을 구축하려고 한다. 단기적으로는 AI가 고객의 구매 이력을 분석해 상품을 추천하는 시스템을 도입하고, 장기적으로는 고객의 소비 패턴과 트렌드를 예측하여 더 나은 구매 경험을 제공할 수 있는 예측 시스템을 도입하고자 한다. 이를 위해 먼저 단기적인 AI 도입 계획을 수립하고, 이후 장기적으로 확장할 수 있는 로드맵을 세운다. 이 마스터 플랜을 통해 기업은 AI 트랜스포메이션 과정에서 발생할 수 있는 혼란을 줄이고, 체계적으로 목표를 달성할 수 있다.

정리하면, ISP(Information Strategy Plan)를 통해 AI 트랜스포메이션 전략을 수립하는 과정은 크게 세 단계로 나뉜다. 첫째, AI 기술을 기반으로 업무 프로세스를 효율적으로 재설계(BPR)하는 것이다. 이를 통해 기존의 비효율적인 업무 흐름을 자동화하고 최적화할 수 있다. 둘째, AI 도입 후의 업무 체계와 조직 구조, 규정을 명확히 하는 AI 거버넌스 설계를 통해 조직 내 AI 기술이 원활히 작동하도록 관리 체계를 수립한다. 마지막으로, AI 트랜스포메이션을 위한 과업과 목표 시스템을 구체화하고, 이를 바탕으로 장/단기적인 마스터 플랜을 수립함으로써 AI 도입이 체계적으로 이루어지도록 한다.

기업이 이러한 과정을 통해 AI 트랜스포메이션 전략을 수립하면, 기술적 도입뿐만 아니라 조직 문화와 운영 방식에 있어서도 근본적인 변화가 가능해진다.

08
기업에서 AI 트랜스포메이션(AX)을 위한 구체적 요구사항 도출 방법

기업에서 AI 시스템 구축을 위한 구체적인 요구사항을 도출하는 과정은 [표1]과 같은 단계로 진행된다.

[표1] AI 트랜스 트랜스포메이션(AX)을 위한 요구사항 도출 방법

단계	주요 내용	예시
1. AI 트랜스포메이션(AX)을 위한 목표 시스템 설계	- 목표 시스템을 설계하여 기업이 AI로 전환하는데 필요한 시스템의 구조와 기능을 명확히 정의하고 설계 - AI시스템이 수행할 역할, 처리할 작업, 데이터 분석 방법 등을 구체적으로 설정	예: 의료회사가 환자의 의료 기록 및 데이터를 실시간으로 분석하여 맞춤형 치료 방법을 제공하는 AI 시스템 도입을 목표로 설정
2. 목표 시스템 구축을 위한 상세 방법론 설계	- 목표 시스템을 실제로 구축하기 위한 구체적인 방법론 설계 - 단계별 시스템 구축 절차를 정의하고 이를 기반으로 상세 로드맵 작성 - 인프라 설계, 데이터 수집 및 처리 방법, 시스템 통합 방식 등의 기술 요소 포함	예: 물류 회사가 각 물류 차량에 IoT 센서를 설치하여 실시간 위치 데이터를 수집하고 이를 AI가 분석하여 최적의 배송 경로를 계산하는 시스템 구축
3. 목표 시스템의 상세 기능/비기능 및 기술 요구사항 정의	- AI 시스템이 수행해야 할 기능적 요구사항뿐만 아니라 시스템 성능, 보안, 안정성 등의 비기능적 요구사항도 구체적으로 정의 - 시스템 운영 시 필요한 모든 기술적 요구사항을 명확히 설정하여 실제적으로 안정적으로 운영 가능하게 함	예: 시스템이 데이터 분석 속도를 유지하면서도 개인 정보 보호를 안전하게 제공할 수 있도록 유구사항 설정

가. AI 트랜스포메이션(AX)을 위한 목표 시스템 설계

AI 시스템 구축을 위한 **첫 번째 단계는 목표 시스템 설계**이다. 이 단계에서는 기업이 AI 트랜스포메이션을 위해 필요로 하는 시스템의 구조와 기능을 명확하게 정의하고 설계한다. 기업이 도입하고자 하는 AI 시스템이 정확히 어떤 역할을 할 것인지, 어떤 작업을 처리해야 하는지, 데이터를 어떻게 분석할 것인지 등의 구체적인 요구사항을 설정하는 단계이다.

예를 들어, 헬스케어 기업이 AI 시스템을 도입해 환자의 의료 기록과 데이터를 분석하는 목표를 세웠다면, 이 시스템은 환자의 데이터를 실시간으로 분석해 병원의 의료진에게 개인 맞춤형 치료 방법을 제안하는 역할을 해야 한다. 이를 위해 AI 시스템이 어떤 데이터를 분석할지, 분석된 데이터를 의료진에게 어떻게 제공할지, 그리고 이 과정에서 환자의 개인 정보가 안전하게 보호될 수 있는지 등의 요구사항을 구체화해야 한다.

나. 목표 시스템 구축을 위한 세부 방법론 설계

두 번째 단계는 목표 시스템 구축을 위한 세부 방법론 설계이다. 이 단계에서는 목표 시스템을 실제로 구축하기 위한 구체적인 방법론을 설계한다. 즉, 시스템을 어떻게 단계적으로 구축해 나갈 것인지에 대한 세부 절차를 정의하고, 이를 바탕으로 구체적인 로드맵을 작성하는 단계이다. 이 과정에서는 인프라 설계, 데이터 수집 및 처리 방법, 시스템 통합 방식 등 다양한 기술적 요소들이 포함된다.

예를 들어, 물류 기업은 AI를 도입하여 배송 경로 최적화 시스템을 구축하고자 한다. 이때, 시스템을 구축하기 위한 세부 방법론은 먼저 IoT 센서를 각 물류 차량에 설치하여 실시간 위치 데이터를 수집하는 과정에서 시작된다. 그다음, AI가 이 데이터를 분석하여 최적의 배송 경로를 계산하는 알고리즘을 구축하고, 이를 물류 현장에 적용할 수 있는 시스템을 통합하는 세부 계획을 세운다. 이를 통해 기업은 단계적으로 목표 시스템을 구축해 나간다.

다. 목표 시스템의 기능적/비기능적, 기술적 요구사항 상세화

세 번째 단계는 목표 시스템의 기능적/비기능적, 기술적 요구사항을 상세화하는 것이다. AI 시스템이 수행해야 할 **기능적 요구사항**뿐만 아니라, 시스템의 성능, 보안, 안정성과 같은 **비기능적 요구사항**을 구체적으로 정의하는 단계이다. 이를 통해 시스템이 실제 운영될 때 필요한 모든 기술적 요구사항을 명확하게 설정하고, 시스템이 실질적으로 안정적으로 운영될 수 있도록 한다.

예를 들어, 전자상거래 플랫폼이 AI 기반의 맞춤형 상품 추천 시스템을 구축하려고 할 때, 이 시스템의 기능적 요구사항은 고객의 구매 이력과 검색 데이터를 분석하여 개인 맞춤형 상품을 추천하는 것이다. 또한, 비기능적 요구사항으로는 시스템이 대량의 데이터를 신속하게 처리할 수 있어야 하며, 동시에 고객의 개인 정보를 안전하게 보호할 수 있는 보안 요구사항이 필요하다. 이외에도 시스템이 고부하 상황에서도 안정적으로 작동할 수 있도록 성능 관련 요구사항을 설정하는 것도 중요하다.

정리하면, ISMP(Information System Master Plan)과 같이 AI 시스템을 성공적으로 구축하기 위한 구체적인 계획을 수립하는 과정이다. 이와 같은 단계적인 접근 방식을 통해 기업은 AI 시스템 도입에 필요한 구체적인 요구사항을 명확히 도출하고, 이를 기반으로 성공적인 시스템 구축을 추진할 수 있다. 먼저, 목표 시스템을 설계하고, 이를 실현하기 위한 세부 방법론을 정의한 후, 시스템이 실제 운영될 때 필요한 모든 기능적/비기능적 요구사항을 상세하게 정의한다. 이를 통해 기업은 AI 기반의 시스템을 체계적으로 구축할 수 있으며, 시스템 도입 후에도 안정적이고 효과적으로 운영될 수 있도록 보장할 수 있다.

디지털 전환(DX)을 통한 신규 비즈니스 모델 개발 방법

디지털 전환(DX)을 통해 신규 비즈니스 모델을 개발하는 방법은 기존의 비즈니스 모델을 혁신하고, 디지털 기술을 통해 새로운 가치를 창출하는 과정이다. 이를 통해 기업은 비용을 절감하고, 생산성을 향상시키며, 고객 경험을 극대화하는 등 다양한 목표를 달성할 수 있다. 디지털 전환을 기반으로 새로운 비즈니스 모델을 개발하는 과정은 다음과 같은 단계로 나눌 수 있다.

1) 현재 비즈니스 모델 분석 (Analyzing the Current Business Model)

새로운 비즈니스 모델을 개발하기 전에 기존 비즈니스 모델을 철저히 분석하는 것이 중요하다. 이는 현재의 강점, 약점, 기회를 파악하고, 디지털 기술을 통해 혁신할 수 있는 부분을 발견하는 데 도움이 된다. 이를 위해 비즈니스 모델 캔버스(Business Model Canvas)와 같은 도구를 사용하여 각 요소를 분석할 수 있다.

예를 들어, 한 소매업체가 현재 매장에서 물리적인 상품 판매에만 의존하고 있는 비즈니스 모델을 운영하고 있다면, 온라인 판매 채널이 부족하고 디지털 고객 경험이 미흡한 약점을 발견할 수 있다.

2) 디지털 기술 도입을 통한 가치 창출 (Creating Value Through Digital Technologies)

새로운 비즈니스 모델을 개발하기 위해서는 **디지털 기술을 통해 어떻게 새로운 가치를 창출할 수 있을지** 고민해야 한다. 디지털 기술은 기존 제품이나 서비스에 추가적인 가치를 더해줄 수 있다. **AI(인공지능), 빅데이터, IoT(사물인터넷), 클라우드 컴퓨팅, 블록체인** 등 다양한 디지털 기술을 통해 새로운 서비스나 제품을 개발할 수 있다.

예를 들어, 소매업체가 **AI 기반의 추천 시스템**을 도입하여, 고객의 구매 패턴을 분석하고 맞춤형 제품을 추천하는 서비스를 제공한다면, 고객 경험을 크게 향상시키고 매출을 증대시킬 수 있다. 이와 함께 **온라인 쇼핑몰**을 구축하여 오프라인과 온라인의 통합적인 쇼핑 경험을 제공할 수도 있다.

3) 비즈니스 모델 혁신 (Business Model Innovation)

디지털 전환을 통해 **기존의 비즈니스 모델**을 혁신하거나 완전히 새로운 비즈니스 모델을 창출할 수 있다. 기존의 수익 구조, 고객 관계, 유통 채널 등을 디지털 기술을 활용하여 혁신하면 새로운 수익 창출 기회가 열릴 수 있다.

예를 들어, 우버(Uber)는 전통적인 택시 산업에서 디지털 플랫폼을 기반으로 차량 공유 서비스를 제공하며 완전히 새로운 비즈니스 모델을 개발했다. 우버는 **모바일 앱**을 통해 승객과 운전자를 연결하고, 중개 수수료를 수익 모델로 삼았다. 디지털 기술을 통해 전통적인 택시 산업의 문제점(예약의 불편함, 요금의 불투명성 등)을 해결하고, 새로운 비즈니스 모델을 창출했다.

4) 고객 경험 중심의 디지털화 (Customer-Centric Digitalization)

디지털 전환은 **고객 경험**을 개선하는 데 중점을 두어야 한다. 고객의 기대가 점점 더 높아지고 있으며, 기업은 디지털 기술을 활용해 더 나은 고객 경험을 제공해야 한다. 고객 데이터를 분석해 맞춤형 서비스를 제공하거나, **옴니채널 전략**을 통해 고객이 온라인과 오프라인에서 일관된 경험을 누리게 해야 한다.

예를 들어, 스타벅스(Starbucks)는 고객 경험을 디지털화하기 위해 **모바일 주문 및 결제 시스템**을 도입했다. 고객은 매장에서 줄을 서지 않고 앱을 통해 주문하고 결제할 수 있으며, 이를 통해 고객 만족도를 높이고 대기 시간을 줄이는 데 성공했다. 또한, **로열티 프로그램**을 통해 고객 데이터를 수집하고, 고객 맞춤형 혜택을 제공해 충성도를 강화했다.

5) 데이터 기반 의사결정 및 분석 (Data-Driven Decision Making and Analysis)

디지털 전환 과정에서 **데이터**는 가장 중요한 자산이다. 데이터 기반 의사결정을 통해 비즈니스 모델의 효율성을 높이고, 새로운 기회를 포착할 수 있다. **빅데이터 분석**은 고객의 행동 패턴을 이해하고, 시장의 변화를 예측하며, 비즈니스 전략을 조정하는 데 필수적이다.

예를 들어, 아마존(Amazon)은 고객의 구매 이력, 검색 기록, 리뷰 데이터를 분석하여 고객 맞춤형 추천 시스템을 운영하고 있다. 이를 통해 고객에게 적절한 제품을 추천하고, 재구매율을 높여 수익성을 증대시킨다. 또한, 아마존은 물류 시스템에서 데이터를 활용하여 재고 관리와 배송 효율성을 최적화하고 있다.

6) 디지털 플랫폼 구축 (Building a Digital Platform)

디지털 전환의 핵심 중 하나는 **디지털 플랫폼**을 구축하는 것이다. 디지털 플랫폼은 고객, 파트너, 공급업체 등 다양한 이해관계자들이 참여하고 상호작용할 수 있는 환경을 제공하며, 이를 통해 새로운 비즈니스 기회를 창출한다.

예를 들어, 에어비앤비(Airbnb)는 디지털 플랫폼을 통해 숙박 제공자와 숙박을 원하는 고객을 연결하는 비즈니스 모델을 개발했다. 이 플랫폼은 전통적인 호텔 산업을 변화시켰으며, 고객과 공급자의 상호작용을 통해 수익을 창출하는 새로운 모델을 제공했다.

7) 기술 인프라 및 클라우드 도입 (Technology Infrastructure and Cloud Adoption)

새로운 비즈니스 모델을 성공적으로 운영하기 위해서는 **기술 인프라**가 필수적이다. **클라우드 컴퓨팅**은 기업이 필요한 리소스를 유연하게 확장하거나 줄일 수 있도록 도와주며, 비용을 절감하고 운영의 효율성을 높이는 데 기여한다.

예를 들어, 넷플릭스(Netflix)는 클라우드 인프라를 활용해 전 세계적으로 안정적인 스트리밍 서비스를 제공하고 있다. 클라우드 기술을 통해 사용량이 폭증할 때도 서버의 용량을 유연하게 확장할 수 있으며, 비용 효율적인 방식으로 서비스를 운영할 수 있다.

8) 지속적인 혁신과 실험 (Continuous Innovation and Experimentation)

디지털 전환은 한 번의 혁신으로 끝나는 것이 아니라, **지속적인 개선**과 **실험**이 필요한 과정이다. 새로운 기술이 빠르게 발전하고, 시장 환경도 급변하기 때문에 기업은 지속적으로 비즈니스 모델을 점검하고, 실험을 통해 개선해야 한다.

예를 들어, 테슬라(Tesla)는 자사의 전기차 모델에 지속적으로 새로운 기능을 추가하고, **OTA(Over-The-Air)** 업데이트를 통해 차량 소프트웨어를 개선한다. 또한, 자율 주행 기술에 대한 끊임없는 연구와 실험을 통해 자동차 산업을 혁신하고 있다.

9) 협력 생태계 및 파트너십 구축 (Building an Ecosystem and Partnerships)

디지털 전환을 성공적으로 이루기 위해서는 **협력 생태계**를 구축하는 것이 중요하다. 기업은 독자적으로 모든 디지털 기술을 개발하고 운영하기보다는 **외부 파트너와의 협력**을 통해 디지털 전환 속도를 높이고, 성공 가능성을 증대시킬 수 있다. 스타트업, 기술 제공업체, 외부 전문가와의 파트너십은 기업이 최신 기술을 빠르게 도입하고 적용할 수 있도록 돕는다.

예를 들어, 마이크로소프트(Microsoft)는 다양한 클라우드 서비스 제공 업체, 소프트웨어 개발자와 협력하여 **Azure 클라우드 플랫폼**을 구축했다. 이를 통해 고객은 다양한 애플리케이션과 서비스를 쉽고 빠르게 사용할 수 있으며, 마이크로소프트는 파트너와 함께 새로운 비즈니스 모델을 창출하는 생태계를 성공적으로 운영하고 있다.

10) 민첩성과 유연성 (Agility and Flexibility)

디지털 전환 과정에서 민첩성(Agility)과 유연성(Flexibility)은 매우 중요한 요소이다. 빠르게 변화하는 디지털 환경에 대응하기 위해서는 민첩한 조직 운영과 신속한 의사결정이 필수적이다. 디지털 기술은 끊임없이 진화하며, 이를 빠르게 수용하고 비즈니스 모델에 반영할 수 있어야 한다.

예를 들어 아마존(Amazon)은 매우 민첩한 운영 구조를 가지고 있다. 새로운 기술을 빠르게 도입하고, 고객 피드백을 즉각 반영하여 제품과 서비스를 개선하는 데 강점을 보인다. 예를 들어, 아마존은 AI 기반 추천 시스템을 빠르게 개선하고, 그 결과 고객 만족도를 크게 높였다. 아마존의 민첩성은 디지털 전환의 모범적인 사례로 평가받고 있다.

11) 고객 데이터의 적극적인 활용 (Active Use of Customer Data)

디지털 전환을 통해 기업이 얻을 수 있는 가장 큰 자산 중 하나는 **고객 데이터**이다. 디지털 플랫폼을 통해 수집된 데이터는 고객의 행동 패턴, 선호도, 구매 이력 등을 분석하여 새로운 수익 창출 기회를 발견할 수 있다. 데이터를 기반으로 비즈니스 모델을 재설계하거나 새로운 맞춤형 서비스를 제공함으로써 경쟁 우위를 확보할 수 있다.

예를 들어, 넷플릭스(Netflix)는 고객의 시청 기록과 평가 데이터를 분석하여 **맞춤형 콘텐츠 추천 시스템**을 구축했다. 이를 통해 사용자는 자신이 선호하는 콘텐츠를 쉽게 찾을 수 있고, 넷플릭스는 사용자 당 시청 시간을 늘려 매출을 증대시킬 수 있었다. 고객 데이터의 활용은 넷플릭스가 스트리밍 시장에서 선두를 유지하는 핵심 요소 중 하나이다.

12) 클라우드 기반 비즈니스 모델 확장 (Expansion of Cloud-Based Business Models)

디지털 전환의 한 축은 **클라우드 컴퓨팅**의 도입이다. 클라우드를 활용하면 기업은 비용을 절감하고, 기술 인프라를 유연하게 관리할 수 있으며, 글로벌 시장에서 신속하게 비즈니스를 확장할 수 있다. 클라우드 기반 비즈니스 모델은 디지털 전환에서 필수적인 요소로 자리 잡았다.

예를 들어, 어도비(Adobe)는 전통적인 소프트웨어 판매 모델에서 **클라우드 기반의 구독 서비스**로 전환했다. 어도비는 과거 소프트웨어를 일회성 구매로 판매했으나, 이제는 **Adobe Creative Cloud**라는 구독형 서비스를 통해 지속적인 수익을 창출하고 있다. 클라우드를 통해 업데이트가 실시간으로 이루어지며, 고객은 더 유연하게 서비스를 이용할 수 있다.

13) 사물인터넷(IoT) 기반 비즈니스 모델 (IoT-Based Business Models)

사물인터넷(IoT)은 다양한 디바이스를 연결하여 데이터를 수집하고, 이를 통해 새로운 비즈니스 기회를 창출하는 기술이다. IoT를 통해 제품을 모니터링하거나 서비스 개선 방안을 도출할 수 있으며, 이를 통해 기존의 비즈니스 모델을 확장하거나 전혀 새로운 서비스 모델을 도입할 수 있다.

예를 들어, 지멘스(Siemens)는 IoT를 활용해 **스마트 팩토리**를 구축하고, 공장 내 모든 기계와 설비를 실시간으로 모니터링하여 생산성을 극대화했다. IoT 기반의 데이터 수집 및 분석을 통해 기계의 고장 여부를 사전에 예측하고, 필요한 유지보수를 자동으로 실행하는 비즈니스 모델을 통해 생산 효율성을 크게 높였다.

14) 디지털 트윈(Digital Twin) 활용 (Utilizing Digital Twins)

디지털 트윈은 실제 세계의 물리적 객체나 시스템을 디지털로 복제한 모델로, 이를 통해 실시간 모니터링, 시뮬레이션, 문제 해결이 가능하다. 디지털 트윈을 활용하면 제품 개발 과정이나 제조 공정에서 발생할 수 있는 문제를 사전에 예측하고, 해결 방안을 모색할 수 있다.

예를 들어, 보잉(Boeing)은 항공기 개발 과정에서 디지털 트윈을 사용해 항공기의 설계, 제조, 유지보수를 시뮬레이션했다. 이를 통해 항공기 부품의 수명을 정확하게 예측하고, 유지보수 비용을 절감할 수 있었다. 디지털 트윈은 보잉의 제품 개발 및 유지보수 프로세스를 혁신하는 데 중요한 역할을 했다.

15) 증강현실(AR)과 가상현실(VR) 기반 모델 (AR and VR-Based Models)

디지털 전환에서 증강현실(AR)과 **가상현실(VR)** 기술은 새로운 고객 경험을 창출할 수 있는 중요한 도구로 떠오르고 있다. 특히 교육, 엔터테인먼트, 부동산, 의료 등 다양한 산업에서 AR/VR 기술을 활용해 고객에게 몰입감 높은 경험을 제공하거나 새로운 서비스 모델을 개발할 수 있다.

예를 들어, 이케아(IKEA)는 AR 기술을 활용한 **IKEA Place 앱**을 통해 고객이 자신의 집에서 가구를 배치해볼 수 있는 서비스를 제공했다. 고객은 스마트폰 카메라를 통해 가구를 집안에 배치해 보고, 실제 공간과 잘 어울리는지 확인할 수 있다. 이 앱은 고객의 구매 경험을 혁신하며 온라인 판매를 촉진하는 중요한 역할을 했다.

정리하면, 디지털 전환을 통한 새로운 비즈니스 모델 개발은 다양한 디지털 기술을 기반으로 기존의 비즈니스를 혁신하고, 고객 경험을 중심으로 새로운 가치를 창출하며, 데이터 기반 의사결정과 기술 인프라를 통해 효율성을 극대화하는 것이 중요하다. 또한 새로운 수익 창출 기회를 모색하는 과정이다. 이를 위해 기업은 디지털 기술의 최신 동향을 파악하고, 이를 비즈니스에 어떻게 적용할지 전략적으로 접근해야 한다. 클라우드, IoT, AI, 데이터 분석, AR/VR, 디지털 트윈 등 다양한 기술을 통합적으로 활용하면, 기존 비즈니스 모델을 개선하고 새로운 시장 기회를 창출할 수 있다.

디지털 전환을 성공적으로 수행한 기업들은 고객 맞춤형 서비스, 자동화된 프로세스, 새로운 수익 모델을 통해 글로벌 시장에서 큰 성공을 거두고 있으며, 이를 위해서는 지속적인 혁신과 실험이 필요하다.

성공적인 디지털 전환을 위해서는 단순히 기술을 도입하는 것뿐만 아니라, 고객 중심의 사고, 민첩한 조직 운영, 지속적인 혁신을 위한 실험 정신이 필요하다. 이러한 요소들이 결합되어야 디지털 시대에 경쟁력을 유지하고 성공적인 비즈니스 모델을 개발할 수 있다.

신규 비즈니스 모델을 위한 비즈니스 모델 캔버스 (BMC) 9 Block 활용 방법

비즈니스 모델 캔버스(Business Model Canvas: BMC)는 기업이 사업 아이디어나 기존의 비즈니스 모델을 시각적으로 정리하고 분석할 수 있도록 돕는 도구이다. 비즈니스 모델 캔버스는 [그림1]과 같이 9개의 주요 요소로 구성되며, 이를 통해 기업은 비즈니스의 핵심 요소들을 한눈에 파악하고, 전략적으로 비즈니스 모델을 개선할 수 있다.

가. 비즈니스 모델 캔버스의 9가지 구성 요소

다음은 비즈니스 모델 캔버스의 9가지 구성 요소와 각 요소에 대한 설명 및 예시이다.

[그림1] 비즈니스 모델 캔버스의 9 Block

1) 고객 세그먼트 (Customer Segments)

고객 세그먼트는 기업이 **타겟으로 삼는 고객 그룹**을 말한다. 고객을 그룹화하여 각각의 세그먼트에 맞는 맞춤형 제품이나 서비스를 제공할 수 있다.

예를 들어, 넷플릭스(Netflix)는 다양한 고객 세그먼트를 타겟으로 한다. 가족 단위 고객, 청소년, 성인 등 각기 다른 취향을 가진 사람들을 위한 콘텐츠를 제공하며, 이들 세그먼트에 맞춰 가격, 마케팅 전략을 차별화한다.

2) 가치 제안 (Value Propositions)

가치 제안은 **고객에게 제공하는 차별화된 가치**를 말한다. 고객이 기업의 제품이나 서비스를 선택하게 만드는 이유를 설명하며, 이는 문제 해결, 욕구 충족, 혁신적인 경험 제공 등을 포함할 수 있다.

예를 들어, 스타벅스(Starbucks)의 주요 가치 제안은 **고급 커피 경험**이다. 단순히 커피 한 잔을 판매하는 것이 아니라, 고급스러운 매장 분위기, 커피 원두의 품질, 고객 맞춤형 서비스 등을 통해 특별한 커피 문화를 제공하는 것이 스타벅스의 가치 제안이다.

3) 채널 (Channels)

채널은 기업이 **고객에게 제품이나 서비스를 전달하는 경로**를 말한다. 판매 채널, 커뮤니케이션 채널 등 다양한 경로가 있으며, 이를 통해 고객과의 접점을 강화한다.

예를 들어, 아마존(Amazon)은 온라인 플랫폼을 주요 판매 채널로 사용한다. 아마존은 자사 웹사이트와 모바일 앱을 통해 고객이 쉽게 제품을 구매할 수 있도록 하며, 프라임 서비스와 같은 배송 서비스를 제공하여 편리성을 더한다.

4) 고객 관계 (Customer Relationships)

고객 관계는 **기업이 고객과 상호작용하는 방식**을 말하며, 이는 고객 유지, 신규 고객 확보, 고객 충성도 향상을 위한 전략을 포함한다. 고객과의 관계는 자동화될 수도 있고, 개인화된 서비스를 통해 밀접하게 유지될 수도 있다.

예를 들어, 넷플릭스(Netflix)는 **개인화된 추천 알고리즘**을 통해 고객과 긴밀한 관계를 유지한다. 사용자의 시청 기록을 분석하여 각 사용자에게 맞는 콘텐츠를 추천하며,

이를 통해 사용자 만족도와 충성도를 높인다.

5) 수익 흐름 (Revenue Streams)

수익 흐름은 **기업이 고객에게서 어떻게 수익을 창출하는지**를 설명하는 요소이다. 제품 판매, 서비스 구독, 광고 수익 등 다양한 방법이 포함된다.

예를 들어, 애플(Apple)은 **하드웨어 판매**와 **서비스 구독**이라는 두 가지 주요 수익 흐름을 가지고 있다. 아이폰, 맥북 같은 제품 판매로 큰 수익을 창출하며, 동시에 애플 뮤직, 아이클라우드와 같은 구독 서비스를 통해 안정적인 반복 수익을 창출한다.

6) 핵심 자원 (Key Resources)

핵심 자원은 **비즈니스를 운영하는 데 필요한 주요 자산**이다. 물리적 자산, 지적 자산, 인적 자원, 재무 자원 등이 포함되며, 이 자원들이 기업의 가치를 제공하고 수익을 창출하는 데 중요한 역할을 한다.

예를 들어, 구글(Google)의 핵심 자원은 **검색 알고리즘**과 **데이터**이다. 구글의 검색 알고리즘은 전 세계 웹 페이지의 정보를 빠르고 정확하게 제공하며, 이를 통해 광고 수익을 창출하는 것이 구글의 핵심 비즈니스 모델이다.

7) 핵심 활동 (Key Activities)

핵심 활동은 기업이 **가치 제안을 고객에게 제공하기 위해 수행해야 하는 주요 활동**이다. 이는 제품 개발, 마케팅, 유통, 고객 관리 등 다양한 활동을 포함한다.

예를 들어, 테슬라(Tesla)는 **전기차 개발과 생산**이 핵심 활동이다. 또한 자율 주행 기술을 연구하고, 고객에게 혁신적인 운전 경험을 제공하는 것이 주요 활동에 해당한다. 이를 통해 테슬라는 지속적으로 기술 혁신을 이루고 있다.

8) 핵심 파트너 (Key Partners)

핵심 파트너는 **비즈니스를 성공적으로 운영하기 위해 협력하는 외부 파트너**들이다. 공급 업체, 기술 제공 업체, 제휴사 등이 이에 해당하며, 이를 통해 기업은 자체 역량을 강화하고 효율성을 높인다.

예를 들어, 스타벅스(Starbucks)는 커피 원두 공급업체와의 협력 관계를 통해 고품질 원두를 안정적으로 공급받는다. 또한 다양한 매체와의 마케팅 파트너십을 통해 브랜드 인지도를 높이는 것도 스타벅스의 파트너 전략이다.

9) 비용 구조 (Cost Structure)

비용 구조는 **비즈니스를 운영하는 데 드는 주요 비용**을 말한다. 이는 고정 비용(임대료, 직원 급여 등)과 변동 비용(원자재 비용, 물류비 등)으로 나눌 수 있다. 기업은 이러한 비용을 최적화하여 수익성을 극대화해야 한다.

예를 들어, 우버(Uber)의 주요 비용 구조는 **운영 비용**과 **마케팅 비용**이다. 드라이버에게 지불하는 수수료, 앱 운영 비용, 고객 확보를 위한 마케팅 비용이 큰 비중을 차지한다. 그러나 우버는 이를 기술적으로 효율화하고 최적화하여 수익성을 높이고 있다.

비즈니스 모델 캔버스를 통한 분석의 중요성

비즈니스 모델 캔버스는 단순히 기업의 현재 비즈니스 구조를 이해하는 데 그치지 않고, **새로운 비즈니스 기회를 발견**하거나 **현재 모델의 취약점을 개선**하는 데 유용한 도구이다. 모든 요소를 종합적으로 분석함으로써 기업은 경쟁력을 강화하고, 디지털 전환 등의 변화를 성공적으로 수행할 수 있는 전략을 수립할 수 있다.

이러한 캔버스 모델은 스타트업에서 대기업까지 모든 기업에게 필수적인 도구로, 지속 가능한 비즈니스 모델을 만들고 운영하는 데 중요한 역할을 한다.

나. 비즈니스 모델 캔버스(BMC) 작성 예시

새로운 사업모델을 개발하기 위해서는 사업모델을 구성하는 요소들을 중심으로 새로운 사업모델을 분석하고 이를 한 장의 그림으로 표현하여 시각화 할 필요가 있다.

사업 모델을 한 장의 그림으로 표현하면 사업 모델에 대한 이해를 높일 수 있고 사업 모델을 새롭게 창출하거나 변경하기에도 매우 용이하다. 비즈니스 모델 캔버스를 활용해 사업 모델의 시각화를 작성해 보겠다. 비즈니스 모델 캔버스는 [표1]과 같이 사업 모델을 구성하고 있는 9개 요소인 고객 세분화, 가치 제안, 유통, 고객 관계, 수익 흐름,

핵심 자원, 핵심 활동, 핵심 파트너, 비용 구조를 하나의 그림으로 묘사하고, 시각화하고, 평가하는 방법론이다.

[표1] 비즈니스 모델 캔버스의 주요 내용

구성요소	주요 내용	사례
고객 세분화	제품이나 서비스를 전달하고자 하는 주요 고객들의 유형을 의미	B2B/ B2C/ B2G
가치 제안	제품이나 서비스를 통해서 고객에게 전달하려는 가치가 무엇인가를 의미	편리함, 가격절감, 브랜드
유통	제품이나 서비스를 어떤 채널을 활용해서 전달할 것인가를 의미	직접판매, 온라인 판매
고객 관계	고객관리를 위해 어떤 유형의 관계를 형성할 것인가를 의미	콜 센터, 커뮤니티
수익 흐름	고객이 현금을 지불하는 원천은 무엇인가를 의미	제품 판매, 서비스 이용료
핵심 자원	고객 가치를 전달하기 위해 필요한 핵심적인 자원은 무엇인가를 의미	지적 자원, 인적 자원
핵심 활동	고객 가치를 전달하기 위해 필요한 핵심적인 활동은 무엇인가를 의미	기술개발, 생산
핵심 파트너	고객 가치를 전달하기 위해 협력하고 있는 파트너들은 누구인가를 의미	공급자, 아웃소싱 파트너
비용 구조	고객 가치를 전달함에 있어서 발생하는 비용은 무엇인가를 의미	고정비용, 변동비용

1) 사업모델 분석방법

먼저 [그림2]와 같이 비즈니스 모델 캔버스에서 제시한 사업모델의 9요소를 중심으로 분석한다. 다음은 분석한 내용을 기반으로 비즈니스 모델 캔버스를 작성한다. 한 장에 표현된 비즈니스 모델 캔버스를 바탕으로 사업 모델의 타당성을 검토한다.

[그림2] 비즈니스 모델 캔버스의 구성 요소

KP(핵심파트너)	KA(핵심 활동)	VP(가치 제안)	CR(고객 관계)	CS(고객 세분화)
• 핵심 파트너는 누구인가? • 파트너가 실행하는 주요 활동은 무엇인가?	• 가치제안을 위해 필요로 하는 핵심 활동은 무엇인가?	• 우리가 전달하고자 하는 가치는 무엇인가? • 우리가 만족시키는 고객 요구는 무엇인가?	• 어떤 유형의 고객 관계를 형성하고 유지할 것인가?	• 우리가 창출하는 가치는 누구를 위한 것인가? • 우리에게 가장 중요한 고객들은 누구인가?
	KR(핵심 자원)		CH(유통 채널)	
	• 가치제안을 위해 필요로 하는 핵심 자원은 무엇인가?		• 세분화된 고객별로 어떤 채널을 통해 전달하는지?	

C$(비용구조)		R$ (수익 흐름)	
• 우리 BM에서 발생하는 주요 비용은?		• 고객이 기꺼이 지불할만한 가치는 무엇인가? • 현재 고객이 지불하고 있는 것은 무엇인가?	

2) 비즈니스 모델 캔버스의 작성 사례

비즈니스 모델 캔버스를 활용하여 [그림3]와 같이 '생성형 AI를 활용한 업무효율 향상교육' 서비스를 제공하고자 하는 저자가 직접 작성한 비즈니스 모델을 한눈에 볼 수 있게 정리한 것이다.

[그림3] 생성형 AI를 활용한 업무효율 향상 교육 서비스

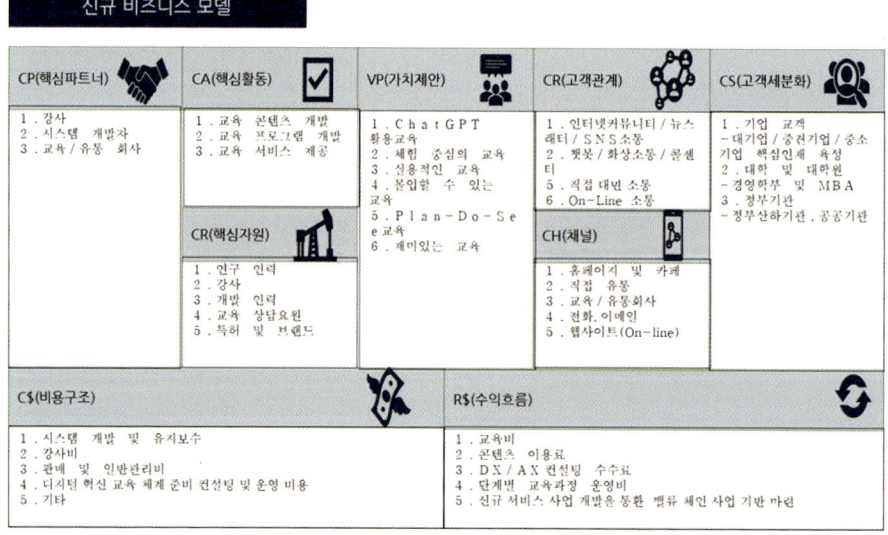

각 요소를 자세히 분석해 보면 다음과 같다.

① **핵심 파트너**(Key Partners: KP)

　핵심 파트너는 사업의 성공을 위해 필수적인 외부 협력자들이다.

　　- **강사**: 교육 콘텐츠를 전달하고 수업을 진행하는 전문가.

　　- **시스템 개발자**: 업무효율 향상을 위한 교육 시스템을 개발하고 유지보수하는 역할.

　　- **교육/유통 회사**: 교육 서비스를 제공하거나 유통을 담당하는 파트너.

② **핵심 활동**(Key Activities: KA)

　핵심 활동은 비즈니스가 가치를 제공하기 위해 반드시 수행해야 하는 주요 활동이다.

　　- **교육 콘텐츠 개발**: 업무효율 향상을 위한 교육에 필요한 콘텐츠 제작.

　　- **교육 프로그램 개발**: 체계적인 프로그램 설계 및 개발.

　　- **교육 서비스 제공**: 개발된 콘텐츠와 프로그램을 활용해 실제 교육을 제공.

③ **핵심 자원**(Key Resources: KR)

　핵심 자원은 비즈니스 모델을 운영하는 데 필요한 주요 자산이다.

　　- **연구 인력**: 교육 콘텐츠 및 프로그램을 연구하고 개발하는 인력.

　　- **강사**: 교육을 제공하는 주요 자원.

　　- **개발 인력**: 업무효율 향상을 위한 교육 시스템을 개발하는 기술적 자원.

　　- **교육 상담요원**: 교육 프로그램에 대한 상담 및 지원을 제공하는 인력.

　　- **특허 및 브랜드**: 지적 재산권 및 브랜드 자산.

④ **가치 제안**(Value Proposition: VP)

　가치 제안은 고객에게 제공하는 핵심 가치로, 경쟁사와 차별화되는 이유이다.

　　- **체험 중심의 교육**: ChatGPT를 활용한 업무효율 향상 체험형 학습 제공.

　　- **실용적인 교육**: 실제 비즈니스에 적용 가능한 교육.

　　- **몰입할 수 있는 교육**: 학습자가 몰입할 수 있는 환경 제공.

　　- **Plan-Do-See 교육**: 계획, 실행, 평가의 순환 과정으로 이루어진 교육.

　　- **재미있는 교육**: 재미 요소가 가미된 학습.

⑤ **고객 관계**(Customer Relationships: CR)

고객 관계는 비즈니스와 고객 간의 상호작용 방식을 정의한다.

- **인터넷 커뮤니티, SNS소통**: 온라인 상에서 학습자와의 상호작용 및 커뮤니케이션 제공
- **챗봇, 화상소통, 콜센터**: 고객 문의에 응대하는 고객 지원 서비스.
- **뉴스레터**: 주기적인 정보 제공을 통해 고객과의 관계 유지.

⑥ **고객 세분화**(Customer Segments: CS)

고객 세분화는 목표 고객군을 나누는 방식이다.

- **기업 고객 및 공공기관**: 대기업과 중견기업, 중소기업과 공공기관을 대상으로 한 핵심 인재 육성 프로그램.
- **대학 및 대학원**: 경영학부 및 MBA 학생들을 대상으로 한 On-Line 교육 프로그램.

⑦ **유통 채널**(Channels: CH)

유통 채널은 고객에게 가치를 전달하는 경로를 의미한다.

- **홈페이지 및 카페**: 온라인 플랫폼을 통해 교육 콘텐츠를 제공.
- **직접 유통**: 교육 서비스를 직접 제공.
- **교육/유통 회사**: 외부 유통 채널을 통한 서비스 확장.

⑧ **비용 구조**(Cost Structure: C$)

비용 구조는 사업 운영에서 발생하는 주요 비용을 설명한다.

- **시스템 개발 및 유지비**: 생성형 AI를 활용한 경영 교육 서비스 개발 및 유지에 필요한 비용.
- **강사비**: 강사를 고용하고 교육을 진행하는 비용.
- **판매 및 관리비**: 교육 프로그램 판매 및 관리를 위한 비용.

⑨ **수익 흐름**(Revenue Streams: R$)

수익 흐름은 비즈니스가 수익을 창출하는 주요 방법을 설명합니다.

- **교육비**: 고객이 지불하는 교육 비용.
- **콘텐츠 이용료**: 교육 콘텐츠 사용에 따른 비용.
- **컨설팅 비용**: 기업 및 고객에게 제공하는 맞춤형 컨설팅 서비스 비용.

이 비즈니스 모델은 생성형 AI를 활용한 경영 교육 서비스를 중심으로 이루어져 있으며, ChatGPT를 활용한 **체험형 학습**을 통한 차별화된 교육 제공을 목표로 하고 있다. 또한, **기업 고객**과 **공공기관**을 주요 고객으로 삼아 그들의 니즈에 맞춘 다양한 교육 프로그램을 제공하고, 이를 통해 수익을 창출하는 구조를 가지고 있다.

Part 8

별첨

참고문헌

참고문헌

[1] 권보경, "AI시대 혁신 사례와 시사점 1: 제조편", 포스코경영연구원, 2024.05.
[2] 권보경, "AI시대 혁신 사례와 시사점 2 : 생성형 AI와 일하는 방식의 혁신", 포스코경영연구원, 2024.05.
[3] 권보경, "AI시대 혁신 사례와 시사점 3 : 비즈니스 모델 혁신", 포스코경영연구원, 2024.06.
[4] 김태원, "ChatGPT와 생성 AI의 미래", NIA 한국지능정보사회진흥원, 2023.03.
[5] 김형택, 이승준, "그들은 어떻게 디지털트랜스포메이션에 성공 했나", 윌컴퍼니, 2021.07
[6] 류승희외, "창작 영역에 뛰어든 생성형 AI 투자 현황과 활용 전망", 삼정KPMG 경제연구원, 2024.05
[7] 박성준, 조광섭, "디지털 트랜스포메이션의 성공적 시작", 삼성 SDS, 2021.06
[8] 박연주외, "생성 AI, 제 2의 기계 시대" 테마리포트, 미래에셋증권, 2023.04
[9] 삼정KPMG 경제 연구원, "Business Focus 챗GPT가 촉발한 초거대 AI 비즈니스 혁신", 2023.04
[10] 삼정KPMG 경제 연구원, "창작영역에 뛰어든 생성형 AI 투자 현황과 활용 전망", ISSUE Monitor 제163호, 2024.05
[11] 서울디지털재단, SDF 이슈레포트 2023, "ChatGPT 활용사례 및 활용 팁", 2023.04
[12] 안성원외, "초거대언어모델의 부상과 주요이슈", ISSUE REPORT, SPRI(소프트웨어 정책연구소), 2023.02
[13] 이은영외, "ChatGPT, 기회인가 위협인가칼럼, ChatGPT 이해와 영향 분석", 삼일PWC경영연구원, 2023.03.
[14] 안종식, "디지털 트랜스포메이션, 기업이 직면한 기회와 위협", Deloitte Korea Review, 2019.09
[15] 이제현, "ChatGPT 등 생성AI 활용" 발표, 한국에너지기술연구원, 에너지AI,계산과학연구실, 2024.02
[16] 장성민, "챗GPT 가 바꾸어 놓은 작문교육의 미래", Vol. 56, pp. 07-34, 작문연구, 2023.03
[17] 장혜정, "ChatGPT, 출시 5일만에 100만명이 사용한 AI 챗봇", 모두의 연구소, 2022.12
https://modulabs.co.kr/blog/chatgpt

[18] 정보통신기획평가원, "인공지능 기술 청사진(2030), 정보통신기획평가원(IITP), 2020.12.
[19] 정종기, "상상을 현실로 부를 창출하는 'ChatGPT 활용 전략'", 형설이엠제이, 2024.07
[20] 정종기, "ChatGPT 업무.비즈니스 활용 전략", 형설이엠제이, 2023.07
[21] 정종기, "150가지 사례와 함께 쉽게 활용하는, 인공지능 비즈니스", 형설이엠제이, 2021.09.
[22] 정종기, "누구도 경험하지 못한 미래, 인공지능 완전정복", 형설출판사, 2020.11.
[23] 최광일. "생성 AI 시대, 일하는 방식이 변한다", LG경영연구원, 2023.07
[24] 최성철, "포스트 코로나 시대에 지속 가능한 기업으로 안내하 는 Digital Navigation", 삼성SDS, 2020.09
[25] 최재영, "생성형 AI를 활용한 비즈니스의 현주소: 산업별 해외 선도기업 사례", 삼일PwC 경영연구소, 2024.05
[26] 한국지능정보사회진흥원,미래2030 Vol.2", 한국지능정보사회진흥원(NIA), 2020.12
[27] 홍성우, 최윤희, 김광용, "디지털 트랜스포메이션 역량지표 개발에 관한 연구", 한국IT정책경영학회 논문지, Vol.11 No.05, 2019.10
[28] Megazon Cloud, "LLM과 ChatGPT:기업 혁신의 새로운 동력", Megazon Cloud, 2024.09
[29] NIA 한국지능정보사회진흥원. "The AI Report", 2023.01.
[30] IT WORLD CIO, "Deep Dive ChatGPT, 생성형 AI의 눈부시고 위협적인 미래", 2023.02.
[31] IT WORLD CIO, "피할 수 없는 변화에서 길을 찾다. Q&A로 알아보는 생성형 AI 실전 도입 전략", 2024.05.
[32] Alcazar, Javier, et al., "Geo: Enhancing combinatorial optimization with classical and quantum generative models." arXiv preprint arXiv:2101.06250 (2021).
[33] David Immerman, "Digital Transformation Technology Links Products, Processes and People", PTC, 2019.04.
[34] Jack Clark et al., "Artificial Intelligence Index Report 2023", HAI, 2023.04.
[35] Nancy White, "효과적인 디지털 트랜스포메이션 전략을 위한 7가 원칙", PTC, 2020.06
[36] Wayne Xin Zhao et al., "A Survey of Large Language Models" arXiv:2023.1822z3 v4, 2023.04
[37] 네이버 지식백과, 위키백과, 두산백과, 천재교육
[38] https://blog.deeplink.kr/?p=3127"
    [ChatGPT 신규 업데이트] GPT-4o 모델 발표, 혁신적인 멀티모달 인공지능의 탄생 - DEEPLINK CORE Lab_
[39] https://charlychoi.blogspot.com/2023/06/chatgpt.html
[40] https://www.mlq.ai/what-is-a-large-language-model-llm/
[41] https://hyeonjiwon.github.io/machine%20learning/ML-1/

[42] Deloitte Insights devocean.sk.com/blog

[43] i-doss.co.kr/ab-6141-60002

[44] obcs.langchain.com/docs

[45] facebook.com/groups/langchainkr

[46] Strongai.tstory.com

[47] ChatGPT Prompt Engineering, 티타임즈, 챗GPT의 언어 정복의 비밀

[48] GPTers, 챗GPT 10배 활용법 외

[49] https://www.gpters.org/c/notice/chatgpt

[50] 장피엠, "일잘러 장피엠"

[51] 클리나멘, 'Youtube summary with ChatGPT'

[52] aihub.kr, aistudy.co.kr, beebom.com, blog.wishket.com, bloter.net, cigro.io, deepdaive.com, dbr.donga.com, ibm.com, irsglobal.com, idg.co.kr, it.chosun.com, itworld.co.kr, itdaily.kr, ko.wikihow.com, lgcns.com, lgeri.com, needjarvis.tistory.com, nia.or.kr, nvidia.co.kr, posri.re.kr, tensorflow.org, tensorflowkorea.wordpress.com, text.cortex.com, sas.com, seri.org, subokim.wordpress.com, yoonsupchoi.com, zdnet.co.kr

기업의 생존! AI 트랜스포메이션

2025년 3월 14일 초판 1쇄 인쇄 | 2025년 3월 21일 초판 1쇄 발행

저자 정종기 | **발행인** 장진혁 | **발행처** (주)형설이엠제이
전화 (02) 6013-6052
등록 제2014-000262호 | **홈페이지** www.emj.co.kr | **e-mail** emj@emj.co.kr
공급 형설출판사(031) 955-2361~4

정가 27,000원

ⓒ 2025 정종기 All Rights Reserved.

ISBN 979-11-91950-83-0 93500

* 본 도서는 저자와의 협의에 따라 인지는 붙이지 않습니다.
* 본 도서는 저작권법에 의해 보호를 받는 저작물이므로 동영상 제작 및 무단전재와 복제를 금합니다.
* 본 도서의 출판권은 ㈜형설이엠제이에 있으며, 사전 승인 없이 문서의 전체 또는 일부만을 발췌/인용하여 사용하거나 배포할 수 없습니다.

Memo

Memo

Memo

Memo